BFL 총서 ⑬

우호적 M&A의 이론과 실무(제2권)

─M&A계약의 주요 조항

BFL 총서 13

우호적 M&A의 이론과 실무 (제2권)

―M&A계약의 주요 조항

천경훈 편저

小花

머리말

　어느새 일상용어처럼 되어 버린 M&A는 '기업의 지배권 취득을 목적으로 하는 일체의 거래활동'을 의미하는 용어라고 느슨하게 정의할 수 있다. 그러나 때로는 계열회사 간 구조조정을 위한 합병·분할·영업양수도, 상당히 높은 비율의 지분을 취득하여 2~3대 주주가 되는 행위 등과 같이 지배권변동을 야기하지 않는 거래까지 M&A로 통칭되기도 한다.

　그 개념 정의야 어찌 되었건 M&A는 부실기업의 구조조정수단으로, 신규사업에 진출하는 수단으로, 수평·수직 결합을 통해 효율성을 증진하는 수단으로, 투자자들로부터 모은 자금을 운용하는 수단으로 매우 활발하게 이루어지고 있다. 우리나라의 M&A는 1990년대 말 외환위기를 계기로 크게 활성화되기 시작하여, 오늘날은 많은 기업의 전략·기획·재무부서, 법무법인, 회계법인, 은행, 증권회사, 컨설팅회사, 사모펀드 등이 관여하는 경제활동의 큰 분야가 되었다.

　M&A의 기획 및 실행과정에서는 계약법, 회사법, 증권법, 금융법, 노동법, 경쟁법, 세법, 각종 행정규제법령 등 다양한 법률문제에 마주치게 된다. 이러한 법률문제에 사전적·사후적으로 어떻게 대처하느냐는 그 M&A의 성패를 좌우할 정도로 중요하다. 그리하여 해당 업계의 변호사들은 M&A 자문업무를 '종합예술'에 비유하기도 한다. 그러나 이에 관해

이론적·실무적 논의를 아우른 신뢰할 만한 참고서적은 드문 편이다. 실무적 지식이 선배 변호사에서 후배 변호사로 도제식으로 전수될 뿐이어서 로펌마다 관행이 서로 다르기도 하다.

이러한 문헌의 공백을 메우고자 서울대학교 금융법센터에서는 2011년, 2014년, 2015년 여러 차례에 걸쳐 BFL 특집을 통해 M&A, 그중에서도 우호적 M&A에 관한 글들을 게재하여 독자의 큰 호응을 얻었다. 그와 같이 발표된 21편의 글과 새로 집필한 2편의 글을 모아 이제 "우호적 M&A의 이론과 실무"라는 제목으로 BFL 총서 두 권을 발간한다. 제1권에는 M&A의 거래절차에 관한 5편의 글과 거래구조를 설계함에 있어 고려할 다양한 법적 쟁점에 관한 7편의 글을 실었다. 제2권에는 M&A계약의 다양한 조항과 그에 관한 분쟁을 다룬 11편의 글을 실었다.

이 책의 제목에 관해 약간의 설명을 덧붙이고자 한다. M&A는 Mergers & Acquisitions의 약자로서 기업인수, 인수합병, 기업인수합병 등으로 번역된다. 이 책에서는 고민 끝에 M&A라는 알파벳 표기를 그대로 사용하기로 하였다. 실무현장에서 M&A라는 용어가 훨씬 더 익숙하게 쓰이고 있고, 많은 학술논문과 실무서적은 물론 「회생절차에서의 M&A에 관한 준칙」이라는 서울중앙지방법원 내규에서도 이 표현이 사용되고 있음을 고려하였다. 그중에서도 당사자 사이의 계약에 따라 이루어지는 이른바 우호적 M&A를 대상으로 하였다. 법리와 실무현장의 생생한 감각을 함께 반영하려는 뜻에서 "이론과 실무"라는 말을 제목에 넣었다.

이 책을 펴내면서 감사드릴 분이 많다. 우선 누구보다도 집필자 분들께 감사드린다. 이 글의 집필자들은 우리나라에서 해당 업무에 가장 정통한 현장 전문가들이라고 해도 과언이 아니다. 그런 분들이 분초를 쪼개어 사는 바쁜 실무 속에서 빛도 나지 않고 돈도 되지 않는 논문을 정성껏 작성하여 BFL에 기고해 주시고, 총서 출간을 위한 귀찮은 수정·보완 요청에도 기꺼이 응해 주셨다. 법률문화의 발전에 기여한다는 사명이 없으면 기대하기 어려운 일이다. 서울대학교 금융법센터의 전·현직 센터장인 김건식, 박 준, 한기정, 정순섭 교수님들께도 한결같은 혜안과 지원에 감사드린다. 언제나처럼 원고를 다듬어 주신 도서출판 소화와 번거로운 일을 도맡아 처리해 준 금융법센터 이경희 팀장님께도 감사드린다. 원고 교정과 법령 검증을 도와준 서울대학교 박사과정 및 전문박사과정의 김재원, 김직수, 박보희, 박제연, 전보람, 최지훈에게도 감사하고 학문적 성장을 기원한다.

편저자는 M&A 실무를 처음 접했던 초년 변호사 시절 참고할 자료가 없어서 일본과 미국의 실무서적을 뒤지며, 우리나라 실정에 맞는 M&A법무에 관한 책이 있으면 얼마나 좋을까 생각하곤 했다. 여러 전문가의 도움으로 그 희망을 이루게 되어 기쁘고, 이는 우리나라 법률가들의 실력과 경험이 축적된 결과라고 생각되어 뿌듯하다. 이 책이 M&A에 관해 학구적·실무적으로 관심을 가진 분들께 도움이 되기를 소망한다.

2017년 5월
편저자 천경훈

차례

제17장 M&A계약상 손해전보조항의 법적 쟁점 이진국·최수연

제4부 그 밖의 M&A계약조항

제18장 중대한 부정적인 변경조항 신영재·황병훈

제19장 선행조건조항　　　　　　　　　　　　　　이영민 · 김태오

제23장   주주간 계약   이동건 · 류명현 · 이수균

제3장   M&A거래에서의 양해각서에 관하여   양시경 · 강은주

제3부

진술·보증 및 손해전보조항

13

진술 및 보증조항[*]

천경훈[**]

I. 의의

자산 또는 주식을 매수함으로써 기업을 인수하고자 하는 자(이하 '매수인')는 우선 대상회사의 법률적·경제적 상황을 정확히 파악할 필요가 있다. 예컨대 대상회사가 적법하게 설립되었는가, 재무제표에 중요한 누락이나 허위는 없는가, 재무제표에 반영되지 않은 우발채무가 존재하는가, 해당 M&A(Mergers & Acquisitions)계약을 체결하는 것이 그 회사의 정관 또는 그 회사가 체결한 각종 계약에 위반되지는 않는가, 그 회사가 중요 재산에 대해 적법한 소유권을 가지고 있는가, 그 회사가 세금은 모두 납부했는가, 현재 진행 중이거나 예상되는 소송으로는 어떤 것이 있고 규

---

[*] 이 글은 한국상사법학회(편) / 천경훈(집필), 주식회사법대계 III(제2판), 법문사, 2016, 597-616면을 기초로 대폭 보완·수정한 글이다.

[**] 서울대학교 법학전문대학원 부교수

모는 어떠한가 등이 그 예이다. 이런 문제를 확인하여야 기업의 가치를 올바르게 평가할 수 있고, 그에 따라 계약 체결 여부를 최종적으로 결정하고 가격 등 다양한 계약조건에 합의할 수 있기 때문이다.

이러한 사항을 확인하기 위해 매수인은 계약 체결에 앞서 기업실사를 한다. 그러나 기업실사만으로 필요한 모든 정보를 파악하기는 어렵다. 따라서 M&A 실무에서는 가격 등 계약조건을 정하는 데에 전제가 되는 일정한 사항을 매도인으로 하여금 '진술'하게 하고, 그러한 진술이 잘못된 것으로 밝혀진 경우에는 일정한 법률 효과가 발생하거나 구제수단을 취할 수 있는 것으로 계약서에 규정하는 조치를 취하게 된다.

'진술 및 보증(representations and warranties)'조항이란, 이처럼 계약 체결에 있어 중요한 전제가 된 사항을 '진술(represent)'하고 그 진술이 진실하다는 것을 '보증(warrant)'하는 조항이다.[1] 원래 영미법상 진술(representation)은 과거 또는 현재의 사실을 진술하는 것이고, 보증(warranty)은 이러한 사실이 현재와 미래에 진실할 것이라는 약속으로서 서로 구분되는 개념이나, 현재 미국의 M&A 실무에서는 이런 구분은 중요하지 않다고 한다.[2] 한국의 실무에서도 진술과 보증은 각각 다른 법적 의미를 지닌 두 단어라기보다는 '진술 및 보증'이라는 형태로 하나의 용어로 사용된다. 일본, 독일 등 다른 대륙법계 국가의 M&A 실무에서도 그러한 것으로 보인다.

진술 및 보증은 원래 영미의 계약관행에서 주로 발전되어 온 개념이나, 최근 들어 한국법인을 당사자로 하는 영문계약은 물론 국문계약에서

---

1) representations and warranties의 번역으로는 '진술 및 보장', '진술 및 보증' 등이 혼용되나 이 글에서는 후자를 사용하기로 한다. 일본에서는 '表明保證'이라는 번역어를 사용한다.

2) American Bar Association Mergers and Acquisitions Committee, Model Stock Purchase Agreement with Commentary, 2nd Ed., p.77 (2010).

도 자주 사용되고 있다. 주식매매계약서·신주인수계약서·자산(영업)양수도계약서·벤처투자계약서 등에서 모두 이러한 조항이 발견되며, 그 계약의 준거법이 한국법인 경우에도 그러하다.[3] 이처럼 진술 및 보증조항은 이미 거래계에서는 매우 일반적으로 사용되고 있으며, 실제로 분쟁 사례가 적지 않음에도 불구하고[4] 그 한국법상 의미와 효과에 관하여는 아직 정리되지 않은 쟁점이 많다.

II. 기능

M&A계약에서 진술 및 보증조항은 다음과 같은 기능을 가진다.

첫째, 대상회사에 관한 정보가 매도인에게 편재된 상황에서 매수인에게 대상회사에 관한 정보를 제공함으로써 정보의 비대칭을 해소하고 효율적인 거래를 촉진한다. M&A계약에 진술 및 보증조항을 마련하고 사실과 다른 진술 및 보증에 관해서는 일정한 제재를 규정함으로써, 다음에서 보는 바와 같이 대상회사의 재무 상태·영업 상황·준법 상황 등에 관한 정보가 매수인에게 제공되는 결과를 달성하는 것이다. 이로써 그러한 정보가 제공되지 않았더라면 불가능했거나 비효율적인 조건으로 이루어졌을 거래가 더 효율적인 조건으로 이루어지게 된다.

---

3) 한국뿐 아니라 일본, 독일, 프랑스, 스페인 등 대륙법계를 비롯한 세계 각국의 M&A 실무에서도 진술 및 보증조항에 기초한 M&A계약서가 널리 사용되고 있다.

4) 다만 특히 외국 기업이 당사자로 되어 있는 계약은 그와 관련된 분쟁을 중재로 해결하도록 하고 있는 경우가 많아서 실제 진술 및 보증조항을 둘러싼 상당수 분쟁은 국제중재로 처리된다. 진술 및 보증에 관한 실제 분쟁 수에 비해 판례 형성이 미진한 이유 중 하나이다. 그러나 국제중재로 진행되더라도 계약준거법이 한국법이라면 여전히 한국법상 진술 및 보증조항의 의미와 효과가 판단기준이 된다.

둘째, 진술 및 보증의 위반을 거래 종결의 선행조건(conditions precedent to closing) 또는 해제사유로 함으로써 그 거래의 전제가 충족되지 않았을 때 거래로부터 이탈할 권리를 부여한다. 이러한 권리는 상대방 당사자에게 진술 및 보증을 통해 올바른 정보를 제공해야 할 유인을 제공하고, 거래의 전제가 충족되지 않았을 때 거래를 성사시키지 않음으로써 자원의 효율적 배분에 기여한다.

셋째, 진술 및 보증의 위반을 면책 내지 손해배상(indemnification)[5]사유로 함으로써 그 거래의 전제가 충족되지 않았을 때에 거래의 대가를 조정하는 기능을 수행한다. 이는 특히 거래가 종결된 후 매수인[6]의 유력한 구제수단으로 기능한다.

법원도 진술 및 보증조항은 "계약 체결 및 이행과정을 통하여 인수대상에 대한 정보의 제공, 거래 종결의 선행조건 또는 해제의 사유, 거래 종결 이후의 면책 또는 위반에 따른 손해배상책임의 근거와 같은 역할을 하며, 그중 M&A계약이 실행된 이후에 있어서는 매매목적물인 대상기업에 진술 및 보증을 위반한 사항이 있는 경우 그에 따른 경제적 위험을 매도인과 매수인 중 누가 부담할 것인지를 정하고 손해배상 내지 면책을 제공함으로써, 실질적으로는 매매가격이 사후 조정되는 효과를 가져온다"고 판시한 바 있다.[7]

---

5) '면책'·'보상' 등으로 사용되기도 하나, 여기에서는 '손해배상'으로 표현하기로 한다.
6) 매수인도 매도인에게 일정한 사항에 관하여 진술 및 보증을 하지만, 실제 위반 여부가 문제 되는 것은 대부분 대상회사에 대한 진술 및 보증에 관한 것이고 이는 매도인이 매수인에게 제공하는 것이므로, 현실적으로 진술 및 보증조항은 사실상 매수인을 위한 구제수단으로 기능하게 된다. 그런 관점에서 이 글에서는 특별한 경우가 아닌 한 매도인이 매수인에 대하여 진술 및 보증 위반책임을 부담하는 상황을 전제로 설명한다.
7) 서울중앙지방법원 2013. 12. 13. 선고 2011가합128117 판결 등.

III. 주요 내용

1. 개관

진술 및 보증조항의 내용은 계약서마다 다르고 경우에 따라서는 30~
40페이지에 걸쳐 다양한 사항이 열거되기도 하므로, 여기에서 이를 일일
이 열거하는 것은 불가능하다. 대체로 소규모의 거래보다는 거래금액이
큰 중요 거래의 경우에 길고 상세한 진술 및 보증조항을 두는 경향이
있으나, 당사자들의 성향, 해당 거래에 대해 가지는 협상력(leverage)과
관심의 정도에 따라 달라진다. 그리하여 매수인이 매우 위험 회피적이거
나 협상력이 강한 경우에는 소규모의 거래에서도 상당히 복잡한 진술 및
보증조항을 두게 되고, 반대로 매수인이 덜 위험 회피적이거나 협상력이
약한 경우에는 대규모의 거래임에도 간략한 진술 및 보증조항을 두기도
한다.

진술 및 보증조항은 (i) 주식양도의 경우에는 매도인에 관한 사항, 매
수인에 관한 사항, 대상회사에 관한 사항으로, (ii) 신주발행의 경우에는
발행회사에 관한 사항, 신주인수인에 관한 사항으로, (iii) 자산·영업양수
도의 경우에는 양도인에 관한 사항, 양수인에 관한 사항, 대상자산·영업
에 관한 사항으로 대별된다. 이 중 가장 중요하고 이해관계가 첨예하게
대립되는 것은 대상회사에 관한 사항이다. 다음에서는 진술 및 보증조항
의 대표적인 몇 가지를 간략히 소개한다.[8]

---

8) 이하의 내용은 천경훈, "M&A에서의 진술 및 보장," 기업인수합병(대한변호사협회 변
  호사연수원), 2010, 45면 이하에 수록된 내용을 참조하였다. 허영만, "M&A계약과 진술
  보장조항," BFL 제20호(2006. 11), 서울대학교 금융법센터, 23-31면 : 정영철, 기업인수
  4G, 박영사, 2010, 957-969면도 참조.

2. 매도인에 관한 진술 및 보증

진술 및 보증의 핵심은 대상회사에 관한 것이므로 매도인에 관한 진술 및 보증은 상대적으로 그 실무상의 중요성은 떨어진다. 다만 매도인은 (i) 자신이 적법하게 설립되어 해당 M&A계약을 체결할 수 있는 능력을 가지고 있다는 점, (ii) 해당 M&A계약의 체결 및 이행에 관하여 법령 및 정관에 따라 필요한 매도인의 내부절차를 거쳤다는 점, (iii) 해당 M&A계약을 체결하고 이행하는 행위가 매도인이 체결한 주요 계약이나 매도인이 받은 인허가에 위반되지 않는다는 점 등을 진술 및 보증한다. 다음은 간략한 문구 예이다.

- 매도인은 본 계약의 체결 및 이행에 필요한 모든 회사법상의 능력과 자격을 가지고 있다.
- 본 계약의 체결 및 이행은 매도인의 모든 필요한 내부절차에 따라 적법하게 승인되었다.
- 별지〔XX〕에 기재된 사항을 이행하는 한, 매도인에 의한 본 계약의 체결 및 이행은 (x) 매도인의 정관에 위반되거나, (y) 매도인에게 적용되는 법령 또는 정부 승인에 위반되거나, (z) 매도인이 당사자인 중요한 계약 또는 매도인이 부담하고 있는 중요한 의무의 위반 또는 불이행에 해당하거나 기한의 이익을 상실시키지 아니한다.

---

3. 대상회사에 대한 진술 및 보증

(1) 적법한 설립, 행위능력 및 내부수권에 관한 사항

우선 회사가 적법하게 설립되어 유효하게 존속하고 있을 것을 진술 및 보증하는 것이 통례이다. 나아가 매도인 외에 대상회사도 해당 M&A계약의 당사자로 되어 있는 경우에는 그 계약의 체결 및 이행에 관해 법령 및 정관에 따라 필요한 내부절차를 거쳤을 것을 요구하게 된다.

(2) 기존 계약, 법규 등과의 저촉에 관한 사항

해당 거래가 회사의 정관, 법규는 물론 회사가 체결한 각종 계약에 위반되지 않는다는 점도 중요한 진술 및 보증의 대상이 된다. 다음은 간략한 문구 예이다.

> ─ 별지〔XX〕에 기재된 것 이외에는, 매도인에 의한 본 계약의 체결 및 이행은 (x) 회사의 정관에 위반되거나, (y) 회사에 적용되는 법령 또는 인허가에 위반되거나, (z) 회사가 당사자인 중요한 계약 또는 회사가 부담하고 있는 중요한 의무의 위반 또는 불이행에 해당하거나 기한의 이익을 상실시키지 아니한다.

만약 대상회사가 체결한 기존 계약에서 이번 M&A거래를 금지하거나 기존 계약 상대방의 동의를 요하고 있다면, 그러한 사정을 공개목록 (disclosure schedule)에 명시하고 그 기존 계약 상대방으로부터 미리 동의 내지 권리포기(waiver)를 받아야 할 것이다. 대표적인 예로 대상회사가 체결한 영업상 계약(예 : 라이선스계약 또는 대리점계약)에, 대상회사의 지배주주가 변경될 때 상대방의 동의를 받도록 하거나 상대방의 계약해제권을 인정하는 이른바 지배권 변경(change of control)조항이 있는 경우가 있다. 그렇다면 대상회사의 지배주주 변경을 초래하는 주식매매를 함에 있어서는 위와 같은 지배권 변경조항의 존재를 주식매매계약(공개목록)에서 밝히고 그 영업상 계약 상대방의 동의를 받아야 할 것이다.

(3) 재무제표에 관한 사항

회사의 재무제표는 재무 상황에 관한 정보를 집약한 자료로서 매수인의 의사결정에 가장 기본적인 근거가 된다. 따라서 대부분의 기업인수계약에서는 재무제표가 정당한 회계원칙에 따라 작성되었고 중요한 점에 있어 허위나 누락이 없다는 점을 진술 및 보증하도록 하고 있다. 나아가 재무제표 작성시점인 최근 회계연도 말 이후 회사의 자산, 부채, 수익, 현금흐름 등에 중대하면서 불리한 어떠한 변화도 발생하지 않았음을 진술 및 보증하기도 한다. 다음은 간략한 문구 예이다.

> 회사의 재무제표는 관계 법령 및 회계처리기준에 따라 작성되었으며, 해당 일자 현재 및 해당 기간 동안의 회사의 재무 상태를 중요성의 관점에서 적정하게 표시하고 있다. 회사에는 (x) 재무제표에 반영된 것, (y) 〔 〕년 〔 〕월 〔 〕일 이후에 〔XXX〕 사업의 통상적인 사업활동으로 인하여 발생한 것, (z) 별지 〔YYY〕에 기재된 것 외에는 어떠한 우발채무나 부외부채도 존재하지 않는다.

(4) 인허가

회사가 영업을 수행하는 데 필요한 정부 인허가를 모두 적법하게 받아서 유효하게 보유하고 있으며, 그러한 인허가의 무효·취소 등을 초래할 사유가 없다는 것도 중요한 진술 및 보증의 대상이 된다. 그러한 인허가의 조건 등 부관을 위반하지 아니하였다는 점, 매도인과 회사가 인허가의 무효·취소·갱신 거절, 영업의 정지 등에 관하여 해당 관청으로부터 통지를 받은 사실이 없다는 점도 진술 및 보증하는 경우가 많다.

(5) 법령 준수

회사가 제반 법령을 준수하고 있다는 점도 주된 진술 및 보증의 대상이다. 그러나 실제로 상당한 규모의 영업활동에 종사하는 회사가 사소한 법령의 위반조차 전혀 없다고 자신하기는 매우 어려울 것이므로, "회사는 법령을 모두 준수하고 있다"는 식의 단정적인 진술 및 보증을 제공하는 것은 매도인에게 매우 불리한 결과를 낳을 수 있다. 이에 매도인으로서는 회사의 법령 위반이 의심되는 사항을 뒤에서 설명하는 공개목록에 자발적으로 기재함으로써 진술 및 보증 위반을 피하거나, 역시 뒤에서 설명하듯이 이른바 중대성 제한(materiality qualifier) 문구를 두어 '중대한' 또는 '회사에 중대하게 부정적인 영향을 미치는' 법령 위반이 없다고만 진술 및 보증하기도 한다. 다음은 공개목록과 중대성 제한 문구를 모두 활용하여 매도인의 진술 및 보증범위를 줄인 문구 예이다.

> [XXX]에 기재된 사항을 제외하고 회사는 관련 법령을 준수하고 있다. 다만 회사에 중대하게 부정적인 영향을 주지 않았거나 중대하게 부정적인 영향을 줄 것으로 합리적으로 예상되지 않는 법령의 위반은 예외로 한다.

(6) 자산

회사의 중요한 자산에 관하여 적법한 소유권을 가지고 있다는 점도 진술 및 보증의 대상이다. 특히 영업양수도·자산양수도거래에서는 양수하는 자산을 특정하려면 반드시 양수자산의 목록을 첨부하여야 한다. 주식양수도거래에서는 대상회사의 자산목록을 첨부할 필요는 없지만, 부동산 등 중요자산의 목록을 공개목록의 형태로 첨부하는 예가 드물지 않다. 그러한 자산에 설정된 각종 담보권, 용익물권, 정부 인허가에 따른 각종 부담 및 제한에 관하여도 공개목록에 기재하고 그 외에는 각종 부담이나 제한이 없음을 진술 및 보증한다.

(7) 중요 계약

회사가 체결한 중요한 계약이 유효하고 회사 및 그 계약 상대방이 이를 준수하고 있다는 점도 진술 및 보증의 대상이다. 특히 영업양수도·자산양수도거래에서 인수하는 계약을 특정하려면 반드시 인수하는 계약의 목록을 첨부하여야 한다. 주식양수도거래에서는 대상회사의 계약목록을 첨부할 필요가 없지만, 중요 계약[9]의 목록을 공개목록의 형태로 첨부하는 예도 드물지 않다. 그러한 중요 계약에 관하여 상대방으로부터 해지·해제 통보를 받았거나 분쟁이 발생하지 않았다는 점 역시 진술 및 보증하는 것이 보통이다.

(8) 소송

회사 또는 그 임직원을 당사자로 하여 회사의 재무 상태나 영업에 중요한 영향을 미칠 수 있는 민사소송이나 형사소송이 진행되고 있거나 예상되지 아니한다는 점도 진술 및 보증의 대상이다. 실제로 그러한 절차가 진행 중이거나 예상되는 것이 있다면 공개목록을 활용한다. 다음은 간략한 문구 예이다.

---

9) 어떤 계약이 중요 계약에 해당하는지는 거래금액 또는 관련된 영업 부문을 기준으로 해당 M&A계약에서 정의한다.

> 〔XXX〕에 기재된 사항을 제외하고, 회사의 영업에 관하여 회사 또는 그 임원을 당사자로 하여 진행 중이거나 합리적으로 예상되는 소송, 신청, 중재, 수사, 조사, 행정심판 등의 사법상 또는 행정상 절차는 존재하지 않는다.

(9) 조세

회사가 관련 법령에 따라 요구되는 세무신고 및 납부의무를 모두 이행하였고 회사에 세무조사가 진행 중이지 아니하며, 매도인이 알고 있는 한 세무조사가 예정되어 있지 아니하다는 점도 진술 및 보증의 대상이 되는 경우가 많다. 다만 납세의무의 성부와 범위는 견해에 따라 달라질 수 있는 만큼, "납부의무를 모두 이행하였다"는 단정적인 진술 및 보증을 제공하는 것은 매도인에게 위험하다. 이에 납부의무 이행 여부에 관해 논란이 있을 수 있는 항목을 공개목록에 기재한다거나 중대한 사항에 한정하는 등의 조치를 취하는 것이 매도인으로서는 바람직할 것이다.

(10) 기타

그 밖에 노동, 환경, 보험, 지적재산권 등에 관하여 다음과 같은 사항을 진술 및 보증하는 것이 통례이다.

> – 회사가 환경 관련 인허가를 모두 적법하게 보유하고 있고, 중요한 환경법규를 준수하고 있으며, 회사의 부지나 시설에서 유해물질 등이 적법하게 관리되고 있고, 회사의 부지에 유해물질이 묻혀 있지 않다는 점
> – 회사가 인사·노무와 관련한 모든 법령, 단체협약, 취업규칙, 기타 계약을 준수하

고 있고 회사에는 파업 또는 단체행동이 진행 중이거나 예정되어 있지 아니하다
는 점
— 회사가 관련법상 의무적으로 가입하여야 하는 강제보험에 가입하고 있고, 그 밖에
영업상의 위험을 합리적으로 부보할 수 있는 임의보험에 가입하고 있다는 점
— 회사가 중요한 지적재산권에 대하여 적법한 소유권 또는 사용권을 확보하고 있다
는 점

4. 공개목록

위와 같은 진술 및 보증사항을 열거함에 있어 계약서 작성의 편의상
공개목록이라는 것이 활용된다. 여기에는 두 가지 경우가 있다. 첫째, 중
요 자산의 목록, 중요 계약의 목록 등과 같이 분량상 계약서 본문에 기재
하기에 적절치 않은 때에 공개목록을 활용하는 경우이다. "회사의 자산
은〔별첨 X〕에 기재된 바와 같다"는 방식으로 규정하는 것이다. 둘째, 진
술 및 보증의 예외를 기재하는 경우이다. 매도인으로서는 진술 및 보증
의 예외에 해당하는 사항이 있으면 이를 따로 명시하여야 허위진술이라
는 비난을 피할 수 있다. 계약서 작성의 편의상 이러한 예외사항들을 별
도의 공개목록으로 작성하여, 예컨대 "〔별첨 Y〕이외에는 회사를 상대로
중요한 소송이 진행 중인 것이 없다", "〔별첨 Z〕이외에는 회사는 관련
법령을 준수하고 있다"라는 형식으로 규정하는 것이 통례이다.

공개목록에 명시된 내용은 그 자체로서 진술 및 보증의 일부를 구성
하므로, 일단 여기에 명시하면 진술 및 보증 위반에 해당하지는 않게
된다. 따라서 매수인은 공개목록에 명시된 사유를 이유로 계약을 종결
하지 아니하거나 손해배상을 청구할 수는 없고, 원칙적으로 협상단계에
서 가격 기타 계약조건에 반영할 수 있을 뿐이다. 만약 어떤 사실이 공개

목록에 명시되었음에도 불구하고 이를 가격 기타 계약조건에 반영하는 대신 추후 그로 인한 손실이 현실화되는 경우에 별도로 보상을 받고자 한다면, 당사자들의 협상을 통해 이를 계약서에 별도로 명시해야 한다. 이것은 진술 및 보증의 위반을 이유로 한 손해배상과는 성질을 달리하므로, 소위 '특별손해배상(special indemnification)' 내지 '특정손해배상(specific indemnification)'이라는 이름으로 계약서에 별도 조항을 두거나 '사후 가격조정(postclosing adjustment)' 방법을 정하고 그에 따른다.

예컨대 매수인이 "회사가 법령을 준수하고 있음"이라는 진술 및 보증을 요구하는데 회사에서 담합 혐의로 공정거래위원회의 조사를 받고 있는 건이 있다면, 매도인으로서는 이를 공개목록에 기재함으로써 진술 및 보증 위반에서 벗어나려고 할 것이다.[10] 일단 이것이 공개목록에 적절히 기재되고 매수인이 그 공개목록을 포함한 계약서에 서명하였다면, 예컨대 거래 종결 후 그 담합 혐의사실에 대해 공정거래위원회의 과징금이 부과되거나 민사상 손해배상청구가 제기되어 대상회사에 손해가 발생하더라도 진술 및 보증조항의 위반에는 해당하지 않는다. 당사자들로서는 그 담합건이 대상회사에 초래할 손해의 가능성과 액수를 평가하여 계약 체결가격에 반영할 수도 있고, 사후 그런 사정이 발생했을 때 특별손해배상 또는 가격조정의 방식으로 해결하기로 합의하여 계약서에 액수 산정방법 내지 공식을 정할 수도 있다.

공개목록에 진술 및 보증의 예외사실을 적시할 때 어느 정도 구체적으로 기재해야 하는지 문제 되는 경우가 있다. 예컨대 거래 종결 후 대상회사를 상대로 제3자가 특허권 침해를 이유로 거액의 소송을 제기하였

---

10) 이 경우 계약서 본문에는 "회사는 부록 X에 기재된 것 외에는 회사에 중대한 영향을 야기할 수 있는 법령 위반을 하고 있지 아니하다"라는 취지로 기재하고, 부록 X에는 해당 담합건의 개요를 기술하게 될 것이다.

는데, 당초 주식매매계약상 진술 및 보증조항 중 "회사는 공개목록 별첨
Y에 기재된 것 이외에는 타인의 지적재산권을 침해하였거나 침해한 것
으로 다투어지고 있지 아니하다"는 조항이 있었다면, 과연 별첨 Y에 그
러한 특허침해 관련 사실이 기재되어 있었는지 여부가 문제 될 것이다.
이때 그러한 사실이 어느 정도까지 구체적으로 기재되어 있어야 충분한
공개(disclosure)가 되어 진술 및 보증 위반에 해당하지 않는다고 할 것인
지 문제 된다. 구체적인 사실관계에 따라 달라지겠지만, 적어도 해당 사
실을 특정하고 필요시 매수인이 그 의미를 추가로 문의 및 조사할 수
있을 정도로는 기술이 되어 있어야 할 것이다. 그러나 공개목록 자체만
으로 그 법적 파급 효과 및 손해의 규모를 완전히 이해할 수 있을 정도로
상세히 기술되어 있어야만 유효한 공개가 이루어졌다고 볼 수는 없을 것
이다.

이른바 공개목록의 갱신(update)에 관하여는 IV. 3.에서 설명한다.

IV. 진술 및 보증의 기준시점

1. 원칙 : 계약 체결 시

진술 및 보증은 뒤에서 설명하는 bring-down조항이 없다면 원칙적으
로 계약 체결시점이라는 특정 시점에서의 대상회사의 상태를 나타내는
것이다.[11] 예컨대 주식매매계약에 "대상회사를 상대로 제기되어 계속

---

11) 김홍기, "M&A계약 등에 있어서 진술보장조항의 기능과 그 위반 시의 효과," 상사판례
연구 제22집 제3권(2009), 한국상사판례학회, 80면 : 진술 및 보증 위반에 대한 책임은
약정하자담보책임이라는 전제에서 민법 제579조의 취지에 비추어 매매계약 체결 시

중인 청구금액 1억 원 이상의 소송은 없다"는 조항을 두었는데, 계약 체결시점에서는 그런 소송이 없었으나 그후 소송이 제기되어 거래 종결일 현재 계속 중이라면, 별다른 문구가 없는 한 이는 진술 및 보증 위반이 아니므로 선행조건 미충족사유에도 해당하지 않고 손해배상사유에도 해당하지 않는다.

2. 이른바 bring-down조항

그러나 실제에 있어서는 계약 체결 시만이 아니라 거래 종결 시(이행 시)에도 여전히 진술 및 보증이 정확할 것을 요구하는 조항, 이른바 bring-down조항을 두는 경우가 훨씬 더 일반적인 것으로 보인다. 구체적으로는 다음과 같은 방식이 있을 수 있다.[12]

첫째, 진술 및 보증조항 자체에서 그 기준시점이 거래 종결 시까지 연장됨을 명시하는 것이다. 예컨대 각각의 진술 및 보증사항을 열거하기에 앞서 "매도인은 하기의 사항이 이 계약 체결 시는 물론 거래 종결일에도 모든 중요한 면에서 정확함을 진술 및 보증한다"라는 문구를 두는 방식이다. 이 경우 진술 및 보증의 기준시점 자체를 거래 종결일까지 연장시켰으므로 거래 종결일에 이와 다른 사실관계가 존재하면 선행조건 미충족사유 및 손해배상사유에도 해당된다.[13]

둘째, 진술 및 보증조항 자체에는 이에 관한 언급이 없지만, 선행조건

를 기준으로 보는 것이 타당하다고 한다.

12) bring-down조항에 관한 설명으로, 지창구, "기업인수계약에서 진술 및 보장에 관한 연구," 서울대학교 석사학위논문, 2011, 25-38면.

13) 국내 실무관행상으로는 이 첫째 유형이 가장 많은 것으로 생각된다. 미국의 전미변호사협회(American Bar Association, ABA)에서 발간한 표준주식매매계약서(주 2)도 첫째 유형의 bring-down조항을 택하고 있다.

조항과 손해배상조항 각각에서 그러한 취지의 조항을 두는 것이다. 이는 첫째 방식과 문구의 위치만 다를 뿐 법적 효과는 동일하다.

셋째, 선행조건조항에 관해서만 진술 및 보증의 기준시점을 거래 종결 시까지 연장하는 방식이다. 이 경우 어떤 진술 및 보증사항이 계약 체결 시에는 사실이었으나 거래 종결시점에 사실이 아니게 된 때, 거래 종결 시 이를 알았다면 매수인은 선행조건 미충족을 이유로 대금지급을 거절할 수 있으나, 일단 거래가 종결된 이후에는 손해배상청구는 더 이상 가능하지 않게 된다.

넷째, 손해배상조항에 관해서만 진술 및 보증의 기준시점을 거래 종결 시까지로 연장하는 방식이다. 이 경우 어떤 진술 및 보증사항이 계약 체결 시에는 사실이었으나 거래 종결시점에 사실이 아니게 된 때, 이는 거래 종결(대금지급)을 거절할 사유는 되지 못하고 다만 일단 거래 종결 후 손해배상만을 구할 수 있다.

결국 이러한 bring-down조항의 삽입 여부는 계약 체결시점과 거래 종결시점 사이에 매도인의 귀책사유 없이 발생한 위험을 누구에게 귀속시킬 것인가의 문제이다. 진술 및 보증의 기준시점을 bring-down조항을 통해 거래 종결 시까지 연장하는 것은 이러한 위험을 매도인에게 귀속시키는 것이다. 주식매매계약 등 기업인수계약을 체결하거나 자문할 때에는 이러한 문구의 차이가 가져올 수 있는 커다란 차이를 명확히 인식하여야 한다.

3. 공개목록 갱신권

bring-down조항이 있는 때에는 위에서 본 바와 같이 계약 체결 이후 거래 종결 전에 진술 및 보증과 다른 사태가 발생한 경우, 진술 및 보증 위반이 되어 매수인은 거래 종결을 거절하거나 손해배상을 청구할 수 있게 된다. 즉 그로 인한 위험을 오로지 매도인이 부담하는 것이다.

이러한 매도인의 위험을 경감하기 위해 일단 bring-down조항을 두되 계약 체결 이후 거래 종결 시까지 상황 변화가 생긴 경우 매도인이 공개목록을 갱신할 수 있는 권리를 가지고, 진술 및 보증 위반 여부를 판단함에 있어 그와 같이 갱신된 공개목록을 기준으로 하는 조항을 두기도 한다. 계약 체결 이후에 생긴 사유들을 공개목록에 추가로 기재함으로써 매도인은 진술 및 보증조항 위반을 피할 수 있게 되는 것이다. 결국 bring-down조항이 있는 상태에서 공개목록의 갱신을 전혀 허용하지 않으면 계약 체결 시로부터 거래 종결 시까지 발생한 사유로 인한 위험을 매도인이 부담하는 셈이고, 공개목록의 갱신을 제한 없이 자유로이 허용하면 그 위험을 매수인이 부담하는 셈이다.[14] 즉 공개목록 갱신권을 광범위하게 인정하면 사실상 bring-down조항을 무력화하게 된다.

이는 결국 양 당사자의 협상을 통해 결정할 사항인바, 위 조항의 본질이 상술한 바와 같은 리스크 부담의 문제임을 정확히 이해하고 협상에 임해야 한다.

V. 진술 및 보증의 제한

매수인은 가능한 한 많은 진술 및 보증을 얻어 내기 위해 노력하는 반면, 매도인은 다양한 방법으로 진술 및 보증의 범위를 제한하고자 한다. 그 대표적인 것이 매도인의 인식요건과 중대성요건이다.

---

14) 허영만, 앞의 논문(주 8), 22-23면.

1. 매도인의 인식요건에 의한 제한

"매도인이 아는 한… 한 사항이 없다"라고 진술함으로써 자신이 알고
도 밝히지 않은 사항에 대해서만 책임을 지도록 규정하는 방식이다. 소
위 인식 제한(knowledge qualifier)이라는 이 문구를 포함하면 매도인은 최
소한 자신도 모르고 있던 회사의 부실이나 문제점에 대해 추후에 매수인
에게 책임을 지는 일은 상당 부분 피할 수 있다. 그러나 이는 매도인과
매수인 모두가 모르던 문제가 발생할 경우 매수인에게 위험을 부담시키
는 결과가 되는바, 매수인으로서는 양자 모두 모르던 문제에 대해서는
대상회사의 정보 및 경영에 더 가까이 있던 매도인이 책임을 지는 것이
타당하다고 주장함으로써 인식 제한 문구를 두는 데 반대할 것이다.

인식 제한 문구를 두는 경우에는, (i) 어떤 진술 및 보증사항에 대해
그러한 제한을 둘 것인가, (ii) '알 수 있었던 경우' 내지 '알아야 했던 경
우'를 '알았던 경우'와 동일시할 것인가(즉 과실로 인한 부지를 악의와 동일
시할 것인가), (iii) 회사의 어느 직급 이상의 누가 알았던 경우를 '회사가
알았던 경우'로 볼 것이며 그 범위에 퇴직자를 포함할 것인가 등의 문제
가 등장한다. 이런 문제를 해결하기 위해 '인식(knowledge)'의 의미에 대
해 상세한 정의규정을 두기도 한다. 이 모든 것이 주식매매계약의 협상
시 다루어지는 쟁점이다.

2. 중대성요건에 의한 제한

진술 및 보증의 범위를 줄이는 또 하나의 방법은 소위 중대성 제한
(materiality qualifier)을 두는 방식이다. 사실 어느 회사도 전혀 법령을 위반
한 적이 없다거나 전혀 타인의 지적재산권을 침해한 바가 없다거나 전혀

세금을 추가로 추징당할 위험이 없다고 단언하기는 어려울 것이다.[15]

따라서 많은 매도인은 진술 및 보증조항을 작성함에 있어 그것이 '회사의 경영 및 재무 상태에 중대한 영향을 미치는 경우'에만 적용되도록 한정하려고 한다. 진술 및 보증조항 첫머리나 손해배상조항 자체에 그런 문구를 두어 중대성 제한이 진술 및 보증사항 전부에 미치도록 하는 경우도 있고, 협상 여하에 따라서는 문제가 되는 일부 개별 사항에만 그러한 중대성 제한을 두기도 한다. 어떠한 때에 중대한 영향이 있다고 볼 것인지를 명확히 하기 위해 계약서에 금액, 기타 기준을 정하는 경우도 있다. 계약서에서 금액 또는 비율 등으로 중대성의 기준을 정의하였다면 원칙적으로 그러한 합의는 존중되어야 할 것이다.

VI. 진술 및 보증조항의 법률 효과

진술 및 보증조항 자체는 일정한 사실 내지 법률관계를 설명할 뿐, 그 자체로서 위반 시의 법률 효과를 명시하지는 않는다. 대신 계약서 내 다른 조항에서 이를 지시하면서 그 위반 시의 효과를 명시한다. 표준적인 기업인수계약서에서 진술 및 보증 위반이 가지는 법률 효과는 다음과 같다. 이에 관한 자세한 내용은 이 책의 제17장과 제19장에서 다룬다.

---

15) 실제 국내에 통용되는 M&A 계약서들은 국문·영문을 불구하고 "회사는 대한민국 법령을 준수하고 있다"거나 "회사는 관련법상 조세를 모두 납부하였다"는 등 상당히 단호하고 강력한 진술 및 보증 문구를 두고 있는 경우가 많다. 그러나 조금만 생각해 보면 이러한 문구가 100퍼센트 사실이기는 매우 어렵다는 점을 알 수 있다. 이런 문구의 의미를 음미하지 않고 그대로 둔 채 계약서에 서명하였다가, 나중에 대상회사의 위법 내지 조세 체납사실이 발견되어 매도인이 매수인으로부터 손해배상청구를 당하는 일이 드물지 않게 발생한다.

1. 계약 이행의 선행조건

신주인수계약·주식매매계약·영업(자산)양수도계약 등 기업인수계약에서는, '진술 및 보증이 계약 체결 당시 및 거래 종결일 현재 진실할 것[16]'을 거래 종결의 선행조건의 하나로 하는 것이 일반적이다. 거래 종결을 앞두고 당사자들은 계약서에 규정된 여러 선행조건이 충족되었는지를 검토하여야 하는데, 그중 중요한 하나가 진술 및 보증을 더 이상 진실하지 않게 하는 사유가 발생하였는지 여부이다. 거래 종결일 현재 진술 및 보증의 내용이 여전히 진실하다는 취지의 확인서(closing certificate)를 상대방으로부터 받는 경우도 있다.

이처럼 진술 및 보증의 진실성이 선행조건으로 규정되어 있다면, 이는 상대방 당사자의 계약상 의무에 대한 정지조건(민법 제147조 제1항)이 된다. 따라서 선행조건으로서의 진술 및 보증조항에 관하여는, 계약을 통해 추단되는 당사자들의 의사에 반하지 않는 범위에서 정지조건에 관한 법리가 적용될 것이다. 예컨대 "조건 있는 법률행위의 당사자는 조건의 성부가 미정한 동안에 조건의 성취로 인하여 생길 상대방의 이익을 해하지 못"하므로(민법 제148조), 각 당사자는 선행조건 충족 전이라도 자신의 거래 종결의무 이행을 해하는 행위를 하여서는 안 된다. 일방이 신의성실에 반하여 자신의 의무 이행에 관한 선행조건의 성취를 방해한 경우, 상대방은 그 조건이 성취된 것으로 주장할 수 있다(민법 제150조).

---

16) 앞에서 본 bring-down 문구가 있음을 전제한 것이다.

2. 손해배상사유

많은 M&A계약에서는 진술 및 보증이 거래 종결일 현재[17] 진실이 아니었음이 드러난 경우를 매수인의 매도인에 대한 손해배상청구사유로 하고 있다. 즉 "매도인의 진술 및 보증이 진실이 아닌 경우에는 매도인은 그로 인해 매수인이 입은 손해를 배상하고 제3자가 매수인 또는 회사를 상대로 제기한 청구로부터 매수인을 보호하여야 한다"는 취지의 조항이 통상 들어가는 것이다. 예컨대 회사가 공장부지에 대해 적법하고 완전한 소유권을 가지고 있다고 매도인이 진술 및 보증을 하였는데, 그후 그 진술 및 보증이 거래 종결 당시 사실이 아니었음(즉 공장부지가 제3자 소유였음)이 밝혀지면 매수인은 매도인을 상대로 자신이 입은 손해의 배상을 청구할 수 있다.

3. 진술 및 보증조항 자체의 의미 및 효과

간혹 부실한 계약문구 작성으로 인해 진술 및 보증조항은 삽입되어 있으나 그와 연계된 손해배상조항, 선행조건조항 등이 누락된 경우가 있다. 이 경우 진술 및 보증조항 자체는 어떠한 의미가 있는가?

진술 및 보증조항 자체는 특정한 사실 내지 법률관계를 기술한 것에 불과하다. 물론 영미법상 부실표시(misrepresentation) 법리를 응용하여 진술 및 보증에 진실이 아닌 사항이 포함되어 있었다면, 계약서상 선행조건조항이나 손해배상조항이 없더라도 계약의 취소·이행 거절 또는 손해배상청구가 가능하다는 주장이 있을 수 있다. 그러나 그 계약의 준거

---

17) 앞에서 본 bring-down 문구가 있음을 전제한 것이다.

법이 한국법이라면 계약의 효력에 관한 문제는 한국법상의 일반 법리에 따라 해결되어야지 함부로 영미법을 유추적용할 것은 아니라고 본다.

먼저 계약의 취소에 관하여 보면, 진술 및 보증의 위반이 민법 제109조에 의한 착오 취소의 요건을 갖출 때에만 즉 법률행위 내용의 중요 부분에 착오가 있다고 보일 정도로 중대한 경우에만 취소사유가 된다고 보아야 한다. 이는 해당 계약에 이르게 된 제반사정을 기반으로 취소를 주장하는 자가 입증할 사항이다.

다음으로 명시적인 손해배상조항이 없음에도 진술 및 보증 위반 효과로서 손해배상청구권을 인정하는 것이 타당한지에는 의문이 있다. 진술 및 보증 위반에 대한 손해배상조항을 따로 두는 것이 일반적 거래관행인 이상, 그러한 조항을 두지 않았다면 당사자 사이에 손해배상의무를 예정하지 않았다고 일단 추단될 수 있고, 손해배상의무를 주장하는 쪽에서 그러한 의무의 존재를 입증하여야 할 것이기 때문이다. 물론 진술 및 보증에 위반한 결과, 채무의 본지에 따른 이행이 되지 아니하여 불완전 이행에 해당한다면 명시적 손해배상약정이 없더라도 채무불이행책임을 물을 수 있을 것이고, 권리의 하자 내지 물건의 하자에 해당할 정도라면 해당 주식의 매매에 관한 민법상의 하자담보책임을 물을 수 있을 것이다.

이와 관련하여 주식매수인이 대상회사의 실제 자산이 대차대조표상 자산에 미치지 못했음을 이유로 주식매도인을 상대로 손해배상을 청구한 사안에서, "이 사건 계약에 의하여 위 주식이 갖추어야 할 성질로서 예정된 소외 회사의 자산과 실제 자산의 차액은 이 사건 매매대상 주식의 하자라고 할 것이고, 원고는 위 하자로 인하여 이 사건 계약 체결 시 고려한 이 사건 매매대상 주식의 1주당 순자산가치와 실제 1주당 순자산가치의 차액만큼의 손해를 입었다"고 인정하고, 하자담보책임으로서의

손해배상의무를 인정한 하급심 판결이 있다.[18] 다만 하자담보책임을 묻
는 경우 민법 제580조 제1항 단서에 따라 매수인의 선의, 무과실이 요구
되고 제582조에 따른 단기의 제척기간(그 사실을 안 날로부터 6개월)이 적
용된다.[19]

VII. 진술 및 보증 위반에 따른 손해배상과 관련한 쟁점

1. 책임의 법적 성질 내지 근거

'진술 및 보증이 계약일 또는 거래 종결일 현재 진실하지 않았을 것'이
손해배상사유로 정해져 있는 경우, 이러한 손해배상의무의 법적 성격이
무엇인지에 관해 논의가 있다. 이에 대하여 일본에서는 (i) 위반 당사자의
고의·과실이 필요하지 아니한 채무불이행책임이라는 견해,[20] (ii) 계약
상 의무의 존재 또는 그 불이행·고의·과실이라는 요건을 전제로 하고
있지 않다는 점에서 이를 채무불이행으로 보기는 곤란하고 특약에 기한
담보책임이라고 보는 견해[21] 등이 있다.

---

18) 서울중앙지방법원 2006. 8. 24. 2005가합85097(미간행).
19) 서울중앙지방법원 2004. 10. 14. 2003가합52840(미간행, 항소 및 상고기각으로 확정)
   은, 주식매매계약이 체결된 후 대상회사가 다른 민사소송에서 패소함으로써 부채가
   증가하자 매수인이 매도인에게 손해배상을 구한 사안인바, 매수인이 여러 청구원인
   중 하나로 하자담보책임의 이행을 청구한 데 대하여 법원은 민법 제580조 제1항 단서
   에 따라 매수인의 선의·무과실이 요구되는데 원고가 위 소송의 존재를 인식하고 있
   었으므로 하자담보책임을 인정할 수 없다고 판시하였다.
20) 岡内眞哉, "表明保証違反による補償請求に際して, 買主の重過失は抗弁となるか," 金
   融·商事判例(2006. 4), 2-5면.
21) 金田 繁, "表明保証條項をめぐる實務上の諸問題(上): 東京地判平 18.1.17. を題材と
   して," 旬刊金融法務事情 第1771號(2006. 5), 43-50면.

국내에서는 (i) 하자담보책임의 일종이나 그 책임은 모든 M&A거래가 아니라 진술 및 보증조항을 둔 경우에 한하여 성립하기 때문에 '약정하자담보책임'에 해당한다는 견해,[22] (ii) 진술 및 보증조항은 그 목적물이 갖추고 있어야 하는 내용을 특약으로 정한 것이므로 목적물이 이에 부합하지 않을 경우에는 매도인이 계약의 내용대로 이행하지 아니한 것이 되어 채무불이행을 구성하기 때문에 이에 대한 책임은 채무불이행책임이라는 견해,[23] (iii) 그러한 책임의 근거는 당사자들의 합의에 있는 것이므로 계약상 책임이고, 굳이 분류하자면 일종의 손해담보계약에 유사한 계약을 위반한 데 따른 채무불이행책임이라는 견해[24] 등이 있다. 이들 모두 설명방식에 다소 차이가 있을 뿐 그 근거를 합의에서 찾는다는 점에서는 동일하다고 본다.

2. 매도인의 고의·과실과 손해배상청구권의 성립 여부

계약에서 매도인의 고의, 과실 등 주관적 귀책사유를 명시적으로 배제하였다면 그러한 특약을 존중하여 매도인의 고의, 과실은 불필요하다고 보아야 할 것이다.[25] 반면 계약에서 매도인의 고의 또는 과실이 있는 경우에만 책임이 있는 것으로 정하였다면 그러한 특약 역시 존중되어야 함은 물론이다.[26]

문제는 계약상 매도인의 고의, 과실이 필요한지 여부에 관하여 별다른

---

22) 김홍기, 앞의 논문(주 11), 78면.
23) 김태진, "M&A계약에서의 진술 및 보장 조항 및 그 위반," 저스티스 제113호(2009. 10), 한국법학원, 49면.
24) 천경훈, 앞의 논문(주 8), 58-59면.
25) 김태진, 앞의 논문(주 23), 52면.
26) 김홍기, 앞의 논문(주 11), 93-94면.

정함이 없는 경우이다. 이에 관해서는 (i) 진술 및 보증 위반으로 인한 손해배상의무의 '본질'이 채무불이행이므로 채무불이행책임의 '원칙'상 매도인의 고의·과실이 필요하다는 입장, (ii) 진술 및 보증 위반으로 인한 책임이 사실상 매도인의 담보책임과 유사한 기능을 하는 것인 점에 비추어 매도인의 고의·과실이 불필요하다는 입장 등이 있을 수 있다. 그러나 이러한 이론적 접근보다는, (iii) 당사자의 의사에 따라 주관적 귀책사유의 요부를 달리 정할 수 있다는 점을 중시하여 과연 당사자의 의사가 무엇인지를 탐구하는 것이 옳을 것이다.

그렇다면 당사자의 의사는 무엇일까? 진술 및 보증 위반 시의 손해배상의무는 궁극적으로 양 당사자의 가격 산정 등 계약조건 합의의 전제가 되었던 사실에 변경이 발생했을 때 이를 누구의 위험 부담으로 처리할 것인가의 문제이므로, 매도인의 주관적 비난 가능성은 크게 의미 있는 요소는 아니다. 양 당사자에게 귀책사유가 없는 경우에도 계약조건 합의의 전제사실에 변경이 발생한 이상 손해배상조항을 통해 그 이해관계를 조정할 필요가 있는 경우가 많을 것이고, 따라서 일반적인 경우에는 매도인의 고의·과실에 관계없이 진술 및 보증 위반으로 인한 손해배상을 인정하려는 것이 당사자들의 의도일 것이다. 앞에서 보았듯이 협상과정에서 매도인의 인식 여부에 따라 진술 및 보증의 효력범위를 조정하려는 시도가 자주 이루어지는 것도 이를 반증한다. 즉 매도인의 고의·과실 또는 인식이 있는 때에 한하여 진술 및 보증 위반으로 인한 손해배상을 부담하려는 경우에는 협상을 통해 이 점을 계약서상 명시('매도인이 아는 한…'이라는 문구 삽입)하려고 하는 것이 일반적 관행인 것이다.

따라서 계약상 별다른 정함이 없고 계약의 해석으로도 고의·과실 요부에 관한 결론을 도출하기 어렵다면, 매도인의 고의·과실은 진술 및 보증 위반으로 인한 손해배상청구권의 요건이 아니라고 보아야 할 것

이다.[27]

　이와 관련하여 한 하급심 판결[28]에서는 주식매매계약상 "재무제표가 중요한 부분에서 진실하고 매도인 및 자문기관의 고의 또는 중과실에 의하여 왜곡된 바 없다"는 취지의 진술 및 보증약정에도 불구하고 재무제표에 반영되지 아니한 회사의 추가 부채가 발견된 사안에서, 실사 당시 매도인 측의 고의·중과실에 의하여 정보가 누락되거나 왜곡된 정보가 제공되었다는 이유로 매도인의 손해배상책임을 인정하였다. 이 판결은 마치 매도인의 고의·과실을 요하는 것처럼 읽힐 수도 있으나, 그것은 이 건에 있어 진술 및 보증조항 자체가 '매도인의 고의 또는 중과실에 의하여 왜곡된 바 없을 것'이라고 되어 있기 때문에 그 위반 여부를 가리기 위한 것이었지 일반적으로 매도인의 고의 또는 중과실을 요구한 판결이라고 볼 수는 없을 것이다.[29]

3. 매수인의 악의·과실과 진술·보증 위반책임의 성립 여부

　매도인의 진술 및 보증이 사실과 다르다는 것을 매수인이 알았거나 과실로 알지 못한 경우에도 매도인을 상대로 진술 및 보증 위반을 이유로 손해배상청구권 등의 권리를 행사할 수 있는지가 문제 된다. 이에 관

---

27) 허영만, 앞의 논문(주 8), 31면. 일본에서도 표명보증책임은 무과실책임으로서 표명보증자의 고의, 과실은 책임 발생의 요건이 아니라는 것이 일반적인 견해이다. 青山大樹, "英米型契約の日本法的解釋に關する覺書 (下)：「前提條件」, 「表明保証」, 「誓約」とは何か," NBL(2008. 12), 78면 및 같은 부분에서 인용하는 문헌 참조(반대 견해 있음).

28) 서울중앙지방법원 2005. 12. 22. 2005가합13658(항소심 서울고등법원 2007. 1. 24. 2006나11182, 각 미간행). 이에 관한 평석으로 김홍기, 앞의 논문(주 11) 참조.

29) 김홍기, 앞의 논문(주 11), 93-94면도 이를 당사자의 약정에 따른 판시로서 타당하다고 본다.

하여는 이 책의 제14장, 제16장에서 상세히 다루므로 여기에서는 논의를 생략하기로 한다.

4. 손해배상액의 산정 문제

진술 및 보증된 내용이 사실이 아닌 경우 그로 인한 손해배상액을 어떻게 산정할 것인가? 특히 "재무제표가 회사의 재무 상태를 적정하게 표시하고 있다"는 취지의 진술 및 보증이 있는데, 실제로는 자산의 과다계상 또는 부채의 과소계상 등으로 인하여 실제 순자산이 재무제표에 기재된 순자산보다 적은 경우가 있다. 이때 재무제표에 관한 진술 및 보증 위반으로 인한 매수인의 손해액이 순자산부족액(에 매수인의 지분율을 곱한 금액)인지 아니면 그와 같이 감소한 순자산을 전제로 평가한 가치평가액의 감소분(에 매수인의 지분율을 곱한 금액)인지가 문제 된다.

예컨대 대상회사의 재무상태표에 나타난 재고자산이 실제보다 10억 원만큼 과다계상되고 미지급금이 실제보다 10억 원만큼 과소계상되었다면, 순자산은 20억 원만큼 과다계상된 것이다. 그런데 당초 재무제표에 나타난 정보를 기초로 현금흐름할인법에 따라 계산한 기업가치는 250억 원이었는데, 실제 상황을 기초로 현금흐름할인법에 따라 계산한 기업가치는 210억 원이라고 가정하면 가치감소액은 40억 원에 이른다.[30] 이때 매수인이 대상회사의 지분을 100퍼센트 취득하였다고 가정하면, 매수인

---

30) 계속기업으로 존속하는 기업이라면 현금흐름할인법에 따라 계산한 기업가치가 순자산가치보다 큰 것이 원칙이다. 만약 그렇지 않다면 그 기업은 계속기업으로 존속하는 것보다 자산을 처분하여 청산하는 편이 나을 것이다. 따라서 순자산감소액 자체보다 그것이 현금흐름할인법에 따른 기업가치평가액에 미친 부정적 영향이 더 커질 수 있다.

의 손해액이 순자산부족액 20억 원인지 아니면 그와 같은 순자산부족액이 가치평가에 미친 영향인 40억 원인지가 문제 되는 것이다.

이러한 경우 적어도 순자산감소액 20억 원은 재무제표가 진실했더라면 존재했을 이익 상태와 실제의 이익 상태의 차이에 해당하므로 차액설에 따른 매수인의 손해로 인정되어야 할 것이다. 나아가 '재무제표에 그와 같은 잘못이 없었더라면 매수인이 40억 원만큼 매매가격을 덜 지급했을 것'임이 입증된다면, 차액설에 따른 손해로 40억 원까지 인정될 수 있을 것이다. 그러나 후자(40억 원)의 사항이 입증되지 않았다고 하여 전자(20억 원)의 손해까지 부정되는 것은 아니라고 보아야 할 것이다.[31]

---

31) 그러나 하급심 판결 중에는 이런 경우 현금흐름할인법에 따른 가치감소액이 입증되지 않았음을 이유로 손해배상 자체를 부정한 것으로 보이는 사례가 있다[서울고등법원 2014. 10. 30. 선고 2012나71567 판결(대법원 2016. 6. 10. 선고 2014다83067 판결로 확정)].

14

진술 및 보증 위반에 관한 매수인의 악의의 법적 효과[*]

I. 서론

1. 문제의 제기

진술 및 보증[1](representation and warranty)이 영미법에서 비롯된 개념이기는 하지만, 우리의 재래의 거래에서도 M&A(Mergers & Acquisitions)

---

* 이 논문은 BFL 제68호(2014. 11)에 게재된 글을 수정·보완한 것이다. 또한 법무법인 (유한) 태평양의 허규현 변호사, 안세정 변호사와 서원민 독일변호사의 귀중한 리서치 도움을 받아 작성되었다.

** 법무법인(유한) 태평양 변호사

1) 영미법상 representation and warranty는 우리나라에서 '진술 및 보장', '진술보장', '진술 및 보증', '진술과 보증' 등으로 번역되어 사용되고 있다. 이에 관하여는 서완석, "미국의 진술 및 보장 조항에 관한 최근 동향," 선진상사법률연구 제67호(2014. 7), 법무부, 87면 각주 1 참조. 이 글에서는 대법원 판결(대법원 2015. 10. 15. 선고 2012다64253 판결)의 용례를 좇아 '진술 및 보증'이라 부르기로 한다.

계약에서와 같은 매도인의 진술 및 보증은 흔히 이루어지는 일이라 생각한다. 예컨대 중고차거래를 하면서 매도인이 이 차의 외장 판넬은 한 번도 (접촉사고 등으로) 교체된 적이 없었다거나 이 차는 잔 고장 한 번 없었다는 등으로 차의 상태나 이력에 대하여 매수인에게 장담을 하고 매수인은 그 장담에 마음이 끌려 사겠다고 하며, 매도인은 더 나아가 자신의 장담이 사실이 아니라면 책임지겠다고 하는 등의 교섭은 우리 주변에서 흔히 볼 수 있는 일이다. 매도인의 이러한 장담은 진술 및 보증에 다름아니라 할 것이다. 다만 우리의 재래의 계약관행에서는 매도인의 장담 내용(즉 진술 및 보증의 내용)이나 그 장담이 사실이 아닌 것으로 드러났을 때, 매도인이 어떤 책임을 질 것인가(즉 진술 및 보증 위반의 효과)에 관하여 계약서에 구체적으로 명기하는 경우가 드물었다.

그러나 요즘 우리나라에서는 외국인과 영문으로 계약을 체결하는 국제거래에서는 물론이거니와 내국인 간에 국문으로 계약을 체결하는 국내거래에서도 매도인의 진술 및 보증에 기초하여 거래교섭을 진행하고 계약서에 진술 및 보증의 내용과 그 위반 시의 효과에 관하여 구체적으로 명시하는 경우를 흔히 볼 수 있으며, 그에 따라 매도인의 진술 및 보증 위반에 관하여 매수인의 악의 또는 과실이 존재하는 때 매수인의 손해배상청구가 허용되는지에 관한 다툼이 늘어나고 있다.

미국에서는 매도인의 진술 및 보증 위반사실을 매수인이 알았거나 알수 있었음에도 계약을 체결하거나 거래를 종결(closing)하고는 거래 종결 이후 매도인을 상대로 진술 및 보증 위반을 이유로 손해배상을 청구하는 것을 샌드배깅(sandbagging)[2]이라고 한다.[3] 샌드배깅은 여러 경우

---

2) 샌드배깅이란, 미국에서 경쟁자에 대하여 자신의 우월한 능력을 숨김으로써 이득을 챙기는 것을 뜻하는 말로 흔히 사용된다고 하며, 그 유래에 관하여는 여러 가지 설명이 있으나 19세기 미국 뉴욕의 갱들이 언뜻 보기에 해로울 것 같지 않은 모래가 든 주머니,

에 발생할 수 있다. 예컨대 (i) 매수인이 계약 체결 전에 실사를 통해 매도인의 진술 및 보증 중 일부가 사실이 아님을 알게 되었으나 이를 매도인에게 알리지 않고 계약을 체결하고는 거래 종결 이후 매도인을 상대로 위 진술 및 보증 위반을 이유로 손해배상을 청구하거나, (ii) 매도인이 계약 체결 직전에 매도인의 진술 및 보증 중 일부가 사실이 아님을 매수인에게 알렸으나 매수인이 공개목록에의 반영을 거부한 채 예정대로 계약을 체결하고 거래 종결까지 마치고 나서 매도인을 상대로 손해배상을 청구하는 경우, 또는 (iii) 매수인이 계약 체결 이후 진술 및 보증 위반사실을 우연히 알았는데 이를 매도인에게 알리지 않고 거래를 종결하고 나서 매도인을 상대로 손해배상을 청구하는 경우 등이 이에 해당한다.

이하에서는 M&A계약에서 계약 당사자 간 합의로 샌드배깅을 허용하기로 하고 이를 계약서에 명시하는 소위 샌드배깅 허용규정(sandbagging provision 또는 pro-sandbagging provision)[4]이나 반대로 계약 당사자 간 합

───────────────

즉 샌드백을 강력한 살상무기로 사용한 데에서 비롯되었다는 이야기가 유력하다. 예컨대 골프시합에서 '샌드배거'라고 하면 자신의 실제 능력보다 못 치는 것처럼 속임으로써 핸디캡을 더 인정받아 상대방을 이기려 드는 사람을 의미하고, 포커게임에서는 좋은 패가 들어왔음에도 아닌 척하고 판돈을 높이지 말자고 하여 다른 사람을 안심시키고는 나중에 판돈을 올리는 수법을 일컫는다고도 한다. 이상의 샌드배깅의 의미에 관하여는 Glenn D. West / Kim M. Shah, Debunking the Myth of the Sandbagging Buyer : When Sellers Ask Buyers to Agree to Anti-Sandbagging Clauses, Who Is Sandbagging Whom?, 11 (1) The M&A Law 3, 3 (2007) ; Charles K. Whitehead, Sandbagging : Default Rules and Acquisition Agreements, 36 Del. J. Corp. L. 1083 (2001)의 각주 4 참조.

3) West / Shah, 앞의 논문(주 2), 3면.

4) 샌드배깅 허용규정의 예문은 다음과 같다(American Bar Association M&A Market Trends Subcommittee, 2011 Private Target M&A Deal Points Study, slide 75, http:// apps.americanbar.org/dch/committee.cfm?com=CL560003에서 인용. 우리말 번역은 글쓴이).

"본 계약상 진술 및 보증에 기초한 손해배상청구권이나 기타 법적 구제수단은 동 진술

의로 샌드배깅을 허용하지 않기로 하고 그러한 취지를 계약서에 명시하
는 소위 샌드배깅 불허규정(anti-sandbagging provision)[5]을 두지 아니한
경우, 매도인의 진술 및 보증 위반에 관한 매수인의 인식이 매수인의
손해배상청구에 어떠한 영향을 미칠 것인지 즉 매수인의 손해배상청구
가 허용될 것인지에 관하여 검토하고자 한다. 그 검토의 방법으로는
비교법적 고찰을 통해 외국 법의 샌드배깅에 대한 태도를 보고, 우리
법의 해석상으로는 어떠한지를 그동안의 하급심 판례를 중심으로 그 흐
름을 알아본 뒤 마지막으로 우리 법상 바람직한 해석론을 모색해 보고자
한다.[6]

및 보증이 정확한지 여부에 관하여, 본 계약의 체결 전후 또는 본 계약상 거래 종결의
전후를 불문하고 알거나 알 수 있었던 바에 의하여 영향받지 아니한다[The right to
indemnification, reimbursement or other remedy based upon any such representation
[or] warranty ... will not be affected by ... any Knowledge acquired (or capable of
being acquired) at any time, whether before or after the execution and delivery of
this Agreement or the Closing Date, with respect to the accuracy or inaccuracy of ...
such representation [or] warranty ...]."

5) 샌드배깅 불허규정의 예문은 다음과 같다(ABA M&A Market Trends Subcommittee,
2011 Private Target M&A Deal Points Study, slide 76, http://apps.americanbar.org/
dch/committee.cfm?com=CL560003에서 인용. 우리말 번역은 글쓴이).
"본 계약상 진술 및 보증의 부정확 또는 위반으로 인하여 손해를 구하는 당사자가 만약
거래 종결 전에 그 부정확 또는 위반에 관하여 알았다면, 상대방은 그에 대하여 책임을
지지 아니한다(No party shall be liable under this Article for any Losses resulting from
or relating to any inaccuracy in or breach of any representation or warranty in this
Agreement if the party seeking indemnification for such Losses had Knowledge of
such Breach before Closing)."

6) 샌드배깅에 관하여 대법원 판결(대법원 2015. 10. 15. 선고 2012다64253 판결)이 나왔
으므로 이제 우리 법의 해석은 이 대법원 판결을 중심으로 이루어져야 할 것이다. 이
글은 이 대법원 판결이 나오기 전에 쓰인 것이나 그 논지는 여전히 유효하다. 이 대법원
판결에 관하여는 이 책 제16장을 참조하기 바란다.

II. 샌드배깅에 관한 비교법적 고찰

1. 미국[7]

미국은 주(州)마다 다른 접근을 취하고 있는데 불법행위법적 접근을 취하는 주와 계약법적 접근을 취하는 주로 크게 나뉜다.[8]

불법행위법적 접근이란 진술 및 보증은 이를 신뢰(reliance)한 자만이 그 위반에 대해 책임을 물을 수 있다는 영미법상 전통적인 법리에 기초한 접근방식으로, 만약 매수인이 진술 및 보증 위반사실을 이미 알고 있었다면 매수인은 진술 및 보증을 더 이상 신뢰하지 아니한 것이라 할 수 있으므로 그 위반에 대해 책임을 물을 수 없다는 결론에 이른다.[9] 결국 샌드배깅을 불허하는 입장이라 할 수 있다. 불법행위법적 접근을 취하는 주에는 캘리포니아, 콜로라도, 캔자스, 메릴랜드, 미네소타, 텍사스 등이 있다.[10]

---

7) 이하 미국에서의 논의에 관한 내용은 West / Shah, 앞의 논문(주 2), 3-7면 ; Charez X. Golvala / Lara Aryani / Deniz Şahbaz / Ekin İnal, M&A Perspectives : How to Sandbag In NY, London, Istanbul (June 2012. http://www.law360.com/articles/349 437/m-a-perspectives-how-to-sandbag-in-ny-london-istanbul) ; Jonathan Moncrieff, A Little Knowledge Can Be a Dangerous Thing : Sandbagging Clauses in Acquisition Agreements (October 2012, Stikeman Elliott Newsletter), available at http://www. stikeman.com/cps/rde/xchg/se-en/hs.xsl/16943.htm ; Paul S. Bird, Sandbags at Dawn (December 2002), available at http://www.internationallawoffice.com/Newsletters/ Corporate-FinanceMA/USA/Debevoise-Plimpton/Sandbags-at-Dawn?redir=1. Luke P. Iovine, III, Sandbagging In M&A Deals : Silence May Not Be Golden, available at http://www.mondaq.com/unitedstates/x/201854/M+A+Private%20equity/Sandbaggin g+In+MA+Deals+Silence+May+Not+Be+Golden 등 참조.
8) Whitehead, 앞의 논문(주 2), 1108-1115면.
9) Whitehead, 앞의 논문(주 2), 1084면.
10) Whitehead, 앞의 논문(주 2), 1114-1115면.

계약법적 접근이란 매수인은 그 위반 시에는 손해배상책임을 지겠다는 매도인의 진술 및 보증을 흥정을 통해 대가를 치르고 산 것이므로 진술 및 보증 위반에 관한 매수인의 인식의 유무, 즉 매도인이 진술 및 보증을 한 사실이 진실이라고 신뢰하였는지 여부는 매수인의 손해배상청구권에 영향을 미치지 않는다는 접근방식이며 샌드배깅을 허용하자는 입장이라 할 수 있다.[11] 즉 매도인이 진술 및 보증을 하고 위반 시에는 책임을 지겠다고 한 이상, 그 진술 및 보증을 돈을 주고 산 매수인은 그 진술 및 보증이 정확하지 않음을 알고 있었는지, 그에 따라 매도인의 진술 및 보증을 신뢰하지 않았는지 여부와 상관없이 진술 및 보증 위반에 대하여 손해배상을 청구할 수 있다는 접근방식이다. 이러한 접근방식을 취하는 주는 델라웨어, 코네티컷, 플로리다, 일리노이, 인디애나, 매사추세츠, 미시건, 미주리, 몬태나, 뉴햄프셔, 뉴멕시코, 펜실베이니아, 웨스트버지니아, 위스콘신 등이다.[12]

미국에서 M&A계약의 준거법으로 가장 널리 선택되는 것으로 알려진 뉴욕주의 경우, 전통적으로 불법행위적 접근방식을 취해 오다가 1990년의 Ziff-Davis 판결[13] 이래 계약법적 접근을 취하게 되었지만 일정한 때에는 예외적으로 샌드배깅을 허용하지 않는 절충적인 입장인 것으로 평

---

11) Whitehead, 앞의 논문(주 2), 1084-1085면.
12) Whitehead, 앞의 논문(주 2), 1108-1114면.
13) 75 N.Y.2d 496, 554 N.Y.S.2d 449 N.Y. 1990. Ziff-Davis 판결의 사안은 다음과 같다. "계약 체결 후 매수인은 대상회사에 대한 실사를 진행하였고 그 결과 매도인의 진술 및 보증 위반에 대해 의심을 갖게 되었는데, 매도인은 매수인의 의심을 부인하면서 만약 매수인이 진술 및 보증 위반이 의심스럽다는 이유로 거래 종결을 거부한다면 매수인을 상대로 소를 제기하겠다고 으름장을 놓는다. 이에 매수인은 거래 종결이 당사자의 어떠한 권리나 방어수단에 대한 포기로 간주되지 않는다는 점을 매도인과 명시적으로 합의하고 거래 종결에 이르게 된다. 이후 매수인은 위 진술 및 보증 위반을 이유로 매도인에게 손해배상을 청구하였다"(같은 판결문, 501면 참조).

가되고 있다.[14)

Ziff-Davis 사건에서 매도인은 매수인이 거래 종결 전에 이미 진술 및 보증 위반사실을 알고 있었으므로 해당 진술 및 보증에 대해 신뢰하지 아니한 것이고, 따라서 손해배상청구권이 성립하지 않는다고 항변하였다. 이에 대해 뉴욕주 법원은 이 사건의 중요한 쟁점은 (불법행위법적 접근방식에서와 같이) 매수인이 진술 및 보증된 내용이 진실이라고 믿었는지가 아니라 (계약법적 접근방식에서와 같이) 진술 및 보증에 관한 매도인의 약속을 샀다고 믿었는지의 점이라고 하면서, 당사자 간 흥정의 일부로 계약에 진술 및 보증이 포함되었다는 것은 그러한 (계약법적) 신뢰가 있었음을 소명하는 것이고, 그렇다면 매수인이 그후 그 진술 및 보증된 내용을 신뢰하였는지 여부는 손해배상청구권을 인정하는 데 영향을 미치지 않는다고 판시하였다.[15) 뉴욕주 법원은 매수인이 계약을 체결하면서 흥정을 통해 매도인의 일정한 진술 및 보증이 존재한다는 약속을 산 이상, 계약 체결 이후 그 진술 및 보증된 내용이 진실이라고 신뢰하였는가는 이 사건의 쟁점이 아니라는 점을 강조하였다.[16)

이후 뉴욕법을 적용한 세 건의 연방법원 판결이 있었는데 Ziff-Davis 판결의 룰을 제한적으로 인정하여 거래 종결 전에 진술 및 보증 위반사실을 알았던 악의의 매수인의 손해배상청구를 부인하였다.

Galli v. Metz 판결[17)에서 Galli와 Metz는 계약 체결과 동시에 거래를 종결하였는데, 매도인인 Galli는 계약을 체결하면서 사실이 아닌 진술 및

---

14) Golvala / Aryani / Şahbaz / İnal, 앞의 논문(주 7) ; James L. Kelly, Meredith Ervine, to Sandbag or Not to Sandbag, available at http://www.pillsburylaw.com/publications/to-sandbag-or-not-to-sandbag 등 참조.

15) 앞의 판결문(주 13), 503면.

16) 앞의 판결문(주 13), 504면.

17) 973 F.2d 145 2d Cir. 1992.

보증을 하였고, Metz가 그 진술 및 보증 위반을 원인으로 하는 소를 제기하자 Galli는 자신 또는 대리인이 그 위반의 원인이 되는 사실을 거래 종결 전에(따라서 계약 체결 전에) 이미 Metz에게 알려 주었다고 주장하였고, Metz는 Ziff-Davis 판결을 인용하면서 그의 악의는 상관없다고 항변하였다. 이에 제2연방고등법원은 "계약상 진술 및 보증 위반에 해당하는 사실이 매도인에 의해 공개되어 매수인이 그 사실을 충분히 알고 수용한 상태에서(in the full knowledge and acceptance of the facts disclosed by seller which would constitute a breach of warranty) 계약 종결에 이르게 되었다면 매수인은 나중에 그 위반을 주장할 수 없다. 그러한 경우에 매수인이 (Ziff-Davis 판결에서 매수인인 CBS가 그러하였듯이) 그의 손해배상청구권에 관하여 명시적으로 유보하지 아니한 이상 매수인은 그 위반에 관하여 자신의 권리를 포기한 것이라 생각한다"고 판시하였다.

Rogath v. Siebenmann 판결[18]에서 매도인인 Siebenmann은 프랜시스 베이컨의 회화작품을 매수인인 Rogath에게 팔면서 매매계약서에 해당하는 양도증서에 작품은 진품이며 위작 논란에 대해 아는 바 없다고 명시하였으나, 이는 사실이 아니었고 매도인은 매매계약 전에 그 논란에 관한 사항을 모두 매수인에게 이야기해 주었다고 주장하였다. 법원은 Ziff-Davis 판결과 Galli 판결에서 확인된 법리를 좇아 만약 매도인이 매수인에게 진술 및 보증 위반사실을 알려 주었다면 매수인은 청구권이 없다고 판시하였다. 즉 법원은 "매수인의 진술 및 보증의 위반에 관한 인식이 매도인으로부터 얻게 된 것이라면 매수인은 (명시적으로 그 권한을 유보하지 아니한 이상) 진술 및 보증이 진실이라는 매도인의 약속을 매수인으로부터 산 것을 믿었다고 할 수 없다"고 판시한 것이다.

---

18) 129 F.3d 261 2d Cir. 1997.

Coastal Power International Ltd. v. Transcontinental Capital Corpora-tion 판결[19]에서 법원은 사업양수인이 계약 체결 후 거래 종결 전에 양도인의 진술 및 보증 위반에 관하여 알게 되었지만 권리를 유보함이 없이 거래 종결에 이르렀다면, 그 위반에 대한 자신의 청구권을 포기한 것으로 보아야 한다고 판단하였다.

이상의 뉴욕주 판결들을 종합해 보면, 뉴욕주의 법은 대체로 다음 사항을 시사한다고 볼 수 있다.[20]

－계약법적 접근을 취함이 원칙이나(즉 샌드배깅을 허용함이 원칙이나)

－만약 매수인의 악의가 계약 체결 전에 생긴 것이라면 샌드배깅이 허용되지 아니할 수 있고,

－매수인의 악의, 즉 지식의 근원이 매도인이라면 매수인은 그 위반 사실을 충분히 알고 이를 수용한 것이므로 매도인의 진술 및 보증을 자신이 샀다고 주장하기 어렵거나 청구권을 포기한 것으로 인정될 수 있으며(즉 샌드배깅이 허용되지 아니할 수 있으며),

－그럼에도 불구하고 거래 종결 전에 매수인이 손해배상청구권을 명시적으로 유보하였다면 샌드배깅이 허용될 가능성이 높다.

결국 뉴욕주 법원의 판결 흐름을 보면 전통적인 불법행위적 접근방식에서 계약법적 접근방식으로 전환하여 원칙적으로 샌드배깅을 허용하되, 매수인의 악의가 계약 체결 전에 생긴 것이거나 매수인의 악의 즉 인식의 근원이 매도인인 때에는 예외적으로 샌드배깅을 허용하지 아니할 수 있으며, 다만 어느 경우든 매수인이 명시적으로 자신의 손해배상청구권을 유보해 놓았다면(즉 샌드배깅 허용규정을 두거나 권리불포

---

19) 10 F. Supp. 2d S.D.N.Y. 1998.
20) Iovine, 앞의 논문(주 7).

기조항을 둔 경우라면) 샌드배깅이 허용될 가능성이 높다고 할 수 있다.

2. 영국[21]

판례법(case law)이 제한적으로 존재하나 매수인이 진술 및 보증이 제공된 시점에 이미 그 위반에 관하여 알았다면, 그 위반에 대한 손해배상청구권을 행사할 수 없다는 것이 일반적인 해석으로 받아들여지고 있으며 Eurocopy Plc v. Teesdale and others 사건의 중간판결[22]에서 지지된 바 있다. 이는 매수인이 진술 및 보증 위반사실을 알고 가격 합의에 이르게 된 경우라면 진술 및 보증 위반으로 인한 가치 감소를 사후적으로 주장할 수 없다는 이유에 기초한 것이다.

Eurocopy Plc 사건에서 매도인은 매수인이 계약 체결 전에 진술 및 보증 위반사실을 알고 있었다고 주장하였고, 매수인은 계약상 "매도인의 공개목록에 기재된 사항에 대해서만 매수인의 손해배상청구가 불가능하고 그 밖의 사항에 관한 매수인의 지식은 손해배상청구에 영향을 미치지 아니한다"는 취지의 명시적 규정[23]을 두었음을 근거로 매수인의 지식은

---

21) 영국 판례에 대한 이하의 설명은 John Phillips / Julian Runnicles / Jeffery Schwartz, Navigating Trans-Atlantic Deals : Warranties, Disclosure and Material Adverse Change, 15 (4) Journal of Financial Regulation and Compliance 472 (2007)와 Golvala / Aryani / Şahbaz / İnal, 앞의 논문(주 7), 그리고 Ross McNaughton / Matthew Poxon, Company Acquisitions : Representations Warranties And Disclosure (January 28, 2014), available at http://www.paulhastings.com/docs/default-source/PDFs/wldoc-14-1-28-12_4-(pm).pdf를 인용한 것이다.

22) 1992 BCLC 1067.

23) Eurocopy Plc 사건에서 문제가 된 조항은 아래와 같다.
"The Warranties are given subject to matters set out in the Disclosure Letter but no other information of which the Purchase has knowledge (actual, constructive or imputed) shall preclude any claim made by the Purchaser for breach of any of the

손해배상청구에 영향이 없다고 항변하였는데, 매도인 측 주장을 지지하는 중간 판결이 내려졌다(종국 판결은 내려진 바 없다). 그 논거는 매수인이 어떤 사실을 알고서 계약을 체결하였다면 이론적으로 그 인식은 매수인이 계약을 체결함에 있어서 고려되었을 것이므로, 나중에 매수인으로서는 진술 및 보증 위반으로 인하여 대상회사의 가치가 매매대금을 주고 산 것만 못하다는 주장을 하기 어렵다는 것이다.[24]

이후 Infiniteland Ltd and another v. Artisan Contracting Ltd 사건[25]에서는 매수인의 실제 인식(actual knowledge)의 경우 청구권을 배제하기로 한 조항과 관련하여 실제 인식이 있었는지가 다투어졌기 때문에 Euro-copy 사건의 중간 판결의 판단이 쟁점으로 직접 다루어지지는 않았다. 다만 영국법원은 방론(傍論·obiter)으로, 진술 및 보증 위반에 대하여 실제로 알았던(actual knowledge) 매수인은 당연히 손해배상을 청구할 수 없다는 매도인 측 주장을 배척하고 매수인의 악의의 효과에 대한 당사자 간의 합의가 중요한 것이라는 견해를 비치면서, 알지 못한 데 과실이 있었던 경우(constructive knowledge)만으로는 매수인의 손해배상청구가 제한되지 않고 대리인의 인식(imputed knowledge)을 매수인 본인의 실제 지식(actual knowledge)으로 추정할 수도 없다고 하였다.

학설은 Infiniteland 판결로는 영국법상 샌드배깅 허용규정이 유효한 것으로 보았는지 여부를 판단하기 어렵다는 것이며, 샌드배깅 허용규정을 명시적으로 두고 있다고 해서 그에 따라 샌드배깅이 허용되는지에 관하여는 아직 법원의 판단이 내려지지 아니한 것으로 보고 있다.[26] 이는

Warranties or reduce any amount recoverable."

24) McNaughton / Poxon, 앞의 논문(주 21), 3면.

25) 2005 EWCA Civ. 758.

26) 글쓴이가 한국 기업의 해외 기업 인수를 자문하면서 같은 문제로 영국 로펌의 검토 의견을 받은 내용도 이와 동일하다. 즉 영국법의 해석상 계약서에 샌드배깅 허용규정

미국과 영국의 M&A 실무 동조화 경향에도 불구하고 큰 차이로 받아들여지고 있다.

3. 독일

성문법 국가인 독일에서는 민법상 물품매매계약에서 물품의 하자에 관한 규정(제442조 제1항)이 권리나 기타 대상의 매매의 경우에도 준용되는데(제453조 제1항), 그에 따라 동 규정이 M&A계약·주식매매계약이나 자산양수도계약에도 마찬가지로 준용되는 것으로 일반적으로 해석된다.[27] 그 규정들은 다음과 같고 임의법규이므로 당사자 간 합의로 배제가 가능하다.[28]

> 제442조 제1항
> 물품의 하자로 인한 매수인의 청구권은 계약이 체결될 당시 그 하자에 관하여 매수인이 알고 있었다면 배제된다. 만약 중과실로 하자에 관하여 알지 못한 경우에 매수인은 (i) 매도인이 그 하자를 고의로 숨겼거나 (ii) 매도인이 그 물품의 성질에 관하여 보증을 한 경우에 한하여 그 권리를 주장할 수 있다.

민법 제442조 제1항의 제1문은 샌드배깅 불허규정을 성문화한 것이므

을 둔다고 해서 악의의 매수인의 청구권이 성립한다고 단정하기는 어려우며, 그런 규정을 둔다고 해서 (매수인에게) 해가 되지는 않겠지만 아마도 손해배상청구권이 인정되지 않는다고 가정하는 것이 신중한 태도일 것이라는 취지의 검토의견을 받은 바 있다.
27) 주식매매계약에 준용된다는 것은 Palandt, Bürgerliches Gesetzbuch, Kommentar, 73. Auflage, 2014, 자산양수도계약에 준용된다는 것은 BGH NJW, Bundesgerichtshof, Neue Juristische Wochenschrift, 13, 1083를 각 참조.
28) Mark C. Hilgard, Kenntnis des Käufers von einer Garantieverletzung beim Unternehmenskauf, 17 Betriebs-Berater 963 (2013).

로 M&A 계약에서 달리 샌드배깅 허용규정을 두지 아니한 이상, 매수인이 진술 및 보증 위반에 관하여 계약 체결 전에 알게 된 것이라면 위 규정에 의하여 샌드배깅은 허용되지 않는다.[29] 하지만 중과실의 매수인의 경우에는 매도인의 진술 및 보증은 매도인이 그 물품의 성질에 관하여 보증을 한 때에 해당하므로 민법 제442조 제1항 제2문 위 (ii) 부분에 의거하여 매도인의 진술 및 보증이 존재하는 이상 청구권이 인정되고, 진술 및 보증이 존재하지 아니하는 경우에도 매도인이 그 하자를 고의로 숨긴 때에는 제442조 제1항 제2문 위 (i) 부분에 의거하여 청구권을 인정받는다.[30]

4. 일본

성문법 국가인 일본에서는 M&A 계약에 있어서 샌드배깅에 관한 조항을 명시적으로 두지 않은 경우, 어느 당사자가 표명보증[representation & warranty를 일본에서는 표명보증(表明保證)이라 부르므로 이하 본 항의 논의에 국한하여 일본의 용례에 따라 표명보증이라 쓴다]한 사항이 진실에 반한다는 사실을 계약 체결 당시 이미 알고 있던 악의의 상대방이 그 표명보증을 행한 당사자를 상대로 보상청구를 하는 것이 허용되는지 여부에 관하여 명시적으로 밝히고 있는 판례는 아직 없는 것으로 보인다.[31]

한편 도쿄지방재판소는 2006년 1월 17일자 판결(이른바 아르코 사건)에

---

29) Jan Möller, Offenlegungen und Aufklärungspflichten beim Unternehmenskauf, Neue Zeitschrift für das Gesellschaftsrecht (NZG), 843 (2012).

30) Weidenkaff in Palandt, Bürgerliches Gesetzbuch, Kommentar, 73. Auflage, 2014, Article 442, marginal number 19 and Article 443, marginal number 4.

31) 淸水 誠, "米國のM&A契約實務に關する最近のトピックス：サンドバッギングと表明保證保險," ジュリスト 第1448號(2012. 12), 有斐閣, 83면.

서 기업매수에 관한 사례에 있어 표명보증 위반으로 인한 보상책임을 인정하여 원고의 청구를 일부 인정한 바 있는데, 해당 판결은 일본에서의 M&A에 있어서 표명보증 위반으로 인한 보상책임에 관한 최초의 판례로서 많은 학자의 논의의 대상이 되고 있다. 즉 동 판결에서 도쿄지방재판소는 X가 Y의 표명보증 위반에 관하여 선의인 것이 X의 중대한 과실에 기초한 것이라고 인정되는 때에는 공평의 견지에 비추어 악의의 경우와 마찬가지로 보아 Y는 표명보증 위반책임을 면한다고 해석할 여지가 있다고 판시하였는데, 이를 두고 매수인이 거래 종결 이전에 표명보증 위반사실을 인식하고 있었는지 여부가 손해배상책임의 추급에 영향을 미치는지에 관한 논의가 전개되고 있다.

이에 관하여 일본의 학설은 (i) 매수인이 계약조건을 수정하거나 이행을 보류하지 않은 채 거래 종결에 이른 것은 계약조건에 관한 재교섭이나 이행 보류에 관한 권리를 포기한 것으로 보아야 하므로 이러한 악의 또는 중과실의 매수인은 보호받을 수 없다는 견해와, (ii) 계약조건의 재교섭으로 인하여 M&A가 지연되는 것을 회피하기 위하여 일단 계약을 체결한 다음 향후 보상청구를 함으로써 매수가격이나 조건을 조정하려는 경우도 있을 수 있으므로 매수인 측이 악의 또는 중과실이라고 하더라도 매도인 측에 대한 보상청구가 가능하다는 견해로 크게 나뉘고 있다고 한다.[32]

악의 또는 중과실의 매수인이 보상청구를 할 수 있다는 입장 중에서는, (i) 표명보증책임의 법적 성질을 민법상 하자담보책임에 유사한 특약에 기초한 담보책임이라고 보는 전제하에 보상청구에는 매수인의 선

---

32) 酒井太郎, "表明保証責任の對象となる不實開示の意義," 一橋法學 第12卷 第3號 (2013. 11), 一橋大學大學院法學研究科, 586면.

의·무과실이 요구되지 않으므로 원칙적으로 보상이 허용된다는 견해,[33] (ii) 당사자 간에 매수가격이나 조건의 조정에 관한 재교섭이 곤란한 특별한 사정이 있는 경우에 한하여 보상이 허용된다는 견해,[34] 그리고 (iii) 신의칙 및 공평의 관점에 비추어 볼 때 악의 또는 중과실이라는 이유만으로 매도인에 대한 보상청구가 제한되는 것은 아니지만, 매수인 측이 표명보증의 위반사실을 알고 있음을 전제로 주식가격 산정에 이러한 사정이 반영되었다는 사실이 입증된 경우에 한하여 비로소 매도인에 대한 보상청구가 제한된다는 견해[35] 등이 있는 것으로 보인다.

나아가 위 (iii) 표명보증 위반사실이 가격에 반영된 경우에 한하여 보상청구가 제한된다는 견해에서는 보상청구의 제한에 관한 근거를 주로

---

33) 國友順市, "表明保証責任に關する若干の考察 : 判例を素材として," 龍谷法學 第44卷 第4號(2012. 3), 龍谷大學, 1339면. 다만 표명보증책임의 법적 성질에 관해서는 손해담보계약의 일종으로 보는 견해도 있으며, 어느 한쪽의 견해가 확립된 것은 아닌 것으로 생각된다[潮見佳男, "消費者金融會社の買收に際しての表明·保証違反を理由とする賣主の損害補塡義務," 金融判例研究 第17號(2007. 9), 金融財政事情研究會, 67면 ; 渡邊博己, "M&A契約における表明保証と契約当事者の補償責任 : 損害担保契約の一類型としての整理," NBL 第903號(2009. 4), 商事法務, 64면 ; 靑山大樹, "英米型契約の日本法的解釋に關する覺書(下) : 「前提條件」, 「表明保証」, 「誓約」とは何か," NBL 第894號(2008. 12), 商事法務, 75면].

34) 松尾健一, "株式賣買契約における表明·保証條項違反について賣主が損害賠償義務を負うとされた事例," 商事法務 第1876號(2009. 9), 商事法務研究會, 54면.

35) 越知保見, "「買主, 注意せよ」から「賣主, 開示せよ」への契約觀の轉換," 早稻田法學 第86卷 第3號(2011. 7), 早稻田大學法學會, 50면. 일부를 인용하면 다음과 같다. "당사자는 표명보증이 정확하다는 것을 전제로 가격을 결정하는 것이 통상이고, 공평의 관점에서는 중과실은 물론이고 단지 악의였다고 하더라도 보상청구의 제한은 인정되어서는 안 되고, 청구하는 측이 해당 조항이 거짓이라는 것을 알고 있는 것뿐만 아니라 거짓이라는 것을 전제로 가격합의(pricing)가 이루어졌다는 점까지 입증된 경우에 (신의칙의 관점에서) 보상청구가 제한되어야 한다고 생각된다. 표명보증의 거짓이 가격에 반영되어 있지 않다면, 청구자가 악의라고 하더라도 보상청구가 인정되는 것이 당사자의 리스크 분배의 합의 내용에 합치하고, 공평의 관점에서도 지지되어야 하기 때문이다."

권리남용이나 신의칙·공서양속 등에서 찾고 있으나,[36] 보상의 대상이 되는 손해 내지 손실의 발생이나 그 표명보증 위반으로부터의 '기인'성 또는 '관련'성이 부정되는 것이라는 견해도 있는 것으로 보인다.[37]

III. 우리 법원의 입장

1. 인천정유 사건[38]

(1) 사안의 개요

이 사건의 매도인들은 한화에너지(인수 후 '인천정유'로 상호 변경)의 주식을 매수인에게 매도하면서 "한화에너지가 행정법규를 위반한 사실이 없다"고 진술 및 보증을 하였다. 그러나 그와 달리 한화에너지가 인수 전에 군납유 담합에 가담하여 공정거래법을 위반하여 인수 후에 인천정유에 과징금·벌금이 부과되고 국가로부터 손해배상청구를 당하게 되자, 매수인이 매도인들에게 위 진술 및 보증 위반을 원인으로 한 손해배상을 청구한 사안이다. 매도인들은 주식양수도계약상 진술 및 보증조항은 민법상 하자담보책임과 관련하여 그 하자의 의미와 범위를 보다 구체적으로 합의한 것에 불과하므로 민법 제580조 제1항 단서에 따라 악의 또는

---

36) 弥永眞生·大杉謙一·山田剛志(編)/江平 亨, "表明·保証の意義と瑕疵担保責任との關係," 現代企業法·金融法の課題, 弘文堂, 2004, 90면 ; 西村總合法律事務所(編)/谷川達也, "M&Aにおける法的監査," M&A法大全, 2001, 697면.

37) 森 倫洋, "アルコ事件 : 企業買收(M&A)における賣主の表明, 保証違反に基づく補償請求," 別冊金融商事判例 M&A判例の分析と展開, 經濟法令研究會, 2007, 5면.

38) 서울중앙지방법원 2007. 12. 18. 선고 2002가합54030 판결 ; 서울고등법원 2012. 6. 21. 선고 2008나19678 판결 ; 대법원 2015. 10. 15. 선고 2012다64253 판결.

과실로 하자를 알지 못한 매수인의 경우 하자로 인한 손해배상을 청구할 수 없는 것인데, 매수인은 특정 담합 행위자 중 하나로서 한화에너지의 공정거래법 위반사실을 알고 있었으므로 손해배상을 청구할 수 없다고 주장하였다.[39]

(2) 제1심 판결

제1심 법원인 서울중앙지방법원은 주식양수도계약서상의 진술 및 보증조항이 민법상의 하자담보책임을 구체화한 것에 불과한 것이라고 보기는 어렵다고 판단함으로써 민법 제580조 제1항 단서의 적용을 배제하였다.[40]

한편 진술 및 보증 위반으로 인한 책임을 묻기 위해서 매수인의 선의 · 무과실이 필요한지에 관하여 제1심 법원은, "계약 협상 시 매도인이 자신이 할 진술과 보증의 내용에 어떤 사실이 위반될 것 같은 경우 그

---

39) 인천정유 사건에서 문제가 된 주식매매계약의 관련 조항은 아래와 같다.

제9조(진술과 보증사항)

(1) 갑은 본 계약 체결일 현재 갑 및 에너지 및 프라자에 대하여 다음 사항을 보증한다.

….

(거) 에너지 및 프라자는 일체의 행정법규를 위반한 사실이 없으며, 이와 관련하여 행정기관으로부터 조사를 받고 있거나 협의를 진행하는 것은 없다.

….

제11조(손해배상)

(1) 양수도 실행일 이후 제9조의 보증의 위반사항(순자산가치의 부족이나 숨은 채무 또는 우발채무가 새로이 발견되는 경우도 포함한다)이 발견된 경우 또는 기타 본 계약 상의 약속사항을 위반함으로 인하여 에너지 및 프라자 또는 을에게 손해가 발생한 경우 을은… 현금으로 을에게 배상한다.

40) "…M&A계약상의 진술과 보증제도는 영미법상 M&A계약에서 유래한 것으로서, 우리 민법상의 하자담보책임과는 유사한 면도 있으나 단순히 이를 구체화한 것에 불과하다 고 보기 어려우므로, 이를 해석함에 있어서는 우리나라 법원리에 어긋나지 않는 범위 내에서 영미법상의 해석론과 거래의 관행 등을 참고하여야 할 것이다."

사실이 진술과 보증의 대상에서 제외되기 위하여는 상대방에게 해당 사실을 알리거나 관련 자료를 제공·공개하는 것만으로는 부족하고, 계약서에 진술과 보증의 대상에서 적극적으로 제외한다는 내용의 문구와 함께 당해 사항을 명시해야 할 것인데, 이러한 점과의 균형상 진술과 보증조항 위반을 추궁하는 매수인이 어떤 사항이 진술과 보증조항에 위반함을 알고 있었다 하더라도 그것만으로는 그 위반사항에 대해 면책해 주었다고 볼 수는 없"다고 판시함으로써 앞에서 본 미국의 계약법적 접근과 유사한 태도를 보이고 있다. 그러나 제1심 법원은 여기에서 그치지 않고 더 나아가 "진술과 보증조항의 위반을 알고 있었다 하더라도 그러한 사유가 매매대금 액수에 미치는 영향을 산정하는 것이 어려운 경우도 있다"고 함으로써 매수인의 악의가 매매대금 액수에 미치는 영향까지 고려해야 함을 암시하였다.

제1심 법원은 이러한 판단하에 "이 사건 주식양수도계약의 대금을 결정할 당시 원고와 피고들 모두 이 사건 담합행위로 인하여 인천정유에게 과징금·벌금이 부과되고 손해배상청구를 당할 수도 있다는 사정에 대하여는 전혀 고려하지 아니한 것으로 보이는 점, 위 주식양수도계약서의 정보공개목록에도 그러한 점은 전혀 명시되지 아니한 점" 등을 고려함으로써 이 사건의 경우에 매수인의 악의가 있었다 하더라도 매매대금 액수에 미치는 영향은 없었던 것으로 보인다는 판단을 드러내고 있다.

(3) 제2심 판결

제2심 법원인 서울고등법원은 진술 및 보증조항의 성격에 관하여부터 제1심과 대립되는 입장을 밝혔다. 즉 "…진술 및 보증조항의 경우 매도인이 그 위반사실에 대하여 선의·무과실인 경우에도 그 위반책임을 인

정한다는 점에서 하자에 대하여 선의·무과실인 매도인에게도 담보책임
을 인정하는 하자담보책임과 유사한 반면, 채무자의 고의과실을 요하는
채무불이행책임과는 차이가 있는 점, 진술 및 보증조항의 성격이나 역할
도 결국 M&A계약(매매계약) 체결 당시 당사자 간에 고려하지 않았던 대
상기업(매매목적물)의 하자에 대한 사후 보상이라는 점, 즉 M&A 계약상
의 매도인이 진술 및 보증한 대상기업 등에 관한 정보에 매매 당시에는
예견할 수 없었던 문제가 있거나 사실과 다른 점이 있다면 매수인으로서
는 매매목적물인 대상기업의 성상 내지는 가치가 원래 예상했었던 상태
와 차이가 나는 손해를 입게 되고, 이러한 경우 진술 및 보증조항은 그러
한 차이를 손해배상이라는 형식을 통해 보전하는 역할을 하는 것이라는
점 등에서, 진술 및 보증조항은 우리 민상법상의 하자담보책임과 유사한
제도라 할 것이다'라고 판시함으로써, 기본적으로 주식양수도계약상의
진술 및 보증에 관하여 민상법상의 하자담보책임의 범위 및 내용을 개별
적으로 규정한 것에 유사하다는 입장을 보였다.

　이러한 입장에 터잡아 서울고등법원은 "…진술 및 보증조항 위반사실
에 대한 악의의 매수인에게도 손해배상청구를 허용하게 되면 매도인은
자신의 귀책사유 유무와는 상관없이 위반사실이 존재한다는 사정만으로
도 그 책임을 부담하는 반면 매수인은 그 위반사실을 알고 이를 매매계
약 체결과정에서 반영하였거나 충분히 반영할 수 있는 기회가 있었음에
도 불구하고 계약 체결 이후 동일한 위반사실을 이유로 매도인에 대하여
이에 상응하는 손해배상 내지 보전을 다시 요구할 수 있게 되어 당사자
간의 대등, 균형 유지라는 진술 및 보증조항의 목적에도 맞지 않을 뿐만
아니라 공평의 이념에도 반하는 결과를 낳게 되는 점, 진술 및 보증조항
의 기능 및 역할의 하나인 '계약 체결 당시 당사자 모두 고려하지 않았던
사정이 존재하거나 발생함으로 인하여 야기되는 위험분배 및 가격조정

의 문제는 이에 대한 인식이나 귀책사유가 없는 매도인에게 진술 및 보증조항 위반에 따른 책임을 인정함으로써 충분히 달성되는 것이고 나아가 그러한 사정을 알고 있었던 매수인에게까지 이에 대한 청구를 허용하여야 할 합리적 근거가 없는 점, …등을 모두 고려하더라도 진술 및 보증 위반사실을 이미 알고 있는 악의의 매수인이 계약 협상 및 가격 산정 시 드러내지는 않았지만 이를 반영하였거나 충분히 반영할 수 있었음에도 방치하였다가 이후 위반사실이 존재한다는 사정을 들어 뒤늦게 매도인에게 위반에 대하여 책임을 묻는 것은 공평의 이념 및 신의칙상 허용될 수 없다고 봄이 상당하다"고 판단하였던 것이다.

여기에서 중요한 것은 제2심 법원도 제1심 법원과 마찬가지로 매수인의 주관적 요소인 악의만을 고려하지 아니하고 계약 체결 당시 이를 반영할 기회가 있었는지를 공평의 이념 및 신의칙을 적용하는 데 고려요소로 삼고 있다는 점이다. 다만 이 점에 관하여 제1심 법원과 달리 제2심 법원이 '악의'는 곧 '계약(가격) 반영의 기회가 있었음'이라고 도식화하고 있는 점이 특이하다. 즉 제2심 법원은 "악의의 매수인이 가격 산정 시 이를 반영하였는지 여부는 명시적인 경우 외에는 그 당사자의 내심의 의사에 관한 것이어서 이를 객관적으로 인정한다는 것이 현실적으로 매우 곤란할 뿐만 아니라 매수인이 이를 부정하는 경우에 매도인이 이를 반박하기가 어려우므로 악의의 매수인이 매도인과의 합의에 따라 계약서에 명시적으로 위반사실 문제를 유보하여 두지 않은 이상 매수인으로서는 위반사실을 인식하였지만 이를 가격 산정 시 반영하지는 않았다는 주장을 할 수는 없다"고 판시함으로써, 악의인 매수인은 가격 산정 시 진술 및 보증 위반사실을 반영하지 않았다는 주장을 할 수 없다고 단정하고 있다.

신의성실의 원칙 및 공평의 이념을 적용하기 위해 가격 반영이라는 요소를 고려하면서도 '악의=가격 반영'이라는 논리구조를 따르다 보니, 매수인이 선의인 경우에는 과실은 물론 중과실이 있었다 하더라도 가격 반영이라는 것을 상상할 수 없게 된다. 이에 제2심 법원은 매수인이 위반사실을 알지 못한 데 과실이 있는 경우의 해석과 관련하여서는, "…매수인이 위반사실을 알지 못하는 이상 그와 같이 알지 못한 데 과실 내지 중과실이 있는 경우라고 하더라도 진술 및 보증조항 위반에 따른 보상청구는 허용되어야 하고, 매수인이 이미 위반사실을 알고 있어서 드러내지는 않았지만 이를 계약 체결과정에서 반영하였거나 충분히 반영할 수 있었음에도 이를 방치한 경우와 같이 보상청구를 허용하면 신의성실의 원칙 및 공평의 이념에 반하는 결과를 초래하게 되는 경우에만 허용되지 아니한다"고 함으로써 매수인에게 선의의 과실이 있는 때에는 매수인의 청구를 원칙적으로 인정하였다.

(4) 대법원 판결

대법원은 제2심 판결을 파기환송하였는데 그 논지는 다음과 같다. 즉 유효하게 성립한 계약상의 책임을 공평의 이념 및 신의칙과 같은 일반원칙에 의하여 제한하는 것은 사적 자치의 원칙이나 법적 안정성에 대한 중대한 위협이 될 수 있으므로 신중을 기하여 극히 예외적으로 인정하여야 한다. 이 사건 주식양수도계약상 원고가 악의인 경우 손해배상책임이 배제된다는 내용이 없고, 이 사건 진술 및 보증조항은 원고와 피고들 사이에 불확실한 상황에 관한 경제적 위험을 배분시키고 사후에 현실화된 손해를 감안하여 주식양수도대금을 조정할 수 있게 하는 데 그 목적이 있는 것으로 보이는데, 이러한 경제적 위험의 배분과 주식양수도대금의 사후 조정의 필요성은 원고가 악의인 경우에도 여전히 인정된다고 할 것이다. 따라서 이 사건 주식양수도계약서에 나타난 당사자의 의사는 원고의 악의와 상관없이 진술 및 보증 위반으로 인한 손해를 배상하기로 하는 합의를 한 것으로 봄이 상당하다. 신의칙의 적용과 관련하여 원고가 담합행위를 알고 있었고 그로 인한 공정위원회의 제재 가능성 등을 주식양수도대금 산정에 반영할 기회가 있었다 하더라도, 공정위원회가 담합행위에 대한 조사를 개시한 것은 주식양수도계약의 실행일 이후여서 원고가 주식양수도계약 체결 당시 공정거래위원회가 거액의 과징금을 부과할 가능성을 예상하고 있었을 것으로 보기 어려우므로, 특별한 사정이 없는 한 그러한 점만으로 매수인의 손해배상청구가 공평의 이념 및 신의칙에 반하여 허용될 수 없다고 보기는 어렵다고 판단하였다.

이 대법원 판결이 진술 및 보증조항의 경제적 위험배분과 주식양수도대금의 사후 조정기능에 주목하고 신의칙이 예외적으로만 적용되어야 함을 확인한 것은 타당하다고 생각하며 지지하는 바이나, 신의칙의 예외적인 적용을 정당화할 가격 반영 내지 가격 반영의 기회라는 요건에 관하여는 충분히 명확하게 설시하지 않아 앞으로 더 논의가 있어야 할 것으로 보인다.[41]

2. 그 밖의 하급심 판결

(1) 금호생명 사건[42]

이 사건은 매도인이 금호생명보험주식회사의 주식을 매수인에게 매도

---

41) 이 판결에 관한 상세한 평석은 이 책의 제17장을 참조하기 바란다.
42) 서울중앙지방법원 2012. 11. 22. 선고 2011가합22721 판결. 이 사건은 서울고등법원에 항소되었고 사건번호는 2013나1916으로 현재 진행 중이다.

한 사안에서 매수인이 진술 및 보증 위반을 주장하자, 매도인이 매수인의 악의를 이유로 손해배상청구를 할 수 없다고 주장한 사건이다. 서울중앙지방법원은 진술 및 보증 위반에 따른 손해배상청구권의 성격은 명확하게 밝히지 않은 채 위 인천정유 사건의 제2심 판결의 설시를 그대로 반복[43]함으로써 악의의 매수인의 손해배상청구를 공평의 이념 및 신의칙에 근거하여 기각하였다.

(2) 티켓링크 사건[44]

이 사건은 매도인(개인)이 주식회사 티켓링크의 주식을 매수인에게 매도한 사안에서 매수인이 진술 및 보증 위반을 주장하자, 매도인이 매수인의 악의를 이유로 손해배상책임이 없다고 주장한 사건이다. 서울중앙지방법원은 진술 및 보증 위반으로 인한 손해배상책임의 성격에 관하여 "민법이 정한 하자담보책임과 유사하나 그 요건과 효과에서 차이를 지니는 약정 담보책임의 일종으로 봄이 타당하다"고 하면서, "계약상 명시적인 규정이 없는 한 매수인의 악의 또는 중과실 여부는 책임 제한사유로

---

43) "진술 및 보증 위반사실을 이미 알고 있는 악의의 매수인이 계약 협상 및 가격 산정 시 드러내지는 않았지만 이를 반영하였거나 충분히 반영할 수 있었음에도 방치하였다가 이후 위반사실이 존재한다는 사정을 들어 뒤늦게 매도인에게 위반에 대하여 책임을 묻는 것은 공평의 이념 및 신의칙상 허용될 수 없다고 봄이 타당하다" ; "악의의 매수인이 가격 산정 시 이를 반영하였는지 여부는 명시적인 경우 외에는 그 당사자의 내심의 의사에 관한 것이어서 이를 객관적으로 인정한다는 것이 현실적으로 매우 곤란할 뿐만 아니라 매수인이 이를 부정하는 경우에 매도인이 이를 반박하기가 어려우므로 악의의 매수인이 매도인과의 합의에 따라 계약서에 명시적으로 위반사실 문제를 유보하여 두지 않은 이상 매수인으로서는 위반사실을 인식하였지만 이를 가격 산정 시 반영하지는 않았다는 주장을 할 수는 없다."

44) 서울중앙지방법원 2012. 7. 27. 선고 2010가합12420 판결 ; 서울고등법원 2014. 10. 30. 선고 2012나71567 판결.

볼 수 없다"고 판단하였다. 이 점은 인천정유사건의 제1심 판결과 같은 맥락으로 볼 수 있다.

그러나 티켓링크 사건에서 제1심 법원은 "매수인이 매도인의 진술 및 보증과 당해 기업의 재무 상태가 다르다는 점을 알고 있었고, 이를 기초로 매매대금의 조정에 반영할 수 있는 기회가 충분히 있었음에도 매수인이 고의로 매매대금 조정에 반영하지 아니하였다면, 이는 매도인의 진술 및 보증 위반사실과 매수인의 손해 사이에 인과관계가 없어 그 손해배상이 인정되지 않을 것이다"라고 판시하여, 채무불이행에 의한 손해배상책임의 일반 요건으로서 채무불이행과 손해 간의 인과관계라는 차원에서 매수인의 악의의 효과를 다루는 한편, "구체적인 사정에 따라서는 매도인의 진술 및 보증과 당해 기업의 실제 재무 상태가 다르다는 점을 알고 있었거나 중과실로 알지 못한 매수인에게 손해배상청구를 인정함이 공평의 이념이나 신의칙에 반하는 경우도 있을 것이다"라고 함으로써 공평의 이념이나 신의칙에 기한 손해배상책임의 부정 가능성 또한 남겨 두었다.

(3) 아즈텍 사건[45]

이 사건은 매도인들이 아즈텍주식회사의 주식을 매수인에게 매도한 사안에서 매수인이 거래 종결 후 진술 및 보증 위반을 주장하자, 매도인들이 매수인이 계약 체결 전 실사를 통해 그 위반사실을 잘 알고 있었으므로 손해배상을 구할 수 없다고 주장한 사건이다.

서울중앙지방법원은 이 사건에서 "매수인이 매도인들이 진술·보장한

---

45) 서울중앙지방법원 2014. 4. 25. 선고 2011가합138886 판결.

사항이 명백히 사실에 반한다는 것을 알았거나, 매우 쉽게 알 수 있었음에도 중대한 과실로 이를 알지 못한 때에는 신의성실의 원칙 내지 공평의 원칙 등에 비추어 그 사항에 관한 진술 및 보장 위반을 이유로 손해배상을 구할 수 없다고 봄이 상당하다"고 판시함으로써, 악의와 함께 중과실의 경우에도 신의성실의 원칙 내지 공평의 원칙에 따라 손해배상을 구할 수 없다고 보았다. 그러나 결론에 있어서는 "매도인들이 주장하는 진술 및 보장 위반에 대한 매수인의 악의라는 것은 광범위한 자료를 보고 관련 진행 상황까지 종합적으로 파악한 후에야 인식이 가능한 부분"으로서, 이를 알았거나 매우 쉽게 알 수 있었음에도 중대한 과실로 이를 알지 못하였다고 보기 어렵다고 매도인들의 주장을 배척하였다.

3. 학설

이 점에 관하여 논하는 학설을 보면, (i) 매수인의 악의나 중과실이 있다 하더라도 진술 및 보증의 위험분배 및 가격조정의 역할을 고려할 때 매도인은 진술 및 보증 위반에 대한 계약상의 책임을 부담하는 것이 원칙이고,[46] 다만 신의칙에 따라 아주 예외적으로 그러한 책임이 제한될 수 있다는 견해,[47] (ii) 매수인이 매매대금에 직접적인 영향을 주는 진술 및 보증 위반사항을 알았지만 발생 가능성이 낮을 것이라는 경영판단하에 또는 발생한다면 매도인의 진술 및 보증에 의하여 손실이 전보될 것

---

46) 서완석, 앞의 논문(주 1), 121면에서 "매수인의 주관적 사유로 인해 진술 및 보증조항이 기능하지 않는다면 M&A시장이 위축되는 것은 불 보듯 뻔한 일이다"라고 하여 샌드배깅 허용의 입장인 것으로 보이나, 신의칙에 의한 제한 가능성에 대하여는 언급하고 있지 않다.

47) 허영만, "M&A계약과 진술보장조항," BFL 제20호(2006. 11), 서울대학교 금융법센터, 33면.

이라 신뢰하여 반영하지 않는 경우도 많고 이것이 M&A계약 실무의 정서에 더 부합하므로, 매수인의 악의와 함께 매매가격에 반영시켰는지 여부를 기준으로 삼아야 한다는 견해,[48] (iii) 매수인의 악의의 경우에는 매도인의 손해배상책임을 부정하는 것이 타당하나 매수인의 과실만이 인정되는 때에는 매도인의 책임을 인정하여야 한다는 견해[49]로 나뉘고 있다.

IV. 맺음말

이상으로 샌드배깅의 의의와 샌드배깅에 관한, 즉 진술 및 보증 위반에 대한 매수인의 악의 또는 과실의 효과에 관한 몇몇 나라의 법 또는 법원의 태도 및 우리나라의 하급심 판례와 학설의 태도를 살펴보았다.

개인적인 소견으로는 샌드배깅이 갖는 안 좋은 어감에도 불구하고 샌드배깅은 원칙적으로 허용되어야 한다고 생각하며, 골프시합에서의 샌드배거와 같이 상대를 속여서 부당한 이익을 얻으려고 한다면 이는 신의칙에 기초하여 예외적으로 규제되어야 할 것이다. 즉 M&A계약에서 진술 및 보증조항은 흥정의 산물이며 그에 따라 서로의 위험이 분배되고 매매가격은 이러한 위험분배를 기초로 합의된다는 점에서, 매수인의 악의 또는 중과실이라는 주관적 요소만으로 매수인의 손해배상청구권이 부정되어서는 아니 된다고 생각한다. 다만 악의의 매수인이 계약협상 및 가격 산정 시 이를 계약금액에 반영하였음에도 불구하고 거래 종결 이후

---

48) 김태진, "M&A계약에서의 진술 및 보장조항 및 그 위반," 저스티스 통권 제113호(2009. 10), 한국법학원, 56면 ; 김태진, "M&A계약의 진술 및 보장 조항에 관한 최근의 하급심 판결 분석," 고려법학 제72호(2014. 3), 고려대학교 법학연구원, 450면.

49) 김홍기, "M&A계약 등에 있어서 진술보장조항의 기능과 그 위반 시의 효과," 상사판례연구 제22집 제3권(2009), 한국상사판례학회, 81-83면.

다시 손해배상을 청구한다면 이는 신의칙에 기하여 허용되어서는 아니될 것이다. 즉 악의 또는 중과실의 매수인의 손해배상청구권은 인정됨이 원칙이고, 예외적으로 악의의 매수인이 계약금액에 이를 반영하고도 다시 손해배상을 구하는 경우에는 신의칙 위반으로 손해배상청구권이 부인되어야 할 것이다.

신의칙을 근거로 매수인의 손해배상청구권을 부정한다고 할 때 매수인의 악의나 중과실만을 요건으로 하는 것은 곤란하다고 생각한다. 어떤 사실을 알았다거나 중대한 과실로 알지 못하였다는 점은 그 자체만으로는 신의칙을 개입시키기에 부족하고, 그러한 악의에 기초하여 어떠한 부당한 작위나 부작위로 나아갔을 때 비로소 신의칙의 개입이 정당화될 수 있다고 생각한다. 이 점에서 신의칙을 적용하기 위한 요건은 단순한 악의나 중과실만으로는 부족하며, 더 나아가 매수인이 악의에 기초하여[50] 가격에 이미 반영해 놓았다는 점에 있다고 해야 하며, 매수인이 그럼에도 불구하고 다시 손해배상을 구함으로써 매도인으로부터 부당한 이익을 얻으려 하는 때에 비로소 신의칙이 개입되어야 한다고 생각한다.

이 점에서 인천정유 사건의 제2심 판결은 악의의 매수인의 청구권을

---

50) 매수인의 악의를 인정하는 단계에서 보다 엄격한 판단이 이루어져야 한다고 본다. 미국 뉴욕주 판결에서처럼 매수인의 악의의 원천을 구분하여 볼 필요까지는 없다고 생각하지만, 매도인이 그 위반사실을 알려 줌으로써 매수인이 위반에 관하여 충분하게 인지하는 경우에 비해 매수인이 실사를 통해 위반사실을 알게 되는 때에는 제한적으로 제공되는 실사정보의 양과 질을 고려할 때 위반사실을 충분하게 인지하기에는 부족한 경우가 많으며(주 45의 서울중앙지방법원 2014. 4. 25. 선고 2011가합138886 판결 참조), 실무적으로 매수인이 매도인에게 의문이나 문제를 제기하면서 추가적 자료나 설명을 요구함으로써 충분한 인지 및 수용 상태(full knowledge and acceptance)에 이르게 되는 경우가 많다. 간혹 입찰방식으로 진행되는 매매에서는 매도인이 매수인의 추가 자료, 정보 제공 요청을 거부하는 경우도 있다.

부정하기 위한 요건으로 신의칙에 기초하여 악의와 가격 반영이라는 두 요건을 인정하는 듯하면서도 악의=가격 반영이라고 도식화하여 결과적으로 신의칙의 개입만 정당화하였을 뿐, 신의칙 개입의 요건인 가격 반영요건에 대하여는 판단하지 아니한 부분이 아쉽다고 생각한다.

가격 반영을 별도의 요건으로 하는 경우에 그 입증이 쉽지 아니한 점을 위 제2심 판결은 문제 삼고 있으나, 미국 뉴욕주 판례[51]에서 보듯 매도인이 그 위반사실을 매수인에게 알려 준 경우와 같이 매수인이 충분히 인지하고 수용하였고(full knowledge and acceptance), 계약 체결 전에 이를 가격에 반영할 충분한 기회가 있었다면[52] 실제로 가격 반영이 이루어졌음을 인정하는 것은 실무적으로 반드시 그렇게 어려운 일은 아니라고 생각한다.

또한 가격 반영을 신의칙 적용의 요건으로 보는 이상 선의인 매수인은 과실이 있다 하더라도 선의이기 때문에 즉 몰랐기 때문에 가격 반영이란 있을 수가 없는 일이며, 따라서 과실의 유무·경중과 상관없이 선의의 매수인에 대하여는 원칙적으로 신의칙 위반을 적용하여서는 아니 된다고 할 것이다.[53]

가격에 반영되지 아니한 이상 매도인과 매수인 둘 다 위반사실을 모르고 있었고, 다만 매수인은 위반사실을 모른 데 중과실이 있다고 해서

---

51) 973 F.2d 145 2d Cir. 1992.
52) 다만 M&A실무에서 이미 가격 협상이 끝나고 계약조건 협상도 끝나서 계약을 체결하기 직전에 매도인이 실사를 통해 확인할 수 없었던 진술 및 보증의 예외사항들을 포함시킨 공개목록을 매수인에게 제시하는 경우, 매수인으로서는 계약 체결 일정을 지연시키지 않기 위하여 공개목록에서 실사를 통해 확인할 수 없었던 예외사항은 공개목록에서 삭제할 것을 요구하고 그 삭제된 공개목록을 계약서에 첨부하여 계약을 체결하는 경우가 있다. 이러한 때 매수인의 악의는 인정되지만 계약금액에 반영한 바 없으므로 손해배상청구가 부인되어서는 아니 될 것이다.
53) 이는 독일민법의 태도와 같다고 할 수 있다. 독일민법 제442조 제1항 제2문 전단 참조.

매도인과 매수인이 이미 그 위반으로 인한 책임을 (매도인의 악의·과실과 상관없이) 매도인이 지기로 위험분배에 합의해 놓았음에도 불구하고 당사자 간의 합의를 부정하는 것, 즉 매도인의 책임을 부정하는 것이 과연 신의성실의 원칙에 기하여 필요하다고 할 것인가. 이러한 경우에 신의칙의 개입은 불필요하고 (신의칙을 적용하면) 도리어 사적 자치의 원칙을 훼손한다고 생각한다. 즉 매수인의 입장에서 계약을 제아무리 유리하게 잘 체결했더라도 실사를 잘못하면, 즉 실사과정에서 중대한 실수를 하면 계약에 의한 보호를 받지 못한다는 결론이 되는데, 매수인에게 이러한 주의의무를 과할 이유는 없다고 생각하며,54) 매수인에게 중과실이 있다 하더라도 매도인이 합의한 바에 따라 책임을 지는 것을 두고 형평에 어긋난다거나 매수인이 신의를 저버렸다고 볼 수도 없다고 생각한다.

마지막으로 악의의 매수인의 청구에 대해 진술 및 보증 위반과 손해 간의 인과관계를 부정하는 접근방식은, 취지는 공감하나 법리적으로는 옳지 않다고 본다. 진술 및 보증 위반으로 인하여 그만큼 M&A의 대상 사업(회사)의 가치가 저감한다는 점에서 진술 및 보증 위반과 손해 간에 인과관계는 존재한다고 생각한다. 문제는 매매대금을 산정함에 있어 이미 진술 및 보증 위반의 사정이 반영되어 일정 부분 매매대금이 낮게 정해졌다는 것인데, 이는 매매대금의 합의에 이르게 된 경위에 불과한 것이지 진술 및 보증 위반으로 인한 손해와 매매대금이 낮게 합의된 부분을 서로 동일시하기는 어렵기 때문이다.

---

54) 혹자는 진술 및 보증 위반에 대해 매도인이 무과실책임을 지는 것과 비교하여 매수인에게 이와 같은 주의의무를 과하는 것이 형평에 맞는다고 할지 모르겠으나, 진술 및 보증 위반에 대해 매도인이 무과실책임을 지는 것은 진술 및 보증조항의 위험분배 및 가격 조정의 기능을 고려하여 공평의 견지에서 당사자 간의 합의로 그리 정한 것이므로 이에 대해 다시 형평을 맞출 시도를 새로이 할 필요가 있는지는 의문이다.

15

진술 및 보증 위반책임에 관한 최근 판례의 동향*

강진구**

I. 머리말

진술 및 보증(representations and warranties)[1]조항은 주식매매계약 등
M&A(Mergers & Acquisitions)계약에 있어 일방 당사자가 자신 또는 대상
회사에 관한 일정한 사항이나 정보를 상대방에게 진술하고 그 진실성을
보증하는 내용의 조항을 의미한다. 진술 및 보증은 주로 영미법계의
M&A계약에서 일반적으로 이용되던 것으로, 1997년 외환위기 이후 외국
기업의 국내 기업 인수(inbound deal)가 활발해지는 과정에서 국내에서도

---

* 이 논문은 BFL 제67호(2014. 9)에 게재된 글을 수정·보완한 것이다.
** 법무법인 광장 변호사
1) '진술 및 보장', '진술보장', '진술·보장', '진술 및 보증', '진술보증', '진술·보증' 등의
   다양한 표현이 혼용되고 있으나, 이 글에서는 (판례의 설시 내용을 직접 인용하는 등의
   특별한 경우를 제외하고) 뒤에서 설명할 인천정유 판결에서 대법원이 사용한 바 있는
   '진술 및 보증'이라는 용어를 사용하기로 한다.

상당수 선례가 축적되기 시작하여 현재는 국내 기업 간 M&A계약에서도
진술 및 보증조항을 포함시키는 것이 대체적인 실무로 자리 잡고 있는
것으로 보인다.[2]

  M&A계약에서 진술 및 보증이 갖는 기능으로는 일반적으로 (i) 정보
의 제공, (ii) 거래 종결의 선행조건 또는 해제사유, (iii) 손해배상(indem-
nification)[3]사유 정도로 설명되고 있다.[4] 그중에서도 특히 실무적으로 중
요한 의미를 갖는 것은, 진술 및 보증이 손해배상조항과 결합함으로써
매수인[5]이 거래가 종결된 후에도 진술 및 보증 위반을 이유로 손해배상
을 구하여 예기치 못한 손실을 보전할 수 있는 거의 유일한 구제수단[6]

---

2) 김상곤, "진술 및 보장조항의 새로운 쟁점," 상사법연구 제32권 제2호(2013. 8), 한국상
   사법학회, 85-86면 ; 허영만, "M&A계약과 진술보장조항," BFL 제20호(2006. 11), 서울
   대학교 금융법센터, 16-17면.
3) '면책'·'보상'·'손해전보' 등의 표현으로 사용되기도 하나, 이 글에서는 '손해배상'이라
   는 용어를 사용하기로 한다.
4) 보다 자세한 설명은 김상곤, 앞의 논문(주 2), 87-89면 ; 허영만, 앞의 논문(주 2), 17-18면 ;
   김홍기, "M&A계약 등에 있어서 진술보장조항의 기능과 그 위반 시의 효과 — 대상판
   결 : 서울고등법원 2007. 1. 24. 선고 2006나11182 판결," 상사판례연구 제22집 제3권
   (2009. 9), 한국상사판례학회, 73-76면 참조.
5) 매수인도 매도인에게 일정한 사항에 관하여 진술 및 보증을 하는 경우가 있으나, 실제
   그 위반 여부가 문제 되는 것은 대부분 대상회사에 대한 진술 및 보증에 관한 것이고
   이는 매도인이 매수인에게 제공하는 것이므로, 현실적으로 진술 및 보증조항은 사실상
   매수인을 위한 구제수단으로 기능하게 된다. 그러한 관점에서 이 글에서는 특별한 경우
   가 아닌 한 매도인이 매수인에 대하여 진술 및 보증 위반책임을 부담하는 상황을 전제
   로 논의를 진행하기로 한다.
6) 구체적 사실관계에 따라서는 진술 및 보증 위반이 착오 또는 사기를 이유로 한 계약
   취소 내지 불완전 이행을 이유로 한 계약 해제사유에도 해당하여 매수인이 이를 주장해
   볼 여지가 있을 수 있다. 그러나 유기적 일체를 이루고 있는 회사를 거래대상으로 하는
   M&A에 있어 거래 종결로 경영권이 이전되어 총체적인 변동이 일어난 후 다시 이를
   무효화하여 원상회복한다는 것을 쉽게 생각하기는 어려우므로, (그 이론적인 가능성에
   도 불구하고) '거래가 종결된 후'에는 M&A계약 자체에 대한 취소나 해제를 함부로
   인정하여서는 아니 되고, 당사자 간 분쟁이 있는 때 주로 진술 및 보증 위반을 이유로
   한 손해배상을 통해 이를 해결하여야 한다는 것이 거래계의 대체적인 이해인 것으로

으로 기능한다는 점이다.[7]

법원도 진술 및 보증조항은 "계약 체결 및 이행과정을 통하여 인수대상에 대한 정보의 제공, 거래 종결의 선행조건 또는 해제의 사유, 거래 종결 이후의 면책 또는 위반에 따른 손해배상책임의 근거와 같은 역할을 하며, 그중 M&A계약이 실행된 이후에 있어서는 매매목적물인 대상기업에 진술 및 보증을 위반한 사항이 있는 경우 그에 따른 경제적 위험을 매도인과 매수인 중 누가 부담할 것인지를 정하고 손해배상 내지 면책을 제공함으로써, 실질적으로는 매매가격이 사후 조정되는 효과를 가져온다" 라고 판시한 바 있다.[8]

결국 M&A거래가 종결된 후 발생하는 당사자 사이의 분쟁은 진술 및 보증 문제로 수렴한다고 볼 수 있는데, 이때 이미 거래가 종결된 상황에서 다른 마땅한 구제수단은 존재하지 않는 경우가 대부분이므로 당사자의 입장이 첨예하게 대립하는 일이 많다. 그 결과 분쟁이 원만하게 해결되지 아니하여 소송으로 비화되는 사례가 적지 않고, 그에 따라 최근 들어 진술 및 보증에 관한 판례가 점차 누적되고 있다.

뒤에서 자세히 살펴볼 바와 같이 진술 및 보증에 관한 여러 쟁점에 관하여 법원의 입장이 아직 명확하게 정립되었다고 보기 어려운 것이 사실이다. 그러나 현재 대부분의 M&A계약이 진술 및 보증조항을 포함하고 있고 이에 관한 분쟁이 점증하고 있는 상황임을 고려하면, 최근 우리 법원이 실제 사안에 있어 진술 및 보증 위반책임에 관하여 구체적으로

보인다. 실무상 이를 보다 분명히 하는 차원에서 계약서에 거래 종결 후에는 손해배상이 당사자 사이에 유일한 구제수단이라고 명시하거나 거래 종결 후에는 어떠한 사유로도 계약을 해제할 수 없다는 취지의 규정을 두는 경우가 있다.

7) 이하에서 진술 및 보증 위반책임이라 함은 다른 특별한 표시가 없는 한 진술 및 보증 위반에 따른 '손해배상'책임을 의미하는 것으로 한다.

8) 서울중앙지방법원 2013. 12. 13. 선고 2011가합128117 판결 등.

어떠한 판단을 내리고 있는지를 살펴보는 작업이 필요한 시점으로 보인다. 그러한 관점에서 다음에서는 진술 및 보증에 관한 쟁점별로 최근 판례가 어떤 동향을 보이고 있는지, 나아가 그러한 최근 판례의 흐름이 M&A 실무에 시사하는 바가 무엇인지 살펴보고자 한다.

II. 진술 및 보증 위반책임의 법적 성격

1. 개요

종래에 진술 및 보증 위반책임의 법적 성격이 우리 법제상 채무불이행책임인지 담보책임인지에 관하여 논란이 있어 왔다. 진술 및 보증제도가 기본적으로 영미법에서 유래한 것이기 때문에 대륙법계인 우리 법질서에서 진술 및 보증 위반에 따른 손해배상책임을 법적으로 어떻게 이론 구성할 것인지 문제 되고 있는 것이다.

실제 소송단계에서 법적 성격 문제는 주로 매도인이, 악의의 매수인은 진술 및 보증 위반을 이유로 한 손해배상청구를 할 수 없다는 주장을 하기 위하여 그 근거로 민법상 하자담보책임 규정[9]이 (유추)적용되어야 한다는 방어 논리를 내세우는 과정에서 다투어지는 경우가 많은 것으로 보인다.

---

9) 민법 제580조(매도인의 하자담보책임)
  ① 매매의 목적물에 하자가 있는 때에는 제575조 제1항의 규정을 준용한다. 그러나 매수인이 하자 있는 것을 알았거나 과실로 인하여 이를 알지 못한 때에는 그러하지 아니하다.

2. 국내의 학설

진술 및 보증 위반책임의 법적 성격에 관해서는 현재 학설상으로도 다양한 견해가 주장되고 있다.

먼저 진술 및 보증조항은 대상회사에 대한 진술이 사실과 다름없음을 보증하는 것이고 이는 매매대상 물건이나 권리에 하자가 없음을 보증하는 것과 본질적으로 유사하므로, 진술 및 보증 위반은 채무의 내용에 좋은 이행을 요구하는 채무불이행책임과는 그 성격이 다른 일종의 하자담보책임에 해당하며, 다만 진술 및 보증의 내용·기간 및 범위 등에 관하여 구체적인 약정이 있다면 민상법상의 하자담보책임조항에 우선되어 적용되는 약정하자담보책임으로 보아야 한다는 견해[10]가 있다. 담보책임론의 관점에서 기업 인수계약에 있어 설령 그 방식이 주식양수도라고 하더라도 거래의 대상이 되는 목적물은 주식에만 한정되는 것이 아니라 기업 자체로 보아야 하므로 대상회사에 발생한 진술 및 보증 위반에 대하여 우리 민법상의 담보책임을 배제할 아무런 근거가 없다는 견해[11]도 최근 주장되고 있다.

그와 달리 M&A계약의 진술 및 보증 내용은 목적물 자체에 존재하는 하자에 국한되는 것이 아니라 목적물의 가치 산정을 위한 제반 사정까지 포함하는 점, 보상범위에 있어서도 통상 당사자 간 약정에 의하여 신뢰이익에 국한하지 않고 정하는 점, 진술 및 보증에 대한 보상책임은 영미

---

10) 김홍기, 앞의 논문(주 4), 78-79면. 나아가 이 견해는 주식의 매매는 채권매매와 유사한 측면이 있으므로 계약서에서 구체적인 내용을 규정하고 있지 않은 경우 진술 및 보증 위반에 대하여 (여러 종류의 담보책임 중에서도) 채권매매에 관한 매도인의 담보책임(민법 제579조)의 법리를 유추하여 적용하는 것이 타당하다고 한다.

11) 이동진, "기업인수계약상 진술·보증약정 위반과 인수인의 악의," 서울대학교 법학 제57권 제1호(2016. 3), 서울대학교 법학연구소, 184-186면.

법계의 계약책임에 기원을 둔 것인 데 비하여 하자담보책임은 대륙법계에 기원을 둔 것이라는 점 등을 근거로 진술 및 보증 위반으로 인한 보상책임의 본질은 채무불이행책임에 해당한다는 견해[12]도 존재한다.

한편 (그 법적 성격을 획일적으로 채무불이행 또는 담보책임으로 파악하기보다) 진술 및 보증약정 자체에서 책임의 근거를 찾아야 한다는 취지의 학설로, (i) 진술 및 보증 위반으로 손해배상의무가 발생하는 근거가 당사자 간 합의인 이상 그 본질은 (법정 담보책임이 아니라) 계약상 책임일 수밖에 없으며 진술 및 보증약정은 비전형계약의 하나로 논의되는 일종의 손해담보계약에 유사한 것으로 파악할 수 있다는 견해[13] 및 (ii) 채무자의 고의·과실을 요구하지 않으므로 채무불이행책임과는 근본적인 차이가 있을 뿐 아니라 형평의 원칙을 맞추기 위한 하자담보책임의 논리로 계약서로 해결 가능한 진술 및 보증 문제를 푸는 것 또한 적절하지 않으므로 진술 및 보증 위반책임은 약정 또는 특약에 따른 손해배상책임으로 이해하면 그만이라는 견해[14]가 있다.

3. 관련 판례의 검토

현재까지 진술 및 보증 위반책임의 법적 성격을 정면으로 다룬 대법원 판결은 존재하지 않는 것으로 보인다. 다만 대법원은 이른바 경남제

---

12) 김태진, "M&A계약에서의 진술 및 보장조항 및 그 위반," 저스티스 통권 제113호(2009. 10), 한국법학원, 48-49면. 이 견해는 사안에 따라서는 하자담보책임과의 경합도 가능하다고 한다.

13) 천경훈, "진술보장조항의 한국법상 의미," BFL 제35호(2009. 5), 서울대학교 금융법센터, 89면.

14) 서완석, "미국의 진술 및 보장조항에 관한 최근 동향," 선진상사법률연구 통권 제67호 (2014. 7), 법무부, 107면.

약 사건[15)]에서, (i) "원고의 이 사건 청구는 피고들의 이 사건 진술·보장조항 위반을 이유로 한 손해배상청구일 뿐 민법상 매도인의 하자담보책임에 따른 손해배상청구가 아님이 명백"하다고 보았고, (ii) 나아가 "위와같은 손해배상에 관한 약정은 피고들이 이 사건 진술·보장조항을 위반하여 경영권이 이전되는 시점 이전의 사유로 인한 부외채무·우발채무·부실자산 등이 추가로 발견되는 경우, 피고들은 그 채무불이행에 따른 손해배상으로 원고에게 위 각 해당 금액을 지급"하기로 하는 취지라 판단하였다.[16)] 본 판결이 진술 및 보증 위반책임의 법적 성격을 정면으로 논하는 것은 아니지만, 위와 같은 전체적인 판시 내용에 비추어 대법원은 그 법적 성격이 담보책임이 아니라 채무불이행책임에 해당하는 것으로 보고 있다고 해석될 여지가 더 커 보인다.[17)]

그러나 하급심단계에서는 사안에 따라 다소 상반된 취지의 판결이 존재한다. 먼저 뒤에서 설명할 티켓링크 사건에서 제1심 법원은 진술 및 보증제도는 민법이 정한 하자담보책임과 유사하나 그 요건과 효과에서 차이를 지니는 '약정담보책임'의 일종으로 봄이 타당하다고 하면서, 진술 및 보증조항의 요건 및 효과에 관해서는 당사자의 의사를 우선하되 이러한 의사가 확인되지 않는 경우에만 민법의 하자담보책임에 관한 규정을 유추적용할 수 있을 것이라 판시한 바 있다.[18)]

---

15) 이 글에서는 설명의 편의를 위하여 일부 예외를 제외하고는 거래시점 대상회사의 상호(이하 상호에서 주식회사는 생략)를 사용하여 사건이나 판결을 표시하기로 한다 (예 : 경남제약 사건 또는 경남제약 판결).

16) 대법원 2012. 3. 29. 선고 2011다51571 판결.

17) 김상곤, 앞의 논문(주 2), 90-91면 ; 이동진, 앞의 논문(주 11), 167면 ; 김태진, "M&A 계약의 진술 및 보장조항에 관한 최근의 하급심 판결 분석," 고려법학 제72호(2014. 3), 고려대학교 법학연구원, 438-439면.

18) 서울중앙지방법원 2012. 7. 27. 선고 2010가합12420 판결. 다만 뒤에서 설명하는 바와 같이 본 판결은 이와 같은 법적 성격에 대한 판단과는 별개로 계약상 명시적인 규정이

한편 인천정유 사건의 제2심이었던 서울고등법원은, (i) 진술 및 보증
조항은 매도인이 선의·무과실인 경우에도 위반책임을 부담한다는 점에
서 하자담보책임과 유사한 반면 채무자의 고의·과실을 요하는 채무불이
행책임과 차이가 있는 점, 진술 및 보증의 성격이나 역할도 결국 M&A계
약 체결 당시 당사자 간에 고려하지 않은 대상기업(매매목적물)의 하자
에 대한 사후 보상이라는 점 등을 근거로 우리 민법·상법상의 하자담보
책임과 유사한 제도라고 보면서, (ii) 하자담보책임과 같이 진술 및 보증
에 있어서도 강행법규에 위반되지 않는 범위 내에서 당사자 간의 구체
적인 약정이 있다면 이러한 개별 약정을 우선 적용하여야 하고, 이러한
명시적인 합의가 없어 불명확한 부분이 있다면 진술 및 보증조항의 기
능, 해당 조항을 통해 달성하려는 목적, 당사자의 진정한 의사 등을 종합
적으로 고려하여 합리적으로 해석하되 신의성실의 원칙, 공평의 이념 등
우리 법제의 기본적인 원칙을 벗어나는 해석은 허용될 수 없다고 판시하
였다.[19]

그러나 위와 달리 진술 및 보증조항에 대하여 하자담보책임 규정을
적용하는 것 자체가 부적절하다는 취지의 하급심 판결도 있다. 뒤에서
설명할 바른손인터랙티브 사건에서 법원은 "진술·보증조항은 대단히
복잡한 경제활동을 영위하는 주체인 기업을 실질적으로 매매하는 계약
에 있어서 계약목적물에 관한 사항뿐만 아니라 계약 당사자 자신에 대한
사항과 같이 해당 계약에 관한 사항 전반에 대하여 진술·보증하는 것으

없는 한 원칙적으로 매수인의 악의 또는 중과실 여부를 진술 및 보증 위반책임의 제한
사유로 볼 수는 없다고 판단하였다.
19) 서울고등법원 2012. 6. 21. 선고 2008나19678 판결. 다만 주목을 받았던 인천정유 사
건 최종심에서 대법원은 원심판결을 파기환송하였으나, 진술 및 보증 위반책임의 법
적 성격에 관해서는 별다른 언급을 하지 아니하였다(대법원 2015. 10. 15. 선고 2012
다64253 판결).

로서 그 진술·보증이 되는 대상의 종류와 범위는 매우 다양하고 포괄적이라고 할 것인데, 우리 민상법상의 하자담보책임은 계약목적물에 관한 사항을 담보하는 것일 뿐만 아니라 계약목적물의 종류 및 범위에 따라 담보책임의 요건 및 내용이 달라지므로, 진술·보증조항을 해석 내지 적용함에 있어 우리 민상법상의 하자담보책임에 관한 규정을 적용 내지 유추적용하는 것은 타당하지 않다"고 판시한 바 있다.[20]

특히 최근에 선고된 대우건설 판결은 "진술 및 보증조항은 그 연혁적·이론적 배경이 영미법계 국가에 있고, 그 적용범위 등에 있어서 진술과 보증의 대상이 되는 사항의 범위가 계약의 목적물에만 그치지 않고 계약 당사자 자신에 대한 사항과 같이 당해 계약에 관한 사항 전반에 대해 미치는 점, 매도인뿐만 아니라 매수인도 진술 및 보증의 주체가 되는 점(이 사건 주식매매계약 제15조는 매수인들의 진술 및 보증을 규정하고 있다), 그 위반에 따른 책임의 범위와 존속기간도 모두 당사자의 합의에 따라 정해지는 점 등 우리 민법상 일반적인 하자담보책임과는 차이가 있다. 따라서 당사자의 약정이 없는 부분을 해석함에 있어 우리 민법상 하자담보책임에 관한 규정을 그대로 적용하는 것은 부적절하다"고 판단하면서, 나아가 뒤에서 설명하는 바와 같이 악의의 매수인도 진술 및 보증 위반을 이유로 한 손해배상을 청구할 수 있다는 취지의 판결을 선고하여 주목을 받고 있다.[21]

---

20) 서울서부지방법원 2013. 9. 27. 선고 2012가합7885 판결. 다만 뒤에서 설명하는 바와 같이 본 판결은 하자담보책임 규정의 적용 여부와는 별개로 악의의 매수인이 진술 및 보증 위반을 이유로 손해배상청구를 하는 것은 공평의 이념 및 신의칙상 허용될 수 없다고 판단하였다.

21) 서울중앙지방법원 2013. 12. 13. 선고 2011가합128117 판결. 제2심에서도 위와 같은 설시 내용 및 악의의 매수인도 손해배상을 청구할 수 있다는 결론은 동일하게 유지되었다(서울고등법원 2015. 1. 16. 선고 2014나2007931 판결). 동일한 대우건설 사건에 관한 유사한 취지의 판결로는 서울중앙지방법원 2014. 4. 25. 선고 2011가합128155

4. 소결

진술 및 보증 위반책임의 법적 성격을 무엇으로 보든 간에 강행규정에 위반되지 않는 한 당사자 사이의 약정이 우선적으로 적용된다는 점에는 별다른 이론(異論)이 없어 보인다. 문제는 당사자 간 약정이 존재하지 아니하는 경우라 할 것인데, 이때 법적 성격을 어떻게 파악하느냐에 따라 쟁점별로 결론이 달라질 수 있다는 점에서 논의의 실익이 있다. 다만 실제 판례를 살펴본 결과, 대부분의 분쟁에 있어 악의의 매수인 문제나 단기제척기간 등 비교적 한정된 쟁점과 관련하여서만 법적 성격이 다투어지고 있음을 확인할 수 있었다. 그러나 그 밖에도 법적 성격을 어떻게 구성하느냐에 따라 당사자의 유불리가 달라지는 지점은 다양하게 존재할 수 있으므로, 진술 및 보증 위반이 문제 되는 경우 그 법적 성격을 어떻게 구성할 것인지, 그에 따라 결론이 어떻게 달라지는지 등을 실무적인 관점에서 한 번 음미해 볼 가치는 있을 것으로 보인다.

앞에서 살펴본 바와 같이 현재로서는 법원이 진술 및 보증 위반책임의 법적 성격에 관하여 확립된 견해를 갖고 있다고 보기는 어렵다.[22] 다만 최근 판례의 동향에 비추어 보자면, 적어도 법원은 당사자 간 약정이 없는 사항에 관하여 하자담보책임 규정을 그대로 적용하는 것에는 대체로 조심스러운 입장인 것으로 이해된다. 인천정유 사건 최종심에서 대법원이 (비록 법적 성격에 대한 명확한 설명은 없었으나) 담보책임에 대한 별다른 언급 없이 악의의 매수인도 손해배상청구를 할 수 있다는 취지의

판결(제2심 서울고등법원 2015. 1. 16. 선고 2014나2019163 판결) 참조.
22) 실무계에서는 인천정유 사건 최종심에서 진술 및 보증 위반책임의 법적 성격에 대한 법리적 판단이 내려질 것이라는 기대가 없지 않았으나, 앞에서 설명한 바와 같이 대법원은 원심판결을 파기환송하면서 본 쟁점에 대해서는 별다른 언급을 하지 아니하였다 (대법원 2015. 10. 15. 선고 2012다64253 판결).

결론을 내린 것은 기본적으로 (종전 경남제약 판결의 연장선상에서) 진술 및 보증 위반책임이 담보책임과 별개라는 인식을 전제하고 있는 것이라고 해석할 여지가 상당하고,[23] 최근 선고된 하급심 판례 중에서도 대우건설 판결 및 바른손인터랙티브 판결 등에서 명시적으로 하자담보책임 규정의 적용이 배척된 바 있기 때문이다.

따라서 매도인으로서는 진술 및 보증 위반책임이 하자담보책임에 해당한다는 단순한 법리로 접근할 경우, 법원이 이를 받아들이지 않을 가능성이 높다는 점을 유념하여 보다 폭넓게 세부적 타당성의 측면에서 매수인의 손해배상청구가 제한되어야 한다고 볼만한 세부적인 논리나 증거를 풍부하게 제시할 필요가 있다. 한편 당사자 간 약정이 존재하지 않는 사항에 관해서는 당분간 법률관계가 불분명한 상황이 계속될 것으로 보이므로, 현재로서는 M&A계약을 협상하는 단계부터 당사자 간에 세부적인 사항에 대해서도 가급적 구체적으로 합의하고 이러한 내용을 계약서에 보다 명확하게 담으려는 실무가들의 노력이 필요할 것으로 보인다.

III. 매수인의 악의가 있는 경우 손해배상청구의 가부

1. 문제의 소재

진술 및 보증 위반사실에 대하여 매수인의 악의 또는 과실이 있는 경

---

23) 이동진, 앞의 논문(주 11), 167면은 해당 판결에서 민법 제580조 제1항 단서의 적용 여부가 언급되지 않은 것은 진술 및 보증 위반책임이 당연히 담보책임과는 무관한 것으로 전제되고 있기 때문이며, 이는 그사이 대법원이 진술 및 보증약정이 담보책임과는 별개의 제도라는 취지의 판단을 거듭해 온 것과 맥을 같이하는 것이라 본다.

우에도 손해배상을 청구할 수 있는가? 최근에 진술 및 보증과 관련하여 가장 논란이 되면서도 활발히 논의가 이루어지고 있는 쟁점이라 할 수 있다.[24] 종래에 당사자의 주관적 사정과 관련하여서는 진술 및 보증 위반책임의 성립을 위하여 매도인의 고의·과실이 요구되는지의 문제도 함께 논의되어 왔으나, 이에 대해서는 별도의 규정이 없는 한 매도인의 고의·과실은 요구되지 않는다는 쪽으로 대체로 정리되고 있는 것으로 보인다.[25] 그러나 '매수인'의 악의·과실[26]이 있는 경우 손해배상청구를

---

24) 이와 관련하여 실무에서는 샌드배깅(sandbagging)이라는 용어가 흔히 사용된다. M&A에 있어 샌드배깅은 통상 매수인이 진술 및 보증 위반사실을 알고 있으면서도 거래 종결을 한 후 이를 이유로 손해배상을 청구하는 행위를 말한다. M&A계약 협상 시 샌드배깅의 허용 여부가 중요한 쟁점으로 다루어지는 경우가 많은데, 당사자 간 합의에 따라 계약서에 샌드배깅이 허용된다(pro-sandbagging)거나 불허된다(anti-sandbagging)는 조항이 명시적으로 삽입되는 경우도 적지 않다.

25) 김상곤, 앞의 논문(주 2), 92면 ; 허영만, 앞의 논문(주 2), 31-32면 ; 한국상사법학회 (편) / 천경훈(집필), "주식양수에 의한 기업인수," 주식회사법대계 III, 법문사, 2013, 540면 ; 서울고등법원 2012. 6. 21. 선고 2008나19678 판결 등.

26) 다만 매수인에게 (악의가 아닌) 과실이 있는 것에 불과한 경우에 관해서는, 뒤에서 살펴볼 바와 같이 학설도 대체로 손해배상청구를 허용해야 한다는 입장인 것으로 보이고, 인천정유 사건 제2심 판결도 일종의 방론으로서 매수인에게 과실(중과실 포함)이 있는 것에 불과한 경우에는 손해배상청구가 가능하다고 판단한 바 있다. 즉 해당 판결에서 서울고등법원은 "매수인의 과실 내지 중과실 여부는 매수인의 악의 여부와는 달리 그 판단에 다툼이 있을 가능성이 많아서 과실 여부에 따라 보상청구 허용 여부를 달리할 경우 사후 분쟁의 최소화라는 진술 및 보증조항의 본래 역할에 맞지 않는 결과를 낳게 되는 점, 대부분의 M&A계약에서 매수인은 대상기업에 대한 실사를 통해 정보를 획득하게 되는데 이때 제공되는 자료의 양이 방대한 반면 실사기간은 단기에 그칠 수밖에 없어, 매수인이 제공된 자료를 통하여 진술 및 보증조항 위반사실을 인식할 수 있었음에도 불구하고 이를 제대로 파악하지 못한 과실로 인하여 이를 인식하지 못하는 경우가 상당수에 이를 것이어서, 이러한 매수인 측의 현실적 어려움을 고려하여 진술 및 보증조항을 두게 된 것인데 다시 매수인의 과실을 이유로 보상청구를 제한한다면 위와 같이 진술 및 보증조항을 두게 된 본래의 취지에 맞지 않는다는 점 등에 비추어 보면, 매수인이 위반사실을 알지 못하는 이상 그와 같이 알지 못한데 과실 내지 중과실이 있는 경우라고 하더라도 진술 및 보증조항 위반에 따른 보상청구는 허용"되어야 한다고 판단하였다(서울고등법원 2012 6. 21. 선고 2008나19678 판

인정할 것인지에 관해서는 그간 상당한 논란이 있어 왔다.

먼저 이에 관한 학설을 간략히 살펴보면 (i) 진술 및 보증 위반책임의 법적 성격을 약정담보책임으로 보면서 민법 제580조를 그대로 적용하는 것은 진술 및 보증의 기능, M&A거래의 특수성을 충분히 반영하지 못할 수 있으므로 매수인이 고의인 경우 손해배상책임을 부정하되 과실만이 인정되는 때에는 책임을 인정하여야 한다는 견해,[27] (ii) 진술 및 보증 위반책임이 채무불이행책임에 해당한다는 전제에서 민법 제580조가 적용될 수는 없으므로 매수인의 고의·과실이 있더라도 이러한 매수인의 주관적 사정은 과실상계에 의한 감액사유가 될 수 있을지언정 매도인의 보상책임의 성립에는 아무런 영향이 없다는 견해,[28] (iii) 매수인에게 고의 또는 중과실이 있는 경우라 하더라도 원칙적으로 위험분배 및 가격조정의 역할을 하도록 만들어진 진술 및 보증조항 자체는 여전히 효력을 가지므로 이를 위반한 당사자는 그에 따른 계약상의 책임을 부담하는 것이 원칙이고, 다만 신의칙에 따라 아주 예외적으로 그러한 책임이 제한될 수 있다고 해석하여야 한다는 견해[29] 등이 주장되고 있다.

결). 그런 관점에서 이하에서는 매수인이 (과실이 아닌) '악의'인 경우에 초점을 맞추어 논의를 진행하기로 한다.

27) 김홍기, 앞의 논문(주 4), 81-83면. 한편 담보책임론의 관점에서 진술 및 보증약정에 대해서는 원칙적으로 민법 제580조 제1항 단서가 적용되어야 할 것이나, 이는 일종의 명시적 보증에 해당하므로 매수인이 (과실이 있는 경우는 제외하고) 악의인 경우에 한하여 담보책임이 배제되어야 한다는 견해로는 이동진, 앞의 논문(주 11), 190-191면.

28) 김태진, 앞의 논문(주 12), 54-57면. 이 견해는 (과실상계사유로서의) 매수인의 주관적 사정은 단순히 선의/악의의 문제만을 따질 것이 아니라 해당 진술 및 보증에 위반한 사항을 매수인이 인식하고, 나아가 이를 매매가격에 반영했는지를 기준으로 판단해야 한다고 하면서, 다만 매도인이 매수인의 주관적 사정을 입증하기는 어려우므로 매도인이 일단 매수인이 실사 등을 통하여 해당 진술 및 보증 위반사실을 알았다는 점만 입증하면, 매수인이 이러한 사유를 일응 계약조건에 어떠한 형태로든 반영했을 것이라고 추정하는 식으로 입증책임을 나누는 방안을 제시한다.

29) 허영만, 앞의 논문(주 2), 33면 ; 서완석, 앞의 논문(주 14), 109면.

특히 실무상 M&A계약에 샌드배깅의 허용 여부에 관한 별도의 조항
이 없는 경우,[30] 악의의 매수인이 손해배상을 청구할 수 있는지에 관하
여 당사자 간에 다툼이 빈번하게 발생하고 있고 그에 따라 이를 정면으
로 다루고 있는 판결들이 잇달아 선고되고 있다. 나아가 이와 관련하여
서는 최근 대법원이 인천정유 사건에서 제2심 판결을 뒤집고 악의의 매
수인도 손해배상청구가 가능하다는 취지의 판결을 선고하여 실무계의
이목을 끌고 있다.

2. 인천정유 사건(대법원 2015. 10. 15. 선고 2012다64253 판결)[31]

이른바 (한화에너지 또는) 인천정유[32] 사건으로 널리 알려진 사안이다.
본 사안에서 매도인은 한화에너지 주식을 매도하면서 대상회사가 "일체
의 행정법규를 위반한 사실이 없으며, 이와 관련하여 행정기관으로부터
조사를 받거나 협의를 진행하는 것은 없다"고 진술 및 보증하였으나, 이
후 대상회사는 1998~2000년까지 군용 유류 입찰 시 담합에 가담하여

---

30) 즉 계약서에 샌드배깅 허용 또는 불허조항이 존재하지 않는 경우를 말한다(주 24 참
   조). 물론 당사자들이 샌드배깅의 허용 여부에 관한 논의 자체를 하지 아니하여 관련
   조항이 누락되는 경우가 있을 것이지만, 사안에 따라서는 당사자 간에 샌드배깅에
   관한 입장이 첨예하게 대립하는 바람에 부득이 합의에 이르지 못하고 (샌드배깅 관련
   조항이 포함되지 않은 채) 계약이 체결되는 경우도 있을 수 있다.
31) 인천정유 사건은 본 쟁점에 대한 대법원의 직접적인 판단이 이루어진 중요한 사안이
   므로 보나 자세히 살펴볼 필요가 있다 할 것이나, 이 책의 다른 부분에서 상세한 검토
   가 이루어질 예정이므로 이 글에서는 이후 논의에 필요한 범위 내에서 사실관계 및
   주요 법리만을 간략히 살펴보는 데 그치기로 한다. 인천정유 판결에 관한 보다 자세한
   분석은 이 책의 제16장 및 이동진, 앞의 논문(주 11), 186-195면 참조.
32) 대상회사의 상호가 계약 당시에는 한화에너지였다가 후에 인천정유로 변경되었는바,
   해당 대법원 판결에서 대상회사를 인천정유로 정의한 점을 고려하여 이 글에서도 (한
   화에너지 대신) 인천정유 사건 또는 인천정유 판결이라는 표현을 사용하기로 한다.

부당한 공동행위를 하였다는 이유로 공정거래위원회로부터 약 145억 원의 과징금을 부과받고 대한민국으로부터 약 182억 원 상당의 손해배상청구의 소를 제기당하였다. 이에 매수인은 매도인을 상대로 진술 및 보증 위반을 이유로 한 소송을 제기하였는데, 매도인은 매수인도 위 담합행위자 중 하나로서 이미 진술 및 보증 위반사실을 알고 있었으므로 악의의 매수인에 해당하여 손해배상을 청구할 수 없다고 주장하였다.

위 사안에 대하여 2012년 6월 제2심은, 제1심[33]과 달리 악의의 매수인은 진술 및 보증 위반을 이유로 손해배상을 청구할 수 없다는 취지로 판시하여 당시 실무계로부터 상당한 주목을 받았다. 보다 구체적으로 본 사안에서 서울고등법원은, (i) 진술 및 보증조항의 근본적인 목적은 정보의 편중에 따른 당사자 간 불균형을 제거하는 것에 있을 뿐 매수인에게 어떤 우월적 지위를 부여하려는 것이 아니라는 점, (ii) 악의의 매수인에게 손해배상청구를 허용하면 매도인은 자신의 귀책사유 유무에 관계없이 책임을 부담하게 되는 반면, 매수인은 그 위반사실을 알고 이를 매매계약 체결과정에서 반영하였거나 충분히 반영할 기회가 있었음에도 동일한 사실을 이유로 손해배상을 요구할 수 있게 되어 공평의 이념에 반하는 점, (iii) 위험분배 및 가격조정 문제는 귀책사유가 없는 매도인에게

---

33) 제1심 판결은, (i) 계약 당시 당사자들은 담합행위로 인하여 과징금 등이 부과되거나 손해배상청구를 당할 수도 있다는 사정에 대해서는 전혀 고려하지 아니한 것으로 보이는 점, (ii) 계약서의 공개목록에도 그러한 점은 전혀 명시되지 아니한 점, (iii) 진술 및 보증제도는 우발채무 등이 발생하였을 때 위험 부담을 정하여 대가관계를 재차 조정하기 위한 것인 점, (iv) 민법 제580조의 하자담보책임에 관한 규정은 임의규정인 점, (v) 당사자들이 우발채무의 존재 자체는 알지 못하였고 그 우발채무 발생의 전제가 되는 법규 위반사실만 알고 있었던 점 등을 종합적으로 고려할 때, 단지 매수인에게 악의 또는 중대한 과실이 있다는 사정 아래에서는 매도인에게 진술 및 보증조항 위반에 따른 책임을 물을 수 있다고 봄이 상당하다고 판단하였다(서울중앙지방법원 2007. 12. 18. 선고 2002가합54030 판결).

책임을 인정함으로써 충분히 달성되는 것이고 나아가 그러한 사정을 알고 있는 매수인에게까지 이에 대한 청구를 허용하여야 할 합리적 근거가 없는 점, (iv) 미국에서도 악의의 매수인에게 당연히 손해배상이 허용되는지에 대하여 학설이나 판례가 명확하게 확립되어 있지 않고 현재 거래 실무에서 이러한 점을 고려하여 매수인의 인식 여부와는 무관하게 손해배상청구가 가능하다는 조항을 별도로 추가함으로써 이를 명확히 하는 경우가 있는 점 등에 비추어 볼 때, "진술 및 보증 위반사실을 이미 알고 있는 악의의 매수인이 계약 협상 및 가격 산정 시 드러내지는 않았지만 이를 반영하였거나 충분히 반영할 수 있었음에도 방치하였다가 이후 위반사실이 존재한다는 사정을 들어 뒤늦게 매도인에게 위반에 대하여 책임을 묻는 것은 공평의 이념 및 신의칙상 허용될 수 없다고 봄이 상당하다"고 판단하였다.[34]

그러나 2015년 10월 대법원은 악의의 매수인이라도 진술 및 보증 위반을 이유로 손해배상을 청구할 수 있다는 취지로 판단하면서 위 제2심 판결을 파기환송하였다.[35] 즉 대법원은 우선 처분문서는 엄격하게 해석되어야 한다는 법리에 기초하여 "(i) 이 사건 주식양수도계약서에는 원고가 계약 체결 당시 이 사건 진술 및 보증조항의 위반사실을 알고 있는 경우에는 위 손해배상책임 등이 배제된다는 내용은 없는 점, (ii) 원고와 피고들이 이 사건 주식양수도계약서에서 이 사건 진술 및 보증조항을 둔 것은, 이 사건 주식양수도계약이 이행된 후 피고들이 원고에게 진술 및 보증하였던 내용과 다른 사실이 발견되어 원고 등에게 손해가 발생한 경우에 피고들로 하여금 원고에게 500억 원을 초과하지 않는 범위 내에서

---

34) 서울고등법원 2012. 6. 21. 선고 2008나19678 판결.
35) 대법원 2015. 10. 15. 선고 2012다64253 판결.

그 손해를 배상하게 함으로써 원고와 피고들 사이에 불확실한 상황에 관한 경제적 위험을 배분시키고, 사후에 현실화된 손해를 감안하여 주식양수도대금을 조정할 수 있게 하는 데 그 목적이 있는 것으로 보이는데, 이러한 경제적 위험의 배분과 주식양수도대금의 사후 조정의 필요성은 원고가 피고들이 진술 및 보증한 내용에 사실과 다른 부분이 있음을 알고 있었던 경우에도 여전히 인정된다고 할 것인 점 등에 비추어 보면, 이 사건 주식양수도계약서에 나타난 당사자의 의사는, 이 사건 주식양수도계약의 양수도 실행일 이후에 이 사건 진술 및 보증조항의 위반사항이 발견되고 그로 인하여 손해가 발생하면, 원고가 그 위반사항을 계약 체결 당시 알았는지 여부와 관계없이 피고들이 원고에게 그 위반사항과 상당인과관계 있는 손해를 배상하기로 하는 합의를 한 것으로 봄이 상당하다'고 판단하였다.

　나아가 공평의 이념 내지 신의칙에 의하여 이 사건 원고의 손해배상청구가 제한되어야 하는지 여부에 관하여 대법원은 신의칙의 예외적 적용이라는 법리에 입각하여, "공정거래위원회가 이 사건 담합행위에 대한 조사를 개시한 것은 이 사건 주식양수도계약의 양수도 실행일 이후여서, 원고가 이 사건 주식양수도계약을 체결할 당시 공정거래위원회가 인천정유에 이 사건 담합행위를 이유로 거액의 과징금 등을 부과할 가능성을 예상하고 있을 것으로 보기는 어렵다. 따라서 원고가 이 사건 담합행위를 알고 있었고 이 사건 담합행위로 인한 공정거래위원회의 제재 가능성 등을 이 사건 주식양수도대금 산정에 반영할 기회를 가지고 있었다고 하더라도, 특별한 사정이 없는 한 그러한 점만으로 이 사건 주식양수도계약 제11조에 따른 원고의 손해배상청구가 공평의 이념 및 신의칙에 반하여 허용될 수 없다고 보기는 어렵다"라고 판시하였다.

3. 기타 하급심 판례

위와 같이 인천정유 사건에 대한 대법원 판결이 선고됨에 따라 이제 본 쟁점에 관한 법원의 입장이 어느 정도 정리되었다고 해석할 수 있을 것으로 보인다. 그러나 진술 및 보증 위반에 대한 매수인의 악의는 구체적 사실관계에 따라 사안별로 실로 다양한 모습을 띠고 있어 일률적으로 평가하기 어려울 뿐 아니라 해당 판결이 공평의 이념 및 신의칙에 의하여 손해배상청구가 제한될 수 있는 가능성 자체를 부정하는 취지는 아닌 것으로 봄이 상당하므로, 기타 악의의 매수인 문제에 관한 하급심 판결들을 추가로 살펴보는 작업은 여전히 의미가 있다고 하지 않을 수 없다. 그러한 관점에서 본 쟁점을 다룬 대표적인 하급심 판례들을 몇 가지 살펴보면 아래와 같다.

(1) 악의의 매수인은 손해배상청구가 제한된다는 취지의 판례[36]

1) 서울중앙지방법원 2012. 11. 22. 선고 2011가합22721 판결[37]

본 사안에서 매도인은 금호생명보험 주식을 매도하면서 감사보고서 및 그에 포함된 재무제표가 기준일 현재 대상회사의 자산, 부채 및 재무 상태를 정확하고 적정하게 표시하고 있는 점, 통상적인 사업과정 외에 부채 또는 채무가 발생하지 아니하였고 기타 대상회사의 자산이나 부채 또는 그 영업에 중대한 부정적인 영향을 미치는 변경이 발생하지 않은 점, 대상회사가 보험업법을 준수하여 자산운용을 한 점 등에 대하여 진

---

36) 다만 이하 본 항에서 다루어질 하급심 판례들은 인천정유 사건에서의 제2심 판결 이후 대법원 판결 선고 이전 사이의 기간 동안 선고된 것임을 감안할 필요가 있다.

37) 본 사건은 항소심(서울고등법원) 계속 중 2014년 10월 21일 강제조정으로 종결되었다.

술 및 보증을 제공하였다. 이후 매수인은 대상회사를 인수하여 특별감사
를 실시한 결과 감액 처리가 되었어야 할 유가증권 등이 다수 발견되었
고, 보험업상의 한도를 초과하여 대주주 등에게 신용공여가 이루어진 점
이 발각되어 금융위원회로부터 과징금을 부과받았다고 주장하며 진술
및 보증 위반을 이유로 한 소송을 제기하였고, 매도인은 매수인이 이미
위와 같은 사실을 알고 있었으므로 악의의 매수인으로서 손해배상청구
를 할 수 없다고 항변하였다.

위 사안에 대하여 금호생명보험 판결은 전체적으로 앞에서 살펴본 인
천정유 사건 제2심 판결의 내용을 그대로 따르면서 악의의 매수인이 손
해배상청구를 하는 것은 공평의 이념 및 신의칙상 허용될 수 없다고 판
단하고 나아가 이른바 가격조정론 주장도 배척하였다.[38)]

더해서 금호생명보험 사건에서는 법리적인 측면뿐 아니라 사실관계의
차원에서 실제 매수인이 위와 같은 진술 및 보증 위반사실을 알고 있었
는지 여부가 다투어졌다. 이에 관하여 재판부는 (i) 1,500억 원에 이르는
거래규모나 실사를 맡은 회계법인의 지위에 비추어 실사가 매우 엄격하
게 진행되었을 것으로 보이는 점, (ii) 대상회사가 제공한 실사자료 중 누
락되거나 허위로 작성된 자료가 있었음을 인정할 증거가 없는 점, (iii) 대

---

38) 가격조정론은 매수인의 손해배상청구가 제한되기 위해서는 매수인이 악의일 뿐 아니
라, 나아가 그와 같은 사정이 매매가격에 반영되었을 것까지 요건으로 해야 한다는
취지의 견해이다. 그러나 금호생명보험 판결은 "악의의 매수인이 가격 산정 시 이를
반영하였는지 여부는 명시적인 경우 외에는 그 당사자의 내심의 의사에 관한 것이어
서 이를 객관적으로 인정한다는 것이 현실적으로 매우 곤란할 뿐만 아니라 매수인이
이를 부정하는 경우에 매도인이 이를 반박하기 어려우므로, 악의의 매수인이 매도인
과의 합의에 따라 계약서에 명시적으로 위반사실 문제를 유보하여 두지 않은 이상
매수인으로서는 위반사실을 인식하였지만 이를 가격 산정 시 반영하지는 않았다는
주장을 할 수는 없다"라고 판단하였다. 인천정유 사건 제2심 또한 동일한 설시하에
가격조정론을 배척한 바 있다(서울고등법원 2012. 6. 21. 선고 2008나19678 판결).

상회사의 주식인수대금이 종국적으로 최초 대금의 반으로 감액되었는 바, 이는 실사 결과 드러난 대상회사 운용자산의 부실을 반영한 것으로 볼 수 있는 점, (iv) 매수인 측이 작성한 설명자료에 '실사 시 드러난 잠재 부실요인을 포함하여 감액 및 충당금 추가 설정' 등의 표현이 기재되어 있는 점에 비추어 대상회사 운용자산의 부실함을 인식하고 이를 반영한 조치를 취하였음을 알 수 있는 점 등을 근거로 하여, 매수인이 계약 체결 당시 대상회사 운용자산의 부실 등 진술 및 보증 위반사실을 알고 있었 다고 봄이 타당하다고 판단하였다.

2) 서울서부지방법원 2013. 9. 27. 선고 2012가합7885 판결[39]

본 사안에서 매도인은 드래고니카(DRAGONICA)라는 온라인게임을 개 발한 바른손인터랙티브의 주식을 매도하면서 대상회사가 일체의 관련 법령을 위반한 사실이 없고 중대한 분쟁 등이 존재하지 아니하며, 재무 제표상 부채 이외의 우발부채는 존재하지 않을 뿐 아니라 사업 영위에 필요한 전권을 가지고 있다는 취지의 진술 및 보증을 제공하였다. 그런 데 거래 종결 이후 대상회사가 계약 당시 DRAGONICA 표지에 관하여 상표권을 취득하지 아니한 채 매수인 등으로 하여금 위 게임에 관한 퍼 블리싱사업을 하게 하여 미국 회사인 가르시아의 상표권을 침해하였고, 그에 따라 가르시아가 수회에 걸쳐 드래고니카의 표지 사용을 중단할 것 을 요구하는 분쟁이 발생하였다. 이에 매수인은 위와 같은 진술 및 보증 위반을 이유로 한 소송을 제기하였는데, 매도인은 매수인이 DRAGONICA 표지에 관하여 상표등록이 거절된 사실 및 가르시아와의 상표권 분쟁 사 실을 알고 있었으므로 손해배상을 청구할 수 없다고 주장하였다.

---

39) 본 판결은 항소 취하로 2013년 10월 19일 확정되었다.

이에 대해 법원은 위 금호생명보험 사건과 마찬가지로 인천정유 사건 제2심 판결의 골격을 그대로 유지하면서 악의의 매수인이 손해배상청구를 하는 것은 공평의 이념 및 신의칙상 허용될 수 없다고 판단하였다.

한편 본 사안에서도 사실적 측면에서 실제 매수인이 진술 및 보증 위반사실을 알고 있었는지 여부가 다투어졌는데, 이와 관련하여 재판부는 주식매매계약 체결 이전에 대상회사의 직원이 매수인 측 회사 직원과 상표등록 거절 및 그에 관한 해결책을 논의한 사실, 가르시아와의 협상이 결렬되자 당사자 간 합의를 거쳐 게임의 명칭을 'DRAGON SAGA'로 변경하기로 한 사실 등을 종합할 때, 매수인이 계약 체결 당시 이미 진술 및 보증 위반사실을 알고 있었던 것으로 판단하고 원고의 청구를 기각하였다.

(2) 악의의 매수인도 손해배상청구가 가능하다는 취지의 판례

1) 서울중앙지방법원 2012. 7. 27. 선고 2010가합12420 판결[40]

매도인은 매수인에게 티켓링크 주식을 매도하면서 대상회사의 재무제표가 일반적으로 인정된 회계 처리기준과 관습에 따라 작성되었으며 회사의 재무 상태와 경영 성과를 적정하게 표시하고 있는 점, 기준일 현재 대상회사의 재무 상태에 중대한 부정적 영향을 줄 수 있는 우발적 채무가 없다는 점 등에 관하여 진술 및 보증을 제공하였다. 이후 매수인은 각종 선수금 및 미지급금 공개 누락 등을 이유로 진술 및 보증을 위반하

---

40) 본 사건은 항소기각(서울고등법원 2014. 10. 30. 선고 2012나71567 판결) 및 상고기각 (대법원 2016. 6. 10. 선고 2014다83067 판결)을 거쳐 종결되었으나, 제1심 외에 상급 법원에서는 악의의 매수인에 관한 쟁점이 별도로 검토되지 아니하였다.

였다고 주장하며 소송을 제기하였고, 매도인은 이를 다투면서 항변 사유 중 하나로 매수인이 해당 사정을 이미 알고 있어 계약 체결 및 조건결정의 전제가 된 사정은 그로 인하여 매수인에게 손해가 발생하였다고 볼 수 없다는 취지의 주장을 개진하였다.

이에 대하여 법원은 (i) 해당 기업의 외부인인 매수인으로서는 단순한 정보만을 가지고 해당 기업의 가치에 어떤 영향을 미칠지 판단할 수 없는 경우가 많고 이러한 불확실성으로 인한 계약 체결 이후 위험분배 및 가격조정이 진술 및 보증의 중요 기능인 점, (ii) 매수인이 매도인의 진술 및 보증을 전제로 매매대금을 산정하고 이를 지급하는 것은 불확실한 상황에 관한 위험을 매도인이 부담한다는 점까지 신뢰하기 때문인 점, (iii) 매수인의 악의 또는 중과실을 책임 제한사유로 삼는 경우 그러한 주관적 사정은 주로 실사과정에서 드러날 것이므로 오히려 매수인은 실사를 하지 않거나 부실하게 할 유인이 생기고 이는 거래의 안정성에 반하는 점, (iv) 실제 거래과정에서 진술 및 보증조항 위반의 요건으로 매도인의 악의 또는 중과실을 규정하거나 책임 제한사유로 매수인의 악의 또는 중과실을 따로 명시하기도 하는 점 등을 종합적으로 고려하면, 계약상 명시적 규정이 없는 한 매수인의 악의 또는 중과실 여부를 책임 제한사유로 볼 수는 없다고 판단하였다.

다만 티켓링크 판결이 악의의 매수인의 손해배상청구가 제한될 가능성을 완전히 배제한 것은 아님은 주의할 필요가 있다. 왜냐하면 (i) "매수인이 매도인의 진술 및 보증과 당해 기업의 실제 재무 상태가 다르다는 점을 알고 있었고, 이를 기초로 매매대금의 조정에 반영할 수 있는 기회가 충분히 있었음에도 매수인이 고의로 매매대금 조정에 반영하지 아니하였다면 이는 매도인의 진술 및 보증 위반사실과 매수인의 손해 사이에 인과관계가 없어 그 손해배상이 인정되지 않을 것"이라고 판시하여 인과

관계의 관점에서 손해배상청구가 제한될 여지가 있음을 언급하고 있으며, (ii) "구체적인 사정에 따라서는 매도인의 진술 및 보증과 당해 기업의 실제 재무 상태가 다르다는 점을 알고 있었거나 중과실로 알지 못한 매수인에게 손해배상청구를 인정함이 공평의 이념이나 신의칙에 반하는 경우도 있을 것이나 위와 같은 특별한 사정에 대해서는 이로 인한 책임 제한을 주장하는 당사자가 주장·입증해야 한다"고 판시하고 있기 때문이다.

2) 서울중앙지방법원 2013. 12. 13. 선고 2011가합128117 판결[41]

본 사안은 한국자산관리공사 등으로 구성된 매도인들이 2006년 금호그룹 컨소시엄에 대우건설 주식을 매각한 후 당사자 간에 분쟁이 발생하여 소송으로 비화된 사건이다. 당시 매도인은 대상회사 주식을 매각하면서 관련 법령의 준수, 자산에 대한 적법한 권한의 보유, 계약 위반 및 불이행의 부존재, 소송·분쟁 등의 부존재, 세금 신고의무의 이행 및 완납 등에 관하여 진술 및 보증을 제공하였다. 이후 매수인은 담합으로 인한 과징금 부과, 해외 상표권 사용권한의 부존재, 공사 지연 및 재시공에 따른 손해 발생, 각종 소송 및 중재 사건의 존재 및 추가적인 납세의무의 발생 등의 진술 및 보증 위반이 발생하였다고 주장하며 소송을 제기하였고, 매도인은 하자담보책임 규정을 원용하면서 매수인이 진술 및 보증 위반사실을 알았거나 과실로 알지 못한 것이므로 손해배상을 청구할 수 없다는 취지로 항변하였다.

---

41) 본 사건의 경우 제2심 판결(서울고등법원 2015. 1. 16. 선고 2014나2007931 판결) 선고 후 2016년 6월 30일 현재 대법원에 계류 중이다(대법원 2015다207044). 악의의 매수인 쟁점에 있어 서울고등법원은 판시 내용을 거의 그대로 인용하면서 제1심 판결을 지지하였다.

대우건설 판결은 앞에서 살펴본 바와 같이 진술 및 보증 위반책임이 우리 민법상의 일반적인 하자담보책임과 차이가 있으므로 당사자의 약정이 없는 부분을 해석함에 있어 하자담보책임에 관한 규정을 그대로 적용하는 것은 부적절하다고 판단하면서, 나아가 (i) 계약상 매도인에 대해서는 인지요건이 부가되어 있으나 매수인에 대해서는 아무런 규정이 없는데 당사자 사이에 매수인이 인지한 사항에 손해배상청구를 배척할 의사가 있었다면 이를 계약서에 넣지 못할 이유가 없는 점, (ii) 계약 협상 과정에서 매수인이 알고 있는 항목에 대해서도 나중에 손해배상이 가능하다는 전제하에 매도인과 매수인의 공방이 이루어진 점, (iii) 가격 협상 과정에서 최초가격 조정대상으로 주장되었던 일부 항목을 나중에 손해배상으로 청구하기로 하면서 매수인이 일부 개별손해항목을 제외한 최종가격 조정목록을 제공하였고 이에 매도인이 이의를 제기하지 않은 점, (iv) 계약 체결 직전 매도인이 작성한 목록에 포함되어 있던 일부 개별손해항목이 실제 계약 체결 시 별지목록에서는 제외된 점[42] 등에 비추어 볼 때, "매도인 측은 이 사건 주식매매계약의 가격 협상과정에서 매수인 측에, 손해의 발생 및 그 액수가 확정되지 않은 사항 등 성질상 가격 조정대상이 되기 어려운 항목은 나중에 손해배상으로 청구할 수 있다는 신뢰를 부여하였고 이에 따라 실제로 매수인 측에서 가격조정을 요청하였던 일부 항목이 제외되기도 하였으므로, 이제 와 매수인들이 위 주식매매계약 체결 이전에 위와 같은 사항을 알고 있었다는 이유로 손해배상청

---

42) 나아가 제2심은 "실사과정에서 방대한 자료 중 매도인의 진술 및 보증에 관련된 자료가 극히 일부 포함되어 있다는 이유로 악의 내지 과실이 있는 매수인이 되어 매도인에 대한 손해배상청구가 부정된다면 실사를 하는 것이 오히려 매수인에게 더 불리한 위험을 초래하게 되어 합리적인 매수인이라면 오히려 실사를 하지 않는 편이 더 낫다는 이상한 결론에 이를 수도 있다"는 점을 판단 근거로 추가하였다(서울고등법원 2015. 1. 16. 선고 2014나2007931 판결).

구를 제한하는 것은 부당하다"고 판시하였다.[43]

4. 소결

앞에서 살펴본 바와 같이 인천정유 사건 제2심 판결 선고 이후 같은 이유로 악의의 매수인이 손해배상을 청구할 수 없다는 취지의 하급심 판결이 잇달아 선고되었고, 그에 따라 한때 거래계에서는 법원이 대체로 악의의 매수인의 손해배상청구를 제한하는 흐름을 보이고 있다는 인식이 점차 우세해지기도 하였다.[44] 그러나 그 당시에도 티켓링크 및 대우건설 판결과 같이 다른 취지의 하급심 판결이 꾸준히 나오고 있었고, 각 판례의 판시사항을 자세히 살펴보면 당시 법원이 악의의 매수인 문제를 단순히 법리적 문제로 접근하기보다는 세부적인 사실관계에 주목하여 구체적 타당성에 부합하는 결론을 내리려는 경향을 보이고 있는 것으로 판단하는 것이 보다 합리적인 상황이었다.[45] 이러한 상황에서 대법원이

---

43) 한편 대우건설 사건 재판부는 인천정유 사건의 제2심 판결을 원용한 매도인의 주장에 대하여, 인천정유 사건의 경우 매수인이 진술 및 보증이 사실과 다름을 알고 있었을 뿐 아니라 대상회사와 함께 행정법규를 위반한 당사자이므로 선의의 매도인들에 대하여 진술 및 보증 위반을 이유로 손해배상을 구하는 것은 공평의 원칙에 부합하지 않는 것으로 보이며, 이러한 경우 매수인의 손해배상청구를 제한할 필요성도 있을 것이나, 대우건설 사건은 매수인들과 매도인들의 행위와 인식 등이 인천정유 사건과 같지 않으므로 동 판결을 그대로 원용할 수는 없다고 판단하였다.

44) 김상곤, 앞의 논문(주 2), 98면. 한편 김태진, 앞의 논문(주 17), 459-460면은 일부 하급심 판결이 매수인이 악의라는 이유로 진술 및 보증 위반을 주장할 수 없다고 판시하고 있다고 하면서 이에 비판적 입장을 취한다.

45) 이론적으로 보면 악의의 매수인 문제는 진술 및 보증 위반책임의 법적 성격과 결부되어 논의되는 것이 일반적이다. 하자담보책임으로 보면 민법 제580조 제1항 단서에 의해 손해배상청구가 제한될 수 있으나, 채무불이행책임으로 보면 채권자(매수인)의 주관적 사정은 책임의 성립에 영향을 미치지 않는 것으로 보는 것이 논리적이기 때문이다. 그러나 앞에서 살펴본 바와 같이 실제 판결들을 살펴보면 법적 성격에 대한 판단과 악의의 매수인 문제에 대한 결론이 논리적으로 결부되지 않는 사례가 존재하

인천정유 사건에서 악의의 매수인도 손해배상청구가 가능하다는 취지의 판결을 선고함에 따라 이제는 본 쟁점에 관한 법원의 입장이 어느 정도 정리되었다고 해석할 수 있을 것으로 보인다.

다만 샌드배깅 허용 여부에 관하여 당사자 사이에 개별적인 약정이 있는 경우, 그러한 약정이 우선하게 될 것이므로 당사자 간의 법률관계를 보다 명확히 하는 차원에서 매수인의 악의 또는 과실이 있는 때에 손해배상청구가 가능하다거나 제한된다는 뜻을 계약서에 가급적 명확하게 규정하여 두는 것이 바람직하다는 취지의 조언[46]은, 위와 같은 대법원 판결 이후에도 여전히 유효하다고 볼 수 있다.

다만 위와 같은 대법원 판결에 따라 이제 매도인이 샌드배깅을 당하지 않기 위해서는 M&A계약 협상과정에서 명시적인 안티샌드배깅조항을 계약서에 관철시켜야 하는 부담을 지게 되었다고 봄이 상당하다. 만약 계약서에 샌드배깅에 관한 아무런 조항이 없는 상황에서 향후 진술 및 보증 위반에 관한 분쟁이 발생하여 소송이 진행될 경우, 이제 법원이 인천정유 판결에 기초하여 악의의 매수인의 손해배상청구를 인용할 가능성이 높아졌다고 볼 수 있기 때문이다. 이는 곧 협상력의 관점에서 향후 매도인이 종전보다 불리한 위치에 놓이게 될 가능성이 높아졌다는 점을 시사하고, 특히 샌드배깅의 허용 여부가 통상 M&A계약 협상에 있어 상당히 중요한 쟁점으로 다루어지는 경우가 많다는 점을 고려하면 더욱 그러하다.

한편 계약서에 별도의 조항이 없는 상황에서 샌드배깅과 관련하여 당사자 간에 분쟁이 발생하는 경우, 이제 대법원 판례에 따라 악의의 매수

는바(티켓링크 및 바른손인터랙티브 판결, 주 18 및 20 참조), 이와 같은 법원의 태도에서 구체적 타당성을 중시하는 경향을 추단해 볼 수 있었던 것이다.

46) 김상곤, 앞의 논문(주 2), 105-106면.

인이 상대적으로 유리한 입장에 서게 되었음을 부인하기 어렵다. 다만 앞에서 살펴본 바와 같이 대법원도 (물론 신의칙에 의한 제한은 예외적으로만 인정되어야 한다는 단서가 있기는 하지만) 공평의 이념 및 신의칙에 따른 손해배상청구 제한 가능성을 완전히 배제하지는 않는 것으로 보이므로, 매도인으로서는 해당 사안에 있어 구체적 타당성의 관점에서 악의의 매수인이 손해배상청구를 하는 것이 신의칙 위반에 해당한다고 볼만한 사실관계나 관련 자료가 있는지 상세히 검토하고 그에 따른 대응전략을 마련할 필요가 있을 것으로 보인다.

IV. 기타 진술 및 보증 관련 쟁점에 관한 최근 판례의 동향

최근 들어 진술 및 보증에 관한 논의가 점차 활발해지고 있기는 하나, 실제 관련 판례나 문헌을 살펴보면 앞에서 살펴본 법적 성격이나 악의의 매수인 문제와 같은 다소 제한된 쟁점에만 논의가 집중되고 있는 듯한 감이 없지 않다. 그러나 실무상 차지하는 비중이나 분쟁유형의 다양성 등에 비추어 볼 때, 그 외에도 진술 및 보증에 관하여 보다 심도 있는 검토가 필요한 쟁점이 적지 않은 것으로 보인다. 이에 향후 보다 활발한 논의를 기대하는 차원에서 앞에서 검토한 사항 이외에 최근 판례에서 다루어진 진술 및 보증 관련 쟁점 중 실무적으로 의미가 있어 보이는 내용을 몇 가지 주제로 유형화하여 살펴보기로 한다.

1. 손해배상액의 산정

실무상 M&A계약서에서 진술 및 보증 위반 시 구체적으로 손해배상

액을 산정하는 방식에 관하여 해당 내용이 아예 누락되어 있거나 불분명
하게 규정되어 있는 사례가 적지 않다. 이 경우 일단 큰 틀에서 진술 및
보증 위반에 따른 손해배상액을 대상회사에 발생한 손해액 자체로 볼 것
인지[47] 아니면 매수인이 소유한 대상회사 주식가치의 감소분으로 볼 것
인지 논란이 있다.[48]

이와 관련하여 경남제약 사건에서 매수인은 계약 당시 회계법인을 통
해 구 증권거래법 및 유가증권의 발행 및 공시 등에 관한 규정에 따라
대상주식의 평가가액을 산정하였으므로 진술 및 보증 위반을 이유로 한
손해를 산정함에 있어서도 동일한 기준으로 산정한 적정 주식가치와 과
대평가된 주식가치의 차액을 배상하여야 한다는 취지로 예비적 주장을
하였는데, 서울고등법원은 위와 같은 평가방법은 매수인이 내부적으로
자신의 의사결정과 가격의 정당성을 확보할 목적으로 용역을 의뢰하자
회계법인이 법령을 준용하여 사용한 방법에 불과할 뿐 당사자 사이에 합
의된 산정방식이 아니므로 손해의 범위를 산정하는 데 사용할 수 없다고
판단하였고, 대법원도 원심의 결론을 그대로 유지하였다.[49] 그 밖의 판

---

47) 본 항에서 '대상회사에 발생한 손해액 자체'라는 표현은 손해배상액의 산정에 있어
    대상회사의 주식가치를 기준으로 한다는 것에 대비되는 의미로, 대상회사에 발생한
    손해액 전액이 항상 그대로 매수인의 손해로 인식된다는 의미가 아니라, 만약 매수인
    이 대상회사 주식의 일부만을 소유하는 경우에는 대상회사에 발생한 손해액에 그 지
    분율을 곱하여 산정한 금액을 의미한다. 실무상 일부 지분 인수의 경우, 계약서에 손
    해배상액 계산 시 지분율을 곱하여 산정해야 한다는 취지의 규정을 명확하게 두는 경
    우가 많고, 설령 그에 관한 명시적인 규정이 없더라도 이때 대상회사에 발생한 손해액
    에 지분율을 반영하여 산정한 금액을 매수인의 손해로 보는 것이 합리적으로 보인다
    (서울고등법원 2007. 1. 24. 선고 2006나1182 판결 참조).
48) 실제 지급한 매매대금과 진술 및 보증 위반을 반영하였을 경우의 매매대금과의 차액
    이 손해액이라는 주장도 넓은 의미에서 보면 후자와 같은 취지의 주장으로 선해할
    수 있을 것이다.
49) 서울고등법원 2011. 5. 13. 선고 2010나26518 판결(대법원 2012. 3. 29. 선고 2011다
    51571 판결로 확정). 결과적으로 경남제약 판결은 매도인이 배상하여야 할 금액은

례 중에도 별다른 논증 없이 대상회사에 발생한 진술 및 보증 위반금액 자체를 기준으로 손해배상액을 산정한 사례가 있다.[50] 이에 비추어 현재 법원은 계약상 당사자의 의사가 명확하지 않은 경우에는 대상회사에 발생한 손해액 자체를 기준으로 배상액으로 산정하려는 경향이 있다고 추단할 수 있을 것으로 보인다.[51]

위와 같은 판례의 동향에도 불구하고 법리적으로 보면 진술 및 보증 위반책임은 주식매매계약의 당사자로서 매도인이 그 상대방인 매수인에게 발생한 손해를 전보하여 주는 것에 기본적인 취지가 있으므로, 특별한 규정이 없는 한 단순히 대상회사에 발생한 손해액 자체를 손해배상액으로 간주하기보다는 매수인이 소유한 대상회사의 주식가치를 기준으로하여 손해배상액을 산정하는 것이 보다 논리적인 측면이 있다. 그러나 실무적인 관점에서 볼 때, 주식가치를 기준으로 손해배상액을 산정할 경우 현실적으로 다음과 같은 여러 복잡한 쟁점이 추가로 발생할 것으로 보인다.

먼저 실무상 주식가치의 평가에 관해서는 현금흐름할인법(Discounted Cash Flow, DCF), 이자·세금·감가상각비·무형자산상각비 차감 전 이익(Earnings before Interest, Tax, Depreciation and Amortization, EBITDA)에 일정한 배수를 곱하는 방법(EBITDA multiple), 증권의 발행 및 공시 등에 관한 규정에 따른 방법, 상속세 및 증여세법에 따른 방법 등 다양한 방식

대상회사에 발생한 우발채무·부실자산의 가액 자체가 기준이 되어야 한다고 보았고, 다만 뒤에서 설명하는 바와 같이 그 가액의 50퍼센트로 배상의 범위를 제한하였다.

50) 서울고등법원 2012. 2. 10. 선고 2010나124139 판결(대법원 2013. 5. 9. 선고 2012다23429 판결로 확정).

51) 한편 실무상 종종 논란이 되기도 하는 부분인데, 진술 및 보증 위반의 원인이 된 사유로 대상회사가 법률비용·합의금 등을 지출한 경우 이러한 비용도 손해배상의 범위에 포함된다고 판단한 하급심 판례가 있다(서울중앙지방법원 2013. 12. 13. 선고 2011가합128117 판결).

이 혼용되고 있는데,[52] 그중에서 어떠한 방법을 기준으로 적용해야 하는 지 당사자 간 유불리에 따라 논란이 발생할 가능성이 높다. 매수인으로 서는 계약 체결 당시 실제 사용한 평가방법을 적용하여 손해배상액을 산 정하여야 한다고 주장할 여지가 없지 않겠으나, 그 기준이 가장 합리적인 평가방법이라 단정하기 어려운 점은 물론이거니와 위 경남제약 제2심 판 결이 설시하는 바와 같이 당사자 사이에 평가방법에 관한 합의가 존재하 지 않는 경우라면 매수인이 적용한 방식으로 손해배상액을 산정해야 할 필연적 이유는 없어 보인다. 나아가 특정 방법으로 주식가치를 산정하기 로 했다고 하더라도 평가방식의 전문성 또는 복잡성으로 외부 전문기관 에 의한 별도의 평가가 필요할 수 있고, 이 경우 절차나 비용의 측면에서 상당한 부담이 될 수 있다.

결국 위와 같은 복잡한 사정 때문에 매수인이 적극적으로 주식가치를 기준으로 손해배상액을 산정하여 주장하는 데 상당한 부담을 느끼고, 단 순히 대상회사에 발생한 손해액을 기준으로 배상액을 산정하려는 경향 을 보이고 있는 것이 아닌가 한다. 그러나 최근 들어 진술 및 보증 위반 에 따른 손해배상액 산정방식에 관한 논의가 점차 활발해지고 있고[53] 실제 매수인이 사용한 평가방법을 기준으로 하여 손해배상액을 산정하 는 등의 사례가 늘어나고 있는 것으로 보이므로,[54] 향후 당사자로서는

---

52) 김상곤, 앞의 논문(주 2), 106면 ; 김홍기, 앞의 논문(주 4), 86-89면.
53) 김상곤, 앞의 논문(주 2), 106-107면 ; 김태진, 앞의 논문(주 17), 453-455면 참조.
54) 예컨대 티켓링크 사건에서 매수인은 계약 체결 낭시 적용한 현금흐름할인법에 따라 평가한 대상회사 전체의 가치와, 진술 및 보증 위반사실을 반영하여 같은 방법으로 평가한 대상회사 전체의 가치 사이의 차액을 기준으로 손해액을 산정하여 청구하였 다. 그러나 제2심 재판부는 본 사안에서 진술 및 보증 위반사실은 대부분 자산을 부풀 리거나 부채를 축소한 것인데, 매수인이 (순자산가치평가법이 아닌) 현금흐름할인법 을 적용한 이상 그와 같은 위반사실은 현금흐름할인법에 근거한 기업가치에 영향을 미치지 아니하므로 이 사건 진술 및 보증 위반으로 인하여 매수인에게 손해가 발생하

경우에 따라 주식가치에 대한 합리적 평가를 바탕으로 손해배상액을 산정하여 주장하는 방안도 적극적으로 고려해 볼 필요가 있어 보인다.[55]

2. 손해배상의 제한

매도인 입장에서 진술 및 보증 위반책임은 현실적으로 위반 가능성을 배제하기 어렵고 또 거래 종결 후에도 계속 위험에 노출된다는 점에서 상당히 부담스러운 측면이 있다. 이에 매도인은 M&A계약서에 이를 제한하기 위한 각종 장치를 마련하려고 하고, 반대로 매수인은 그러한 제한에 적극적으로 반대하면서 협상 시 중요 쟁점으로 치열하게 다투어지는 경우가 많다. 실무상 진술 및 보증 위반책임을 제한하기 위하여 주로 활용되는 방식으로는 (i) 진술 및 보증의 존속기간을 단기로 설정하거나, (ii) 총손해액에 합산할 수 있는 1건당 개별손해액의 최저한도를 설정하거나(de minimis), (iii) 총손해액이 일정 금액을 넘는 경우에만 손해배상 청구가 가능하도록 하거나(basket),[56] (iv) 총손해배상액의 최대한도를 설정하여 그 이상의 금액에 대해서는 책임을 부담하지 않도록 하는 방식(cap) 등이 있다.[57]

였다고 볼 수 없다고 판단하였다[서울고등법원 2014. 10. 30. 선고 2012나71567 판결 (대법원 2016. 6. 10. 선고 2014다83067 판결로 확정)].

55) 한편 판례는 대체로 진술 및 보증 위반책임의 경우 이를 주장하는 소장(또는 청구 취지 및 / 또는 청구원인 변경신청서) 송달일 다음 날부터 비로소 지체책임이 발생하는 것으로 판단하고 있다(서울고등법원 2013. 3. 14. 선고 2012나66985 판결 ; 서울중앙지방법원 2013. 12. 13. 선고 2011가합128117 판결 등).

56) 일정 금액을 넘기기만 하면 그 금액 전부를 청구할 수 있는 방식(threshold)과 그 일정 금액을 넘는 초과분만을 청구할 수 있는 방식(deductible)이 있다. 실무상 바스켓(basket)이라는 용어는 전자만을 칭하는 것으로 한정되어 쓰이기도 한다.

57) 김태진, 앞의 논문(주 17), 434면 ; 천경훈, 앞의 논문(주 13), 87면 참조.

이때 매도인에게 고의 또는 (중)과실이 있는 경우에도 위와 같은 진술
및 보증 위반책임에 관한 제한 규정을 그대로 적용해야 하는가? 예컨대
매도인이 의도적으로 분식회계를 하고 이를 바탕으로 계약이 체결된 경
우, 신의칙의 관점에서 매수인에게 손해배상 제한 규정을 그대로 적용하
는 것은 부당한 것이 아닌가 하는 의문이다.[58] 이와 관련하여 티켓링크
사건에서 매수인은 진술 및 보증 위반항목들이 대상회사가 주로 영위하
는 티켓판매 대행업무 또는 기초적인 재무제표와 관련된 것으로 10년
이상 대상회사를 운영한 매도인의 고의 또는 중과실에 의해 발생한 것이
므로 계약상 규정된 최저한도(basket) 등 총손해배상금액 제한조항이 적
용되어서는 아니 된다는 취지로 주장하였으나, 제1심 법원은 대상회사
의 회사규모, 영업의 내용과 업무 처리의 복잡성, 업무 분담의 정도, 회
계업무의 전문성 및 기술성 등에 비추어 매도인에게 고의 또는 중과실이
있었음을 인정하기 어렵다는 이유로 매수인의 위와 같은 주장을 배척하
였다.[59] 다만 티켓링크 사건은 계약서에서 총손해배상금의 한도(basket
및 cap)가 고의·중과실로 인한 손해에는 적용되지 않는다는 취지의 명
시적인 규정을 두고 있던 사안이므로, 본 사안만으로 법원이 그와 같은
당사자 간 합의가 없는 경우에도 고의 또는 (중)과실이 있는 때 손해배상
제한 규정의 적용이 배제될 수 있음을 전제하고 있다고 일반적으로 해석
하기에는 무리가 있어 보인다.

한편 실무상 손해배상 제한 규정의 해석에서도 매수인의 지분율을 고

---

58) 김상곤, 앞의 논문(주 2), 107면.
59) 서울중앙지방법원 2012. 7. 27. 선고 2010가합12420 판결. 한편 티켓링크 사건 제2심
재판부는 이 사건에서 매수인에게 손해 자체가 발생하지 않았다는 입장이었으므로(주
54 참조), 손해 발생을 전제로 그 후속 쟁점이라 할 수 있는 총손해배상금액 제한조항
의 적용 여부에 대한 별도의 판단은 하지 아니하였다[서울고등법원 2014. 10. 30. 선
고 2012나71567 판결(대법원 2016. 6. 10. 선고 2014다83067 판결로 확정)].

려하여야 하는지 논란이 되는 경우가 있다. 전체적인 손해배상의 규모를 산정할 때에는 매수인의 지분율이 반영되고, 이를 분명히 하기 위하여 계약서에 그와 같은 내용을 명시하는 경우가 많다.[60] 그러나 손해배상의 제한조항에 대해서는 지분율 반영 여부 등이 불분명한 경우가 있는데, 예컨대 총손해배상액의 한도(basket 또는 cap)를 매매대금의 5퍼센트 또는 20퍼센트로 정하는 때에는 이미 지분율을 반영한 매매대금을 기준으로 하는 것이므로 논란의 여지가 적어 보이지만, 그 기준을 특정 금액으로 규정할 때 이를테면 개별손해액의 최저한도(de minimis)의 기준을 1건당 1억 원으로 설정하면 개별손해액 자체가 1억 원 이상이면 되는 것인지, 아니면 지분율까지 고려하여 계산한 최종적인 손해액이 1억 원 이상이어야 하는 것인지 논란이 될 수 있는 것이다.[61] 실제 이 문제는 대우건설 사건에서 쟁점이 되어 다투어졌는데, 법원은 개별손해액의 최저한도에 관한 조항에서는 지분율에 관한 언급이 없고 그다음 조항에서 비로소 대상회사 전체 손실액에 지분율을 곱한 금액을 배상하라고 규정하고 있

---

60) 한편 매수인이 거래 종결 후 대상회사 주식을 처분한 경우에 손해배상청구가 가능한지 실무상 논란이 될 때가 있는데, 대우건설 사건 제1심 법원은 계약서에 손해배상청구를 하기 위하여 매수인이 주주의 지위를 계속 보유하여야 한다는 규정이 없는 점, 거래 종결일 당시의 지분율을 기준으로 손해액을 산정하도록 규정하고 있는 점 등에 근거하여, 매수인이 거래 종결 후 대상회사 주식을 처분하였는지 여부는 진술 및 보증 위반으로 인한 손해배상청구 및 그 액수 산정에 있어 고려대상이 아니라고 판시한 바 있다(서울중앙지방법원 2013. 12. 13. 선고 2011가합128117 판결). 제2심 법원도 이러한 결론을 지지하였는데, 다만 그 근거로 "진술 및 보증 위반으로 매수인들에게 매매대금 지급시점에 추가로 지급한 매매대금 상당의 손해가 발생하였다고 할 것이고 그 이후의 손해배상은 추가로 지급된 매매대금 상당의 손해를 사후적으로 보상하는 의미라는 측면에서 보더라도 매매대금 지급 이후 매수인들이 보유주식을 처분한 사정은 매수인들에게 이미 발생한 손해에 영향을 미치지 않는다고 보이는 점"을 추가로 설시하였다(서울고등법원 2015. 1. 16. 선고 2014나2007931 판결).
61) 전자의 경우 지분율과 무관하게 손해액 자체가 1억 원 이상이면 되지만, 후자의 경우 지분율이 50퍼센트라면 1건당 2억 원 이상의 손해만 총손해액에 합산할 수 있다.

는 점, 최저한도는 매도인과 매수인에게 동일하게 적용되므로 매수인이 청구하는 경우에만 지분율을 고려하는 것으로 해석할 수는 없는 점 등을 근거로 하여 (지분율에 대한 고려 없이) 개별손해액 자체가 계약상 규정된 1건당 최저한도를 넘기기만 하면 총손해액에 합산할 수 있는 것으로 판단하였다.[62]

3. 손해배상액의 감액

진술 및 보증 위반책임이 성립하는 경우, 위와 같이 계약상 손해배상의 제한 규정을 두는 것과 별도로 다른 사유로 손해배상액이 감액될 여지가 있는가? 이와 관련해서는 먼저 과실상계 또는 손익상계의 법리가 문제 될 수 있는데, 당사자 간 별도 합의가 없는 한 진술 및 보증 위반책임에 대하여 그와 같은 법리의 적용 자체를 부정하기는 어려워 보이고 앞에서 살펴본 바와 같이 실제 악의의 매수인 문제를 과실상계의 법리로 접근해야 한다는 취지의 학설도 존재한다.

판례 중에는 과실상계에 따라 손해배상액이 감액되어야 한다는 매도인의 주장에 관하여 공개목록에 누락된 사항을 다른 서류 등을 통하여 발견할 여지가 있었다고 하여 그러한 사정이 진술 및 보증 위반에 대한 과실상계사유가 된다고 단정할 수는 없고, 계약상 규정한 손해배상 한도금액을 다시 감액할 수 있기 위해서는 다른 특별한 사정이 있어야 한다는 등의 이유로 매도인의 위와 같은 주장을 배척한 사례가 있다.[63]

---

62) 서울중앙지방법원 2013. 12. 13. 선고 2011가합128117 판결. 제2심도 이와 같은 결론을 지지하였다(서울고등법원 2015. 1. 16. 선고 2014나2007931 판결).
63) 서울고등법원 2013. 3. 14. 선고 2012나66985 판결(대법원 2015. 5. 14. 선고 2013다29493 판결로 확정).

손익상계에 대하여 법원은 하나의 사실관계를 원인으로 손실과 이익이 동시에 발생한 경우 이익이 발생한 부분에 관해서는 결과적으로 손해가 없는 것이므로 이러한 때 손익상계를 허용하여야 하나, 다만 이때의 이익은 손해의 산정에 있어서와 같은 정도로 제3자에 대한 확정적인 권리의 취득이나 실제 금전적인 수입 등이 있을 것을 요하며 단순히 간접적인 이익이 생긴다거나 이익이 발생할 가능성이 있다는 사정만으로는 손익상계를 할 수 없다고 판단하면서, 대상회사가 장애인고용부담금을 추가로 납부하여 진술 및 보증을 위반한 사안에서 법령 준수를 위하여 장애인을 추가로 고용하였더라면 추가적인 임금 지출이 예상되니 그 지출을 하지 않은 만큼을 손익상계로 공제하여야 한다는 매도인의 주장은 장애인 고용 시 발생하는 이윤 창출 부분을 고려하지 않은 주장이므로 받아들일 수 없다고 판단하였다.[64] 위와 같은 하급심 판례에 의하면, 대체로 법원은 진술 및 보증 위반책임에 있어 과실상계나 손익상계의 법리 자체를 부정하는 것은 아니지만, 실제 사안에서 과실상계나 손익상계를 인정하는 데에는 다소 조심스러운 입장인 것으로 보인다.

한편 법원이 진술 및 보증 위반책임에 있어 계약상의 근거가 없음에도 공평의 원칙 등을 근거로 손해배상액을 감액한 사례가 있다. 경남제약 사건에서 서울고등법원은 계약서에서 손해배상의 방법을 약정하지 아니한 점, 손해 분담의 공평이라는 손해배상제도의 이념, 기타 여러 사정[65]을 고려할 때 본 사안에서 진술 및 보증 위반으로 인한 손해배상의

---

64) 서울중앙지방법원 2013. 12. 13. 선고 2011가합128117 판결. 제2심도 이와 같은 결론을 지지하였다(서울고등법원 2015. 1. 16. 선고 2014나2007931 판결).

65) 본 판결에서 법원이 손해배상액이 제한되어야 한다고 본 여러 사정은 다음과 같다. (i) 양도대금이 면밀한 실사와 계산을 통해 산정되었다고 보기 어려운 점, (ii) 양도대금의 조정은 당사자 협의에 의해 정해지고 협의가 되지 않으면 계약이 해제될 수도 있는데 거래 종결 후 우발채무 등의 가액 전체를 손해로 인정하면 매도인에게 지나치

범위는 그 가액의 50퍼센트로 제한하여야 한다고 판시하였다.[66]

나아가 대법원은 중대한 부정적인 영향이 양수도대금의 10퍼센트를 초과하는 경우로 정의되고 매도인이 재무제표기준일 이후 중대한 부정적인 영향의 부존재를 진술 및 보증한 사안에서, "계약에 의하면 부정적 변동금액이 양수도대금의 10퍼센트를 넘기만 하면 그 초과액이 아닌 변동금액 전액에 대하여 손해배상책임을 져야 함을 전제로 하되, 판시 여러 사정을 종합하여 볼 때에 원고들로 하여금 중대한 부정적 변동으로 인한 손해액 전액을 배상하도록 하는 것은 손해의 공평·타당한 분담의 이념에 비추어 부당하므로" 양수도대금의 10퍼센트 상당액을 손해배상액에서 공제하여야 한다는 원심의 판단은 정당하다고 판단하였다.[67] 그러나 이와 같이 계약상의 근거 없이 법원이 공평의 원칙 등을 근거로 손해배상액을 감액하는 것은 자칫 손해배상에 관한 당사자 간 합의를 형해화하고 M&A거래의 법적 안정성을 해할 가능성이 있으므로 신중을 기할 필요가 있어 보인다.[68]

게 불리한 점, (iii) 회계법인 실사를 통해 매수인이 재무제표상 일부 자산의 부실 가능성을 예견한 점, (iv) 이후 대상회사 주식의 거래가격에 비추어 당시 대금이 과대평가되었다고 보기 어려운 점, (v) 주가는 수급관계나 정치적·사회적 동향, 물가, 금리, 경영권 프리미엄 등 무형의 환경 또는 가치의 영향을 받으므로 순자산가치의 증감에 그대로 연동되지 않는 점 등.

66) 서울고등법원 2011. 5. 13. 선고 2010나26518 판결(대법원 2012. 3. 29. 선고 2011다51571 판결로 확정).

67) 대법원 2013. 5. 9. 선고 2012다23429 판결(원심 판결은 서울고등법원 2012. 2. 10. 선고 2010나124139 판결).

68) 김태진, 앞의 논문(주 17), 454면은 이와 같은 법원의 재량에 의한 가액 제한이 가능한지에 대하여 의문을 표한다.

4. 우발채무의 발생 시점과 진술 및 보증 위반 여부

현행 실무상 매도인은 대체적으로 계약 체결일 및 거래 종결일을 기준으로 진술 및 보증을 제공하고, 우발채무에 대해서는 대차대조표에 반영된 채무(또는 공개목록에 기재된 채무) 외에 우발적인지 여부를 불문하고 다른 채무는 존재하지 않는다는 취지로 진술 및 보증하는 경우가 많다. 이때 우발채무 발생의 기초가 되는 사정은 거래 종결 전에 이미 존재하나 실제 채무는 거래 종결 후 비로소 발생한 경우, 이를 '우발채무의 부존재에 관한' 진술 및 보증을 위반한 것으로 볼 것인지 논란이 되기도 한다.

이와 관련하여 주목할 만한 판결을 소개하고자 한다.[69] 먼저 구체적인 사실관계를 살펴보면 다음과 같다. (i) 대상회사(경수종합금융)는 1997년 하반기에 동서팩토링에게 대출을 실행하고 동서증권이 위 대출금에 대하여 연대보증을 서면서 예치금 등을 담보로 제공하였다. (ii) 대상회사는 1997년 12월 12일 동서팩토링과 동서증권이 부도를 내자 동서팩토링에 대한 대출금과 동서증권이 담보명목으로 예치한 예치금을 예대상계 처리하였고, 동서증권은 1998년 11월 25일 파산 선고를 받았다. (iii) 매도인과 매수인은 1999년 11월 10일 대상회사 주식에 관한 주식양수도계약을 체결하고 2000년 1월 10일 거래가 종결되었다. (iv) 동서증권의 파산관재인은 2000년 11월 24일 대상회사의 위 대출금에 대한 동서증권의 연대보증 및 담보 제공행위는 구 파산법 소정의 무상행위에 해당하므로 부인권을 행사하는 내용의 소송을 제기하였고, 해당 소송은 2009년 12월 24일 부인권 행사 결과 대상회사가 동서증권에게 위 예치금 반환명목으

---

69) 서울고등법원 2011. 12. 14. 선고 2011나34776 판결(2012. 1. 3. 확정).

로 120억 원 상당의 금원을 지급하라는 내용으로 확정되었다. (v) 이에 매수인의 권리를 승계한 원고는 2010년 4월 22일 매도인이 우발부채의 부존재 등에 관한 진술 및 보증을 위반하였다고 주장하며 이 사건 소송을 제기하였다.

위 경수종합금융 사건에서 서울고등법원은 (i) 우선 우발채무의 부존재에 관한 진술 및 보증이 "진술보장 이전에 존재한 사정으로 인하여 진술보장 이후에 발생한 모든 부채나 채무에 관하여 피고가 책임을 져야 한다"는 의미는 아니라고 하면서, (ii) 매도인은 계약 체결일 및 거래 종결일을 기준으로 진술 및 보증을 하였으므로 그 당시를 기준으로 우발채무가 존재할 가능성을 인식 또는 예견하고 있어야 하는데, 위와 같은 사실관계에서 매도인이 그 시점에 파산관재인의 부인권 행사 여부 및 그로 인한 예치금 반환채무의 원상회복을 인식 또는 예견하였다고 볼 수 없다고 판단하였다. 나아가 (iii) "이러한 진술보장의 대상은 우발채무를 포함할 수 있으나, 미래의 채무까지 포함할 경우 그 위반으로 인한 책임이 무한정 확대될 수 있으므로, 기준시점 현재 발생하여 존재하는 채무(기준시점 이전의 사건으로 인하여 향후 발생하는 일체의 채무가 아니다)를 대상으로 한다고 봄이 상당하다"고 판시하였다.

흔히 거래계에서 거래 종결 전에 우발채무 발생의 기초가 되는 사정만 존재하면 실제 채무는 거래 종결 이후에 발생하여도 진술 및 보증 위반책임을 물을 수 있다고 쉽게 생각하는 경우가 있는데, 위 판결은 그와 달리 우발채무에 관한 진술 및 보증의 범위를 상당히 엄격하게 해석하는 것이어서 유의할 필요가 있다. 다만 본 판결은 법리적으로 다소 모호한 측면이 있고, 특히 매도인이 인식 또는 예견할 수 있는 경우에 한하여 진술 및 보증 위반책임을 물을 수 있다는 내용은 보는 관점에 따라서는 논란의 여지가 있어 보이므로 향후 이에 관한 보다 심도 있는 검토

및 논의가 필요해 보인다.[70]

V. 맺음말

지금까지 진술 및 보증 위반책임에 관한 최근 판례의 동향을 살펴보았다. 최근 들어 진술 및 보증에 관하여 상당수의 판례가 선고되고 있고, 또한 일부 쟁점에 대해서는 판례가 미약하나마 법리로서의 방향성을 보이고 있다는 점에서 고무적인 측면이 있다.[71] 그러나 이 글에서 검토한 바와 같이 여전히 많은 쟁점에 관하여 명확하게 판례가 정립되지 않은 부분이 적지 않고, 특히 아직까지 큰 틀에서 진술 및 보증 위반책임의 법적 성격을 명확히 정리한 대법원 판결이 나오지 않은 것은 다소 아쉬운 부분이다.

결국 이와 같은 상황에서 진술 및 보증 관련 분쟁이 발생하면, 그에 임하는 당사자로서는 단순히 법리적 측면에 입각한 주장을 펼치는 것에 그치지 말고 구체적 타당성의 관점에서 자신의 주장을 뒷받침할 사실관계와 논리를 풍부하게 확보하여 주장할 필요가 있다. 또한 M&A계약 협상에 임하는 당사자의 입장에서 보면 법리적으로 아직 불분명한 사항이 많은 상황임을 고려하여 계약서에 당사자 의사의 공백이 없도록 가급적 자세하고 명확하게 진술 및 보증조항을 규정하기 위한 보다 치열한 고민이 필요할 것으로 보인다.

나아가 진술 및 보증이 M&A계약에서 매우 중요한 비중을 차지하고

---

70) 김태진, 앞의 논문(주 17), 445면은 경수종합금융 사건을 검토하면서 판례가 타당한 결론을 내린 것으로 본다.

71) 김태진, 앞의 논문(주 17), 428면.

있는 점과 진술 및 보증 위반 문제에 대해서는 당사자 간 이해관계가 첨예하게 대립하는 점 등을 종합적으로 고려하여, 향후 이 글에서 검토한 최근 판례의 동향을 바탕으로 법원·학계 및 실무계에서 진술 및 보증 위반책임에 관하여 보다 깊이 있는 논의가 활발히 이루어지기를 기원하며 미약하나마 이 글이 그 논의의 단초가 되기를 기대한다.

16

[판례평석] 진술 및 보증 위반에 대한 매수인의 악의와 매도인의 책임*

김희중**

I. 사건의 개요

1. 사실관계

(1) 원고는 1999년 4월 2일 한화에너지(주)[이후 인천정유(주)로 상호가 변경되었다. 이하 '인천정유']의 주주인 피고들 및 한화에너지프라자(주)(이하 '한화프라자')의 주주인 (주)한화 등(이하 '프라자 주주들')으로부터 피고들이 소유하고 있던 인천정유 발행주식 946만 3,495주 및 프라자 주주들이 소유하고 있던 한화프라자 발행주식 400만 주를 양수하는 계약(이하 '이 사건 주식양수도계약')을 체결하고, 1999년 8월 31일 위 계약에 따라

* 이 논문은 BFL 제76호(2016. 3)에 게재된 글을 수정·보완한 것이다.
  대상판결 : 대법원 2015. 10. 15. 선고 2012다64253 판결[공2015하, 1641].
** 김·장법률사무소 변호사

피고들 및 프라자 주주들에게 주식양수도대금을 지급하고 그들로부터 위 주식을 교부받았다.

(2) 이 사건 주식양수도계약에서 주식양도인인 피고들은 주식양수인인 원고에게 '이 사건 주식양수도계약 체결일 및 양수도 실행일에 인천정유가 일체의 행정법규를 위반한 사실이 없고, 이와 관련하여 행정기관으로부터 조사를 받고 있거나 협의를 진행하는 것은 없다'는 내용의 진술과 보증을 하였고[이 사건 주식양수도계약 제9조 제1항 (거)호. 이하 '이 사건 진술 및 보증조항'], 양수도 실행일 이후 이 사건 진술 및 보증조항을 포함한 제9조의 보증 위반사항이 발견된 경우 또는 이 사건 주식양수도계약상의 약속사항을 위반함으로써 인천정유 또는 원고에게 손해가 발생한 경우 피고들은 500억 원을 초과하지 않는 범위 내에서 위 보증 및 약속 위반과 상당인과관계 있는 손해를 원고에게 배상하기로 약정하였다(이 사건 주식양수도계약 제11조).

(3) 원고와 인천정유는 다른 정유사들[에스케이(주) · 엘지칼텍스정유(주) · 에쓰대시오일(주)]과 함께 1998~2000년 실시된 군용유류 구매입찰에 참가하면서 사전에 유종별 낙찰예정업체, 낙찰예정업체의 투찰가격 및 들러리 업체의 들러리가격 등에 대해 구체적인 합의를 하고, 그 합의된 내용대로 응찰하고 낙찰을 받아 그에 따라 군용유류공급계약을 체결하여(이하 '이 사건 담합행위'), 당시 시행 중이던 구 독점규제 및 공정거래에 관한 법률(2004. 12. 31. 법률 제7315호로 개정되기 전의 것. 이하 '공정거래법') 제19조 제1항 제1호를 위반하여 부당한 공동행위를 하였다.

(4) 이 사건 주식양수도계약의 양수도 실행일 이후 공정거래위원회는

이 사건 담합행위에 대한 조사를 개시하여 2000년 10월 17일 인천정유가 이 사건 담합행위로 인해 공정거래법을 위반했다는 이유로 시정명령·법 위반사실 공표명령 및 과징금 475억 2,200만 원의 납부명령을 내렸고, 이후 위 과징금 납부명령에 대한 이의신청 및 일련의 과징금 납부명령 취소소송 등을 거쳐, 공정거래위원회는 2009년 1월 14일 과징금을 재산 정하여 인천정유를 합병한 에스케이에너지(주)에 과징금 145억 1,100만 원의 납부명령을 내렸다.

(5) 대한민국은 2001년 2월 14일 이 사건 담합행위로 인하여 군용유류 구매입찰에서 적정가격보다 고가로 유류를 공급받는 손해를 입었다 는 이유로 인천정유를 포함한 5개 정유회사를 상대로 1,584억 1,966만 9,721원의 지급을 구하는 손해배상청구소송을 제기하여 10여 년째 소송 이 진행되었다.

2. 소송의 경과

(1) 원고의 청구

원고는, 피고들이 이 사건 주식양수도계약에서 "인천정유가 일체의 행 정법규를 위반한 사실이 없다"고 진술과 보증을 하였음에도 그와 달리 인천정유가 이 사건 담합행위에 가담하여 공정거래법을 위반하였으므 로, 피고들은 원고에게 피고들의 위와 같은 진술과 보증 위반으로 인하 여 인천정유가 입은 손해 또는 원고가 피고들에게 과다하게 지급한 매매 대금 상당의 손해를 배상할 의무가 있다고 주장하면서 그 손해배상으로 322억 8,195만 4,752원의 지급을 구하였다.[1]

(2) 제1심의 판단 : 원고 일부 승소

제1심법원은 이 사건 담합행위로 인한 인천정유의 공정거래법 위반이 이 사건 진술 및 보증조항에 위반된다고 판단한 다음, 피고들이 원고에게 배상할 상당인과관계 있는 손해로 인천정유에 부과된 벌금과 이 사건 담합행위로 인하여 지출된 소송비용 일부를 인정하였다. 한편 민법 제580조의 취지 등에 따라 이 사건 진술 및 보증조항의 위반사실에 대하여 악의이거나 과실로 하자를 알지 못한 원고는 손해배상을 청구할 수 없다는 피고들의 주장을 배척하였는바, 그 근거는 다음과 같다.

대상 판결의 쟁점과 관련된 제1심법원의 판단[2]

계약 협상 시 매도인이 자신이 할 진술과 보증의 내용에 어떤 사실이 위반될 것 같은 경우 그 사실이 진술과 보증의 대상에서 제외되기 위하여는 상대방에게 해당 사실을 알리거나 관련 자료를 제공·공개하는 것만으로는 부족하고, 계약서에 진술과 보증의 대상에서 적극적으로 제외한다는 내용의 문구와 함께 당해 사항을 명시해야 할 것인데, 이러한 점과의 균형상, 진술과 보증조항 위반을 추궁하는 매수인이 어떤 사항이 진술과 보증조항에 위반함을 알고 있었다 하더라도 그것만으로는 그 위반사항에 대해 면책해 주었다고 볼 수는 없고, 진술과 보증조항의 위반을 알고 있었다 하더라도 그러한 사유가 매매대금 액수에 미치는 영향을 산정하는 것이 어려운 경우도 있다. 위와 같은 점들에다가, 이 사건 주식양수도계약의 대금을 결정할 당시 원고와 피고들 모두 이 사건 담합행위로 인하여 인천정유에게 과징금·벌금이 부과되고 손해배상청구를 당할 수도 있다는 사정에 대하여는 전혀 고려하지 아니한 것으로

---

1) 원고가 구하는 손해배상액은 (i) 인천정유에 부과된 벌금 2억 원, (ii) 소송비용 등 7억 2,684만 3,140원, (iii) 과징금 중 1998년 및 1999년도 해당분 131억 6,500만 원, (iv) 대한민국의 손해배상청구금액 중 인천정유 해당분 181억 9,011만 1,612원이다.
2) 밑줄은 필자가 임의로 기재한 것이다.

보이는 점, 위 주식양수도계약서의 정보공개목록에도 그러한 점은 전혀 명시되지 아니한 점, M&A계약상의 진술과 보증제도는 진술과 보증이 사실과 다른 경우 그로 인한 우발채무 등이 발생하였을 때 위험 부담을 정하여 대가관계를 재차 조정하기 위한 것인 점, 민법 제580조의 하자담보책임에 관한 규정은 임의규정인 점, 위 조항은 매매의 목적물에 하자가 있는 경우에 관하여 규정하고 있는데, 이 사건의 경우 인천정유의 위와 같은 우발채무의 존재 자체에 대하여는 원고와 피고들 모두 알지 못하였고, 단지 그 우발채무 발생의 전제가 되는 공정거래법 위반사실에 대해서만 알고 있었던 점, M&A계약은 대개 대규모 기업 사이에서 일어나는 거래인 만큼 사적 자치가 존중되어야 하는 영역이라 보아야 할 것인 점 등을 종합하여 보면, 단지 원고에게 악의 또는 중대한 과실이 있다는 사정 아래에서는 피고들에 대하여 이 사건 주식양수도계약상 진술과 보증조항의 위반에 따른 책임을 물을 수 있다고 봄이 상당하다.

(3) 원심의 판단 : 원고 패소

원심법원은 이 사건 담합행위로 인한 인천정유의 공정거래법 위반이 이 사건 진술 및 보증조항에 위반된다고 판단하면서도 이 사건 진술 및 보증조항의 위반사실에 대하여 악의이거나 과실로 하자를 알지 못한 원고는 손해배상을 청구할 수 없다는 피고들의 주장에 대하여, 악의의 매수인은 배상청구가 허용될 수 없고 매수인에게 과실 또는 중과실이 있는 경우에는 배상청구가 허용되어야 하는데, 이 사건 담합행위에 참여한 원고의 악의가 인정된다고 판단하여 원고의 청구를 배척하였다. 그 근거는 다음과 같다.

대상 판결의 쟁점과 관련된 원심법원의 판단[3]

(i) 진술 및 보증조항의 근본적인 목적 및 역할은 매도인이 대상기업의 모든 정보를 소유하고 있는 반면, 매수인은 단기간의 실사를 통하더라도 필요한 정보를 모두 파악하는 것이 사실상 불가능하다는 현실을 고려하여 매도인에게 정보의 공개 및 진술·보장을 요구함과 동시에 그 위반에 따른 보상책임을 부담하게 함으로써 정보의 편중에 따른 계약 당사자 간의 불균형을 제거하는 것에 있을 뿐 매수인에게 어떠한 우월적 지위를 부여하려는 것이 아니라는 점, (ii) 진술 및 보증조항 위반사실에 대한 악의의 매수인에게도 손해배상청구를 허용하게 되면 매도인은 자신의 귀책사유 유무와는 상관없이 위반사실이 존재한다는 사정만으로도 그 책임을 부담하는 반면, 매수인은 그 위반사실을 알고 이를 매매계약 체결과정에서 반영하였거나 충분히 반영할 수 있는 기회가 있었음에도 불구하고 계약 체결 이후 동일한 위반사실을 이유로 매도인에 대하여 이에 상응하는 손해배상 내지 보전을 다시 요구할 수 있게 되어 앞에서 본 당사자 간의 대등·균형 유지라는 진술 및 보증조항의 목적에도 맞지 않을 뿐만 아니라 공평의 이념에도 반하는 결과를 낳게 되는 점, (iii) 진술 및 보증조항의 기능 및 역할 중의 하나인 '계약 체결 당시 당사자 모두 고려하지 않았던 사정이 존재하거나 발생함으로 인하여 야기되는 위험분배 및 가격조정의 문제'는 이에 대한 인식이나 귀책사유가 없는 매도인에게 진술 및 보증조항 위반에 따른 책임을 인정함으로써 충분히 달성되는 것이고 나아가 그러한 사정을 알고 있었던 매수인에게까지 이에 대한 청구를 허용하여야 할 합리적 근거가 없는 점, (iv) 진술 및 보증조항이 오래전부터 활성화되어 있는 미국에서도 악의의 매수인에게도 당연히 손해배상 내지 보상청구가 허용되는지에 대하여는 학설이나 판례가 명확히 확립되어 있지 않고, 현재 거래실무에서도 이러한 점을 고려하여 매수인의 인식 여부와는 무관하게 손해배상청구가 가능하다는 조항을 별도로 추가함으로써 이를 명확히 하는 경우도 있는 점 등에 비추어 보면, 거래의 신속성 및 사후 분쟁의 최소화가 요구되는 M&A계약 자체의 특수성이나 진술 및 보증조항의 연혁적 배경, 그리고 위험분배 및 가격조정이라는 진술 및

---

3) 번호와 밑줄은 필자가 편의상 임의로 기재한 것이다.

보증조항의 기능 및 역할 등을 모두 고려하더라도 진술 및 보증 위반사실을 이미 알고 있는 악의의 매수인이 계약 협상 및 가격 산정 시 드러내지는 않았지만 이를 반영하였거나 충분히 반영할 수 있었음에도 방치하였다가 이후 위반사실이 존재한다는 사정을 들어 뒤늦게 매도인에게 위반에 대하여 책임을 묻는 것은 공평의 이념 및 신의칙상 허용될 수 없다고 봄이 상당하다.

그리고 악의의 매수인이 가격 산정 시 이를 반영하였는지 여부는 명시적인 경우 외에는 그 당사자의 내심의 의사에 관한 것이어서 이를 객관적으로 인정한다는 것이 현실적으로 매우 곤란할 뿐만 아니라 매수인이 이를 부정하는 경우에 매도인이 이를 반박하기가 어려우므로, 악의의 매수인이 매도인과의 합의에 따라 계약서에 명시적으로 위반사실 문제를 유보하여 두지 않은 이상 매수인으로서는 위반사실을 인식하였지만 이를 가격 산정 시 반영하지는 않았다는 주장을 할 수는 없다.

3. 대법원의 판단 : 파기환송[4]

(1) 계약 당사자 사이에 어떠한 계약 내용을 처분문서인 서면으로 작성한 경우에 문언의 객관적 의미가 명확하다면 특별한 사정이 없는 한 문언대로 의사표시의 존재와 내용을 인정하여야 하며, 문언의 객관적 의미와 달리 해석함으로써 당사자 사이의 법률관계에 중대한 영향을 초래하게 되는 경우에는 그 문언의 내용을 더욱 엄격하게 해석하여야 한다 (대법원 2010. 11. 11. 선고 2010다26769 판결 및 대법원 2011. 12. 8. 선고 2011다78958 판결 참조). 그리고 채권자의 권리 행사가 신의칙에 비추어 용납할 수 없는 것인 때에는 이를 부정하는 것이 예외적으로 허용될 수 있을 것이나, 일단 유효하게 성립한 계약상 책임을 공평의 이념 및 신의칙과

---

4) 밑줄은 필자가 임의로 기재한 것이다.

같은 일반 원칙에 의하여 제한하는 것은 자칫하면 사적 자치의 원칙이나 법적 안정성에 대한 중대한 위협이 될 수 있으므로 신중을 기하여 극히 예외적으로 인정하여야 한다(대법원 2004. 1. 27. 선고 2003다45410 판결 및 대법원 2013. 7. 12. 선고 2011다66252 판결 참조).

(2) (i) 이 사건 주식양수도계약서에는 원고가 계약 체결 당시 이 사건 진술 및 보증조항의 위반사실을 알고 있는 경우에는 위 손해배상책임 등이 배제된다는 내용은 없는 점, (ii) 원고와 피고들이 이 사건 주식양수도계약서에 이 사건 진술 및 보증조항을 둔 것은, 이 사건 주식양수도계약이 이행된 후 피고들이 원고에게 진술 및 보증하였던 내용과 다른 사실이 발견되어 원고 등에게 손해가 발생한 경우 피고들로 하여금 원고에게 500억 원을 초과하지 않는 범위 내에서 그 손해를 배상하게 함으로써, 원고와 피고들 사이에 불확실한 상황에 관한 경제적 위험을 배분시키고 사후에 현실화된 손해를 감안하여 주식양수도대금을 조정할 수 있게 하는 데 그 목적이 있는 것으로 보이는데, 이러한 경제적 위험의 배분과 주식양수도대금의 사후 조정의 필요성은 원고가 피고들이 진술 및 보증한 내용에 사실과 다른 부분이 있음을 알고 있었던 경우에도 여전히 인정된다고 할 것인 점 등에 비추어 보면, 이 사건 주식양수도계약서에 나타난 당사자의 의사는, 이 사건 주식양수도계약의 양수도 실행일 이후 이 사건 진술 및 보증조항의 위반사항이 발견되고 그로 인하여 손해가 발생하면, 원고가 그 위반사항을 계약 체결 당시 알았는지 여부와 관계없이 피고들이 원고에게 그 위반사항과 상당인과관계 있는 손해를 배상하기로 하는 합의를 한 것으로 봄이 상당하다.

그리고 공정거래위원회가 이 사건 담합행위에 대한 조사를 개시한 것은 이 사건 주식양수도계약의 양수도 실행일 이후여서, 원고가 이 사건 주식양수도계약을 체결할 당시 공정거래위원회가 인천정유에 이 사건 담합행위를 이유로 거액의 과징금 등을 부과할 가능성을 예상하고 있었을 것으로 보기는 어렵다.

따라서 원고가 이 사건 담합행위를 알고 있었고 이 사건 담합행위로 인한 공정거래위원회의 제재 가능성 등을 이 사건 주식양수도대금 산정에 반영할 기회를 가지고 있었다고 하더라도, 특별한 사정이 없는 한 그러한 점만으로 이 사건 주식양수도계약 제11조에 따른 원고의 손해배상청구가 공평의 이념 및 신의칙에 반하여 허용될 수 없다고 보기는 어렵다고 할 것이다.

II. 평석[5]

1. 논의의 순서

대상판결은 '진술 및 보증조항'의 위반사실에 대한 악의의 주식양수인에게 위 진술 및 보증조항 위반에 따른 손해배상청구를 허용할 수 있는지 여부에 관하여 다루고 있다. 1990년대 후반 금융위기 이후 우리나라에서 M&A(Mergers & Acquisitions)거래가 활성화되면서 영국과 미국의 M&A계약에서 이용되던 진술 및 보증조항(representations and warranties)이 우리나라의 M&A계약서에 도입되었다.[6] 현재는 국내 기업 간 M&A거

---

5) 판례 해설을 목적으로 자료를 수집한 것이 아니어서 인용의 출처가 불분명한 부분이 있다는 점을 밝혀 둔다.

6) 허영만, "M&A계약과 진술보장조항," BFL 제20호(2006. 11), 서울대학교 금융법센터, 17면. 글에 따라 '진술보장조항', '진술 및 보장조항', '사실표시와 보증조항' 등으로 다양하게 표현되나[일본에서는 '표명(表明)·보증(保証)'이라는 용어가 주로 사용된다]. 이

래에서도 진술 및 보증조항을 포함시켜 계약서를 작성하는 것이 일반적인 실무로 정착된 것으로 보인다.[7] 이처럼 진술 및 보증조항은 영미법에서 발전된 개념이기 때문에 우리나라의 민법이나 상법에서 이에 관한 규율은 없다. 이에 따라 진술 및 보증조항을 민법 또는 상법 등 국내의 법질서 체계와 조화롭게 해석하기 위해 여러 논의가 있으나, 통일적인 입장을 찾기가 어려운 상황이다. 아래에서는 (i) M&A 계약서의 기본구조와 (ii) 진술 및 보증조항의 의의와 기능 등을 살펴본 후, (iii) 진술 및 보증조항의 위반에 따른 손해배상청구권의 법적 성격, (iv) 진술 및 보증조항의 위반사실에 대한 악의의 매수인[8]이 손해배상청구를 할 수 있는지, (v) 대상판결의 결론과 그 의의 순서로 살펴보기로 한다.

2. M&A 계약서의 기본구조

국내에서 체결되는 M&A 계약(주식매매계약, 신주인수계약, 자산양수도계약 등)에 사용되는 계약서는 우리의 관행이나 법제도에 맞추어 자연스럽게 형성된 것이라기보다는 주로 영미식 계약서를 수입 내지 번안한 것이라고 한다.[9] 통상적으로 사용되는 M&A 계약서에 포함되는 내용은 다음과 같다.[10]

글에서는 대상판결과 같이 '진술 및 보증조항'이라고 한다.

7) 김상곤, "진술 및 보장조항의 새로운 쟁점," 상사법연구 제32권 제2호(2013), 한국상사법학회, 2면.

8) 평석에서는 편의상 M&A 거래의 당사자를 '매도인' 또는 '매수인'이라고 한다.

9) 천경훈, "M&A 계약에 관한 분쟁과 중재," 중재 제333호(2010. 가을), 대한상사중재원, 32-33면.

10) 한국상사법학회(편) / 천경훈(집필), 주식회사법대계 Ⅲ, 법문사, 2013, 523-544면 ; 송종준, "M&A 거래계약의 구조와 법적 의의 : 미국의 계약실무를 중심으로," 21세기 상사법의 전개(하촌 정동윤 선생 화갑기념논문집), 법문사, 1999, 206-219면 ; 천경훈,

- 거래의 목적물과 거래대가를 정하는 부분 : 거래의 목적물과 대가를 특정하는 부분이다.
- 진술 및 보증 부분 : M&A계약 체결의 전제가 되는 중요한 사실을 매도인이나 대상회사가 매수인에게 진술하거나 반대로 매수인이 매도인에게 이를 진술하는 부분이다.
- 거래 종결(closing) 부분 : 거래의 목적물을 인도하고 대금을 지급하는 시기, 장소 및 이행방법에 관하여 규정하는 부분이다.
- 약정사항(covenants) 부분 : M&A계약 체결 이후 거래 종결에 이르기까지, 경우에 따라서는 거래 종결 이후에 당사자가 이행하여야 할 사항을 규정하는 부분이다. 통상적으로 약정사항 부분은 매수인이 거래 종결시점에 취득하는 대상회사나 영업에 본질적 영향을 주는 매도인의 행위를 제한함으로써 매수인을 보호하거나 매도인에게 매수인의 대상회사나 영업에 관한 실사 등에 협조하게 함으로써 원만한 M&A계약의 이행을 보장하는 것에 그 목적이 있다.
- 거래 종결의 조건(conditions of closing) 부분 : 거래 종결의 전제조건을 규정하는 부분이다. 이러한 전제조건이 충족되지 아니하는 경우 당사자는 거래 종결을 거절할 수 있는 것으로 규정하는 경우가 많다. 통상적으로 대상회사나 영업이 그 사업 수행에 필요한 정부의 인허가를 모두 받았을 것, 진술 및 보증이 거래 종결 당시에도 여전히 진실할 것 등을 규정함으로써, M&A계약이 당사자가 기대한 대로 이행되도록 보장하는 데 그 목적이 있다.
- 면책 및 보상(indemnification) 부분 : 당사자의 진술 및 보증조항 위반, 기타 M&A계약상 의무 위반으로 인하여 상대방에게 손해가 발생하였을 때 이를 보상할 것을 규정하면서 그 보상금액이나 절차 등을 규정하는 부분이다.

앞의 논문(주 9), 31-32면 참조.

3. M&A계약에서 '진술 및 보증조항'의 의의 및 기능, 내용

(1) 진술 및 보증조항의 의의

M&A계약에서의 진술 및 보증조항은 기업을 매도하고자 하는 매도인과 이를 매수하고자 하는 매수인 사이에 매매계약의 당사자(행위능력, 내부수권에 관한 사항 등)와 그 목적물인 대상기업의 일정한 사항(재무 상황, 우발채무의 존부, 법규의 준수 여부 등)을 상대방에게 진술하여 확인하고 그 내용의 진실성을 보증하는 조항이다.[11]

(2) 진술 및 보증조항의 기능

1) 일반적 기능[12]

① 정보의 제공(disclosure의 강제)

M&A과정에서 이루어지는 실사절차(due diligence)와 함께 대상회사에 대한 정보 제공의 주된 통로로서의 기능을 가진다(실사보완기능). 이는 실제 계약서에 첨부되는 정보공개목록(disclosure schedule. 진술 및 보증조항에 따라 공개가 요구되는 정보들을 모아서 기재하는 부분)과 거래의 종결 바로 전에 작성되는 정보공개목록의 갱신(update)을 통해 이루어진다. 매수인이 대상회사에 관한 문제점을 파악하여 이에 대한 보호장치를 강구

---

11) 김상곤, 앞의 논문(주 7), 1면 ; 김홍기, "M&A계약 등에 있어서 진술보장조항의 기능과 그 위반 시의 효과," 상사판례연구 제22집 제3권(2009. 9), 한국상사판례학회, 64면 ; 허영만, 앞의 논문(주 6), 16면.

12) 김홍기, 앞의 논문(주 11), 74-75면 ; 허영만, 앞의 논문(주 6), 17-18면, 22-23면을 참조하였다.

할 수 있게 하고, 매도인도 매수인의 우려를 파악하여 장애요소를 미리 제거해 나감으로써 거래의 성공 가능성을 높일 수 있다. 진술 및 보증조항에 위반하는 경우에는 손해배상책임이 발생하고 경우에 따라서는 계약 해제의 가능성도 있는 만큼 매도인의 입장에서 매수인에게 정확한 정보를 제공할 유인을 가지게 된다.

② 거래 종결의 선행조건 및 계약 해제사유

계약서상 진술 및 보증조항 위반은 통상 거래 종결의 선행조건이 되고, 이를 일정 기간 내에 치유하는 것이 불가능한 경우 계약 해제사유가 될 수 있다.

③ 면책 또는 손해배상(indemnification)

진술 및 보증조항은 이를 위반하게 되면 그로 인한 손실에 대한 보상을 통해 면책을 받도록 하는 역할을 한다. 이를 통하여 매매목적물인 대상기업에 하자가 있는 경우에 그에 따른 경제적 위험을 매도인과 매수인 중 누가 부담할 것인지를 정하게 되고(위험분배기능), 그 과정에서 실질적으로 매매가격이 조정되는 효과가 있다(가격조정기능).

2) 거래단계별 기능

진술 및 보증조항의 기능을 거래단계별로 설명하기도 한다. 즉 진술 및 보증조항은 M&A계약서의 다른 조항들과 결합하여 계약실사, 협상 및 종결의 단계에 따라 각각 다른 기능을 수행한다고 한다. 이를 요약하면 다음과 같다.[13)]

① 제1단계 : 실사단계

매도인은 대상회사에 대한 정보를 매수인에게 제공하고 위와 같이 제공

---

13) 김상곤, 앞의 논문(주 7), 4-5면을 참조하였다.

된 정보를 토대로 M&A계약서를 작성할 때 어떠한 사실을 진술 및 보증할 것인지 여부를 사실상 결정하게 되는데, 이러한 과정은 매수인으로 하여금 대상회사의 정보를 얻는 동시에 대상회사의 가치나 문제점을 파악하여 향후 매매가격을 결정할 수 있게 하는 역할을 담당한다(실사보완기능).

② 제2단계 : 실사단계 이후 구체적인 계약의 협상 및 종결단계

진술 및 보증조항은 계약서 작성 시 거래 종결의 선행조건 또는 해제조건으로 반영되는 경우가 많은데, 거래 종결 전에 진술 및 보증조항의 위반이 발생하면 매수인은 거래를 종결하지 아니할 수 있고 거래 종결 후라도 계약을 해제할 수 있다.

③ 제3단계 : 거래 종결 후

대다수의 M&A계약서는 매도인이 진술한 사항이 진실함을 보증하게 한 다음 이러한 진술 및 보증조항의 위반이 거래 종결 후 밝혀진 경우, 매도인으로 하여금 매수인 또는 대상기업이 입게 된 손해를 배상하게 하거나 매수인을 면책시키는 조항을 그 계약의 내용으로 명시하여 기재하는 것이 일반적이다. 즉 진술 및 보증조항은 거래 종결 후 대상기업의 하자로 인하여 입게 된 손해를 매도인이 부담하게 함으로써 경제적 위험부담을 조정하게 하고, 그 과정에서 실질적으로 매매가격이 조정되는 효과가 있다(위험분배기능 및 가격조정기능).

(3) 진술 및 보증조항의 내용

진술 및 보증조항은 매도인·대상회사·매수인에 관한 사항이 포함되는데, 대상회사에 관한 내용으로 (i) 회사의 조직, (ii) 회사의 자본구조, (iii) 자회사 및 투자, (iv) 재무제표 및 재무제표 작성일 이후 회사 상황의 변경, (v) 우발채무, (vi) 세금, (vii) 자산(동산·부동산·지식재산권·정보

기술), (viii) 매출채권 및 재고, (ix) 계약, (x) 소송을 포함한 분쟁, (xi) 법률 준수 및 정부 인허가, (xii) 노사관계, (xiii) 보험, (xiv) 환경, (xv) 특수관계인 및 이해관계인과의 거래, (xvi) M&A거래 중개인 또는 대리인 비용, (xvii) 진술·보증의 정확성, (xviii) 대상기업 및 실사 결과를 반영하는 내용 등이 포함된다고 한다.[14] 대상회사의 법률 준수 및 정부 인허가와 관련해서는 대상회사가 과거·현재의 법률 위반사항 및 장래에 위반이 예상되는 사항(통상 대상회사의 인식범위 내에서 이루어진다)에 대하여 이루어지는데, 특히 과거의 법률 위반에 관한 진술 및 보증조항은 실사를 보완하여 대상회사의 법률적 문제점을 파악하는 데 유용한 역할을 한다고 한다. 그리고 공정거래 관련 법령 위반에 대하여는 일반적으로 법률 준수 부분에 포함된다고 한다.[15]

4. 진술 및 보증조항 위반으로 인한 손해배상책임의 법적 성격

(1) 논의의 필요성

영미법체계를 전제로 한 계약조항과 그 해석을 대륙법체계를 가진 우리 법제에 그대로 받아들이기 어렵기 때문에 그 법적 성격에 관하여는 견해 대립이 있다. 매수인의 입장에서 보면 진술 및 보증조항 위반은 사고자 했던 물건(즉 회사)의 성상(내지는 품질)이 원래 있었어야 하는 상태와 차이가 난다는 점에서, 하자담보책임과 유사한 측면이 있어 하자담보책임의 법리가 적용되는지 문제 된다. 피고들도 이 사건 진술 및 보증조항과 그 위반에 따른 손해배상책임 규정이 민법상 하자담보책임을 구체

---

14) 허영만, 앞의 논문(주 6), 24-31면.
15) 허영만, 앞의 논문(주 6), 28면.

화한 것으로서 민법 제580조 제1항 단서[16] 또는 그 취지가 적용되어야 한다고 주장하고 있다.

특히 이는 (i) 진술 및 보증조항 위반에 매도인의 고의·과실이 필요한지 여부와 (ii) 매수인이 거래 종결 전에 매도인의 진술 및 보증조항 위반사실을 인식하고 있었음에도 불구하고 계약서에 그 사실을 반영하지 아니한 경우 매수인에게 손해배상청구권을 인정할 수 있는지 여부와 관련되어 있다. 채무자의 고의·과실을 요구하는 채무불이행책임 또는 무과실책임이나 매수인의 선의·무과실을 요건으로 하는 하자담보책임(민법 제580조 제1항)과의 차이 때문이다. 대상판결의 사실관계에 의하면, 이 사건 주식양수도계약에는 진술 및 보증조항과 그 위반에 따른 손해배상조항이 함께 규정되어 있는바, 다음에서는 이를 전제로 살펴보기로 한다.

(2) 법적 성격에 관한 학설

1) 우리나라의 경우

① 채무불이행책임으로 해석하는 견해[17]

진술 및 보증조항을 계약의 내용으로 한 당사자들의 의도는 매매대상

---

16) 민법 제580조(매도인의 하자담보책임)
　① 매매의 목적물에 하자가 있는 때에는 제575조 제1항의 규정을 준용한다. 그러나 매수인이 하자 있는 것을 알았거나 과실로 인하여 이를 알지 못한 때에는 그러하지 아니하다.
　민법 제575조(제한물권 있는 경우와 매도인의 담보책임)
　① 매매의 목적물이 지상권, 지역권, 전세권, 질권 또는 유치권의 목적이 된 경우에 매수인이 이를 알지 못한 때에는 이로 인하여 계약의 목적을 달성할 수 없는 경우에 한하여 매수인은 계약을 해제할 수 있다. 기타의 경우에는 손해배상만을 청구할 수 있다.
17) 김태진, "M&A계약에서의 진술 및 보장조항 및 그 위반," 저스티스 통권 제113호(2009. 10), 한국법학원, 49면.

목적물이 매수인이 희망하는 일정한 수준의 것이고 그러한 성질을 그 목적물이 갖추고 있어야 한다는 것을 특약으로 정한 것이므로, 그 특약에 따라 매도인이 제공하는 목적물이 그러한 내용에 부합하지 않을 경우에는 매도인이 계약의 내용대로 이행하지 아니한 것(불완전하게 이행된 것)으로서 채무불이행책임을 구성한다는 견해이다.

② 약정하자담보책임으로 해석하는 견해[18]

진술 및 보증조항은 매매대상기업에 대한 매도인의 진술이 사실과 다름이 없다는 것을 보증하는 것이고 이는 매매대상 물건이나 권리에 하자가 없음을 보증하는 것과 본질적으로 유사하므로 그 위반은 하자담보책임의 일종이라고 볼 것이지만, 그 책임은 모든 M&A거래가 아니라 진술 및 보증조항을 규정한 경우에 한하여 성립하기 때문에 약정하자담보책임에 해당한다고 보는 견해이다.

③ 손해담보계약과 유사하게 해석하는 견해[19]

매도인이 "진술 및 보증이 계약일 또는 거래 종결일 현재 진실하지 않았을 때에는 이로 인한 매수인의 손해를 배상하여야 한다"는 점에 합의하고 그러한 의무를 수인하였기 때문에 이를 근거로 손해배상을 구할 수 있는 것이므로, 진술 및 보증조항 위반으로 인한 책임은 계약상 책임이고 굳이 분류하자면 일종의 '손해담보계약'에 유사한 것으로 파악하는 견해이다.

2) 외국의 경우

일본에서는 (i) 하자담보책임에 관한 민법의 규정을 배제하는 취지를

---

18) 김홍기, 앞의 논문(주 11), 78-79면.
19) 송종준, M&A 판례노트, 진원사, 2012, 14-15면 ; 천경훈, "진술보장조항의 한국법상 의미," BFL 제35호(2009. 5), 서울대학교 금융법센터, 89면.

명시적으로 정하지 않은 경우 하자담보책임에 관한 민법이 적용된다는 견해와 (ii) 위반 당사자의 고의·과실이 필요하지 아니한 채무불이행에 기한 손해배상청구라는 견해가 있으나, (iii) 계약상 의무의 존재 또는 그 불이행, 고의·과실을 요건으로 전제하고 있지 않다는 점에서 특약에 기한 담보책임이라고 보는 견해가 일반적이고,[20] 최근에는 이를 독립적 손해담보계약으로 파악하는 견해가 늘고 있다고 한다.[21] 독일 M&A실무는 이를 독립적 손해담보계약으로 보고 있다고 한다.[22] 한편 독일 민법 제443조 제1항[23]은 매도인이 물건의 성상에 대한 보장을 인수한 경우 그 책임에 관해 규정하고 있는바, 이는 법정책임을 뛰어넘은 별도의 약정에 의한 책임의 확장으로 이해되고 있으며 위 조항이 적용되는 예로 '기업매매' 등을 들고 있다고 한다.[24]

---

20) 金田 繁, "表明保證條項をめぐる實務上의 諸問題(上) : 東京地判平成 18.1.17.을 題材로 として," 金融法務事情 第1771號(2006. 5. 25), 金融財政事情硏究會, 43-50면.

21) 천경훈, 앞의 논문(주 19), 89면 ; 靑山大樹, "英米型契約의 日本法的解釋に關する覺書(下) : 「前提條件」, 「表明保證」, 「誓約」とは何か," NBL 第894號(2008. 12), 商事法務, 76-78면.

22) 천경훈, 앞의 논문(주 19), 89면.

23) 독일민법 제443조(성상 보증 및 내구성 보장)
① 매도인 또는 제3자가 물건의 성상에 대한 보장을 인수하거나 물건이 일정한 성상을 일정 기간 동안 보유할 것에 대한 보장(내구성 보장)을 인수한 경우에 그 보장사유가 발생하면, 매수인은 법률상의 청구권과는 별도로 보장을 수락한 사람에 대하여 보장의 의사표시 및 관련 광고에서 제시된 내용에 좇아 그 보장에 기한 권리를 갖는다.
독일민법 제453조(권리의 매매)
① 물건의 매매에 관한 규정은 권리 및 기타의 복적물의 매매에 준용된다.
'기업 매매에 독일민법 제443조 제1항이 적용된다면, 독일민법 제442조 제1항(매수인이 계약 체결 시 하자를 안 경우에는 그는 하자로 인한 권리를 가지지 못한다. 매수인이 중대한 과실로 하자를 알지 못한 경우에는 그는 매도인이 하자를 알면서 밝히지 아니하거나 물건의 성상에 대한 보장을 인수한 때에 한하여 그 하자로 인한 권리를 행사할 수 있다)의 적용이 문제 될 수 있을 것으로 보인다.

24) Mueko / Westermann, 6. Aufl. 2012, §443, Rn. 4.

(3) 대법원 판례

1) 대상판결 이전에 대법원 판례가 진술 및 보증조항 위반으로 인한 손해배상청구권의 법적 성격을 일반 법리로 밝힌 적은 없으나, 다음과 같이 개별 사안에서 진술 및 보증조항 위반을 이유로 한 손해배상청구가 하자담보책임에 따른 손해배상청구가 아니라고 밝힌 대법원 판례가 있다.

> 대법원 2012. 3. 29. 선고 2011다51571 판결(미간행)
>
> ….
>
> 나. 상고이유 제2점에 대하여
>
> 기록에 의하면, 원고의 이 사건 청구는 피고들의 이 사건 진술·보장조항 위반을 이유로 한 손해배상청구일 뿐 민법상 매도인의 하자담보책임에 따른 손해배상청구가 아님이 명백하므로, 원심이 이 사건 청구가 민법상 하자담보책임의 제척기간을 준수한 것인지 여부 등에 관하여 따로 판단하지 아니하였다고 하더라도 거기에 상고이유로 주장하는 바와 같은 하자담보책임이나 그 제척기간에 관한 법리오해 등의 위법이 없다.
>
> 다. 상고이유 제3점에 대하여
>
> …이를 이 사건 양도계약의 체결경위와 위 약정의 문언 등에 비추어 살펴보면, 위와 같은 손해배상에 관한 약정은 피고들이 이 사건 진술·보장조항을 위반하여 경영권이 이전되는 시점 이전의 사유로 인한 부외채무, 우발채무, 부실자산 등이 추가로 발견되는 경우, 피고들은 그 채무불이행에 따른 손해배상으로 원고에게 위 각 해당 금액을 지급하되, 그 부외채무, 우발채무, 부실자산이 계약체결 후에 실시된 실사 완료시점 이전에 발견되는 경우에는 그 금액을 양도대금에서 공제함으로써 간이하게 정산하기로 한 취지라고 볼 것이다.

2) 위 대법원 판례에 의하면 진술 및 보증조항 위반에 따른 손해배상

책임을 하자담보책임과는 별개의 것으로 해석하고 있음을 알 수 있다. 그리고 전체적인 판시 내용을 보면 손해배상책임의 근거와 내용을 계약의 해석 등을 통해 찾고 있다.

(4) 검토

앞에서 살펴본 다수의 견해는 설명방식에 다소 차이가 있을 뿐 책임의 법적 성격 내지 손해배상책임의 발생 근거를 계약에서 찾는다는 점에서는 동일하다고 볼 수 있다.[25] 진술 및 보증조항 위반으로 인한 매도인의 책임은 기업 인수를 하면서 대상기업의 상태에 관하여 매도인이 일정한 사실을 진술하고 그러한 사실이 진실이 아닐 경우 약정한 내용의 책임을 지기로 하는 당사자들의 합의에 의한 것이므로, 이를 계약상 책임이라고 보는 것이 타당한 것으로 보인다.[26] 따라서 당사자의 의사해석을 통해 그 책임의 근거와 내용, 범위를 판단할 수밖에 없다.[27] 대법원 2012. 3. 29. 선고 2011다51571 판결도 위와 같은 취지로 보아야 한다.

피고들의 주장과 같이 진술 및 보증조항 위반에 따른 손해배상청구권을 민법상 하자담보책임을 구체화한 것으로 해석하여, 계약서에 명시적인 내용이 없으면 매수인의 주관적 요건에 관한 합의가 없는 경우로 보아, 악의 또는 과실 있는 매수인에게는 하자담보책임의 성립을 배제하는 민법 제580조 제1항 단서가 보충적으로 적용된다고 볼 수는 없다.[28] 그

---

25) 한국상사법학회(편) / 천경훈(집필), 앞의 논문(주 10), 539면 ; 김상곤, 앞의 논문(주 7), 7면.

26) 만약 '손해배상조항'이 없는 경우, 채무불이행책임의 성립 여부가 문제 될 수 있다.

27) 진술 및 보증조항의 위반에 매도인의 고의, 과실이 필요한지 여부에 관하여 계약의 해석에 따라야 한다는 것에는 한국상사법학회(편) / 천경훈(집필), 앞의 논문(주 10), 540면.

28) 주식매매와 관련하여 하자담보책임을 부정한 사안으로는 대법원 2007. 6. 28. 선고

이유는 진술 및 보증조항이 대체로 계약의 목적물뿐만 아니라 계약에 관한 사항 전반을 대상으로 하고 그 효과에서 상당한 차이가 있는 등 하자담보책임의 성립요건과 관계된다고 볼 수 없기 때문이다.[29]

다만 진술 및 보증조항 위반에 따른 손해배상책임을 계약상 책임으로 본다고 하더라도 계약의 해석을 통해[30] 또는 구체적인 사정에 따라 민법상 일반 원칙인 신의칙이나 공평의 원칙의 적용으로 그 책임이 제한되는 경우가 있으므로, 진술 및 보증조항의 위반사실에 대하여 악의의 매수인이 그 위반에 따른 손해배상청구권을 행사할 수 있는지 여부에 관하여는, 계약의 해석을 통하여 매도인의 책임이 성립하는지 여부와 함께 계약상 책임이 유효하게 성립하는 경우 신의칙 등 민법의 일반 원칙의 적용을 통하여 매수인의 권리 행사가 제한되는지 여부를 살펴보아야 한다.[31]

2005다63689 판결(미간행)을 들 수 있다. 원심 판결도 민법상 하자담보책임에 관한 규정이 그대로 적용될 수 없다고 한다.

29) 일반 매매계약에서도 매도인의 책임과 관련한 특약이 있는 경우, 그것이 담보책임 또는 채무불이행책임 중 어느 것에 관한 것인지 아니면 양자 모두에 관한 것인지는 판단하기 어렵다고 하면서, (i) 일반적으로 당사자가 민법상의 담보책임의 성립요건과 관계되는 사항에 관하여 특별한 약정을 하고 있다면 담보책임에 관한 특약에 해당하고, (ii) 한편 물건의 성상·수량·기능·외관 등의 물건의 물질적 하자와 관련하여 당사자가 특약을 두고 있다면 그것은 담보책임에 관한 특약임과 동시에 일반 채무불이행책임에 대한 특약이라고 보아야 하며, (iii) 당사자가 책임 발생의 요건에 대하여 일체 언급하지 않고 단지 손해배상액만을 예정하고 있는 경우에는 그것은 원칙적으로 담보책임을 포함한 매도인의 책임 일반에 대한 약정이라고 보아야 한다는 것에는 곽윤직(편) / 남효순(집필), 민법주해[제XVI권 채권(7)], 박영사, 1997, 569-570면.

30) 계약을 해석함에 있어 신의칙을 고려할 수 있다. '계약의 해석에 있어서의 신의칙'에 관하여는 곽윤직(편) / 양창수(집필), 민법주해[제I권 총칙(1)], 박영사, 1992, 167-173면 참조.

31) 참고로 대법원 2002. 5. 24. 선고 2000다72572 판결[공2002. 7. 15.(158), 1479]은 피고가 A 은행에 근저당권을 설정해 주었다가 그 담보물을 교체하면서 담보물교체의뢰서에 "후일 이로 인한 사고가 발생할 때에는 본인과 담보제공자 및 연대보증인이 연대하여 책임을 부담하겠습니다"라고 약정한 사안에서, "손해담보계약상 담보의무자의 책임은 손해배상책임이 아니라 이행의 책임이고, 따라서 담보계약상 담보권리자의 담보

5. 악의의 매수인이 진술 및 보증조항 위반에 따른 손해배상 청구를 할 수 있는지 여부

(1) 문제의 소재

위 쟁점에 관하여 일본에서는 도쿄지방재판소에서 관련 쟁점에 관한 판결(일명 '아루코 사건')을 선고한 이후 다양한 논의가 이루어졌고, 미국에서도 동일한 쟁점에 관해 다수의 판결이 있다. 외국의 판결과 국내외 학설을 살펴보고 위 쟁점에 관해 구체적으로 살펴보기로 한다.

(2) 외국의 판결

1) 일본의 하급심 판결 : 東京地方裁判例 2006. 1. 17. 判決平16(ワ) 第8241號

① 사실관계
(i) 원고가 소비자금융회사 아루코사의 매수를 검토하고 회계사무소

의무자에 대한 청구권의 성질은 손해배상청구권이 아니라 이행청구권이므로, 민법 제396조의 과실상계 규정이 준용될 수 없음은 물론 과실상계의 법리를 유추적용하여 그 담보책임을 감경할 수도 없는 것이 원칙이지만, 다만 담보권리자의 고의 또는 과실로 손해가 야기되는 등의 구체적인 사정에 비추어 담보권리지의 권리 행사가 신의칙 또는 형평의 원칙에 반하는 경우에는 그 권리 행사의 전부 또는 일부가 제한될 수는 있다"고 판시하여, 당사자 한쪽이 다른 한쪽에 대하여 일정한 사항에 관하여 위험을 인수하고 그로부터 생기는 손해를 담보하는 것을 목적으로 하는 계약인 이른바 '손해담보계약을 인정하고, 이 경우 의무자의 책임은 손해배상책임이 아닌 이행의 책임이라고 해석하며, 손해담보계약에 기한 책임도 신의칙 등에 따라 그 권리 행사가 전부 또는 일부 제한될 수 있다고 밝히고 있다.

에 위임하여 2회에 걸쳐 실사를 실시한 후, 2003년 12월 18일 피고들이 보유한 주식 전부를 매입한다는 내용으로 피고들과 사이에 주식양도계약을 체결하였다. 위 계약에서 피고들은 원고에 대하여 아루코의 재무제표가 일반적으로 승인된 회계원칙에 따라 작성된 것이라는 점, 2003년 10월 31일 현재 각 대출채권의 융자잔고는 그날의 대출채권에 관한 기록에 정확히 반영되어 있다는 점, M&A 실사과정에서 개시될 수 있는 자료는 모두 제공되었다는 점 등을 진술 및 보증하였고, 그 진술 및 보증사항에 위반이 있는 경우에는 이로 인하여 입은 손해를 보상할 것을 약속하였다. (ii) 한편 아루코는 화해채권을 갖고 있었는데 이 채권은 이자가 발생하지 않은 것이었으나, 아루코의 영업본부는 2002년 4월 1일부터 2003년 3월 31일까지 회계기간 동안 손실이 발생할 것이 예상되자 위 화해채권을 변제받은 돈 2억 7,538만 5,023엔을 그 채권의 이자에 충당하고 원본에 대한 대손충당금을 설정하지 않았다. (iii) 이에 원고는 피고들에게 아루코의 재무제표 및 대출채권의 잔고가 완전하고 정확하다는 진술 및 보증조항에 대한 위반을 이유로 손해배상을 구하는 소송을 제기하였다.

② 판결의 요지

아루코의 회계처리가 일반적으로 승인된 회계원칙에 위반되었다고 판단하여 피고들의 진술 및 보증조항 위반을 인정하였다. 다음으로 원고가 피고들의 진술 및 보증조항 위반에 대하여 악의 또는 중과실이 있으므로 손해배상청구권을 행사할 수 없다는 피고들의 주장에 대하여, (특별한 법리 설시 없이) 원고의 악의가 없었다는 사실인정을 통해 피고들의 주장을 배척한 다음, 원고의 중과실에 관하여 "원고가 주식양도계약 체결 시에 약간의 주의를 기울이면 화해채권처리를 발견하여 진술 및 보증을 행한 사항에 관하여 위반이 있다는 것을 알 수 있었음에도 불구하고 만연히 이것을 알아채지 못하고 주식양도계약을 체결한 경우, 즉 원고가 피고들이 진술 및 보증조항을 행한 사항에 관하여 위반사항이 있다는 점에 대하여 선의이지만 여기에 원고의 중대한 과실이 인정되는 경우에는 공평의 견지에서 이는 악의의 경우와 동일시하여 피고들은 진술 및 보증조항 책임을 면한다고 해석할 여지가 있다고 할 수 있다. 그러나 기업매수에 있어서 실사는 매수인의 권리이지 의무는 아니고, 주로 인수가격결정을 위한 한정된 기간에 매도인이 제공한 자료에 기초하여 자산의 실재성과 그 평가, 부채의 망라성(부외부채의 발견)이라고 하는 한정된 범위에서 행해지는 것이다. …본건에 있어서는 특히 아루코 및 피고들이 원고에 대해서 본건 화해채권처리를 고의로 은닉했던 것이 중요시되지 않으면 아니 된다. 이상의 점에서 비추어 보면 원고가 약간의 주의를 기울이기만 하면 본건 화해채권의 처리를 발견해 피고들이 진술 및 보증을 행한 사항에 관하여 위반이 있다는 것을 알 수 있었다고 할 수 없음이 분명하고, 피고들이 진술 및 보증을 행한 사항을 위반하고 있는 점에 대해서 원고가 선의이지만 여기에 원고의 중대한 과실이 있다고 할 수 없다'고 판단하였다.

2) 미국의 판례 경향

미국의 판례는 일률적이지 않고 주(州)마다 다른 경향을 보인다. 미국의 문언[32]에 따르면 예를 들어 캔자스주나 미네소타주 법원은 매수인에게 악의가 있는 경우 매도인의 책임을 부정하는 경향(즉 매수인이 매도인의 진술 및 보증이 사실이라고 신뢰해야 손해배상청구를 할 수 있다는 입장)이

---

32) Matthew J. Duchemin, Whether Reliance on the Warranty Is Required in a Common Law Action for Breach of an Express Warranty?, 82 (3) Marquette Law Review 689 (1999).

고, 뉴욕주나 인디애나주 법원은 매수인이 악의인 경우에도 손해배상책임을 인정한 예가 있다고 한다. 논문에 따라서는 미국 대부분의 주 판례에서 기업인수계약에 있어서 매도인의 명시적 보증 위반에 따른 청구를 하기 위해서는 매수인이 보증된 사실을 진실이라고 믿을 필요는 없다고 본다.[33] 우리나라의 논문에서 소개하는 대표적인 판례는 다음과 같다.[34]

① 매수인이 악의인 경우에도 매도인의 책임을 인정한 판례

(i) CBS, Inc. v. Ziff-Davis Publishing Co. 553 N.E.2d 997(N. Y. 1990) : 사기나 허위의 진술에 기한 손해배상의 경우에는 매수인이 진실이라는 점에 대하여 믿을 것이 요구되나, 명문의 보증조항에 기한 계약상 청구의 경우에는 매수인이 그 사실관계를 믿었느냐에 따라 달라지는 것이 아니고 보증조항 자체의 위반으로 책임이 성립한다. 명시적 보증이 당사자 간 매매계약의 일부임을 신뢰하는 것으로 충분하다는 '신뢰'에 대한 이와 같은 관점은 명시적 보증 위반을 이유로 한 손해배상청구를 불법행위가 아니라 계약에 근거한 것으로 보는 일반적인 인식을 반영한다. 명시적 보증은 다른 조항들과 마찬가지로 계약의 일부분이다. 명시적 보증을 계약의 일부분으로서 신뢰하기만 하면, 그 위반으로 인한 손해배상청구권은 매수인이 그 보증이 행해진 진술이 진실이라고 믿었는지 여부에 따라 좌우되는 것이 아니다. 보증의 위반만 있으면 매수인은 손해배상청구를 행사할 수 있다. 계약 체결 이후 매수인이 보증된 사실의 존재에 관하여 의심을 가지게 되었다는 이유로 매도인이 손해배상책임을 면하게 되어서는 아니 된다. ☞ 이 판례는 계약 체결 이후 매수인이 대상기업에 대한

---

33) 지창구, "기업인수계약에서 진술 및 보장에 관한 연구," 서울대학교 석사학위논문, 2011, 119면 ; 허영만, 앞의 논문(주 6), 32면.
34) 김상곤, 앞의 논문(주 7), 11-12면 ; 김태진, 앞의 논문(주 17), 39면 ; 지창구, 앞의 논문(주 33), 110-120면 참조.

실사를 하는 과정에서 계약 당시 매도인이 한 진술 및 보증이 사실과 다르다는 것을 알게 되었고, 그후 이행을 완료하고 나서 손해배상청구권을 행사한 사안이다.

(ii) NSA Investments II LLC. v. SeraNova, Inc. 227 F. Supp.2d 200 : 뉴욕주 보통법(common law)이 적용되는 사안에서 매사추세츠 지방법원은 "매도인의 (진술 및) 보증 위반을 근거로 소송을 제기한 주식매수인은 '매수인이 그 보증이 진실하다고 믿었음을 입증함으로써 매도인이 진술한 내용을 신뢰하였다'는 것을 입증할 필요는 없고, 그 보증 내용이 계약에 포함되어 있음을 믿었다는 점을 입증하기만 하면 충분하다"고 판시하였다.

② 매수인이 악의인 경우에 매도인의 책임을 부정한 판례

(i) Galli v. Metz, 973 F.2d 145, 150-151(2d Cir. 1992) : Ziff-Davis 판례는 당사자들이 이행 완료 시점에서 특정한 보증이 정확하지 않다는 점에 관하여 합의한 경우에는 적용되지 않는다. 매도인이 보증과 상치되는 사실을 매수인에게 공개하였고 그래서 매수인이 그와 같은 사실을 충분히 알면서도 이를 수긍하여 이행을 완료한 경우, 매수인은 사후에 매도인의 보증 위반을 주장할 수 없다. 그러한 때에는 CBS가 Ziff-Davis에게 하였던 것처럼 매수인이 보증에 따른 권리를 명시적으로 유보하지 않는 한 매수인은 권리를 포기한 것으로 보아야 한다. ☞ 이 판례의 입장을 가) 거래 종결시점에 보증의 진실성에 관하여 당사자 간에 다툼이 있었던 경우에는 매수인이 거래를 종결하더라도 손해배상청구를 포기한 것이 아니고, 나) 거래 종결시점에 보증의 진실성에 관하여 당사자 간에 다툼이 없었던 때(즉 매도인의 보증과 상치되는 사실이 있다는 점을 매도인과 매수인이 모두 알고 있었던 때)라면, ㉠ 보증과 다른 사실의 존재를 매도인이 통지한 경우가 아니라 매수인이 다른 사람을 통하여 알게 된 경우라면 매수인이 거래를 종결하더라도 권리를 포기한 것이 아니고, ㉡ 보

증과 다른 사실을 매도인이 직접 매수인에게 통지한 경우라면 매수인이 특별한 권리를 유보한 경우가 아닌 한 매수인은 거래 종결로서 권리를 포기한 것이 된다고 설명한 논문[35]이 있다.

(ii) Hendricks v. Callahan, 972 F.2d 190, 195-196(8th Cir. 1992) : 매수인이 이행 완료 전에 매도인의 공개를 통해서뿐만 아니라 어떤 경로를 통해서든 위반사실을 알게 되면 매수인은 손해배상청구를 포기한 것으로 보아야 한다. 매수인이 저당권의 존재를 인식한 경우, 매도인이 이를 공개하지 않았다고 하더라도 매수인은 소유권 보증에 기한 청구 및 재무제표 보증에 기한 청구 어느 것도 할 수 없다. ☞ 이 판례는 미네소타주 법률을 적용한 사건인바, 제8연방항소법원은 미네소타주 법률을 해석함에 있어 명시적 보증 위반청구의 경우 보증에 대한 신뢰가 필요하다는 입장을 가지고 있는 것으로 보인다.

(3) 학설

1) 우리나라의 학설

① 매수인이 악의인 경우 손해배상책임을 부정해야 한다는 견해[36]

민법 제580조 제1항 단서의 규정을 그대로 적용하는 것은 진술 및 보증조항이 가지는 가격조정 및 위험분배의 기능, 매매가격에 포함되는 영업권 평가 등 M&A거래의 특수성을 충분히 반영하지 못한다는 점에서 타당하지 않으나, 매수인이 고의인 경우에는 손해배상책임을 부정하는

---

35) 지창구, 앞의 논문(주 33), 118면.
36) 김홍기, 앞의 논문(주 11), 81-82면.

것이 타당하다는 견해이다. 특히 대상기업이 입찰의 방식으로 매각되는 경우 매수인이 다른 입찰자보다 우위를 차지하기 위해서 매도인의 진술 내용에 하자가 있는 것을 알면서도 높은 가격에 매매계약을 체결하고 나중에 진술 및 보증조항을 위반하였다는 이유로 손해배상청구를 하는 것은 곤란하기 때문이라고 한다.

② 매수인의 주관적인 사정은 과실상계에 의한 감액사유에 불과하다는 견해[37]

진술 및 보증조항 위반에 따른 손해배상책임의 법적 성격을 채무불이행이라고 해석하는 이상, 매수인의 주관적 사정은 과실상계에 의한 감액사유는 될지언정 매도인의 책임의 성립에 영향이 없다고 보아야 한다는 견해이다. 다만 매도인이 일단 '매수인이 실사 등을 통하여 해당 진술 및 보증조항의 위반사실을 알았다는 점'을 증명하면, 매수인이 이러한 사유를 계약조건에 어떠한 형태로든 반영시켰을 것으로 추정하여, 매수인이 예외적 사유에 대한 증명을 하지 못하는 이상 매수인에게 손해 발생이 없게 되므로 손해배상청구를 부정할 수 있다고 한다.[38]

③ 매수인의 주관적 사정과 관계없이 계약상의 책임을 부담한다는 견해[39]

진술 및 보증조항은 위험분배 및 가격조정의 역할을 하도록 만들어진 것이므로 매수인의 주관적 사정과 관계없이 진술 및 보증조항을 위반한 당사자는 계약상의 책임을 부담하는 것이 원칙이고, 신의칙에 따라 매우 예외적인 경우에만 책임이 제한될 수 있다고 하는 것이 사적 자치의 원칙이

---

37) 김태진, 앞의 논문(주 17), 54-57면.
38) 이에 반하여 매도인에게 매수인의 주관적 요건 외에 계약조건의 반영 여부도 증명해야 한다는 견해는 지창구, 앞의 논문(주 33), 135-137면.
39) 지창구, 앞의 논문(주 33), 127-132면 ; 허영만, 앞의 논문(주 6), 32-33면.

중요하게 작동해야 할 M&A계약의 해석원칙으로 타당하다는 견해이다.

2) 외국의 학설

① 일본[40]

(i) 악의 또는 (악의와 동일시할 수 있는) 중과실이 있는 매수인에 대하여는 책임이 제한된다는 견해[41]

매수인이 악의인 경우 진술 및 보증조항 위반사실을 고려하여 진술 및 보증의 대상에서 제외하거나 그만큼 가격을 감액하는 등으로 대응할 수 있었음에도 매도인의 진술 및 보증조항 위반을 이유로 책임을 추궁하는 것은 신의칙상 허용되지 아니한다는 견해이다. 매수인이 실사에 의해 쉽게 진술 및 보증조항의 위반사실을 발견할 수 있었던 경우와 같이 중대한 과실이 있는 때에도 신의칙 또는 권리남용의 법리 등에 근거하여 매수인의 보상청구가 부정된다고 한다.[42] 이는 착오의 경우 표의자의 중대한 과실이 있는 때에 취소가 제한되는 것과 마찬가지로, 매수인은 보장된 사항이 진실한 것에 대한 신뢰의 보호를 주장할 수 있는 적합한 지위에 있지 않기 때문이라고 한다.

(ii) 악의의 매수인에 대하여만 책임이 제한된다는 견해[43]

매수대상 기업의 관련 정보에 가까운 위치에 있는 것은 대상기업 및

---

40) '매수인에게 중과실이 있는 경우'를 위주로 논의된 것으로 보인다.

41) 金丸和弘, "M&A實行過程における表明保證違反 : 東京地判平成18.1.17," NBL 第830號(2006. 4), 商事法務, 5-6면 ; 牧山市治, "消費者金融會社の企業買收(M&A)における賣主の表明・保証違反について賣主が買主に對する損害賠償義務を負うとされた事例," 金融法務事情 第1805號(2007. 6), 金融財政事情研究會, 33-40면.

42) 다만 매도인이 매수인의 실사에 진술 및 보증조항 위반사실을 포함해 관련성 있는 자료 및 정보를 완전하게 개시한 것을 전제로 하는 것으로 보인다.

43) 岡內眞哉, "表明保証違反による補償請求に際して, 買主の重過失は抗弁となるか : 東

대상기업의 주주인 매도인이므로, 매도인이 지배하는 대상회사가 실사
에 있어서 의무(장래 진술보증의 대상이 되는 사항의 고지)를 충분히 이행
하지 않은 경우에 매도인을 보상책임으로부터 면하게 할 필요는 없다고
한다. 매도인은 매수인과 합의하에 진술 및 보증조항을 계약의 내용으로
정할 수도 있지만, 특정한 사항을 진술 및 보증의 대상에서 제외할 수
있는 기회를 가질 수도 있기 때문이다. 따라서 진술 및 보증의 대상에서
제외하지 않은 이상 당사자의 합리적인 의사는 적어도 매수인의 무중과
실(無重過失)을 보상청구의 요건으로 하지 않는 데에 합의한 것이라고 볼
수 있다고 한다.

(iii) 매도인의 보상책임은 매수인의 주관적 요건과 무관하다는 견해[44]

일반적으로 진술 및 보증조항은 사후에 하자가 발견되었을 때 위험
분담을 정하는 것이므로, 당사자의 의사해석으로 단순히 매수인의 선
의·악의(중과실)를 보상청구의 발생요건에 포함시키는 것은 타당하지
않다는 견해이다.

② 미국

미국에서 명시적 보증 위반은 독립된 청구원인으로 취급되고, 다만 이
러한 청구원인의 근거가 불법행위법의 신뢰인지 아니면 계약법의 약속
인지에 관하여 논쟁이 있다고 한다. 미국 법원은 초기에 '부실표시 소송'
과 '보증 위반 소송'을 구별하지 아니하였으나, 이를 계약상 약속으로
인정하기 시작한 이후에도 다수의 법원은 보증 위반을 인정하기 위하여
불법행위법상 부실표시의 요건인 유책성·중대성·신뢰요건이 충족될

京地判平 18.1.17. 本誌1234號6頁," 金融商事判例 第1239號(2006. 4), 経済法令研究
  會, 4면.
44) 高橋美加, "株式賣買契約における表明·保証條項違反と損害の補償," ジュリスト 第
  1353號(2008. 4), 有斐閣, 136-137면.

것을 요구하였다고 하며, 이로 인하여 상충되는 판례법이 생겨났다고
한다.[45] 이에 따라 학설은 (i) 매수인의 보증에 대한 신뢰 및 그 증명이
필요하다는 신뢰요건설, (ii) 매도인의 책임에 매수인의 신뢰요건은 필요
없다는 계약책임설, (iii) 매수인이 악의인 경우 매도인의 보증이 성립되
지 않아 책임이 성립될 수 없으나, 매수인이 매도인의 보증을 계약 내용
에 포섭한 경우 매수인의 신뢰에 대한 증명책임이 면제되고 매도인이 매
수인의 악의를 증명해야 한다는 신뢰요건불요설로 나뉜다고 한다.[46] 미
국은 M&A계약의 내용에 따라 매수인의 악의 인정 문제가 불명확한 경
우를 제외하고는 위험분배 및 가격조정이라는 진술 및 보증조항의 주된
기능의 측면에 비추어 '악의'인 매수인에게도 손해배상청구권을 인정하
는 견해들이 많은 것으로 보인다고 설명하기도 한다.[47]

(4) 검토

1) 매수인이 진술 및 보증조항 위반사실에 대해 악의인 경우 등 매수
인의 주관적 요건만으로 매도인의 면책이 가능한지에 관해서는 다음과
같은 근거에 따라 면책이 된다고 해석할 수 있는 측면과 면책이 되지
않는다고 해석할 수 있는 측면이 있다.

① 매수인이 악의의 경우 면책이 된다고 해석할 수 있는 측면

(i) 진술 및 보증조항의 실사 보완기능 우선

진술 및 보증조항은 대상기업의 정보에 예상치 못한 문제가 있는 경

---

45) 박찬동, "국제대출계약에서 진술 및 보장조항에 관한 법적 연구," 고려대학교 박사학위
   논문, 2013, 96면 참조.
46) 위 학설에 관한 상세한 설명은 박찬동, 앞의 논문(주 45), 111-121면.
47) 김상곤, 앞의 논문(주 7), 10면.

우 '실사절차의 현실적 한계를 보완'하여 매수인이 원래 예상했던 상태와 차이가 나는 손해를 보상하기 위한 것이므로, 민법 또는 상법의 하자담보책임과 유사한 측면이 있다. 진술 및 보증조항의 위반사실을 알고 있는 악의의 매수인에게 예상치 못한 손해의 발생을 전제로 한 배상청구까지 허용하는 것은 매도인과의 관계에서 형평에 반하는 결과를 초래한다. 민법 제580조 제1항 단서의 규정 취지는 매수인이 매매 당시 하자 있는 것을 알았음에도 불구하고 아무런 이의도 보류하지 않은 채 나중에 담보책임을 주장하는 것은 신의칙에 반하는 것이기 때문이다.[48] 그렇다면 위 규정이 매매의 목적물에 하자가 있는 경우에 적용되는 규정이기는 하나, 진술 및 보증조항의 해석에 있어서도 그 취지를 충분히 고려할 수 있다. 또한 가중된 약정담보책임의 경우에도 신의칙이나 공평의 원칙에 어긋날 때 그 효력을 인정할 수 없다고 설명되고 있다.[49]

(ii) 현실적인 필요성

매수인이 악의인 경우 손해배상청구를 제한하자는 견해는, 대상기업이 입찰의 방식으로 매각될 때 매수인이 다른 입찰자보다 우위를 차지하기 위해서 매도인의 진술 내용에 하자가 있는 것을 알면서도 높은 가격에 매매계약을 체결하고, 나중에 진술 및 보증조항을 위반하였다는 이유로 손해배상청구를 하는 것은 곤란하기 때문이라고 한다.[50] 위와 같은 우려처럼 경우에 따라서는 악의의 매수인이 진술 및 보장조항을 근거로 하여 매도인에게 투자 실패의 위험을 전가할 수도 있다고 볼 수 있다.

② 매수인이 악의인 경우에도 면책되지 않는다고 해석할 수 있는 측면

(i) 진술 및 보증조항의 위험분배기능 및 가격조정기능 우선

---

48) 곽윤직(편) / 남효순(집필), 앞의 논문(주 29), 512-513면.
49) 곽윤직(편) / 남효순(집필), 앞의 논문(주 29), 571면.
50) 김홍기, 앞의 논문(주 11), 81면.

진술 및 보증조항은 정보의 편중에 따른 불균형을 제거하기 위한 목적도 있지만, 해당 기업의 가치에 대한 불확실성에 따른 경제적 위험분배 및 가격조정기능도 무시할 수 없다. 즉 매수인이 진술 및 보증조항의 위반사실을 알고 있었다고 하더라도 그러한 사유가 매매대금액수에 미치는 영향을 산정하는 것이 쉽지 않으므로, '진술 및 보증조항 및 이에 대한 배상 규정'을 신뢰하고 계약의 이행에 나아갔다고 볼 수 있다. M&A계약은 일반 동산이나 부동산의 매매와는 달리 대상회사나 그 영업가치의 정확한 산정이 어렵기 때문에 그 위험의 분배에 관한 당사자의 의사를 존중해야 한다.

(ii) 현실적인 필요성

매수인의 주관적인 사정을 이유로 진술 및 보증조항의 효력을 인정하지 않을 경우, 정보공개목록에 기재하지 않더라도 매수인이 알고 있던 사항에 대해 면책을 허용하게 되어 매도인이 충분한 정보를 제공할 유인이 사라져 진술 및 보증조항의 정보 제공기능이 현저히 위축되고, 매수인이 실사를 하지 않거나 부실하게 할 유인이 생기는 등 거래의 안정성을 해칠 우려가 있다.

2) 앞에서 본 대로 계약의 해석을 통하여 매도인의 책임이 성립하는지 여부와 계약상 책임이 유효하게 성립하는 경우 신의칙 등 민법의 일반 원칙의 적용을 통하여 매수인의 권리 행사가 제한되는지 여부를 개별적으로 살펴보아야 한다.

① 계약의 문언과 사적 자치의 원칙 존중의 필요

M&A계약은 법률전문가의 조언을 받아들여 수차례 협의와 조정을 거치는 등 신중을 기해 체결되므로, 계약의 문언에 따라 당사자의 의사를 해석할 필요가 있다. 즉 진술 및 보증조항 위반에 대한 구제수단의 해석

은 매매목적물인 대상기업에 하자가 있는 경우, 그에 따른 경제적 위험
의 배분에 관한 당사자들의 합의를 우선적으로 고려할 필요가 있다. 당
사자가 손해배상에 관해 매수인의 주관적 요건을 계약서에 명시하지 않
았다면 그 합의 내용을 그대로 존중하는 것이 합리적이고,[51] 그것이
M&A계약에서 위험분배기능 및 가격조정기능을 가지는 진술 및 보증조
항을 둔 취지에 부합한다. 계약의 문언에 포함되지도 않은 매수인의 선
의 등 주관적 요건을 배상책임의 요건으로 추가하는 것은 계약의 내용을
보완하는 것이 아니라 계약의 내용을 변경하는 결과가 되므로 법원이 계
약을 해석함에 있어 그 한계를 뛰어넘게 된다.[52] 또한 앞에서 살펴보았
듯이 사업의 가치 증감에 따른 불확실한 위험을 당사자 사이에 공정하게
분배하기 위한 M&A계약의 특성이나 진술 및 보증조항이 계약의 목적물
뿐만 아니라 계약에 관한 사항 전반을 대상으로 하는 점 등을 고려할
때, 이를 담보책임의 특약으로 보아 민법상의 하자담보책임의 규정을 그
대로 적용하거나 이를 유추적용하는 것도 적정하지 않다. 게다가 매도인
의 계약상 책임을 하자담보책임과 다른 별도의 권원(이행책임 또는 채무불
이행책임)으로 볼 수밖에 없다면, 민법상의 하자담보책임의 규정은 문제
될 수 없다.

② 신의칙 등 일반 원칙의 적용 문제

---

51) 계약 해석에 관한 대법원 2010. 11. 11. 선고 2010다26769 판결〔공2010하, 2241〕(계약
    당사자 사이에 어떠한 계약 내용을 처분문서인 서면으로 작성한 경우에 문언의 객관
    적 의미가 명확하다면 특별한 사정이 없는 한 문언대로의 의사표시의 존재와 내용을
    인정하여야 하며, 문언의 객관적 의미와 달리 해석함으로써 당사자 사이의 법률관계
    에 중대한 영향을 초래하게 되는 때에는 그 문언의 내용을 더욱 엄격하게 해석하여야
    한다) 등이 근거가 될 수 있다.
52) 법률행위의 보충적인 해석의 결과가 당사자의 의사 또는 계약 내용에 반하지 못한다
    는 점에 관하여는 곽윤직(편) / 송덕수(집필), 민법주해〔제II권 총칙(2)〕, 박영사, 1992,
    210면 참조.

사적 자치의 원칙이 적용되는 영역에서 신의칙과 같은 일반 원칙에 의하여 그 책임을 면책 또는 제한하는 것은 신중을 기하여 극히 예외적으로 인정되어야 한다.[53] 대법원 판례에 의하면, 신의칙에 위배된다는 이유로 상대방의 권리 행사를 부정하거나 자신의 의무 이행을 거절하기 위해서는, (i) 상대방이 자신에게 그와 같은 신의를 공여하였다거나 객관적으로 보아 자신이 그러한 신의를 가지는 것이 정당한 상태에 있어야 하고, (ii) 이러한 자신의 신의에 반하여 상대방이 권리를 행사하거나 자신에게 의무의 이행을 강제하는 것이 정의 관념에 비추어 용인될 수 없는 정도의 상태에 이르러야 한다.[54]

구체적인 사정에 따라서는 이에 해당하여 진술 및 보증조항 등을 그대로 적용하는 것이 그 권리 행사가 정의 관념에 비추어 용인될 수 없는 정도의 상태에 이르러 신의칙 등 민법상 일반 원칙에 반하는 경우가 생길 수 있다.[55] 예를 들면 (i) 매수인이 진술 및 보증조항의 위반사실을 알고 이를 참작해 매수가격에 반영함으로써 객관적으로 보아 매수인이 매도인에게 배상청구를 하지 않을 것이라는 정당한 상태에 있었음에도, 매수인이 다시 위 약정이 있음을 악용하여 배상을 청구하는 것은 이중으로 이득을 얻는 것이기 때문에 신의칙이나 공평의 원칙 등에 반한다고

---

53) 대법원 2004. 1. 27. 선고 2003다45410 판결[공2004. 3. 1.(197), 386](채권자와 채무자 사이에 계속적인 거래관계에서 발생하는 불확정한 채무를 보증하는 이른바 계속적 보증의 경우뿐만 아니라 특정 채무를 보증하는 일반 보증의 경우에 있어서도, 채권자의 권리 행사가 신의칙에 비추어 용납할 수 없는 성질의 것인 때에는 보증인의 책임을 제한하는 것이 예외적으로 허용될 수 있을 것이나, 일단 유효하게 성립된 보증계약에 따른 책임을 신의칙과 같은 일반 원칙에 의하여 제한하는 것은 자칫 잘못하면 사적 자치의 원칙이나 법적 안정성에 대한 중대한 위협이 될 수 있으므로 신중을 기하여 극히 예외적으로 인정하여야 한다) 등이 근거가 될 수 있다.
54) 대법원 2011. 2. 10. 선고 2009다68941 판결[공2011상, 554] 등 다수의 판결.
55) 악의의 매수인에게 손해배상청구를 허용하는 것이 부당한 경우에는 개별적인 사정에 따른 신의칙의 적용 문제로 이를 해결할 수 있다.

볼 수 있으며, (ii) 매수인과 매도인이 상호 간에 일반적으로 인식되는 법령 위반행위를 문제 삼지 않기로 묵인한 후 '법령 위반이 없다'는 일반 조항에 매도인이 진술 및 보증을 하였다는 이유로 매수인이 위 조항을 근거로 손해배상을 청구하는 경우도 신의칙에 반한다고 볼 여지가 있다.[56]

6. 대상판결의 결론

대상판결은 "(i) 이 사건 주식양수도계약서에는 원고가 계약 체결 당시 이 사건 진술 및 보증조항의 위반사실을 알고 있는 경우에는 위 손해배상책임 등이 배제된다는 내용은 없는 점, (ii) 원고와 피고들이 이 사건 주식양수도계약서에 이 사건 진술 및 보증조항을 둔 것은, 이 사건 주식양수도계약이 이행된 후에 피고들이 원고에게 진술 및 보증하였던 내용과 다른 사실이 발견되어 원고 등에게 손해가 발생한 경우에 피고들로 하여금 원고에게 500억 원을 초과하지 않는 범위 내에서 그 손해를 배상하게 함으로써 원고와 피고들 사이에 불확실한 상황에 관한 경제적 위험을 배분시키고, 사후에 현실화된 손해를 감안하여 주식양수도대금을 조정할 수 있게 하는 데 그 목적이 있는 것으로 보이는데, 이러한 경제적 위험의 배분과 주식양수도대금의 사후 조정의 필요성은 원고가 피고들이 진술 및 보증한 내용에 사실과 다른 부분이 있음을 알고 있었던 경우에도 여전히 인정된다고 할 것인 점 등에 비추어 보면, 이 사건 주식양수도계약서에 나타난 당사자의 의사는, 이 사건 주식양수도계약의 양수도 실행일 이후에 이 사건 진술 및 보증조항의 위반사항이 발견되고 그로

---

56) 越知保見, "「買主, 注意せよ」から「賣主, 開示せよ」への契約觀の轉換," 早稻田法學 第86卷 第3號(2011. 7), 早稻田大學法學會, 52-55면 참조.

인하여 손해가 발생하면, 원고가 그 위반사항을 계약 체결 당시 알았는지 여부와 관계없이 피고들이 원고에게 그 위반사항과 상당인과관계 있는 손해를 배상하기로 하는 합의를 한 것으로 봄이 상당하다"고 판시하여, 계약의 문언 해석 등에 따라 계약서에 포함되지 않은 매수인의 주관적인 사정을 이유로 이 사건 주식양수도계약 제9조 제1항 (거)호 및 제11조에 기한 매도인의 손해배상청구권의 성립을 섣불리 제한할 수 없다고 밝히고 있다.

나아가 대상판결은 "공정거래위원회가 이 사건 담합행위에 대한 조사를 개시한 것은 이 사건 주식양수도계약의 양수도 실행일 이후여서, 원고가 이 사건 주식양수도계약을 체결할 당시 공정거래위원회가 인천정유에 이 사건 담합행위를 이유로 거액의 과징금 등을 부과할 가능성을 예상하고 있었을 것으로 보기는 어렵다. 따라서 원고가 이 사건 담합행위를 알고 있었고 이 사건 담합행위로 인한 공정거래위원회의 제재 가능성 등을 이 사건 주식양수도대금 산정에 반영할 기회를 가지고 있었다고 하더라도, 특별한 사정이 없는 한 그러한 점만으로 이 사건 주식양수도계약 제11조에 따른 원고의 손해배상청구가 공평의 이념 및 신의칙에 반하여 허용될 수 없다고 보기는 어렵다고 할 것이다"라고 판시하여, 원고의 권리 행사가 신의성실의 원칙에 반한다고 볼만한 특별한 사정이 있다고 보기 어렵다고 밝히고 있다. 원칙적으로 면책 또는 책임 제한을 주장하는 측에서 특별한 사정을 주장·증명해야 할 뿐만 아니라, 악의의 매수인의 손해배상청구를 제한하는 이유가 매수인이 이중으로 이득을 얻는 것을 방지하기 위한 것이라면, 피고들이 (i) 매수인인 원고의 주관적 사정과 (ii) 원고가 그 위반사실을 참작해 가격 산정에 반영했다는 점을 주장·증명해야 할 것으로 보인다. 그런데 이 사건 담합행위로 인한 공정거래위원회의 제재가 있었던 시기와 일련의 소송절차 등에 비추어 볼 때, 원고가 이 사건 주식양수도계약 체결 당시 이 사건 담합행위를 알고 있었고 이 사건 담합행위로 인한 공정거래위원회의 제재 가능성 등을 이 사건 주식양수도대금 산정에 반영할 기회를 가지고 있었다는 사정만으로 피고들이 위와 같은 증명을 다하였다고 보기 어렵다고 할 것이다.

III. 대상판결의 의의

M&A거래는 M&A계약을 통해 이루어지므로 그 계약의 해석 문제가 관련 분쟁에서 가장 핵심적인 것이다. 이는 계약조항이나 그 형식의 유래 등을 고려하여도 마찬가지이다. 또한 그것이 우리나라의 법률체계에 부합해야 하는 것도 당연하다. 대상판결은 분쟁의 해결을 계약의 해석 및 계약 위반으로 인한 손해배상책임에 관한 우리 사법상의 기본원리로 접근하고 있다. 이는 진술 및 보증조항을 둘러싼 여러 문제에 관하여 근본적인 해결책을 제시한 것으로서, 관련 분쟁에 관하여 예측 가능성을 높인 것으로 볼 수 있다. 대상판결은 M&A거래에서의 진술 및 보증조항 위반과 관련하여 매수인의 주관적 사정을 둘러싼 논쟁의 해결방안을 제시하였다는 점에서 선례로서의 가치가 매우 크다.

17

M&A계약상 손해전보조항의 법적 쟁점[*]

이진국[**] · 최수연[***]

I. 개관

1. 손해전보조항의 의의 및 체계상 지위

주식매매계약 · 신주인수계약 및 영업양수도계약 등 M&A(Mergers & Acquisitions) 관련 계약에 있어서 손해전보(indemnification)[1]조항이란, 거

---

[*] 이 논문은 BFL 제68호(2014. 11)에 게재된 글을 수정 · 보완한 것이다.

[**] 법무법인(유한) 율촌 변호사

[***] 네이버 대표이사, 변호사

1) 'indemnification provision'은 일방 당사자의 진술 및 보증 또는 약정 위반으로 인하여 발생할 수 있는 다양한 법적 · 사실적 또는 경제적 위험으로부터 상대방을 면책(hold harmless)할 것을 주된 내용으로 한다는 점에서 M&A거래 실무상 '면책조항'으로 번역하는 경우가 많으나, 동 조항은 실질적으로 위와 같은 위험이 발생하거나 발생할 것으로 우려되어 상대방에게 발생한 손해 또는 손실을 금전적으로 배상 또는 보상하는 기능을 하므로, 이 글에서는 금전배상 및 보상을 포괄하는 의미에서 '손해전보조항'이라는

래의 일방 당사자가 미리 약정한 특정 사건이 발생하였을 경우 그로 인하여 상대방 당사자 또는 제3자에게 발생한 손해를 보상 또는 배상하기로 하는 약정을 의미한다. M&A거래에서 손해전보조항은 일방 당사자의 진술 및 보증, 확약사항 또는 기타 의무 위반으로 인하여 상대방 당사자가 입은 손해를 보전하는 역할을 하며, 그와 동시에 거래의 목적물인 기업에 거래 종결 전 존재하였으나 미처 발견하지 못한 부실·가치 하락 사유 또는 우발부채 등이 있는 경우 그에 따른 경제적 위험을 누가 부담할 것인지 미리 정함으로써 당사자들의 이해관계 및 매매가격을 실질적으로 조정하는 기능을 수행하고 있다.[2]

일반적인 M&A계약의 체계상 손해전보조항은 거래의 목적, 거래대금의 지급 및 거래대상 목적물(주식·영업 또는 자산 등)의 교부, 거래 종결의 선행조건, 진술 및 보증, 확약사항 및 계약의 해지 또는 해제조건 등 당사자들의 권리 및 의무에 관한 주요 규정들 다음에 위치한다. 즉 손해전보조항은 M&A계약의 끝부분에 위치하여 당사자 중 일방이 해당 계약에서 합의한 사항을 위반하였을 경우 그에 대한 효과를 약정하는 부분에 해당한다. 특히 진술 및 보증과 확약사항은 당사자 간에 손해전보의무를 주로 유발(trigger)시키는 조항으로서 손해전보조항과 매우 밀접한 관계를 가진다.

용어를 사용하기로 한다.

[2] 대법원 2015. 10. 15. 선고 2012다64253 판결. 이러한 까닭에 공개입찰방식으로 진행되는 M&A거래 실무에서 매각 측은 각 인수후보자가 제시하는 본 입찰금액뿐만 아니라 손해전보한도금액(뒤 III. 2. (3) 참고)을 함께 고려하여 인수자를 선정한다(인베스트조선 2016. 3. 31.자, "1조 원 인수가 제시해도, 8,000억 원에 밀릴 수 있다").

2. 손해전보조항의 법적 성질

손해전보조항의 법적 성질에 대하여는 특히 매도인이 제공하는 대상회사에 관한 진술 및 보증과의 관계에서 주로 논의된다. 이에 관하여 국내 학설은, (i) 매도인이 진술 및 보증을 제공하는 것은 매매대상 목적물이 매수인이 희망하는 일정한 수준의 것이고 그러한 성질을 그 목적물이 갖추고 있어야 한다는 것을 특약으로 정한 것이므로, 채무 발생의 근거가 당사자들의 합의인 이상 그 본질은 채무불이행책임 또는 계약책임이라고 설명하는 입장과, (ii) 매매대상 물건이나 권리에 하자가 없음을 보장하는 것과 본질적으로 유사하지만 진술 및 보증의 내용·기간·범위 등에 관하여 구체적인 약정이 있다면 민상법의 하자담보책임조항에 우선하여 적용되는 약정담보책임이라고 설명하는 입장으로 구분된다고 한다.[3] 다만 위 학설 중 어느 입장에 의하든 그 이유에 대한 설명만 다를 뿐 진술 및 보증 위반으로 인한 손해배상책임은 진술 및 보증을 제공한 당사자의 고의·과실 여부에 관계없이 성립하는 무과실책임으로 해석하는 것에는 차이가 없으며,[4] 법원 역시 동일한 취지의 판시를 내리고 있는 것으로 보인다.[5]

---

3) 김상곤, "진술 및 보증조항의 새로운 쟁점," 상사법연구 제32권 제2호(2013), 한국상사법학회, 90면.

4) 김상곤, 앞의 논문(주 3), 92면.

5) 특히 주 2의 대법원 2012다64253 판결에서는, 주식매매계약에 진술 및 보증조항과 손해전보조항을 삽입하는 당사자들의 의사는, (이에 반하는 명문의 조항을 삽입하였다는 것과 같은) 특별한 사정이 없는 이상 주식매매계약의 종결일 이후 진술 및 보증조항의 위반사항이 발견되고 그로 인하여 손해가 발생하면, 매수인이 매도인의 진술 및 보증 위반사항을 계약 체결 당시 알았는지 여부와 관계없이 매도인이 매수인에게 그 위반사항과 상당인과관계 있는 손해를 배상하기로 하는 합의를 한 것으로 해석하였다. 반면 확약사항 위반 시 적용되는 손해전보조항의 법적 성질에 대하여는 특별한 논의가 있는 것으로 보이지는 않으나, 당사자 간에 미리 약정한 의무를 불이행함에 따라 발생하는

한편 M&A계약에서 손해전보조항과는 별도로 '계약금'조항을 두는 경우도 있다. 계약금조항은 주로 매수인의 거래 종결의무를 담보하기 위하여 삽입되는데, 일반적으로 매수인에게 고의나 과실이 없는 경우까지 책임을 묻는 조항이 아니고 거래가 정상적으로 종결될 때에는 계약금을 거래대금의 일부로 충당한다는 점에서 손해전보조항과는 다른 차별성을 갖는다.[6]

3. 손해전보조항의 특성

실제 거래에서는 손해전보의무가 당사자 간의 협상력에 따라 편면적으로 혹은 양면적으로 규정될 수 있는데, 매도인과 매수인 모두 각각 상대방에 대하여 손해전보의무를 부담하는 것으로 규정하는 것이 일반적이다. 다만 손해전보조항을 양면적으로 규정하더라도 M&A거래의 결과 장래에 보다 큰 위험(risk)에 노출되는 것은 통상 매수인이므로,[7] M&A

책임이므로 전형적인 채무불이행책임으로 볼 수 있을 것이다.

6) 대법원은 이러한 취지의 계약금조항을 원칙적으로 손해배상액의 예정으로 보고 있다 (대법원 2008. 11. 13. 선고 2008다46906 판결). 따라서 M&A계약 실무상 당사자 간에 계약금을 수수하면서 그 법적 성격을 매수인의 귀책사유로 인한 계약 해제에 따른 위약벌로 규정하기 위하여는 매도인이 그러한 취지를 계약서에 명시적으로 삽입할 필요가 있다. 예를 들어 "매수인의 귀책사유로 본 계약이 해제되는 경우, 계약금은 매도인에게 귀속된다. 본 항에 따라 매도인에게 귀속되는 금원은 민법상 손해배상액의 예정이 아닌 위약벌로 한다. 매수인은 위 금원이 위약벌로서 합리적이고 적정한 금액이라는 점에 동의하며, 그 반환이나 감액청구 등 어떠한 이의도 제기하지 않을 것을 확약한다"와 같이 규정하는 것이 가능할 것이다.

7) 매도인은 대상회사를 그동안 경영해 온 자로서 대상회사의 중요한 내부 사정을 모두 알고 있는 반면, 매수인은 매도인이 부여한 실사기간 동안 한정된 정보만을 바탕으로 대상회사를 파악한 것이 전부이므로, 매수인은 본질적으로 정보의 비대칭 상태에서 '잘 모르는' 대상회사를 인수하게 된다. 그러나 매도인으로서는 매수인이 매매대금을 문제없이 지급할 수 있는 경제적 능력만 충분하다면, 사실 거래 종결 이후 매수인에게 다시 손해전보를 요구할 일이 거의 없다.

계약의 작성과정에서 매수인은 손해전보조항을 통해 되도록 자신을 두텁게 보호하는 데 초점을 두게 됨에 반하여, 매도인은 될 수 있으면 손해전보조항의 적용범위를 최소한으로 줄이고자 노력하게 된다.

이처럼 손해전보조항은 M&A거래 당사자 간에 상반된 이해관계가 가장 첨예하게 대립되는 규정으로서, M&A계약의 여러 조항 중 아마도 가장 복잡하고 표준화된 양식이 없으며 당사자 간에 치열한 협상의 대상이 되는 조항 중 하나일 것이다. 다음에서는 M&A계약 중 가장 일반적인 유형이라고 할 수 있는 주식매매계약을 예로 손해전보조항의 주요 내용, 예시 규정 및 실무상 법적 쟁점 등을 살펴보기로 한다.[8]

II. 손해전보조항의 내용

1. 손해전보의무의 범위

손해전보의무가 발생하는 사유는 크게 두 가지로서, 일방 당사자의 진술 및 보증에 허위 또는 부정확한 사실이 있거나 어느 당사자가 확약사항 등 기타 계약상 의무를 위반하는 경우가 된다. 다음 예시 조항의 규정 예를 참고할 수 있다.

---

8) 이 글의 본문에는 M&A계약 중 주식매매계약(국문)의 전형적인 손해전보조항 일부를 예시적으로 인용해 두었다. 다만 해당 예시 조항은 필자가 직접 수행했던 주식매매 방식의 M&A거래에서 사용하였던 몇 건의 손해전보조항을 참고하여 이 글의 목적에 맞게 재구성한 것으로서, 특정 조항 전체 또는 일부를 발췌·인용한 것이므로 그 구성 및 체계에 다소 불완전한 면이 있음을 밝혀 둔다.

9.1 손해배상의무

본 계약 제9조가 규정하는 조건과 제한을 전제로, 당사자 일방(이하 '배상의무자')
은 본 계약에서 규정하고 있는 배상의무자의 (i) 진술 및 보증, (ii) 확약, 기타의 의무
위반으로 인해 상대방 당사자(매도인 중 하나가 배상의무자인 경우 매수인들을 의미
하고, 매수인 중 하나가 배상의무자인 경우 매도인들을 의미한다. 이하 '배상권리자')
에게 실제 발생한 손해를 배상하여야 한다.

손해전보조항은 주식매매계약상 일방 당사자가 제공한 여러 가지 진
술 및 보증 중 허위 또는 부정확한 사실이 있는 경우, 이로 인하여 발생
하는 상대방 당사자의 손해를 전보하는 기능을 한다. 예컨대 매도인이
거래 종결일 전까지 대상회사가 중대한 법률 위반을 한 사실이 없음을
진술 및 보증하였는데, 거래 종결 후 얼마 지나지 않아 대상회사가 공정
거래위원회로부터 2년 전의 담합행위를 이유로 과징금 20억 원의 제재
를 받은 경우, 매도인의 위 진술 및 보증은 부정확한 것이 되어 매도인은
이로 인하여 매수인이 입은 손해를 전보해 주어야 하는 것이다.

주식매매계약은 매도인으로 하여금 계약 체결 후 거래 종결 전까지
대상회사를 운영하면서 매수인의 사전 동의 없이 대상회사에 중대한 영
향을 미칠 수 있는 일정한 행위[9]를 하는 것을 금지하거나(소극적 확약사
항), 매도인 또는 매수인으로 하여금 필요한 부속계약의 체결 또는 인허
가의 획득 등 거래 종결 전까지 반드시 이행하여야 할 각종 의무를 부과
하게 되는데(적극적 확약사항), 매도인이 소극적 확약사항을 위반하거나
매도인 또는 매수인이 적극적 확약사항을 이행하지 않을 경우 역시 손해

---

9) 대상회사의 자본구조를 변경하거나 일정 금액 이상의 자본적 지출을 요하는 행위를
   하거나 중요한 약정을 체결 또는 해지하는 것을 예로 들 수 있다.

전보의 대상으로 삼게 된다.[10)]

2. 손해전보청구권자

주식매매계약상 손해전보를 청구할 수 있는 권리를 가지는 자[11)]는 원칙적으로 해당 거래의 각 당사자가 된다. 다만 당사자 간 합의에 따라 범위는 확대될 수 있는데, 당사자가 회사인 때에는 통상 당사자 본인뿐만 아니라 본인의 계열회사·임직원·대리인·자문단·승계인 및 양수인 역시 손해전보청구권자의 범위에 포함하는 경우가 있다.[12)]

매수인 아닌 손해전보청구권자가 매도인을 상대로 손해전보를 청구하

---

10) 다만 실제 거래에서 계약상 명시되어 있는 의무를 이행하지 않는 경우는 사실상 거의 없으므로, 실제 매매대금 정산 또는 손해전보 등이 이루어지는 대부분은 진술 및 보증 조항 위반으로 인한 경우가 많다.

11) 이하 이 글에서는 손해전보를 청구할 수 있는 권리를 가지는 자(indemnified parties)를 '손해전보청구권자', 손해전보의무를 부담하는 자(indemnifying parties)를 '손해전보의 무자'로 각각 부르기로 한다.

12) 그러나 거래 당사자인 법인을 제외한 나머지 임직원 또는 대리인 등은 해당 주식매매계약에 서명 또는 기명·날인한 당사자가 아닌바, 이러한 제3자들이 주식매매계약상 손해전보조항을 근거로 계약을 위반한 상대방 당사자에게 직접 손해전보를 청구할 수 있는지 여부가 해석상 쟁점이 될 수 있다. 이때 임직원 또는 대리인 등이 손해전보를 청구하는 범위에서 손해전보약정은 일종의 제3자를 위한 계약이 되고, 위 임직원 또는 대리인 등이 실제 손해전보청구를 하는 경우 수익의 의사표시를 하는 것으로 구성할 수 있을 것이다(민법 제539조). 다만 손해전보조항을 제3자를 위한 계약으로 본다면, 임직원 또는 대리인 등 제3자들은 자신이 동의하지 않은 손해전보조항의 기간적·금액적 및 기타 제한 관련 규정(아래 III. 참고)에 구속된다는 불이익을 입을 수 있다. 그러나 주식매매계약의 위반으로 계약 당사자가 아닌 제3자가 손해를 입는 경우란 그러한 위반이 제3자에 대하여 불법행위가 되는 때가 통상일 것인바(예로 매수인의 직원에 대한 고용보장약정 위반이 곧 직원에 대한 부당해고가 되는 경우 등), 이 경우 손해를 입은 임직원 또는 대리인 등은 굳이 주식매매계약서상 손해전보조항을 근거로 손해배상을 청구함으로써 손해전보의무의 제한에 관한 규정을 적용받는 것보다는 불법행위에 의한 손해배상청구를 하는 것이 유리할 수 있다.

는 실제 사례를 찾기는 쉽지 않다. 예를 들어 거래 종결 전에 있었던 대
상회사의 위법행위로 대상회사의 임직원이 형사처벌을 받거나 과징금,
과태료 등의 행정제재를 받는 경우를 생각할 수 있다.

3. 손해전보의무자

한편 손해전보의 의무를 부담하는 자, 즉 손해전보의무자는 해당 거래
의 직접 당사자로 한정되는 경우가 대부분이다. 예컨대 회사가 자회사
지분을 매각하는 거래를 하면서 자회사의 대표이사 또는 임원 등이 자발
적으로 동의하여 계약서에 함께 당사자로 참여하는 때를 제외하면, 제3자
에게 손해전보의무를 분담하게 할 방법은 없기 때문이다.

다만 사모투자전문회사(Private Equity Fund, PEF) 또는 특수목적회사
(Special Purpose Company, SPC)가 매도인인 경우, 이 매도인들은 해당 거
래의 종결 이후 청산하거나 사실상 자산이 없는 껍데기 회사(shell entity)
로 연명하게 될 가능성이 크므로, 매수인으로서는 매도인의 업무집행조
합원이나 모회사 또는 자금조달능력이 있는 지배주주들을 주식매매계약
의 당사자로 포함시켜 손해전보조항에 대한 연대책임을 지도록 요구하
기도 하지만, 실제 매도인이 이를 수용하는 경우는 많지 않은 것으로 보
인다.

이에 반해 가족기업 또는 비공개기업의 M&A거래(경영권매각거래보다
는 주로 지분투자유치거래)에서는, 해당 회사의 사업 및 재무 상황 전반을
실질적으로 장악하고 있는 지배주주(소위 오너)가 거래 당사자와 함께 연
대책임을 부담하는 경우가 적지 않다.[13)]

---

13) 실제 M&A거래에서는 매수인이 기존 대주주가 보유하고 있는 구주를 매수함과 동시에

4. 손해전보의 대상

손해전보조항은 보통 손해전보청구권자들이 상대방의 진술 및 보증 또는 확약사항 위반 등으로 인하여 입은 모든 손해를 대상으로 하게 된다. 예를 들어 매도인의 진술 및 보증 위반에 따라 대상회사에 부과된 과징금·벌금·세금 등 우발채무나 제3자의 청구로 인하여 발생한 비용, 이를 방어하기 위하여 지출한 소송비용 등 해당 진술 및 보증 위반으로 인하여 매수인(또는 손해전보청구권자들)이 입은 경제적 부담을 손해전보의 대상으로 할 수 있다. 다만 실제 거래에서는 이른바 손해(losses)의 정의 규정에 관하여 당사자 간에 미묘한 신경전이 벌어지는 경우가 있는데, 이는 손해의 정의를 어떻게 하는지에 따라 각자 염두에 두고 있는 특정 사유가 포함되거나 포함되지 않을 수도 있고, 또는 향후 포함 여부에 관하여 걸림돌을 남겨 둘 수도 있기 때문이다.

한편 매도인의 진술 및 보증 위반이 있는 때 그 진술 및 보증 위반으로 인하여 매수인이 보유하게 될 대상회사 지분의 가치가 하락하고 이러한 가치 하락분이 곧 매수인의 손해가 되는 경우가 많은데, 이러한 때 대상회사 지분의 가치 하락분 중 어느 만큼을 매수인의 손해로 볼 것인

대상회사가 발행하는 제3자 배정 유상증자방식에 의한 신주를 인수함으로써, M&A과정에서 대상회사로 직접 자금을 조달하는 경우를 많이 찾아볼 수 있다. 이때 해당 신주의 발행인은 어디까지나 대상회사 본인이지만, 대상회사는 거래 종결과 동시에 매수인과 경제적 이해관계를 공유하는 매수인의 자회사(또는 피투자회사)로 귀결될 운명이므로, 관련 신주인수계약상 대상회사로 하여금 손해전보책임을 지도록 규정하는 경우에는 결과적으로 매수인이 그 경제적 책임을 분담하게 되는 문제가 발생할 수 있다. 따라서 구주매매와 신주인수가 함께 이루어지는 M&A거래에 있어서 진술 및 보증 위반에 따른 손해전보책임은 (i) 구주매매 부분에 한하여 기존 대주주(즉 매도인)가 전적으로 부담하게 하거나, (ii) 신주인수계약의 당사자에 기존 대주주를 참여시켜 신주인수분에 관하여도 기존 대주주가 책임을 부담하도록 규정하는 방식이 사용되고 있다.

지의 문제가 있다. 매수인이 매수한 것은 대상회사의 주식이므로 차액설의 관점에서 매도인의 진술 및 보증 위반으로 대상회사에 손해가 있는 경우라면 그로 인하여 하락한 대상회사 주식의 가치를 매수인이 입은 손해로 보는 것이 타당하지만, 이를 정확하게 산정하여 입증하기란 매우어려운 일이다. 따라서 매도인의 진술 및 보증 또는 확약사항 위반으로 대상회사에 손해가 발생한 때, 대상회사의 총발행주식 중 매수인이 인수한 지분비율에 상응하는 부분만을 매수인의 손해로 본다는 취지의 규정을 하는 경우가 많다. 예를 들어 매수인이 대상회사의 지분 60퍼센트를 인수하여 최대주주가 된 경우, 대상회사에게 발생한 손해액이 100억 원이라면 매도인과 매수인 사이에서는 해당 사유로 인한 매수인의 손해는 60억 원으로 정해지는 것이다.[14] 다음 예시 조항의 규정 예를 함께 참고하자.

9.1 손해배상의무

… 명확히 하자면, 거래 종결 이후 본 계약에서 규정하고 있는 매도인의 대상회사에 관한 진술 및 보증의 위반으로 인해 대상회사에게 손해가 발생한 경우 매수인에게 발생한 손해액은 (i) 대상회사에 발생한 손해액에 (ii) 대상주식의 수가 대상회사의 발행주식총수에서 차지하는 비율을 곱하여 산정한다.

---

14) 이로 인하여 실제 거래에서 대상회사에게 상당한 규모의 손해가 발생하더라도 실제 매수인이 매도인에게 전보를 청구할 수 있는 손해액은 그중 일정 금액으로 한정되는 효과가 있다. 이 점은 다음 항에서 설명하는 손해전보의 금액적 제한과도 연관되는데, 특히 고위경영진은 대상회사에 생긴 손해에 대한 심정적 인지금액과 상대방으로부터 전보를 받을 수 있는 현실적 청구금액 사이에 있는 괴리를 납득하지 못하는 경우가 간혹 있다(이로 인한 실무진의 고충은 쉽게 예상할 수 있을 것이다).

III. 손해전보의무의 제한

1. 기간적 제한

손해전보의무자의 손해전보의무에는 일정한 기간적 제한을 설정하는 것이 일반적이다. 손해전보의무에 대한 기간적 제한은 특히 진술 및 보증 위반으로 인한 손해전보의무의 경우 그 필요성이 두드러진다. 진술 및 보증은 내용적으로 어느 시점을 기준으로 하여 특정 물건 또는 권리의 상태를 보증하는 것이므로, 각 진술 및 보증에 명시된 사항은 그 기준시점으로부터 멀어질수록 해당 진술 및 보증의 내용과 차이가 자연스럽게 발생할 가능성이 커진다. 따라서 손해전보의무자는 특정 시점의 대상 물건 또는 권리의 상태를 보증하되, 그 보증 내용의 허위 또는 부정확이 기준시점으로부터 일정한 기한 내에 확인되고 청구되는 경우에 한하여 손해전보의무를 부담하고자 하게 된다. 아래 예시 조항의 규정 예를 참고하자.

9.2 진술 및 보증의 존속기간 및 손해배상절차

각 당사자의 본 계약상 진술 및 보증은 거래 종결일로부터 18개월이 되는 날까지 유효하게 존속한다. 다만, 본 계약 별지 6.1(6) 제(4)항의 진술 및 보증은 영구히 존속하며, 본 계약 별지 6.1(6) 제(9)항의 진술 및 보증은 거래 종결일로부터 3년이 되는 날까지 존속하고, 본 계약 별지 6.1(6) 제(8)항, 제(11)항, 제(17)항 및 제(18)항의 진술 및 보증은 해당 진술 및 보증사유에 관하여 관련 법률에서 정한 소멸시효, 제척기간 또는 기타 법정청구기한의 만료 시까지 존속한다. 배상권리자는 위 기간의 각 만료일로부터 1개월 이내에 진술 및 보증 위반의 구체적인 항목과 내용, 항목별 근거자료 및 이로 인한 손해액(손해액이 확정되지 않은 경우 합리적으로 예상되는 금액) 등을 배상의무자에게 서면으로 통지한 경우에 한하여 배상의무자에게 손

해배상을 청구할 수 있으며, 그러한 통지가 없는 경우에는 해당 부분에 대한 손해배상청구권은 소멸한다.

진술 및 보증 위반으로 인한 손해전보의무의 기간적 제한은, 진술 및 보증 전반에 적용되는 기한과 특정 진술 및 보증항목에 예외적으로 적용되는 기한으로 구분된다. 진술 및 보증 전반에 적용되는 기한은 해당 계약에서 명시적으로 달리 정하지 않는 한, 손해전보의무자의 진술 및 보증 위반으로 인한 손해전보의무에 일반적으로 적용된다. 이 기한은 실제 거래에서는 다양하게 결정되나, 통상적으로 6개월·1년 또는 1년 6개월 중 하나로 당사자 간에 합의되는 경우가 많은 것으로 보인다. 최소한 6개월 이상의 기한이 필요함은, (주로 매수인의 입장에서) 매수인이 대상회사를 인수한 후 대상회사의 사업·재무·자산·부채·계약·인력 등을 파악하고 진술 및 보증 내용의 정확성을 검증하는 데 그 정도의 시간은 필요하다는 점에서, 1년 6개월 이상의 기한을 설정하기 어려움은 (주로 매도인의 입장에서) 매수인이 대상회사를 인수한 후 그 정도의 기간 내에는 진술 및 보증 내용에 대한 정확성의 검증을 완료하고 진술 및 보증 위반에 따른 손해전보 위험을 정리하여야 한다는 점에서 각각의 근거를 찾을 수 있을 것이다.

진술 및 보증 전반에 적용되는 기한에 비하여 특정 진술 및 보증항목에 대하여만 장기의 기한을 적용하는 경우가 있다. 전형적으로 계약 체결 당사자의 능력 및 권한, 계약 체결에 대한 당사자의 내부 의사결정, 대상회사 설립 및 존속의 완전성, 매매대상 주식의 완전성, 매매대상 주식에 대한 소유권 등과 같은 이른바 근본적인 진술 및 보증(fundamental representations & warranties) 항목에 대하여는 영구무한의 기한을 설정하는 경우가 많다.[15] 또한 조세, 노무, 환경 관련 우발부채가 없음에 대한 진술 및 보증에는 각 항목의 우발부채가 발생할 수 있는 관련 법령상의 소멸시효 또는 제척기간으로 기한을 설정하는 경우가 일반적이다. 이 항목들의 경우, 다른 진술 및 보증항목에 비하여 실제 우발부채 발생의 위험성이 크거나 해당 우발부채가 발생하는 때 그 손해액이 상당할 것으로 예상되는 경우가 많고, 매수인 또는 대상회사에 의해서가 아니라 과세당국·행정감독당국 또는 직원 등 제3자에 의하여 우발부채가 발생하는 일이 많기 때문에 설정하는 것이다.

한편 진술 및 보증 위반 외에 손해전보의무의 근거가 되는 확약사항 위반에 관하여는 확약사항은 그 의무자가 기간 경과를 불문하고 해당 의무 이행을 완료하는 것이 원칙이라는 점에서, 확약사항을 위반한 때의 손해전보의무에 기한을 설정하는 것이 타당한지에 관하여 의문이 있다.[16] 따라서 진술 및 보증 위반과 달리 확약사항 위반으로 인한 손해전보의무에는 별도의 기한을 설정하지 않는 경우가 많고, 이 경우 손해전보청구권자의 전보청구는 해당 확약의 내용 및 해당 확약의 이행청구에 관한 일반 법리에 따라 인정될 것이다.

위와 같은 기간적 제한은, 실제 거래에서는 그 기한 내에 손해전보청구권자가 손해전보의무자에게 손해전보청구권 행사를 통지하여야 한다는 권리행사기한으로 기능한다. 예컨대 매도인이 대상회사 재고자산의

---

15) 손해전보청구권자 및 손해전보의무자 모두 영구무한의 존재가 아니므로, 사실 이 진술 및 보증항목에 대하여 영구무한의 기한을 설정하는 현실적 의미는 크지 않다. 다만 해당 진술 및 보증항목은 전형적으로 대상거래의 기초가 되는 사항에 관한 것이므로, 절대로 틀려서는 안 된다는 점을 강조하고자 하는 데 현실적 의미가 있다.
16) 물론 확약사항 위반으로 인한 손해전보의무에 대하여도 기한을 설정하는 사례도 적지 않다. 이 경우의 규정방식은 위 진술 및 보증 위반 시 기간적 제한에 관한 예시 조항의 규정 예와 크게 다르지 않다.

완전성에 관하여 진술 및 보증을 제공하고 해당 항목에 대하여 거래 종결일 후 1년의 기한을 설정한 경우, 매수인이 대상회사를 운영하는 과정에서 거래 종결일에 인수한 재고자산의 부족을 발견하였다면, 매수인은 거래 종결일 후 1년이 되는 날까지 재고자산의 완전성에 대한 진술 및 보증 위반을 이유로 하는 손해전보청구의 행사를 매도인에게 통지하여야 한다. 계약에서 특별히 다르게 정하고 있지 않다면 위 기한 내에 반드시 소를 제기하여야 한다고 볼 수는 없고 손해전보청구의 근거를 명시하여 서면으로 통지함으로써 충분하다고 보아야 할 것이며, 실제 계약에서는 이러한 취지로 규정되는 경우가 일반적이다.

2. 금액적 제한

실제 거래에서 손해전보조항과 관련하여 당사자 간에 가장 첨예한 대립이 일어나는 부분은 바로 손해전보의무에 대한 금액적 제한이다. 매도인으로서는 최악의 경우 해당 거래를 종결한 후 매매대금의 어느 만큼을 물어내야 하는지, 매수인으로서는 거래 종결 후 만에 하나 대상회사에 문제가 생기는 경우 어디까지 일종의 환불을 받을 수 있는지가 달려 있는 문제이다.

다음에서 손해전보의무에 대한 금액적 제한을 구성하는 몇 가지 요소를 우선 설명한 후[17] 실제 각 요소가 기능하는 모습을 살펴보기로 한다.

---

17) 앞에서 '손해전보조항'의 우리말 번역에 관하여 언급한 바 있으나, 이하 손해전보의무의 금액적 제한과 관련하여 제시되는 각종 용어 또한 영문계약에서 전통적으로 사용되고 있는 용어를 필자가 우리말로 옮긴 것이다. 해당 용어의 우리말 번역은 실제 거래계에서도 일반적으로 통용되는 것이라고 말할 수는 없지만, 그 용어의 법률적 의미를 최대한 우리말로 표현하고자 했음을 다시 밝혀 둔다.

(1) 합산대상 개별손해기준

손해전보청구권자가 손해전보청구를 하려면, 관련 계약에서 정하는 바에 따라 본인에게 손해가 발생하거나 손해 발생의 위험이 생겨야 한다. 그러나 거래의 대상이 되는 대상회사 및 그 사업은 복잡다단한 각각의 요소로 구성된 것인바, 어느 한 건의 사고 또는 청구만으로 손해가 구성되는 경우를 기대하기는 어렵고, 현실적으로 손해전보청구권자가 입는 손해는 몇 건의 진술 및 보증항목 위반 및 또는 몇 건의 확약사항 위반 등으로 인한 각 개별손해의 누적적 합계가 되는 경우가 많을 것이다. 이론적으로는 어느 당사자의 진술 및 보증 또는 확약사항 위반이 있는 이상 그로 인한 모든 손해를 합산하는 것이 타당하다고 볼 수 있다.

다만 실무적으로는 회사의 일상적인 업무 수행과정에서 단순한 과오 또는 착오로 발생하는 사소한 문제들을 모두 손해전보의 대상으로 하기에는 적절하지 않은 면이 있고, 그와 같은 사소한 문제들에 관하여 거래당사자 간 일일이 손해 발생 여부 및 그 금액에 대한 분쟁을 벌일 실익이 없는 면이 있으므로, 설령 진술 및 보증 또는 확약사항 위반에 해당하더라도 일정 금액에 미달하는 손해를 초래하는 것은 손해전보의 근거로 삼지 말자는 취지를 정하게 된다.

예컨대 합산대상 개별손해기준(de minimus · minimum per claim amount)을 금 5,000만 원으로 정한 경우, 거래 종결일에 인수한 재고자산이 장부금액에 미치지 못한 것으로 확인되었지만, 그 부족액이 금 3,000만 원에 불과하다면 (비록 매도인의 진술 및 보증 위반에 해당하지만) 매수인은 이를 손해전보청구의 대상으로 아예 고려할 수 없다.[18]

---

18) 손해전보의무자 입장에서는 "가랑비에 옷 젖는다", 손해전보청구권자 입장에서는 "티

(2) 손해전보청구기준 및 필수공제금액

손해전보청구기준(threshold)은, 손해전보청구권자에게 발생한 손해의 누적합계액이 일정한 기준에 도달하는 때에 한하여 실제 손해전보청구를 허용하는 기준금액을 말한다. 사례를 통하여 이해하는 것이 보다 쉽다. 손해전보청구기준을 금 20억 원으로 정한 경우, 매수인이 입은 각종 손해의 합산액이 금 20억 원 이상이 되는 때에 한하여 실제로 손해전보청구를 할 수 있을 뿐, 만약 매수인이 입은 각종 손해의 합산액이 금 19억 9,000만 원에서 멈추었다면 손해전보청구를 아예 할 수 없게 된다. 즉 합계 금 20억 원 미만의 손해는 매수인이 그 위험을 고스란히 떠안는 셈이 되는 것이다.[19]

다음으로 손해전보청구권자에게 발생한 손해의 합산액이 손해전보청구기준에 이르렀을 때(따라서 손해전보청구가 가능할 때), 그 손해액 중 어느 범위까지 실제로 청구할 수 있을 것인지에 관하여 이른바 기준초과액전보방식(deductible base)과 전액전보방식(first dollar base)이 있다. 전자는 손해전보청구권자의 총손해액 중 손해전보청구 기준금액을 초과하는

끌 모아 태산'이라는 속담을 각각 참고할 수 있다. 실제 거래에서는, 재무·회계실사를 담당한 회계법인의 도움을 받아 대상회사의 매출구성 현황을 참고하여 협상을 진행하는 경우가 많다.

19) 따라서 실제로 손해전보가 청구된 사안에서 사실관계 다툼을 통해 손해액의 범위를 획정하는 것이 매우 중요하다. 한 예로 지난 2009년 포스코가 국내 A사로부터 베트남 소재 스테인리스 철강업체를 인수하면서 관련 주식매매계약상 손해전보청구기준을 50만 달러(5억 5,000여만 원)로 약정하였는데, 이후 2012년 대상회사에 세무조사가 이루어져 17억 원가량의 세금이 추징되었다. 포스코는 즉각 매도인의 진술 및 보증조항 위반을 이유로 서울중앙지방법원에 손해전보를 청구하였는데, 재판부는 매도인의 진술 및 보증 위반은 인정되지만 그로 인하여 발생한 손해액은 4억 3,000만 원만 인정되므로 이는 손해전보청구기준에 미달하고, 따라서 실제 매도인이 지급해야 할 손해배상채무는 존재하지 않는다고 판시하였다.

부분에 한하여 전보청구가 가능한 방식이다. 이 경우 손해전보청구기준은 동시에 필수공제금액(deductible)으로 기능한다. 반면 후자는 손해전보청구권자의 총손해액이 손해전보청구기준을 초과하는 경우, 발생한 손해액 전부에 대하여(즉 이른바 first dollar부터) 전보청구가 가능한 방식이다.

역시 간단한 사례를 보자. 손해전보청구기준이 금 20억 원인데, 매수인에게 실제 발생한 손해의 누적합계액이 금 25억 원이다. 이 경우 기준초과액전보방식을 취한다면, 매수인은 금 25억 원에서 금 20억 원을 공제한 나머지 금 5억 원만을 청구할 수 있지만, 전액전보방식에 의하게 되면 매수인은 금 25억 원 전액을 청구할 수 있다.[20]

(3) 손해전보한도금액

말 그대로 손해전보의무자가 부담하게 되는 손해전보금액의 상한(cap)을 정하는 것이다. 진술 및 보증 또는 확약사항 위반이 인정되고 그로 인하여 손해전보의무를 부담하게 되더라도 실제 지급하는 손해전보액의 총액이 이 기준을 넘을 수는 없다는 취지이다. 실제 거래에서는 매매대금의 일정 비율로 합의되는 경우가 대부분이고, 매도인 입장에서 해당 거래를 통하여 수취한 매매대금 이상으로 손해전보를 한다는 것은 상상할 수 없으므로 매매대금의 100퍼센트를 한도로 설정하는 경우도 찾아

---

20) 여기까지 보면 도대체 어느 매수인이 전액전보방식을 고집하지 않을 것인지에 관하여 당연한 의문을 가지게 될 것이다. 그러나 실제 거래는 다수의 이해관계자가 자신의 이해관계를 지키기 위하여 모든 방법을 동원하는 전장(戰場)이고 계약 협상은 복합적인 타협의 결과물이므로, 필자의 개인적인 경험에 비추어 볼 때 매도인이 전액전보방식을 수용하도록 관철시킨 사례는 오히려 그렇게 흔하지 않은 것으로 보인다.

볼 수 있다.

위에서 설명한 손해전보의무의 금액적 제한을 구성하는 각 요소의 몇 가지 조합을 〔그림 1〕로 표현할 수 있다.

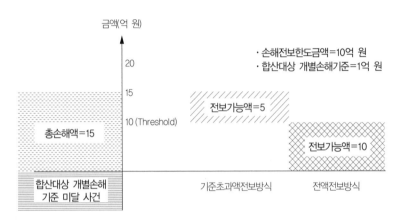

금액(억 원)

20

15

10 (Threshold)

·손해전보한도금액=10억 원
·합산대상 개별손해기준=1억 원

전보가능액=5

총손해액=15

전보가능액=10

합산대상 개별손해
기준 미달 사건

기준초과액전보방식

전액전보방식

〔그림 1〕 손해전보의무의 금액적 제한구조

매매대금 금 100억 원인 거래에서 합산대상 개별손해기준이 금 1억 원, 손해전보청구기준이 금 10억 원, 손해전보한도금액이 금 10억 원인 경우, 실제 매수인에게 발생한 총손해액이 금 15억 원인 경우를 가정하자. 매수인이 총손해액을 산정함에 있어서 합산대상 개별손해기준, 즉 금 1억 원 미만의 손해액을 발생시킨 사유들은 처음부터 고려되지 않으므로(위 〔그림 1〕의 왼쪽 아래 음영 부분) 금 1억 원 이상의 손해액을 발생시킨 사유들만 합산한 총손해액이 금 15억 원인 것이다(위 〔그림 1〕의 왼쪽 위 음영 부분). 매수인에게 발생한 총손해액은 손해전보청구기준을 넘었으므로 매수인은 매도인에게 손해전보를 청구할 수 있다. 그런데 기준초과액전보방식을 택한 경우 매수인의 전보가능액은 금 5억 원으로 한정되는 반면, 전액전보방식을 택한 경우 매수인의 전보가능액은 금 10억 원

으로서 손해전보한도금액을 모두 채울 수 있다.[21]

손해전보의무의 금액적 제한에 관하여는 아래 예시 조항의 규정 예를 참고할 수 있다(전액전보방식).

9.4 손해배상의무의 제한

당사자들은 다음의 제한하에 본 계약 제9.1조에 따른 손해배상책임을 부담한다.

(i) 배상의무자는 본 계약에 따라 배상권리자에게 발생한 손해액의 총액이 매매대금의 0.5%(이하 '필수공제금액')를 초과하는 경우에만, 그 발생한 손해액 전액에 대하여 본 계약 제9.1조에 따라 손해배상책임을 부담한다.

(ii) 배상의무자가 배상권리자에게 배상하여야 하는 손해배상액의 총액은 본 계약 제2.2조의 규정에 따른 매매대금의 5%를 초과할 수 없다.

---

3. 기타 제한

그 밖에 손해전보조항에는 해당 계약상의 손해전보 규정이 당사자 간 계약상 손해배상에 대한 유일한 구제수단이라는 취지, 손해전보청구권자의 도덕적 해이를 방지하기 위하여 손해전보청구권자가 손해전보의무자에 대한 전보청구가 가능할 것으로 판단되는 사유를 인지한 경우, 그로 인한 손해 발생의 위험을 최소로 하기 위한 합리적 노력을 하여야한다는 취지, 동일한 사유로 인한 중복전보청구는 허용되지 않는다는 취지, 특정 사유로 인하여 손해전보청구권자가 보험금을 수령하거나 제3자로부터 손해배상 등을 수령함으로써 결과적으로 손해액의 일부가 전보된 때 그 금액은 전보의 대상에서 제외한다는 취지 등을 포함하는 경

---

21) 물론 매수인의 모든 전보청구가 그대로 전액 인용되는 경우를 가정한 것이다.

우가 대부분이다. 다음 예시 조항의 규정 예를 참고하자.

9.3 손해배상책임의 제한

본 계약 제9.1조 및 제9.2조에 따른 당사자들의 손해배상책임은 다음의 제한을 전제로 한다.

(i) 배상권리자는 손해를 발생시킬 수 있는 사유가 있음을 인지한 때에는 그로 인한 손해를 최소화하기 위하여 모든 합리적인 조치를 취해야 하며, 그러한 조치 해태로 인하여 발생하거나 추가된 손해에 대하여는 배상의무자에게 손해배상을 구할 수 없다.

(ii) 본 계약에 따른 손해배상책임은 손해배상을 초래하는 사실관계가 하나 이상의 진술 및 보증, 확약 또는 의무의 위반을 구성한다는 이유로 중첩적으로 발생되지 아니한다.

(iii) 배상의무자가 본 계약에 따른 손해배상책임을 이행하기 전에 배상권리자(대상회사를 포함, 이하 본 항에서 동일)가 본 계약에 따라 배상되는 손해에 대하여 제3자로부터 보험금 등의 금전이나 이익을 지급 또는 제공받거나 그러한 금전이나 이익을 지급 또는 제공받을 권리를 갖게 되는 경우, 배상권리자는 배상의무자에 대한 손해배상청구를 하기 전에 그러한 금전이나 이익을 지급 또는 제공받기 위한 모든 절차를 취해야 한다. 배상권리자가 제3자로부터 실제로 그와 같은 금전이나 이익을 지급 또는 제공받은 경우에는 그러한 금전이나 이익의 액수에서 그 지급 또는 제공을 위해 소요된 합리적인 비용을 공제한 금액만큼 배상의무자가 배상권리자에게 지급할 손해배상액은 감액된다. 배상의무자가 본 계약에 따른 손해배상책임을 이행한 이후 배상권리자가 본 계약에 따라 배상되는 손해에 대하여 제3자로부터 보험금 등의 금전이나 이익을 지급 또는 제공받는 경우, 배상권리자는 지체 없이 배상의무자로부터 배상받은 금액과 제3자로부터 지급 또는 제공받은 금액의 합계에서 실제 배상권리자에게 발생한 손해를 초과하는 금액을 배상의무자에게 지급하여야 한다.

IV. 손해전보청구의 절차

1. 손해전보청구의 전제

손해전보의무에 대하여는 일정한 기간적 제한이 설정됨은 앞에서 언급한 바와 같다(앞 III. 1. 참고). 따라서 손해전보청구권자의 손해전보청구의 시발점은, (전보청구의 대상이 되는 손해의 발생 및 앞에서 설명한 각종 금액적 제한을 모두 충족한 다음) 손해전보의무자에게 전보청구에 대한 통지를 하는 것이 된다. 손해전보의무자 입장에서 일정한 기간적 제한을 설정하였더라도, 그러한 기간적 제한이 만료된 후 상당한 시일이 지나고 나서 실제 청구가 들어온다는 것은 불안정한 법률관계가 지속되는 문제가 있으므로, 전보청구절차의 개시에 대하여도 일정한 기한을 정하게 된다. 일반적으로 진술 및 보증 또는 확약사항의 존속기한 만료일까지 또는 그 만료일로부터 일정한 기간 내에 서면 통지를 해야만 전보청구권이 보존되도록 규정하고 있다. 앞 III. 1.에서 인용한 예시 조항의 후반부를 참고하자.

2. 직접청구

손해전보청구의 가장 단순한 형태는, 예컨대 매수인이 직접 입은 손해(또는 대상회사의 손해로서 매수인의 손해로 간주되는 손해)에 대한 전보를 매수인이 매도인에게 직접 청구하는 경우가 될 것이다. 이때 매수인이 정해진 기한 내에 손해전보청구의 근거를 서면으로 매도인에게 통지하였다면 일단 손해전보청구권은 보전된 것이고, 이후 매수인과 매도인은 매수인이 주장하는 손해의 발생이유·귀책사유 및 손해액 등에 관하여 협의를 진행하며, 원만하게 합의를 이루어 손해전보를 마무리하거나 공식적인 분쟁에 돌입하는 둘 중의 한 길을 가게 될 것이다. 이러한 유형의 손해전보청구에 관하여는 계약상 복잡한 규정을 요하지 않는다.

3. 제3자청구

앞에서 설명한 손해전보청구권자의 직접청구유형과 달리 상당히 복잡한 절차적 문제를 야기하는 유형은, 매도인의 진술 및 보증 또는 확약사항 위반을 구성하는 각 사건으로 손해를 입었음을 주장하는 제3자가 매수인 또는 대상회사를 상대로 손해배상을 청구하고 매수인이 다시 이에 대한 손해전보를 매도인에게 청구하는 경우와 같이, 매수인 또는 대상회사가 제3자에게 손해배상 또는 손실보상의 책임을 부담하고 이러한 제3자에 대한 경제적 부담이 매수인의 손해로 귀결되는 경우이다. 예를 들면 매도인이 거래 종결 전 대상회사가 중요 고객에 대한 공급계약상 모든 의무를 정상적으로 이행하였다는 것을 진술 및 보증하였으나, 거래 종결 후 얼마 지나지 않아 어느 고객이 대상회사를 상대로 공급계약상 채무불이행에 따른 손해배상을 청구하고, 사실관계에 대한 조사 결과 대상회사의 책임이 충분히 인정되는 것을 생각할 수 있다. 이 경우, 매도인의 진술 및 보증 내용과 달리 대상회사는 적어도 위 고객에 대하여는 거래 종결 전 공급계약상 의무를 이행하지 않았던 것이고 그 한도에서 매도인의 진술 및 보증은 부정확한 것이 되며, 이것은 매수인의 손해전보의무의 근거가 되는 셈이다.

이와 같은 제3자청구의 유형에 있어서 손해전보청구의 시작은, 위의 예에서 해당 고객이 대상회사를 상대로 손해배상청구의 소를 제기하고 매수인이 소송의 내용을 인지한 후 그 소송의 결과가 매도인의 손해전보의무로 귀결될 수 있음을 매도인에게 서면으로 통지하는 것이 된다. 이러한 경우 제3자청구의 당사자 구성(제3자 대 대상회사 또는 매수인)과 손해전보청구의 당사자 구성(매수인 대 매도인)에 괴리가 생기지만, 제3자청구의 피고 측(대상회사 또는 매수인)은 설령 그 제3자청구에서 불리한 결과를 얻더라도 적어도 경제적인 측면에서는 전부 또는 상당 부분을 매도인으로부터 전보 받을 수 있다는 점에서의 괴리를 피할 수 없다.

이러한 필수불가결한 괴리를 해소하고자, 제3자청구로 인한 손해전보 청구절차에 관하여는 복잡하고 상세한 규정을 두는 경우가 많다. 그 자세한 내용은 뒤 예시 조항의 규정 예를 참고할 수 있을 것이나, 대강의 규정 취지는 다음과 같은 경우가 많다. 우선 제3자청구가 접수되면[22] 매수인은 지체 없이 매도인에게 해당 사실을 서면으로 통지하여야 한다. 해당 제3자청구의 결과는 종국적으로 매도인의 손해전보의무로 귀결되므로 매도인은 그 제3자청구의 실질적인 수행과정을 본인이 직접 통제할 수 있는 기회를 갖는다.[23] 매도인이 제3자청구의 실질적인 수행과정을 직접 통제하기로 결정하는 때 매수인은 이에 따르는 것이 원칙이지만, 매도인과 매수인의 이해상충이 있는 등의 정당한 사유가 있다면 매

---

22) 규정 예에서 볼 수 있는 바와 같이 제3자청구는 반드시 소송상의 청구만을 전제로 하지는 않는다. 본문에 있는 예에서 해당 고객이 대상회사를 상대로 서면을 보내 합의 금액을 제시하고 합의에 응하지 않는 경우 소송을 제기하겠다는 통지를 하였다면, 해당 고객과 합의절차를 개시하는 것 또한 제3자청구에 포함된다.

23) 만약 제3자가 국내 법원에 민사소송을 제기하는 방법으로 제3자청구를 하였다면, 우리 민사소송법상 재판상 행위를 할 수 있는 대리인 외에는 변호사가 아니면 소송대리인이 될 수 없으므로(민사소송법 제87조), 매도인은 해당 제3자청구 소송의 당사자나 매수인의 대리인이 될 수는 없다. 다만 매도인은 손해전보조항의 제3자청구조항을 근거로 매수인을 위한 소송대리인을 자신이 선임하는 방법으로 해당 소송에 관여할 수 있는 기회를 얻게 된다. 이 경우, 소송의 당사자는 여전히 매수인이므로 위 예시 조항의 규정 예에서 보는 것처럼 매수인은 매도인이 선임하는 대리인에 대한 승인권을 가지는 것이 보통이다.

도인과 공동으로 제3자청구의 수행과정을 통제하는 방법을 선택할 수 있다. 매도인의 서면 동의가 없는 이상 매수인이 제3자청구의 형식적 당사자라 하여 임의로 합의 또는 조정에 응할 수 없는 반면, 매도인이 제3자청구의 실질적인 수행과정을 직접 통제했다 하더라도 거꾸로 매수인에게 부담 또는 책임을 전가하는 내용으로 매도인이 임의로 합의 또는 조정에 응하는 것은 허용되지 않는다.

9.5 제3자청구

배상권리자(대상회사를 포함하며 이하 본 조에서 동일)에 대하여 제3자가 본 계약상 배상의무자의 배상책임을 야기할 가능성이 있는 청구를 제기하는 경우, 배상권리자는 그와 같은 청구를 실제로 알게 된 직후, 배상의무자에게 이를 알리는 서면 통지를 발송하여야 하고, 배상의무자가 자신의 비용으로 해당 청구 또는 그로 인한 소송의 방어를 담당할 수 있도록 허용하여야 한다. 다만 (i) 배상권리자는 그와 같은 청구 또는 소송의 방어를 수행할 배상의무자의 대리인에 대한 승인권(단 이 승인은 불합리하게 거부 또는 지연될 수 없음)을 가지고, (ii) 그 방어에 자신의 비용으로 참여할 수 있으며, 또한 (iii) 배상의무자가 배상권리자의 통지 해태로 인해 실제로 손해를 입은 경우를 제외하고 배상권리자가 위의 통지를 해태한 경우에도 배상의무자의 본 계약상 손해배상책임은 면제되지 않는다. 배상권리자의 사전 서면동의가 있는 경우를 제외하고, 배상의무자는 위의 청구 또는 소송의 방어절차에서 배상권리자에게 영향을 미치는 비금전적 의무를 포함하거나, 기타 배상권리자를 위의 청구 또는 소송과 관련된 모든 책임으로부터 완전히 면책하지 않는 내용의 조정이나 화해를 할 수 없다. 배상의무자가 배상권리자로부터 위 통지를 수령한 날로부터 15일이 경과한 날까지 자신이 위의 청구 또는 소송의 방어를 담당하지 않겠다는 서면동의를 배상권리자에게 하거나 아무런 통지 없이 위 15일이 경과한 경우, 배상권리자는 배상의무자의 비용으로 그 청구 또는 소송의 방어를 담당할 권한을 가진다. 배상의무자와 배상권리자는 위 청구 또는 소송의 방어를 위해 자신의 문서와 기록에 대해 상대방에게 합리적인 접근을 허용하는 것을 포함하여 합리적인 범위에서 상호 협조해야 한다.

4. 인사노무 관련 사항에 대한 손해전보절차의 특수성

실제 거래에서 손해전보청구절차에 관하여 최근 새로운 문제로 부각
된 사항을 하나 언급하면서 이 글을 마무리하고자 한다. 주지하는 바와
같이 2013년 12월에 통상임금 관련 대법원 판결례가 발표되면서, 각 회
사의 사정에 따라 금액적 영향은 천차만별이겠지만 정도의 차이를 불문
하고 위 대법원 판결례로 인하여 영향을 받지 않은 회사는 하나도 없었
다고 해도 과언이 아닐 것이다.

실제 M&A거래에서도 거래 종결 전 과거 3년간의 통상임금 미지급분
을 매도인과 매수인 중 누가 어떻게 부담할 것이냐의 문제가 큰 화두로
등장하였다. 즉 대법원 판결례가 나온 후 실제 거래에서 통상임금으로
인한 우발부채를 어떻게 해소할지가 당사자 간에 협상의 큰 쟁점이 되었
으며, 매도인과 매수인 그리고 대상회사 각각의 특유한 사정에 따라 실
로 다양한 해소방안이 도출되었는데, 이 글에서는 통상임금 문제와 관련
된 손해전보절차의 면만을 간단히 언급하기로 한다.

통상의 M&A거래에서 거래 종결 후 대상회사의 직원들이 거래 종결
전 최근 3년 동안의 통상임금 미지급분을 지급할 것을 대상회사에게 청
구하는 경우, 직원들이 곧바로 법원에 소송을 제기하든 1차적으로 대상
회사 경영진을 상대로 노사협상을 요청하든, 이는 앞에서 설명한 제3자
청구의 유형에 해당한다. 매도인은, 대상회사가 근로기준법 등 노동관계
법령에 따라 근로자들에게 임금 등 모든 보수를 지급하였다는 취지의 진
술 및 보증을 전형적으로 하는바, 대상회사가 거래 종결 전 근로기간에
대한 급여를 추가로 지급하게 된다면 이는 필연적으로 매도인의 진술 및
보증 위반으로 연결된다.

여기에서 앞에서 설명한 제3자청구의 경우에 대한 통상적인 절차를

그대로 적용하기에는 매도인과 매수인 모두 상당한 고민을 가질 수밖에 없다. 대상회사와 직원들 사이에서 도출되는 해법이 매도인의 매수인에 대한 손해전보의무로 귀결된다는 점에서, 매도인이 해당 제3자청구를 수행할 필요성은 여전히 있다. 그러나 매도인은 비록 불과 얼마 전까지 대상회사의 지배주주였지만 거래 종결 이후에는 대상회사 및 그 직원들과 직접적인 관련이 없는 상태인바, 과거의 미지급 통상임금과 같은 민감한 문제를 순전히 법리와 사실관계로만 또는 매수인 및 대상회사의 원활한 협조 없이 풀어야 한다는 부담을 가지게 된다(통상임금 미지급 부분에 대한 협상의 방향은 결국 미래의 근로조건 조정 문제와 직결될 수밖에 없다). 한편 매수인 또한 전 지배주주인 매도인과 분쟁을 벌이고 있는 사람들은 다름 아닌 현재 매수인이 지배주주로 있는 대상회사의 직원들인바, 이들의 요구에 대하여 우리는 모르는 일이니 매도인과 알아서 해결하고 오라는 식으로 버티기에도 현실적인 부담이 있다. 나아가 대상회사 직원들이 매도인과의 과거의 정리에 매여서 과거 미지급분에 대하여는 이른바 통 큰 합의를 하고(대부분을 포기하거나 양해하는 방향이 될 것이다), 그로 인한 상실분에 대하여는 대상회사와의 장래 임금협상에서 강한 요구를 할지도 모른다는 우려 또한 매수인의 고민이 될 수 있다.

어느 방향이 옳다는 왕도를 찾을 수 있는 문제는 아니다. 다만 대부분의 주식매매계약에서 거의 끝부분에 등장하는 손해전보의 절차 관련 규정이지만, 위와 같은 현실적인 문제에서 상당히 민감한 문제를 야기할 수 있음을 강조해 두고자 한다.

제4부

그 밖의 M&A 계약조항

18

중대한 부정적인 변경조항[*]

신영재[**] · 황병훈[***]

I. 개관 : 중대한 부정적인 변경조항의 의의 및 기능

1. 중대한 부정적인 변경조항의 의의

M&A(Mergers & Acquisitions)계약에서 중대한 부정적인 변경(Material Adverse Change. 이하 '중대한 부정적인 변경' 또는 'MAC')[1]의 의미는 일괄하여 정의내리기 어렵다. 논의의 편의를 위하여 MAC의 의미를 굳이 먼저 설명한다면, '어떠한 사건 또는 변경이 특정 인의 자산 · 권리 · 운영 · 재

* 이 논문은 BFL 제67호(2014. 9)에 게재된 글을 수정 · 보완한 것이다.
** 법무법인 린 변호사
*** 법무법인(유한) 율촌 변호사

1) 실무상으로는 중대한 부정적인 변경(material adverse change)이라는 용어와 중대한 부정적인 영향(material adverse effect)이라는 용어가 혼용되고 있으나, 본고에서는 '중대한 부정적인 변경'이라는 용어를 사용하기로 한다.

정적 상태에 중대하게 부정적이거나 불리한 영향을 미칠 수 있는 경우'
정도로 정의할 수 있다. 미국변호사협회(American Bar Association. 이하
'ABA')의 모델주식매매계약(Model Stock Purchase Agreement)에서는 MAC
를 "with respect to an Acquired Company, any event, change, develop-
ment, or occurrence that, individually or together with any other event,
change, development, or occurrence, is materially adverse to its business,
condition (financial or otherwise), assets, results of operations, or pro-
spects"[2]라고 정의내리고 있다. 그러나 이러한 MAC의 정의는 하나의 예
시로서, 실제로는 M&A계약 당사자들의 상황·협상력 등에 따라 상당히
다양한 내용으로 정의된다.

2. MAC 용어의 기능

M&A계약에서 MAC의 용어는 다음의 네 경우[3]에 사용된다.

---

[2] American Bar Association (ABA), Model Stock Purchase Agreement with Commentary,
Vol. 1, 2nd Ed., ABA Book Publishing, p.31 (2010).

[3] American Bar Association, 2013 European Private Target M&A Deal Points Study (For
Transaction in 2009, 2010 or 2011), 21 (2013)에 의하면, 2009~2011년 사이에 유럽에
서 체결되거나 종결된 M&A거래 중 (i) 거래금액이 2,000만 유로 이상이고, (ii) 대상회
사의 주식이 상장되어 일반에 유통되지 않으며(not publicly traded), (iii) 순수한 주식매
매거래이고, (iv) 대상회사 또는 그 자산이나 운영의 중요 부분이 유럽에서 이루어지는
거래 중 61퍼센트는 MAC조항이 규정되지 않았고(2010년 조사에서는 62퍼센트), 39퍼
센트에는 MAC조항이 규정되어 있었다고 한다. 또한 같은 글 22면에 의하면 MAC조항이
규정되어 있었던 M&A계약 중 정의 규정이 있는 경우가 90퍼센트(2010년 조사에서는
38퍼센트)였고, 10퍼센트만이 정의 규정을 두지 않았다고 한다. 또한 MAC조항이 규정
된 경우 중 54퍼센트는 독립적으로 규정되어 있었고, 23퍼센트는 다른 진술 및 보증
위반 등의 제한사항으로 규정되어 있었으며, 나머지 23퍼센트는 독립적인 요건과 제한
사항으로 모두 규정되어 있었다고 한다.

〈표 1〉 MAC기능

기능	효과
거래 종결의 선행조건	M&A의 타깃인 회사(이하 '대상회사')에 대해 MAC가 발생하지 않을 것이 거래 종결의 선행조건의 하나로 규정되어, 만일 MAC가 발생되면 양수인은 거래 종결(즉 매매대금의 지급)을 할 의무를 지지 않는다.
계약 해제사유	대상회사에 MAC가 발생하면 양수인은 M&A계약을 해제할 수 있다.
진술 및 보증사유	양도인의 진술 및 보증의 하나로, '실사기준일 이후 대상회사에 대하여 MAC가 발생하지 않았다는 것을 요구하기도 한다. 위 진술 및 보증과 달리 MAC가 발생한 경우, 양수인은 양도인에게 진술 및 보증 위반을 이유로 손해배상을 청구할 수 있다.[4]
진술 및 보증이나 확약사항에 대한 제한	양수인이 '대상회사가 계약 위반을 한 사실이 없다'는 진술 및 보증을 요구할 때, 양도인은 '대상회사는 대상회사에 중대한 부정적인 변경을 초래하는 계약 위반을 한 사실이 없다'는 식으로 진술 및 보증의 범위를 제한할 것을 요구할 수 있다. 또한 양수인이 '양도인은 본 계약 체결 이후 양수인의 사전 서면 동의 없이 대상회사의 자산을 양도하지 못한다'는 확약사항을 요구할 때, 양도인은 '양도인은 본 계약 체결 이후 양수인의 사전 서면 동의 없이 대상회사에 중대한 부정적인 변경을 초래하는 대상회사의 자산을 양도하지 못한다'는 식으로 양도인의 확약의 범위를 제한할 수 있다.

통상 M&A거래에서 MAC라고 부르면서 문구 하나하나를 중요하게 다룰 때는 위 표에서 첫 번째 및 두 번째에 해당하는 경우, 즉 M&A거래의 중단사유가 되는 경우이다. 따라서 다음에서는 M&A거래의 중단사유가 되는 MAC를 위주로 살펴보기로 한다.

M&A를 실행하는 과정에서 양수인은 대상회사의 상태를 정확하게 파악하기 위하여 법률 및 회계실사 등을 실시하고, 당사자들은 이를 기초

---

4) 진술 및 보증의 중대한 위반은 다시 거래 종결을 위한 선결조건이나 계약 해제사유로 규정되므로 이를 통해서 거래 종결을 거부하거나 계약을 해제하는 효과를 가져올 수도 있다. 다만 이는 위 본문의 첫째, 둘째의 경우와 같으므로 굳이 언급하지 않기로 한다.

로 대상회사 주식에 대한 매매대금, 진술 및 보증, 확약사항 등 계약조건
을 정하게 된다. 그런데 실사 완료 이후 거래 종결(closing)까지는 상당한
시간적 격차가 존재하며,[5] 이 기간 동안 대상회사는 M&A 진행과 무관
하게 계속하여 사업을 영위하고 대상회사를 둘러싼 각종 정치적·경제
적·사회적 조건들 역시 위 기간 중 끊임없이 변화한다.

　만약 양수인의 실사 종료 후 또는 계약 체결 후 거래 종결일 사이에
대상회사의 가치가 급격히 하락하거나 대상회사가 영위하고 있는 사업
과 관련된 환경이나 조건이 급변하였다면, 양수인은 M&A거래 자체를
포기하거나 매매대금 또는 계약조건을 변경하고 싶을 것이다. 따라서 양
수인은 이와 같은 경우에 대비하기 위해 M&A계약에 MAC조항을 두고
자 한다.

　그러나 M&A계약이 체결된 때 당사자들은 이를 언론에 공표하는 경
우가 많고, 자본시장과 금융투자업에 관한 법률(이하 '자본시장법')이나 기
타 관련 법령상 일정한 경우에는 양도인에 대하여 이를 공시하도록 의무
화하고 있기도 하다.[6] 그런데 이와 같이 계약 체결 사실이 공표 내지
공시된 이후 거래 종결이 이루어지지 않으면 양도인은 다음과 같이 상당
히 불리한 지위에 처할 수 있다. 우선 대상회사에 관한 M&A계약이 체

---

5) David J. Denis / Antonio J. Macias, Material Adverse Change Clauses and Acquisition
　Dynamics, 48 (3) Journal of Financial and Quantitative Analysis 819 (2013)에 의하면,
　1998~2005년 사이에 발표된 755건의 인수·합병계약에 대한 분석 결과 계약 체결시점
　과 거래 종결시점은 평균 4.5개월 정도 차이가 있었다고 한다.
6) 예를 들어 자본시장법 제161조 제1항 제7호 및 동법 시행령 제171조 제2항 제5호에서는
　사업보고서 제출대상 법인이 양수·양도하려는 자산액(장부가액과 거래금액 중 큰 금
　액)이 최근 사업연도 말 현재 자산총액(한국채택국제회계기준을 적용하는 연결재무제
　표 작성대상 법인인 경우에는 연결재무제표의 자산총액)의 100분의 10 이상인 자산의
　양수·양도(다만 일상적인 영업활동으로서 상품·제품·원재료를 매매하는 행위 등 금
　융위원회가 정하여 고시하는 자산의 양수·양도는 제외)를 결의한 때에는 그다음 날까
　지 주요사항보고서에 그 내용을 기재하여 금융위원회에 제출하도록 하고 있다.

결되었음에도 불구하고 거래가 종결되지 않은 경우 시장에 해당 대상회사에 관한 부정적인 인식이 확산될 수 있고, 양도인이 대상회사의 재매각을 추진할 때에도 매각 여부나 매각가격에 부정적인 영향을 미칠 수 있다. 그리고 대상회사의 매각 계획이 공개됨에 따라 대상회사의 주요 임직원들이 이탈하거나 주요 고객이나 원료공급자 등과의 계약관계가 단절될 수 있다. 또한 잠재적 양수인이 대상회사의 사업 계획이나 고객목록 등 비밀자료에 접근함으로써 대상회사의 영업비밀이 외부로 유출될 수 있고, 해당 M&A를 추진하는 기간 동안 대상회사가 새로운 사업 분야에 진출하거나 대규모 자금차입 등 비경상적인 거래를 하는 것이 제한됨으로써 대상회사가 다른 좋은 사업기회를 놓치게 될 가능성도 있다. 이 때문에 양도인은 일단 M&A계약이 체결되면 양수인에게 거래 종결일에 의무 이행을 강제함으로써 거래 종결의 확실성을 높이고 싶은 유인을 갖는다. 따라서 양도인은 가급적 MAC조항을 M&A계약에서 빼고 싶어 할 것이다.[7]

이러한 이유로 M&A 당사자들은 MAC조항에 민감하게 반응하고 협상 시 중요한 쟁점의 하나로 받아들인다. 그러나 M&A계약서 협상단계에서 격렬한 논쟁이 이루어지는 것에 비하여 MAC조항에 따라 양수인이 계약관계를 벗어나는 실제 사례는 거의 없다.[8] 그럼에도 불구하고 MAC의 발생이 인정될 경우, 그 효과는 매우 크기 때문에 거래 종결을 위한 선행

---

7) 물론 앞 네 번째 기능의 MAC조항은 양도인에게 유리하다. 그러나 양도인 입장에서는 MAC를 거래 종결의 선행조건이나 계약 해제의 사유에서 제외하는 것이 가장 중요하고 진술 및 보증에서 MAC조항에 따른 제한을 둘지 여부는 그리 중요한 이슈는 아닐 것이다. 양도인은 네 번째 기능인 진술 및 보증조항을 제한하는 방식으로 MAC 대신 material을 사용할 수 있다. 즉 "중대한 부정적인 변경을 초래하는 계약 위반은 없다" 대신 "중요한(material) 계약 위반은 없다"로 고칠 수 있다. 따라서 양도인의 입장에서 네 번째 기능은 그리 중요한 기능이 아니다.

8) Denis / Macias, 앞의 논문(주 5), 820면.

조건이나 해제사유로 MAC를 넣을지, M&A계약의 협상단계에서 MAC를
어떠한 내용으로 정의할지, 손해배상조항으로만 넣을지 등에 대한 격렬
한 논쟁이 불가피한 것이다.

II. MAC에 대한 정의조항 협상 시 주요 쟁점

　M&A계약에서 MAC의 용어는 (i) 정의조항, (ii) M&A 거래 종결의 선
행조건을 규정한 조항, (iii) 계약 해제조항, (iv) 진술 및 보증조항, (v) 진
술 및 보증이나 확약사항의 범위를 제한하는 조항에 등장한다. MAC의
기능과 관련하여 양수인에게 유리하게 규정하기 위해서는 (ii)~(iv)에
MAC를 포함시켜야 하고, 반대로 양도인에게 유리한 것은 MAC조항 자
체를 일체 두지 않거나 위 (ii)~(iv)에 MAC를 포함시키지 않는 것이다.
M&A 협상 시에는 앞 네 가지 기능과 관련하여 MAC를 어디까지 인정
할지 여부도 중요하지만, 다음과 같이 MAC의 정의조항을 어떻게 규정할
지가 보다 근본적인 쟁점으로 대두된다.
　MAC를 거래 종결의 선행조건이나 계약 해제사유의 하나로 규정하는
경우를 전제로 살펴본다면, 양도인은 거래가 종결되지 않을 위험을 가급
적 줄이기 위하여 MAC의 범위를 최대한 좁히고 싶어 하는 반면, 양수인
은 MAC의 범위를 가급적 넓히고 싶어 할 것이다. 이러한 이유로 ABA의
모델주식매매계약에 나오는 MAC의 문구가 그대로 사용되는 경우는 드물
며, 당사자들은 다음과 같은 사항들을 상세히 논의하고 협상하여 MAC 정
의조항을 확정한다.

1. '중대한'의 정량화

자산의 감소, 부채 증가, 매출의 감소, 수익성 악화 또는 손해 발생 등 어떠한 변경이 대상회사의 재무 상태나 경영 현황에 '부정적'인 변경을 미치는 것인지에 대하여는 당사자 사이에 다툼이 발생할 가능성이 높지 않다. 반면 어떠한 부정적인 변경이 '중대한' 것인지에 관하여는 명확한 기준이 없어 해석상 상당한 논란이 있을 수 있다.[9]

MAC에 해당될 경우 양수인은 계약관계에서 벗어날 수 있는 효과가 있는바, 이를 감안할 때 '중대한'이란 '당사자들이 그러한 변동을 알았더라면 거래를 하지 않았거나 그러한 매매대금이나 계약조건으로 해당 M&A계약을 체결하지 않았을 것으로 인정될 수 있는 사건 또는 변경'은 되어야 할 것으로 보인다.[10] 2008년 경제위기 등을 근거로 중대한 사정 변경 등을 주장하면서 양해각서를 이행하지 않은 양수인이 이행보증금의 반환을 구한 사례에서 법원은 "원고가 주장한 사정이 본 입찰 및 양해각서 체결의 기초가 사실상 붕괴된 경우에 해당"하지 않는다는 설시를 하였는바,[11] 위 판례는 중대한 사정 변경에 대한 해석이기는 하나 위 내용이 MAC의 해석을 위한 일응의 기준이 될 수도 있으리라 판단한다. 또한 대법원은 간접투자증권의 가치에 중대한 부정적인 영향을 미치는 사항을 미리 알고 있으면서 이를 투자자에게 알리지 아니하고 판매하는 행위를 금지하는 구 간접투자자산운용업법(2007. 7. 19. 법률 제8516호로 개정되기

---

9) Rafal Zakrzewski, Material Adverse Change and Material Adverse Effect Provisions : Construction and Application, 5 (5) Law and Financial Markets Review 344, 346 (2011).

10) 김연호, "M&A계약상 '진술 및 보증'조항 위반에 관한 연구," 연세대학교 법학석사, 2011, 72면.

11) 서울고등법원 2012. 6. 14. 선고 2011나26010 판결.

전의 것) 제57조 제1항 제5호 및 동법 시행령(2007. 12. 28. 대통령령 제 20462호로 개정되기 전의 것) 제55조 제1항에서 '간접투자증권의 가치에 중 대한 부정적인 영향을 미치는 사항'은 "투자신탁의 신탁원본의 상환 및 이익의 분배 등에 관한 권리의 실현 가능성을 크게 감소시키는 중요한 사항"을 의미한다고 판시하였다.[12] 그러나 이러한 해석들 역시 객관적으 로 명확한 것은 아니고 상당히 주관적인 판단이 개입되지 않을 수 없다.

이에 MAC의 정의조항에 미리 일정한 정량적 기준을 정해 두고 이와 같은 기준을 충족하는 경우에는 MAC가 발생되는 것으로 규정하기도 한 다. 자본시장법상 상장회사가 영업의 일부 또는 중요한 일부의 양도·양 수를 할 경우 주요사항보고를 하게 되는데, 이때 '중요한'의 의미는 자산 총액이나 매출액의 10퍼센트 이상을 의미한다. 한때 이를 근거로 자산총 액의 10퍼센트가 변동되는 경우를 '중대한'의 기준으로 삼기도 했다. 그 러나 자본시장법상 투자자보호를 위한 공시의 기준을 MAC의 판단에 그 대로 사용할 수는 없을 것이다. 실무상 '중대한'을 정량화하는 때에는 최 저한도를 자산총액의 10~50퍼센트 범위 내에서 당사자들이 합의하여 정하는 경우가 많아 보인다.

이처럼 '중대한'을 정량화할 경우 당사자들의 분쟁을 최소화한다는 의 미에서는 좋으나, MAC는 수많은 다른 양적인 지표를 통하여 측정될 수 있는데 제한된 숫자만을 사용하는 것은 정확한 기준이 되지 못할 수 있 고, MAC는 오히려 당사자들이 예상하지 못한 사유를 원인으로 발생할 가능성이 높다는 점에서 이와 같이 정량적인 기준을 설정하는 것이 적절 하지 않다는 견해도 있다.[13] 실제로 M&A 협상을 하다 보면 MAC를 숫

---

12) 대법원 2014. 6. 12. 선고 2012도8483 판결.
13) Kenneth A. Adams, A Legal-Usage Analysis of "Material Adverse Change" Provisions, 10 (1) Fordham Journal of Corporate & Financial Law 9, 28-29 (2004).

자로 정량화하는 것이 실무상 매우 어렵다는 것을 경험하게 된다. 합의를 수차례 시도하다가 추상적인 문구로 돌아가 법원에 최종 판단을 맡기기로 합의하는 경우도 많다.

2. '개별적으로 또는 합하여'

양수인은 어떠한 사정 변경이 개별적으로는 MAC에 해당하지 않더라도 여러 가지 사정 변경의 효과를 누적적으로 판단하면 MAC에 해당하는 경우가 있을 수 있음을 감안하여 '개별적으로 또는 합하여(individually or in the aggregate)' 중대한 부정적인 변경이 있는 때에는 거래 종결의무를 이행하지 않을 수 있기를 원하는 경우가 많다. 양도인 입장에서 이에 어떠한 반론을 제기하기가 쉽지 않기 때문에, 양수인이 이를 요구하면 계약상 해당 문구가 포함되는 경우가 많은 것으로 보인다. 다만 이에 관하여는 MAC조항에 명시적인 표현이 없는 때에도 법원은 다양한 요인에 의하여 발생한 부정적인 영향들을 종합하여 MAC를 판단하므로 이를 별도로 기재할 실익은 크지 않다는 견해가 있다.[14]

3. MAC의 발생 가능성

양수인은 어떠한 사건이나 사정으로 대상회사에 중대한 부정적인 변

---

14) Adams, 앞의 논문(주 13), 10면에 의하면, IBP, Inc. v. Tyson Foods, Inc. 〔789 A. 2d 14 (Del. Ch. 2001)〕 사건에서 M&A계약상 MAC가 없다는 진술이나 MAC 정의조항에는 부정적인 변경을 합하여 판단한다는 명시적인 표현이 없었음에도 불구하고 델라웨어 형평법원(Delaware Chancery Court)은 다양한 부정적인 요소들을 합하여 MAC에 해당한다는 피고들의 주장에 관하여는 이의를 제기하지 않았다고 한다.

경이 발생할 가능성이 조금이라도 있는 때에는 모두 MAC에 해당하기를
원할 가능성이 높다.[15] 그러나 양도인 입장에서는 그러한 사건이나 사정
으로 '현재' 실제로 대상회사에 중대한 부정적인 변경이 발생한 때에만
MAC에 해당하는 것으로 규정하고자 할 것이다. 이에 양도인은 "…중대
한 부정적인 변경을 <u>일으키는</u> 사건이나 사정"으로 정의하고 양수인은
"…중대한 부정적인 변경을 야기하거나 <u>야기할 수 있다고 예상할 수 있</u>
<u>는</u> 사건이나 사정"으로 정의하고자 할 것이다.

4. 전망

M&A계약서에서 전망(prospects)은 일반적으로 "어떠한 시점 현재의
사실 및 상황에 기초하여 합리적으로 예상할 수 있는 장래의 사업 성과
(Prospects means, at any time, results of future operations that are reasonably
foreseeable based on facts and circumstances in existence at that time)"로 정
의된다.[16] · [17]

양수인은 대상회사를 장래에 경영하기 위하여 취득하는 것이라는 점
에서 어떠한 사건이 대상회사의 전망에 중대한 부정적인 변경을 가져오
는 때도 MAC에 해당하기를 원하는 경우가 많다. 반면 양도인으로서는

---

15) Arthur Fleischer, Jr., Contract Interpretation in Acquisition Agreements : The Content
 of Material Adverse Change, 15 (4) Insights (2001). 양도인의 경우에는 "have"와 같은
 현재형을 쓰고자 하고, 양수인은 "could reasonably be expected to have"와 같이 MAC
 가 발생할 가능성만 가지고 요건이 충족되었다고 규정하고자 할 것이다.
16) Adams, 앞의 논문(주 13), 36면.
17) American Bar Association, 앞의 글(주 3), 22면에 의하면, 'prospects'가 정의조항에
 포함된 경우가 66퍼센트(2010년 조사에서는 47퍼센트), 포함되어 있지 않은 경우가
 34퍼센트였다고 한다. 그러나 우리나라 실무에서는 prospects가 포함되어 있지 않은
 경우가 더 많은 것으로 보인다.

대상회사가 현재 어떻게 사업을 영위하고 있는지에 대하여만 보장할 수 있을 뿐, 대상회사가 장래 어떻게 사업을 영위할지는 양수인의 문제이므로 이를 MAC에 포함시켜서는 안 된다고 주장한다.[18]

5. 중대한 부정적인 변경 발생의 당사자

MAC의 정의조항에는 MAC가 발생하는 대상을 특정하지 않고 객관적으로 규정하는 방식과 대상회사로 국한하여 규정하는 방식이 있다. 또한 M&A 계약의 당사자를 대상에 포함시키기도 한다. 만일 대상회사에 특별한 변동이 없으나 양수인이나 양도인에게 M&A 계약을 이행할 수 없는 중대한 부정적인 변경이 발생된 경우, 당사자들은 계약에 따른 의무 이행으로부터 벗어나고 싶어 할 수 있다. 이때 당사자들은 어느 당사자가 계약에 따른 의무를 적시에 이행하는 것이 불가능하게 되도록 하거나 위법이 되도록 하는 중대하게 부정적인 사건 또는 변경을 MAC로 포함하기도 한다.

6. 자회사 포함 여부

대상회사가 자회사를 보유하고 있고 자회사의 가치가 대상회사의 가치에 중대한 영향을 미치거나 자회사의 사업이 대상회사의 사업과 밀접한 연관성이 있는 경우, 자회사에 중대한 부정적인 변경이 발생한 때에도 양수인이 거래 종결의무의 이행을 거절하거나 계약을 해제하고 손해배상을 청구할 수 있도록 할 필요가 있다. 이 때문에 양수인은 대상회사

---

18) Adams, 앞의 논문(주 13), 35면.

뿐만 아니라 자회사의 사업이나 자산, 부채, 자본, 재무 상태 및 경영 성과 등에 대하여 중대한 부정적인 변경을 야기하는 사건이나 사정이 발생한 경우도 MAC 정의에 포함하자고 주장할 수 있다.

ABA의 2013년 조사 결과에 따르면 대상회사와 자회사 전체를 기준으로 중대한 부정적인 변경 여부를 판단하는 경우가 49퍼센트, 대상회사와 자회사 전체 또는 개별적으로 중대한 부정적인 변경 여부를 판단하는 경우가 5퍼센트, 대상회사와 자회사 개별적으로만 중대한 부정적인 변경 여부를 판단하는 경우가 26퍼센트, 이에 관하여 별도의 규정을 두지 않고 있는 경우가 20퍼센트이다.[19] 그러나 아직까지 국내 M&A계약에서는 대상회사 자체에 대하여만 MAC를 판단하도록 규정하는 경우가 더 많은 것으로 보인다.

7. MAC를 판단할 수 있는 당사자

양도인 또는 양수인 중 하나가 협상력이 높으면 MAC의 발생 여부에 대한 판단을 협상력이 높은 당사자가 할 수 있게 규정하는 경우가 가끔 있다. 다만 이러한 때에도 판단하는 당사자가 객관적이고 합리적으로 판단해야 한다는 단서를 붙이는 경우가 많다. 한편 이러한 조항이 있다고 하더라도 종국적인 판단은 법원에서 이루어질 것이므로 위 문구는 크게 의미가 없는 주의적 조항이 될 가능성이 높다.

---

19) American Bar Association, 앞의 글(주 3), 28면.

8. 중대한 부정적인 변경의 예시(Inclusions) 또는 예외사유(Carve-Outs)

(1) MAC에 해당되는 구체적인 사례를 예시하는 경우

MAC조항을 규정하면서 예견 가능한 구체적인 사건들을 MAC에 해당하는 것으로 명기하는 경우가 있다. 이때에도 양수인은 MAC라는 것은 원래 당사자들이 예측하기 어려운 사건을 전제로 하는 것이므로 "위와 같이 열거된 것은 예시에 불과하고 이에 한정하지 아니한다(including without limitation)"는 취지의 문구를 추가하고자 한다. 그러나 양도인의 입장에서는 MAC의 범위를 좁히고 명확하게 하는 것이 유리하므로 그러한 문구를 삽입하기를 희망하지 않는다.

(2) MAC의 예외사유

한편 M&A계약의 당사자들은 일정한 변경이나 사건을 원인으로 대상회사에 중대한 부정적인 변경이 발생한 때에도 이를 MAC로 보지 않는다는 예외조항(carve-outs)을 두는 경우가 종종 있다. 양도인 입장에서는 가급적 많은 예외사유를 두어 어떠한 사건이나 사정이 중대한 부정적인 변경에 해당하지 않도록 할 유인이 있고, 양수인 입장에서는 예외사유를 최소화하고자 할 가능성이 높다.

통상적으로 인정되는 예외사유로는 특정 지역이나 국가 또는 특정 산업에 일반적으로 영향을 미치는 사건, 예를 들어 1997년 아시아 금융위기와 같은 것들을 들 수 있다. 이는 당사자 사이에는 계약 체결시점에 이미 대상회사를 매매하겠다는 의사의 합치가 있었고, 계약 체결과 거래 종결 사이의 시간적인 간격은 관련 법령 또는 규정상 필요한 절차 등의 진행을 위한 것이므로, 계약 체결 이후 발생한 국가나 산업 전반에 중대한 부정적인 영향을 미치는 변경 또는 사건의 발생에 대한 위험은 양수인이 부담하는 것이 맞으며, 양수인은 계약 체결과 거래 종결 사이에 발생할 수 있는 시스템 리스크를 측정하고 가정할 수 있다는 전제에서 출발한다.[20] 마찬가지로 대상회사가 영위하는 사업에 영향을 미치는 법령의 변경, 행정조치, 회계기준의 변경, 자금시장 경색 등도 예외사유에 포함시키는 경우가 많다. 그리고 해당 M&A계약 체결 사실의 공표나 진행, 또는 M&A계약상 어느 당사자가 취하여야 할 조치의 이행으로 인하여 발생하는 중대한 부정적인 변경을 원인으로 다른 당사자가 의무 이행을 거절하는 것은 불합리하므로 이와 같은 사항도 예외사유에 포함하는 경우가 있다.

한편 미국에서는 9 · 11 사건 이후 MAC조항에 대한 관심이 증가하였는바,[21] 9 · 11 사건과 같은 테러리즘의 공격이나 전쟁은 사업 환경 일반에 영향을 미치는 것으로 중대한 부정적인 변경에서 명시적으로 배제한 경우가 있는가 하면, 에너지회사의 인수 · 합병계약에서는 이러한 상황이 경제 전반에 대한 영향은 아니더라도 에너지사업에 영향을 미치는 때 중대한 부정적인 변경에 포함시킨 경우도 있다.[22]

2013년 ABA가 2009~2011년 유럽에서 체결되거나 종결된 M&A계약을 조사한 결과에 따르면, MAC의 정의조항에 예외사유가 포함된 경우가

---

20) 손영진, "Principal Issues in M&A from Acquirer's Perspective : Focusing on Private Company Targets," 국제거래법연구 제20집 제2호(2011), 국제거래법학회, 63-67면.

21) Joan Harrison, Renewed Focus on Material Adverse Change Clauses, Mergers & Acquisitions : The Dealermaker's Journal (2001. 11).

22) 정영철, 기업인수 4G, 박영사, 2010, 941면.

56퍼센트(2010년 조사에서는 47퍼센트), 포함되지 않은 경우가 44퍼센트라
고 하고, 구체적인 예외사유조항의 비율은 다음과 같다.[23]

<표 2> 각 예외사유의 비율

항목	비율
계약의 완료를 위한 것이거나 계약에서 요구되는 조치의 이행	62%
거래의 발표 또는 진행	33%
회계기준의 변화	28%
법률의 변경	57%
경제 상황	48%
자금시장 경색	29%
산업 전반의 상황	29%
전쟁이나 테러	57%

III. MAC조항의 문구 예

앞 II.에서 논의한 것들을 전제로 MAC 정의조항의 구체적인 문구 예
를 살펴보면 다음과 같다.

1. 비교적 중립적인 입장에서 작성된 MAC의 정의조항

중립적인 입장에서 작성된 MAC의 정의조항 예는 다음과 같다.

---

23) American Bar Association, 앞의 글(주 3), 24면.

(국문)

중대한 부정적인 변경이란 개별적으로 (또는 합하여) 대상회사 (또는 그 자회사)의
사업, 자산, 부채, 재무 또는 기타 상태나 경영 성과에 중대하게 부정적인 사건 또는
변경을 말한다.

(영문)

Material Adverse Change means with respect to an Acquired Company (or
any of its subsidiaries), any event, change, development, or occurrence
that (, individually or together with any other event, change, development,
or occurrence), would have a material adverse effect on its business,
condition (financial or otherwise), assets, results of operations.

다만 실제 대상회사 및 거래의 특성이나 당사자 간 협의 결과에 따라
일부 예외조항이 추가되거나 자회사의 포함 여부 또는 전망의 포함 여부
등 일부 문구가 달라질 수 있다.

2. 양도인 입장에서 작성된 MAC의 정의조항

양도인 입장에서는 MAC의 범위를 최소화하기를 원하기 때문에 개별
사유들이 '합해져' 중대한 부정적인 변경을 야기하는 경우, '자회사'에 대
하여 부정적인 변경이 발생한 경우 또는 대상회사의 '전망'에 관하여 중
대한 부정적인 변경이 야기되는 경우는 MAC의 범위에서 제외하려고 할
가능성이 높다. 또한 어떠한 사건이 대상회사에 대하여 "have or will have
a material adverse effect"인 경우만 중대한 부정적인 변경으로 정의하여
어떠한 사건이 발생한 것과 거의 동시에 대상회사에 중대한 부정적인 변
경이 발생하거나 그러한 변경이 발생할 것이 거의 확실한 때에만 MAC를

인정할 가능성이 높고, 최대한 많은 예외사유를 두어 MAC가 발생할 가능성을 최소화하기를 원하는 경우가 많다.

이와 같은 양도인 입장에서 작성된 MAC의 정의조항 예를 들면 다음과 같다.

(국문)

'중대한 부정적인 변경'이라 함은 <u>대상회사</u>의 재무 상태나 경영 성과에 중대하게 부정적인 변경을 미치는 사건 또는 변경을 말한다. 다만 (i) 전반적인 또는 대상회사가 영위하는 산업에 대한 사업적·경제적 또는 규제적 상황, (ii) 국내 또는 국제의 정치적 또는 사회적 상황(국가 긴급사태나 전쟁으로 선포되었는지 여부를 불문하고 대한민국에 의한 교전 상황의 발발 또는 대한민국이나 그 영토, 소유물, 해외공관이나 영사관, 군사시설이나 장비 또는 대한민국 국민에 대한 모든 군사적 공격이나 테러 발생을 포함하나 이에 제한되지 아니함), (iii) 금융·은행 또는 증권시장(해당 시장의 붕괴나 여하한 증권가격 또는 시장지표의 하락을 포함함), (iv) 대한민국에서 일반적으로 인정되는 회계원칙의 변화, (v) 법률의 개정, (vi) 본 계약 또는 본 계약에서 예정되어 있는 다른 계약의 공개, 체결 또는 해당 계약에 따른 조치의 이행(고객·공급자 또는 근로자의 상실이나, 이로부터 발생하는 노동쟁의, 파업, 노동조합의 활동, 기타 노동 활동 및 본 계약에 규정된 확약사항의 준수를 포함함), (vii) 양수인의 동의를 받거나 양수인의 요청에 따라 이루어진 여하한 작위 또는 부작위, (viii) 본 계약에 따라 요구되거나 어떠한 인(人)이나 정부기관의 동의나 면제를 얻기 위해 요구되는 행위, (ix) 대상회사의 매출 또는 수익에 대한 예측·예상 또는 추정치의 불충족, (x) 기타 양수인이 본 계약 체결일 현재 알고 있는 현존하는 사건, 상황 또는 환경과 관련한 변화나 변경은 제외한다.

(영문)

Material Adverse Change means with respect to an Acquired Company, any event or change that has a material adverse effect on its financial condition or results of operations, other than any change or effect relating to (i) business, economic or regulatory conditions as a whole or in the industries in which the Company operates, (ii) national or international political or social conditions, including without limitation the engagement by Korea in hostilities, whether or not pursuant to the declaration of a national emergency or war, or the occurrence of any military or terrorist attack upon Korea, or any of its territories, possessions, or diplomatic or consular offices or upon any military installation, equipment or personnel of Korea, (iii) financial, banking or securities markets (including any disruption thereof and any decline in the price of any security or any market index), (iv) changes in generally accepted accounting principles in Korea, (v) changes in Law, (vi) the announcement or execution of, or the taking of any action contemplated by, this Agreement and the other agreements contemplated hereby, including without limitation the loss of any customers, suppliers or employees or any labor disputes, labor strikes, labor union activities or other labor actions resulting therefrom and including compliance with the covenants set forth herein, (vii) any actions taken (or omitted to be taken) with the consent or at the request of Purchaser, (viii) any actions required under this Agreement or required in order to obtain any waiver or consent from any Person or Governmental Authority, (ix) any failure by the Company to meet any projections, forecasts or estimates of revenue or earnings or (x) any existing event, occurrence or circumstance with respect to which Purchaser has knowledge of as of the date hereof.

3. 양수인 입장에서 작성된 MAC의 정의조항

양수인 입장에서는 MAC의 범위를 최대한 넓히기를 원하기 때문에, 개별 사유들이 '합하여' 중대한 부정적인 변경을 야기하는 경우, '자회사'에 부정적인 변경이 발생한 경우 또는 대상회사 등의 '전망'에 관하여 중

대한 부정적인 변경이 야기되는 경우까지 MAC의 범위에 포함시키려고
할 가능성이 높다. 또한 어떠한 사건이 대상회사에 대하여 중대한 부정
적인 변경을 미칠 가능성이 조금이라도 있다면 MAC로 인정되기를 원할
가능성이 높고 예외사유는 가급적 인정하지 않으려고 할 가능성이 높다.

이와 같은 양수인 입장에서 작성된 중대한 부정적인 변경조항의 예를
들면 다음과 같다.

(국문)

중대한 부정적인 변경이란 개별적으로 또는 합하여 대상회사 또는 그 자회사의 사
업, 자산, 부채, 자본, 재무 또는 기타 상태, 경영 성과 또는 전망에 중대하게 부정적
인 변경을 줄 가능성이 있는 사건 또는 변경을 말한다.

(영문)

Material Adverse Change means with respect to an Acquired Company
or any of its subsidiaries, any event, change, development, or occurrence
that, individually or together with any other event, change, development,
or occurrence, could reasonably be expected to have(or insofar as can
reasonably be foreseen, is likely to result in) a material adverse effect on
its business, condition (financial or otherwise), assets, results of
operations, or prospects.

IV. MAC조항과 관련한 법률적 쟁점

1. MAC와 사정 변경의 원칙

사정 변경의 원칙이란 "계약이 성립할 때에 그 기초로 삼았던 사정이
나 환경이 그후 변경됨으로써 처음에 정한 계약 내용을 유지·강제하는

것이 신의칙상 부당한 결과를 가져오는 경우에 계약 내용을 변경 또는 수정하거나 계약관계의 해제를 인정하여 구체적인 사안에 적합하게 계약관계를 정리하는 것"[24] 또는 "계약의 내용으로 되지 않았으나 계약의 체결이나 실현의 기초로 된 일정한 사정이 처음부터 존재하지 않거나 사후에 변경 또는 소멸된 경우, 급부의무의 감액 또는 증액을 통하여 계약을 변화된 사정에 적응시키거나 적응이 불가능하면 계약의 해소를 허용하여야 한다는 이론"을 의미한다.[25]

이에 따르면 사정 변경의 원칙의 의의나 기능은 MAC와 상당히 유사하다. 다만 사정 변경의 원칙이 이른바 신의성실의 원칙에 기초하여 당사자 간에 별도의 명시적 합의가 없는 경우에도 계약의 보충적인 해석을 통하여 적용되는 반면, MAC는 이와 같은 사정 변경의 원칙을 적용하기로 계약의 당사자들이 미리 명시적으로 합의하였다는 점에서 차이가 있다.

이 때문에 사정 변경의 원칙이 "계약은 지켜져야 한다(pacta sunt servanda)"는 계약법의 기본원칙에 대한 극히 예외적인 경우로 한정되어 인정[26]될 수 있는 반면, MAC는 특히 그것이 당사자들이 미리 정해 놓은 정량적·정성적 기준에 따라 MAC로 보기로 합의한 사항에 해당하는 경우에는 상대적으로 인정될 가능성이 높을 것으로 보인다. 다만 계약상 MAC조항이 있는 경우에도 당사자들이 예시조항이나 정량적인 기준 등

---

24) 김형배, 채권각론(신정판), 박영사, 2001, 70면.
25) 지원림, 민법강의(제9판), 홍문사, 2011, 49면.
26) 지원림, 앞의 책(주 25), 49면에 의하면 장래의 이행을 남기는 계약은 그 자체가 계약의 성립 시와 이행 시 사이에 발생한 사정 변경의 위험을 당사자 간에 배분하는 메커니즘이고, 당사자들은 부관 특히 조건을 통하여 예견 또는 예상될 수 있는 사정의 변경에 대비할 수 있는 점을 고려할 때 사정 변경으로 인한 급부의무의 수정 내지 계약의 해소는 극히 예외적인 경우로 한정되어야 한다고 한다.

을 통해 기준을 명확히 정해 놓지 않은 때, 결국 법원에서 이를 판단하게 될 것인데 법원은 MAC와 그 의미가 유사한 사정 변경의 원칙을 상당 부분 원용하여 판단할 가능성이 높다고 생각한다.[27]

2. MAC와 관련된 국내 사례

우리나라에서 M&A계약상 MAC조항 자체를 근거로 당사자들이 계약 이행을 거절하거나 계약을 해제하여 문제가 된 대법원 판례는 아직까지 존재하지 않는 것으로 보인다.

비록 하급심 판결례이기는 하나, 서울고등법원에서 MAC에 따른 계약 해제의 유효성 여부에 관하여 다투어진 사안은 다음과 같다. 공개매각절차에서 양도인인 피고들이 원고를 비롯한 최종입찰대상자들에게 최종 입찰안내서와 함께 교부한 주식매매계약서에서 '대상회사의 총자산의 10퍼센트 이상 감소와 총부채의 10퍼센트 이상 증가'를 '중대한 부정적인 변화'로 정의하였고, 2007년 12월 31일 이후 대상회사에 중대한 부정적인 변화가 발생할 경우 거래 종결의 선행조건 미충족으로 양수인이 매매대금의 지급을 거절할 수 있게 하였는데, 양수인인 원고가 주식매매계약서(초안)의 '중대한 부정적인 변화' 정의조항에 대하여 '자산 또는 부채의 변동이 10퍼센트보다 작은 경우에도 중대한 부정적인 변화에 해당될 수 있다'는 수정의견을 제출하여 위 정의조항을 삭제하였다. 위 사안에서 실제 대상회사의 총부채가 대차대조표상 2007년 12월 31일 기준 7,626억

---

27) 손영진, 앞의 논문(주 20), 67면에 의하면, 당사자들이 중대한 부정적인 변경에 관하여 다툰 제한적인 사례에 비추어 볼 때, 미국 법원은 중대한 부정적인 변경에 관한 매우 높은 기준을 가지고 있어 미국 법원에서 중대한 부정적인 변경을 입증하기는 매우 어려울 것이라고 하고, 예를 들어 델라웨어주 법원에서 M&A계약에 규정되어 있는 중대한 부정적인 변경의 발생을 인정한 사례는 한 번도 없다고 한다.

원이다가 2008년 6월 30일 기준 8,907억 원으로 16.7퍼센트 증가하였고, 2008년 12월 31일 기준 1조 934억 원으로 43.3퍼센트 증가하였는데, 이에 대하여 원고는 중대한 부정적인 변화가 발생하여 주식매매계약이 종결될 수 없음이 명백하므로 이는 신의칙상 양해각서의 해제사유가 된다고 주장하면서 이행보증금의 반환을 구하였다. 이러한 원고의 주장에 대하여 재판부는 대상회사의 대차대조표상 총부채뿐 아니라 매출액과 영업이익도 증가하였고 위와 같이 중대한 부정적인 변화의 정의조항이 삭제되었으므로 '부채의 10퍼센트 이상 증가'만으로 곧바로 중대한 부정적인 변화가 발생하였다고 단정할 수도 없으며, 원고의 위 수정의견에 의하여 삭제된 '중대한 부정적인 변화'에 관한 주식매매계약서(초안)의 정의규정에서는 "통상적인 사업과정에 의한 경우를 중대한 부정적인 변화에서 제외한다"고 규정하고 있었는바, 대상회사의 정상적인 건설사업 수행과정에서 발생한 것으로 보이는 위 부채 증가를 중대한 부정적인 변화로 인정하는 것은 부당하다고 보아 원고의 주장을 배척하였다(서울고등법원 2012. 3. 29. 선고 2011나21169 판결).[28]

또한 서울고등법원은 양수인이 양해각서를 체결하면서 이행보증금을 지급하였으나 양해각서에 기재된 본계약 체결기간까지 본계약이 체결되지 않았다는 등의 이유로 양해각서를 해제하고, 2008년 세계적인 경제위기의 여파 등 중대한 사정 변경을 이유로 기지급한 이행보증금의 반환을 구한 사건에서 다음과 같이 판시하였다.

즉 서울고등법원은 (i) 중대한 부정적인 변화 시 계약 해제조항이 없다는 등의 사정만으로 불공정한 약정이라고 단정할 수 없으며, (ii) 현금흐름할인법에 의하여 산정한 대상회사의 주식가치가 양해각서 체결 전

---

28) 위 사건은 원고가 상고를 하지 않아 제2심 법원의 판단이 그대로 확정되었다.

과 비교하여 급락하였다고 하더라도 대상회사 보유자산 중 순자산은 오히려 증가하였고, 대상회사의 순현금성자산의 감소는 대상회사가 지나친 현금 보유를 피하기 위하여 선박대금 결제방식을 헤비테일방식으로 변경하는 등 대상회사의 경영상 조치에 기한 것으로 양수인도 이와 같은 사정을 잘 알고 있었으며, 대상회사의 주가가 이 사건 양해각서 체결 전 시점에 최저점을 기록한 이후 꾸준한 상승세를 보였고, 대상회사는 양해각서 체결 전 조선업계가 향후 조정기간을 거칠 것이라는 내용을 양수인 측에 보고하였던 사정에 비추어 보면, 양수인인 원고가 주장한 사정이 본 입찰 및 양해각서 체결의 기초가 사실상 붕괴된 경우에 해당한다거나 확인실사 또는 그에 준하는 자료가 제공되지 아니한다면 최종계약을 체결할 수 없을 정도의 사정 변경이라고는 볼 수 없으며, 오히려 양해각서상 매매대금의 조정사유에서도 제외되는 주식시장에서의 가격 변동 및 시장상황 등 외부 경제 환경의 변화 및 그로 인한 변경에 해당하고, (iii) 양수인 측이 보유하고 있던 현금이 급감하고 대출금리 인상으로 자금차입비용이 증가하는 등의 사정으로 자금조달비용이 급증하였다고 하더라도 그 근본적이고 주요한 이유는 양수인이 인수자금의 대부분을 보유현금이 아니라 차입방식에 의하여 조달하려고 했기 때문이지 예상하지 못한 경제위기로 인한 것이 아니며, 이는 실제로 보유현금이 없어 차입에 의존하여야 함을 잘 알면서도 실제와 다르며 지킬 수도 없는 자금조달계획을 제출한 원고가 예상할 수 있었고 자초한 사정이었다는 등의 이유로 원고가 최종계약 체결을 거부한 데에는 정당한 이유가 없다고 보아 이행보증금의 반환을 구하는 원고의 청구를 기각하였다(서울고등법원 2012. 6. 14. 선고 2011나26010 판결).[29]

---

29) 이에 대하여 대법원은 원고가 최종계약 체결을 거부한 데에는 정당한 이유가 없다는

3. MAC의 주장 및 입증책임

양수인이 MAC의 발생을 이유로 계약 이행을 거절하거나 계약을 해제하는 경우, 당사자들은 법원에서 MAC가 발생하였는지 여부를 첨예하게 다툴 수밖에 없다. 이와 관련하여 양수인이 중대한 부정적인 변경의 발생을 입증하여야 하는지, 아니면 양도인이 중대한 부정적인 변경의 부존재를 입증하여야 하는지가 문제 된다.

판례와 통설이 취하는 법률요건분류설에 의할 때, 양도인은 계약 체결 사실을 주장·입증함으로써 양수인에 대하여 그 의무 이행을 구할 수 있고, 이 경우 중대한 부정적인 변경의 발생을 이유로 계약의 이행을 거절하거나 계약을 해제하려는 양수인이 중대한 부정적인 변경이 발생하였다는 사실에 관하여 주장 및 입증책임을 부담하여야 할 것으로 보인다.[30]

이 경우 양도인은 MAC조항에 규정된 예외조항에 해당된다는 주장 및 입증을 하거나 계약 체결과정에서 실사 등을 통해 중대한 부정적인 변경의 존재가 드러났고 이미 대상회사의 가치 산정에 반영되었다는 점을 주장할 수 있을 것이다.

다만 양수인이 계약 체결 전에 중대한 부정적인 변경의 발생사실을

원심의 판단이 정당하다고 하면서도, 이 사건 이행보증금은 이 사건 양해각서의 문구에도 불구하고 위약벌이 아닌 손해배상액의 예정으로 보아야 한다면서 제반 사정에 비추어 볼 때 3,150억 원에 이르는 이행보증금 전액을 몰취하는 것은 부당하게 과다하다고 보아 파기환송 판결을 선고하였다(대법원 2016. 7. 14. 선고 2012다65973 판결).
30) 김연호, 앞의 논문(주 10), 77면에서는 중대한 부정적인 변경의 부존재가 진술 및 보증의 하나인바, 양도인의 진술 및 보증조항으로 인한 책임을 무과실책임에 가까운 약정하자담보책임이라고 보게 될 경우 중대한 부정적인 변경이 존재한다는 사실에 관하여는 양수인이 입증하는 것이 타당하다고 하나, 민법 제390조에 따르면 채무자가 채무의 내용에 좇은 이행을 하지 아니하였다는 점은 채권자가 입증하여야 하므로, 이를 채무불이행책임으로 보는 경우에도 중대한 부정적인 변경이 존재한다는 사실을 양수인이 입증하여야 한다는 결론에는 차이가 없을 것으로 보인다.

알고 있었음에도 불구하고 중대한 부정적인 변경을 이유로 의무 이행을 거절하거나 계약 해제 또는 손해배상을 구할 수 있는지에 관하여는 다툼의 여지가 있다. 즉 중대한 부정적인 변경의 발생에 관하여 양수인에게 악의가 있었던 경우 이는 매매대금에 반영되었다고 보아 중대한 부정적인 변경을 인정하지 않아야 한다는 견해[31]와, 계약상 양수인이 악의인 경우 진술 및 보증 위반에 관한 책임을 배제하는 예외조항을 두었다면 양도인이 책임면책을 주장할 수 있으나, 그러한 예외조항을 두지 않았다면 양도인이 이를 항변할 근거가 없으므로 양도인이 그러한 중대한 부정적인 변경의 존재가 양수도대금에 반영되었다는 점을 입증하지 못하는 이상 양도인은 그 책임을 면할 수 없고, 다만 양수인의 악의는 과실상계로서 참작될 수 있을 뿐이라는 견해[32]가 대립한다.

이와 관련하여 대법원은, 甲 주식회사가 乙 주식회사의 주주들인 丙 주식회사 등과 주식양수도계약을 체결하면서 丙 회사 등이 "乙 회사가 행정법규를 위반한 사실이 없고, 행정기관으로부터 조사를 받고 있거나 협의를 진행하는 것은 없다"는 내용의 진술과 보증을 하고, 진술 및 보증조항 위반사항이 발견될 경우 손해를 배상하기로 하였는데, 甲 회사가 당시 이미 乙 회사 등과 담합행위를 하였고 양수도 실행일 이후 乙 회사에 담합행위를 이유로 과징금이 부과된 사안에서, (i) 주식양수도계약서에 甲 회사가 계약 체결 당시 진술 및 보증조항의 위반사실을 알고 있는

---

31) A.B.A. SEC. BIS. L., Model Asset Purchase Agreement, 216-217 (2001)에 의하면 미국 보통법상으로는 양수인이 양도인의 진술과 보증 위반을 발견하고도 이행을 완료한 후에 진술과 보증 위반의 효과를 주장할 수 있는지에 관하여 소극적으로 보므로, 양수인의 진술과 보증 위반을 이행 완료 전에 발견한 경우 손해배상을 하면서 이행 완료를 거절하거나 손해배상청구를 포기하고 이행 완료를 하여야 한다고 한다. 정영철, 앞의 책(주 22), 942면에서 재인용.

32) 김연호, 앞의 논문(주 10), 75-76면.

경우에는 손해배상책임 등이 배제된다는 내용이 없고, (ii) 당사자들이 주식양수도계약서에 진술 및 보증조항을 둔 것은 甲 회사와 丙 회사 등 사이에 불확실한 상황에 관한 경제적 위험을 배분시키고, 현실화된 손해를 감안하여 주식양수도대금을 조정할 수 있게 하는 데 그 목적이 있는 것으로 보이는데, 이러한 경제적 위험의 배분과 주식양수도대금의 사후 조정의 필요성은 甲 회사가 丙 회사 등이 진술 및 보증한 내용에 사실과 다른 부분이 있음을 알고 있었던 경우에도 여전히 인정된다고 할 것인 점 등에 비추어, 주식양수도계약서에 나타난 당사자의 의사는, 양수도 실행일 이후에 진술 및 보증조항의 위반사항이 발견되고 그로 인하여 손해가 발생하면, 甲 회사가 위반사항을 계약 체결 당시 알았는지와 관계 없이 丙 회사 등이 손해를 배상하기로 합의한 것이고, 공정거래위원회가 담합행위에 대한 조사를 개시한 것은 주식양수도계약의 양수도 실행일 이후여서, 甲 회사가 주식양수도계약을 체결할 당시 공정거래위원회가 乙 회사에 담합행위를 이유로 거액의 과징금 등을 부과할 가능성을 예상하고 있었을 것으로 보기는 어려우므로, 甲 회사가 乙 회사의 담합행위를 알고 있었고 그 담합행위로 인한 공정거래위원회의 제재 가능성 등을 주식양수도대금 산정에 반영할 기회를 가지고 있었다고 하더라도 특별한 사정이 없는 한 그러한 점만으로 양수도계약에 따른 甲 회사의 손해배상 청구가 공평의 이념 및 신의칙에 반하여 허용될 수 없다고 보기는 어렵다고 판시하였다.[33]

이와 같은 대법원 판례에 비추어 보면, 주식매매계약에 양수인이 악의의 경우 양도인의 진술 및 보증 위반에 관한 책임을 배제하는 명시적인 규정이 없는 한, 양도인이 중대한 부정적인 변경의 존재가 양수도대금에

---

33) 대법원 2015. 10. 15. 선고 2012다64253 판결.

반영되었다는 점을 입증하지 못하면 설령 양수인이 거래 종결 전에 중대한 부정적인 변경이 존재한다는 사실을 알고 있었다고 하더라도 중대한 부정적인 변경이 없다는 진술 및 보증의 위반에 따른 책임을 면하기 어려울 것으로 보인다.

그러나 양수인이 중대한 부정적인 변경의 발생사실을 알고 있었던 경우에는 어떠한 형태로든 매매대금이나 계약조건에 반영하였을 가능성이 높고, 그럼에도 불구하고 양수인이 이를 매매대금이나 계약조건에 반영하지 아니하였다면 그 자체로 양수인에게 어떠한 고의나 과실이 있었다고 볼 수 있다. 즉 위와 같은 경우 양수인이 계약 체결 이후 중대한 부정적인 변경의 존재를 이유로 의무 이행을 거절하거나 계약을 해제할 수 있도록 하는 것은 신의칙상 허용될 수 없으므로, 양도인으로서는 양수인이 실사 등을 통하여 중대한 부정적인 변경 사실의 발생을 알고 있었다는 점만 입증하면, 양수인이 고의 또는 과실 없이 이를 계약조건에 반영하지 않았다는 점을 입증하여야 한다는 견해가 보다 타당한 것으로 판단된다.[34]

V. 맺음말

지금까지 MAC조항의 의의와 기능, 협상 시의 주요 쟁점, 문구 예 및 법적 쟁점에 관하여 살펴보았다. MAC에 관하여 국내 법원에서 다투어진

---

34) 양도인보다는 양수인이 양수인의 주관적 사정에 관련된 각종 자료나 증인 등을 이용하여 스스로 선의, 무관심을 입증하기가 더 쉽다는 점을 고려하여 이와 같이 입증책임을 분배하자고 하자는 견해로 김태진, "M&A계약에서의 진술 및 보증조항 및 그 위반," 저스티스 통권 제113호(2009. 10), 한국법학원, 57면. 이에 반대하는 견해로, 김연호, 앞의 논문(주 10), 77-78면.

사례가 많지 않아 실제 당사자 사이에서 MAC의 발생 여부가 다투어질 경우, 법원이 중대성 여부의 판단이나 입증책임 분배와 관련하여 어떠한 판단을 내릴지 현재로서는 다소 불분명한 점이 있다. 다만 계약은 지켜 져야 한다는 계약법 일반 원칙에 의할 때, 법원은 당사자들이 일방적으로 계약관계에서 벗어나거나 계약조건을 변경시킬 수 있는 MAC에 대하여 엄격한 해석을 내리지 않을 수 없을 것이다. MAC는 M&A계약 협상 시 중요한 협상 포인트이지만 협상 말미에 가서는 거의 대부분 명확한 기준을 정하지 못하고 일반적이고 추상적인 용어로 마무리하면서 법원의 해석에 맡기는 경향이 있다. 앞에서 언급된 것처럼 법원에서 MAC가 인정되는 사례는 거의 없기 때문에, 당사자들이 M&A계약 시 계약이나 거래 종결의 전제조건으로 정말 중요하게 생각하는 것은 MAC라는 일반적인 조항에 맡길 것이 아니라 구체적으로 거래 종결의 선행조건, 계약 해제사유, 가격 조정 내지 손해배상사유로 명시하여야 할 것이다.[35]

19

선행조건조항[*]

이영민[**] · 김태오[***]

I. 서설 : 선행조건의 의미

주식양수도 · 영업양수도 · 자산양수도 · 합병 · 분할합병 등 기업의 인수 · 합병을 위한 계약(이하 'M&A계약')은 거래구조 · 규모 · 당사자 · 국경 간 거래(cross-border deal) 해당 여부 등에 따라 다양한 형태로 작성되고 있으나, M&A계약의 전체적인 구조는 실무적으로 어느 정도는 정형화되어 있는바, 정의(definition) · 매매대금 및 거래의 종결(closing), 진술 및 보증(representations and warranties), 확약(covenant), 거래종결 선행조건(conditions precedent to closing), 해제(termination), 면책(indemnification)조항으로 구성되는 것이 일반적이다.

---

* 이 논문은 BFL 제67호(2014. 9)에 게재된 글을 수정 · 보완한 것이다.
** 김 · 장법률사무소 변호사
*** 김 · 장법률사무소 변호사

이 중 거래종결 선행조건(이하 '선행조건')은 해당 조건이 성취되지 않을 경우 일방 당사자가 거래의 종결을 거부할 수 있는 사유를 일컫는 것으로, 선행조건조항에는 각 당사자가 거래 종결을 위한 의무를 이행하는 데 있어 전제조건이 되는 사항들을 규정한다. 선행조건의 법적 성질은 '조건'이라는 표현에도 불구하고 청구권의 효력을 저지하여 급부를 거절할 수 있는 권리를 부여한다는 점에서 우리 민법상의 항변권과 유사한데, 특히 당사자가 선행조건 미충족으로 인한 거래 종결에 대한 거부권을 포기할 수 있다는 점에서 그러하다.

또한 선행조건은 그 미충족으로 인하여 일방 당사자가 거래 종결을 거부할 수 있는 계약상의 객관적인 사유를 의미한다는 점에서, 일방 당사자가 장래 일정한 행위를 하거나 하지 않겠다는 약속을 의미하는 확약이나 일방 당사자의 특정 시점에서의 사실에 대한 진술 및 그 정확성의 보증에 해당하는 진술 및 보증과 구별된다. 다만 뒤에서 다시 언급하듯이 '당사자가 사전확약을 모두 이행하였을 것' 및 '당사자가 진술 및 보증한 사항이 거래 종결일 당시에도 진실하고 정확할 것'은 선행조건의 대표적 유형 중 하나에 해당하므로, 확약과 진술 및 보증은 선행조건의 일부를 구성하기도 한다.

II. 선행조건조항의 기능

M&A계약 체결 후 곧바로 거래를 종결하는 것은 거래 종결에 필요한 정부 승인요건의 존재, 자금조달의 필요성, 이사회·주주총회 등 회사법적 절차의 이행, 제3자 동의의 취득 등으로 인하여 현실적으로 가능하지 않은 경우가 많은바, 이에 따른 계약 체결의 시점과 거래 종결시점의 차

이는 당사자, 특히 양수인에게 거래 종결 현재의 상태에 관한 불확실성을 초래한다. 더욱이 최근 M&A거래에서는 거래규모의 증대와 복잡화로 인해 계약 체결시점과 거래 종결시점 사이의 시간적 간격이 늘어나는 경향을 보이고 있는데,[1] 그럼에도 불구하고 당사자에게 계약 체결을 이유로 무조건적인 거래 종결의무를 부담시키는 것은 형평에 어긋나는 결과를 초래할 수 있다. 따라서 당사자의 합리적 의사에 따른 거래의 진행 및 정당한 이해관계의 보호를 위해서는 해당 당사자의 입장에서 불확실한 사항이나 당사자의 이해관계에 중대한 영향을 미칠 수 있는 사유를 선행조건으로 규정하여 당사자에게 거래 종결에 대한 거부권을 부여할 필요가 있다.

이와 같이 선행조건조항의 본질은 계약 체결의 시점과 거래 종결의 시점 사이에 발생할 수 있는 위험을 당사자 간에 배분하는 것이다.[2] 양 당사자에게 공통적으로 적용되는 선행조건을 제외한 나머지 선행조건은 대체적으로 위와 같이 불확실한 상태에 놓인 양수인의 이익을 위하여 규정되는 것이 일반적이기 때문에, 선행조건은 주로 양수인의 의무에 부가된 전제조건으로서의 성격을 가진다. 따라서 양도인은 이러한 선행조건의 범위를 최대한 축소하여 양수인의 거부권 행사를 방지하고 거래 종결의 확실성을 담보하려고 하는 반면, 양수인은 선행조건을 최대한 광범위하게 규정하여 거래 종결에 대한 거부권을 가능한 한 폭넓게 행사하려고 한다. 이러한 양도인과 양수인의 이해관계를 조정하는 것이 M&A계약

---

1) Ott Aava, Risk Allocation Mechanisms in Merger and Acquisition Agreements, 2012/2 Helsinki Laws Review 31, 31-32 (2010).

2) Ray Schachter, Conditions Precedent : How to Make Sure You Get What You Bargained for, Corporate / Commercial Practice, Alexander Holburn Beaudin & Lang LLP, 1-2 (February 2009).

에서 선행조건조항에 관한 협상의 핵심이라고 할 수 있다.

III. 선행조건 미충족에 따른 효과

거래 종결 전까지 선행조건이 충족되지 않았을 경우, 거래 종결에 관한 자신의 의무에 해당 조건이 부가되어 있는 당사자는 거래 종결을 거부할 수 있는 권리를 갖는다. 거래 종결을 거부할 수 있는 항변권의 부여는 선행조건 미충족에 따른 본질적 효과로서, 이러한 권리는 선행조건이 충족되지 않게 된 원인이나 귀책사유 유무에 관계없이 해당 조건을 선행조건으로 정한 당사자에게 부여된다. 나아가 선행조건이 충족되지 않는 경우 계약 당사자에게 손해배상청구권이나 계약해제권이 부여될 수 있는데, 이는 경우를 나누어 살펴볼 필요가 있다.

첫 번째 경우는 선행조건의 미충족에 있어 당사자들이 계약 위반에 대한 책임이 없는 때이다. 이러한 경우로는 당사자들의 과실 없이 정부 인허가를 받지 못하거나 계약 체결 이후 중대한 부정적인 변경이 발생하여 거래가 종결되지 않는 경우를 들 수 있다. 이처럼 상대방 당사자에게 계약 위반에 대한 책임이 없는 경우, 당사자는 이를 이유로 손해배상을 청구하거나 채무불이행을 원인으로 한 법정해제권을 행사할 수는 없고, 단순히 거래 종결을 거부할 권리만을 갖는다. 나아가 이렇게 선행조건 미충족을 이유로 당사자가 거래의 종결을 거부하면, 별도의 합의가 없는 이상 M&A계약의 처리는 결국 계약상 약정 해제·해지조항에 따라 이루어지게 된다. 즉 선행조건이 충족되지 않은 것 자체는 당사자의 계약 위반이 아니기 때문에 당사자는 선행조건 미충족에 대하여 책임(손해배상·법정 해제 등)을 부담하지는 않고, 계약상 별도로 약정 해제·해지권을 규정하여 둔 경우[3) 이에 따른 권리를 행사함으로써 계약으로부터 벗어날 수 있게 되는 것이다.

두 번째 경우는 선행조건의 미충족에 있어 일방 당사자가 계약 위반에 대한 책임이 있는 때이다. 이와 같이 일방 당사자의 책임이 인정되는 대표적인 경우로는 확약의 불이행 또는 진술 및 보증 위반으로 선행조건이 충족되지 못하는 때를 들 수 있다. 또한 통상적으로 M&A계약에는 선행조건을 충족시키기 위해 '최선의 노력(best efforts)'을 다할 것을 당사자의 확약사항으로 규정하는 경우가 많은데, 해당 당사자가 이와 같은 최선의 노력을 다하지 않아 선행조건이 충족되지 못한 경우에도 상대방의 귀책사유로 인해 선행조건이 충족되지 못한 것으로 볼 수 있다. 이처럼 선행조건의 미충족에 있어 상대방 당사자의 계약 위반에 대한 책임이 있는 때, 귀책사유가 없는 당사자는 거래 종결을 거부하는 것에 더하여 상대방의 채무불이행을 이유로 계약을 해제하고 손해배상도 청구할 수 있다.

한편 자신의 의무에 부가된 선행조건이 충족되지 않은 경우에도 당사자는 이에 따른 거부권을 포기하고 거래 종결에 동의하며 자신의 의무를 이행할 것을 선택할 수 있다. 실무적으로도 선행조건이 충족되지 않았음에도 불구하고 거래 종결을 하는 것이 경제적으로 이득이 되거나 선행조건 미충족에 따른 위험이 크지 않다고 판단할 때, 거래 종결을 거부할 수 있는 권리를 포기하고 거래를 종결하는 경우가 종종 발생한다. 이러한 경우, 거부권의 포기에도 불구하고 해당 당사자의 선행조건

---

3) M&A계약에서는 '거래 종결시한(long-stop date)'을 정하면서 당사자의 귀책사유와 무관하게 해당 시점까지 거래 종결이 이루어지지 않는 경우를 해제사유 중 하나로 정하여 둠이 일반적이며, 이외에도 '선행조건이 충족되지 아니하고, 선행조건이 충족되지 않을 것이 확정적일 것'을 계약 해제사유로 규정해 두는 경우도 있다.

미충족에 대하여 책임이 있는 상대방 당사자에 대한 손해배상청구권이 존속하는지가 문제 될 수 있는데, 이는 결국 해당 당사자가 손해배상청 구권을 포기하였는지 또는 이를 유보하였는지에 대한 의사 해석의 문제 로 귀결되며, 이와 관련하여 당사자의 의사를 파악할 때에는 거래종결합 의서(closing memorandum)가 매우 중요한 요소가 될 것이다. 따라서 거부 권을 포기한 당사자가 거래 종결 이후에도 상대방 당사자에게 선행조건 을 충족하기 위한 의무를 계속 수행하도록 하고 계약 위반으로 인한 손 해배상청구권을 행사하기 위해서는, 거래종결합의서에 "본건 거래가 종 결되었다고 하여 상대방 당사자의 선행조건 충족의무, 손해배상의무 및 기타 기존 계약상의 의무가 면제되는 것은 아니다"라는 취지를 명확히 반영해 두어야 할 것이다.

IV. 일반적인 선행조건조항

1. 중대한 부정적인 변경조항

중대한 부정적인 변경(Material Adverse Change. 이하 'MAC')조항은 선행 조건조항 중 가장 대표적인 유형이며, 선행조건에 관한 협상에서 가장 이 해관계가 첨예하게 대립하는 부분이기도 하다. 다만 현실적으로 MAC조 항을 원인으로 하여 거래 종결을 거부하는 경우는 거의 발견되지 않는 다. MAC조항은 계약 체결일로부터 거래 종결일까지의 기간 동안 대상회 사에 중대한 부정적인 변경이 발생하지 않았다는 것을 양수인의 거래 종 결의무의 선행조건으로 하는 조항이며, 해당 기간 동안 발생할 수 있는 경제적 또는 영업상의 부정적인 변경으로 인한 위험으로부터 양수인을 보호하는 역할을 한다.[4) M&A 계약에서 통상적으로 사용되는 MAC조항의 문구는 다음과 같다.

중대한 부정적인 변경 없음

본 계약 체결일로부터 거래 종결일까지 대상회사에게 중대하게 부정적인 영향이 발생하지 않았으며, 중대한 부정적인 영향을 초래할 만한 사항도 존재하지 않는다.

No Material Adverse Change

Since the date of this Agreement, no Acquired Company will have suffered any Material Adverse Change and no event will have occurred, and no circumstance will exist, that could result in a Material Adverse Change.

이와 관련하여 당사자 사이에 중대하게 부정적인 영향 또는 이를 초래할 만한 사항이 무엇인지에 대해 구체적인 정의나 예시 문구를 추가하기 위한 협상이 이루어지기도 하며, 때로는 해당 사유를 금액기준으로 합의하여 계약서에 규정하기도 한다.

MAC조항은 선행조건을 논의할 때 빠질 수 없는 중요한 주제이나, 제18장에서 MAC조항의 쟁점을 별도로 상세히 다루므로 여기에서는 더 이상의 서술을 생략하기로 한다.

2. 정부 승인조항

정부 승인조항(government approvals)은 해당 M&A 계약이 효력을 발생하고 양수인이 인수대상인 자산, 기업 등을 유효하게 취득하여 운영하기

---

4) 최경선, "Material Adverse Change 조항," BFL 제35호(2009. 5), 서울대학교 금융법센터, 66면.

위해 요구되는 정부의 인허가를 모두 취득할 것을 거래 종결의 선행조건
으로 하는 조항이다. 취득하여야 할 인허가 중 가장 대표적인 것은 공정
거래위원회의 기업결합 승인[5])이고, 대상회사가 금융기관인 경우 금융위
원회의 대주주 변경 승인[6]) 또는 자회사 편입 승인[7])이 필요할 수 있으며,
그 외에도 특정 산업(통신 · 항공 · 방위산업 등)에 따라 요구되는 인허가
들이 있을 수 있다. 계약에 따라 정부 승인조항은 양 당사자 모두의 거
래 종결의무의 선행조건이 될 수도 있으며, 해당 인허가를 받아야 하는
당사자의 상대방의 거래 종결의무에 대해서만 선행조건이 될 수도 있
다. M&A계약에서 통상적으로 사용되는 정부 승인조항의 문구는 다음
과 같다.

정부 승인의 취득

각 당사자는 공정거래법 제12조 제1항에 따라 양수인이 공정거래위원회에 제출한 기
업결합신고에 대한 공정거래위원회의 승인(조건부 승인을 포함)을 포함하여 본건 매
매거래의 이행을 위하여 요구되는 필요적 정부 승인을 모두 득하여야 한다.

Governmental Authorizations

Buyer will have received such Governmental Authorizations as are
required to obtain or complete in connection with the execution and
performance of this agreement, including but not limited to the Korea Fair
Trade Commission ("KFTC") notification of approval of the business

---

5) 독점규제 및 공정거래에 관한 법률 제12조.
6) (i) 대상회사가 금융투자업자인 경우 : 자본시장과 금융투자업에 관한 법률 제23조,
   (ii) 대상회사가 보험회사인 경우 : 보험업법 제6조 제5항, (iii) 대상회사가 상호저축은
   행인 경우 : 상호저축은행법 제10조의6, (iv) 대상회사가 신용카드업자인 경우 : 여신전
   문금융업법 제6조 제3항.
7) 양수인이 금융지주회사인 경우 금융지주회사법 제16조에 따른 자회사 등의 편입 승인
   또는 제18조에 따른 자회사의 편입신고가 요구된다.

combination report filed by Purchaser with the KFTC in accordance with
Article 12 (1) of the FTL.

정부 승인조항과 관련하여 가장 대표적인 조건인 공정거래위원회의 기업결합 승인의 경우, 양수인이 기업결합신고서를 제출하는 것은 독점규제 및 공정거래에 관한 법률상 당연한 의무이나 기업결합신고의 승인을 반드시 받아 올 것을 양수인의 확약으로 규정하는 것은 현실적으로 쉽지 않다. 따라서 양수인이 계약 체결일로부터 일정 기간 내에 기업결합신고서를 제출할 것을 확약의 내용으로 하고, 공정거래위원회의 승인이 있을 것을 선행조건으로 규정하는 것이 일반적이다.

공정거래위원회의 기업결합 승인과 관련하여 또 하나 문제 될 수 있는 쟁점은 공정거래위원회의 기업결합신고에 대한 조건부 승인[8])을 어떻게 취급할 것인지이다. 기본적으로 공정거래위원회가 기업결합 자체를 불승인하는 경우가 아닌 한[9]) 공정거래위원회의 시정조치로 인하여 거래의 종결에 법률적인 장애가 발생하지는 않으며, 공정거래위원회가 부가하는 조건들은 거래 종결 후에 이행할 수 있다. 따라서 양도인 입장에서는 조건부 승인의 경우에도 선행조건이 충족된 것으로 규정하는 것이 유리한 반면, 양수인 입장에서는 조건부 승인의 경우에는 거래 종결 후 사업에 영향이 발생할 수 있으므로 선행조건이 충족되지 않은 것으로 규정

---

8) 엄밀히 말하면 현행 공정거래법상 조건부 승인이라는 행정행위는 없고, 공정거래위원회는 승인결정에 부가하여 (금지가 아닌) 구조적·행태적 시정조치를 내리게 되나, 실무적으로는 통상 이를 '조건부 승인'이라고 부르는 경우가 많다.

9) 공정거래위원회가 기업결합에 대하여 불승인한 최근 사례로는 (주)호텔롯데의 (주)파라다이스면세점의 인수에 대한 건(2009. 10. 6.자 불승인결정) 및 시력교정용 안경렌즈 1위 업체인 에실로의 국내시장 안경렌즈 2위 업체인 대명광학(주) 주식 취득에 대한 건(2014. 3. 17. 불승인결정)이 있다.

해 두는 것이 유리하다. 절충적인 방안으로는, 구조적 시정조치(결합 당사회사의 자산이나 소유구조를 변경시키는 시정조치로 자산매각·지식재산권에 대한 조치 등을 포함)와 행태적 시정조치(결합 당사회사의 영업조건·영업방식 또는 내부 경영활동을 일정하게 제한하는 시정조치로 가격인상 제한, 경쟁제한행위 금지, 공급의무 부과 등을 포함)를 구분하여, 행태적 시정조치는 이를 무조건 승인과 같은 것으로 취급하여 선행조건이 충족된 것으로 보는 반면, 구조적 시정조치는 선행조건이 충족되지 않은 것으로 보아 당사자가 거래의 종결을 거부할 수 있도록 하는 것도 고려해 볼 수 있을 것이다. 한편 실무적으로 일부 매각명령을 명하는 구조적 시정조치가 예상되는 경우, 매출 또는 장부가액 등을 기준으로 일정 기준을 넘어서는 사업 부문의 매각명령이 내려지면 선행조건이 충족되지 않은 것으로 보는 예도 있다.

또한 M&A계약에 따라서는 한국 공정거래위원회 외에도 외국 공정거래당국에 의하여 요구되는 공정거래 관련 승인을 받아야 하는 경우가 발생한다. 대표적인 예로는 특정 M&A거래 등에 관하여 미국 연방거래위원회 및 법무부에 대한 신고를 완료하기 전까지는 거래를 종결할 수 없다는 내용을 규정하는 미국의 하트스콧로디노 반독점증진법(Hart-Scott-Rodino Antitrust Improvements Act, HSR Act)을 들 수 있다. 이와 같이 법령상 외국에서의 기업결합신고가 요구되는 경우 해당 공정거래당국의 승인 또한 선행조건으로 규정하는 것이 원칙이겠지만, 해당 공정거래당국이 사후 승인을 규정하는 등 해당 승인 없이도 국내에서의 거래 종결이 가능한 때에는 굳이 이를 선행조건에 포함시킬 필요가 없다고 볼 것이다.

기업결합에 대한 승인 또는 금융위원회의 대주주 변경 승인과 같이 인허가의 존재 여부가 계약상 중대한 요소로서, 해당 인허가가 없이 거래를 종결하는 것이 현실적이지 않은 경우에는 대체로 이를 양 당사자 모두에 대한 선행조건으로 규정하게 된다. 이러한 경우 선행조건이 충족되지 않았을 때의 처리가 문제 되는데, 위와 같은 내용의 선행조건의 충족을 위하여 각 당사자가 '최선의 노력'을 다할 의무를 규정한 후[10] 실제 해당 조항의 위반이 있으면 위 의무 위반에 대하여 책임을 묻고 계약을 해제할 수 있도록 하는 방식을 고려할 수 있다.[11] 한편 미국에서는 이와 같은 정부 승인 관련 내용을 선행조건에 포함시키지 않고 해제 관련 조항에 규정된 양수인이 지불할 위약금(reverse termination fee)조항에 포함시켜 위약금을 지급하여야만 계약 이행의무를 면할 수 있게 하는 경우가 많다.[12]

---

10) 이와 같이 선행조건 또는 확약 등에 포함된 기업결합신고와 관련된 당사자들의 '최선의 노력'에 관한 규정에 위험분배 차원에서 공정거래당국을 만족시키기 위한 '최선의 노력'의 범위를 구체적으로 규정하는 경우가 있다. 양도인 또는 양수인의 인수대상 또는 그 외의 사업 부문 일부의 처분 등이 이루어질 경우, 결합 당사회사의 특정 시장에서의 지배력이 완화될 것이므로 기업결합이 승인될 확률이 높아지는데, 이와 관련하여 당사자들은 '최선의 노력' 의무를 다하기 위하여 위 사업 부문을 처분할 필요는 없다는 규정이나 '최선의 노력'은 위와 같은 사업 부문의 처분을 포함한다는 등의 구체적인 규정을 넣을 수 있다. 다만 이러한 규정은 공정거래당국에 공개되어 승인의 조건에 영향을 미칠 수 있으므로 유의할 필요가 있다(American Bar Association, The M&A Process : A Practical Guide for the Business Lawyer, 263 (2005)].
11) 이외에도 앞에서 언급하였듯이 계약 체결일로부터 일정 기간 내에 기업결합신고서 등 필요한 신고서를 관할기관에 제출하도록 할 것을 확약사항으로 규정하는 것도 일반적이다.
12) 이러한 약정이 이루어진 대표적인 경우는 2011년의 구글의 모토롤라 모빌리티에 대한 인수계약이다. 해당 계약에 따르면 구글이 모토롤라 모빌리티에 대한 인수를 거부하는 경우 또는 정부 인허가 문제로 인하여 인수가 불가능한 경우, 구글은 모토롤라 모빌리티에 위약금으로 25억 달러를 지급할 의무를 부담하게 된다. 이는 일반적으로 지급되는 위약금의 6배 이상이며, 거래대상인 기업가치의 약 26퍼센트에 해당하는 거액이다. 반면 모토롤라 모빌리티가 계약에 따른 이행을 하지 않는 경우, 모토롤라 모빌리티가 구글에 지급할 위약금은 3억 7,500만 달러였다(Serena Saito and Zachary Mider, Google Deal Said to Have $2.5 Billion Reverse Breakup Fee, Bloomberg Businessweek (August 15, 2011)].

3. 진술 및 보증의 정확성조항[13]

M&A계약 체결 시 치열한 협상의 대상이 되는 또 하나의 선행조건유형
은 진술 및 보증의 정확성조항(accuracy of representations and warranties)이
다. 이러한 진술 및 보증의 정확성을 양수인의 선행조건으로 규정하면
거래 종결시점에 양도인의 진술 및 보증조항 위반이 발생한 경우, 즉 양
도인이 진술 및 보증한 내용이 거래 종결 현재 사실이 아닌 것으로 밝혀
진 경우 양수인은 거래를 종결하지 않을 수 있는 권리를 가지게 된다.
진술 및 보증의 정확성조항의 일반적인 문구 예는 아래와 같은데, 협상
의 주된 대상이 되는 진술 및 보증의 범위(scope of the bring-down), 중대
성기준(materiality qualifier) 및 시간적 범위 등의 문제에 따라 다양한 형태
를 띤다.

진술 및 보증의 정확성

본 계약에 규정된 양수인의 진술 및 보증이 중요한 면에서 본 계약 체결일 및 거래
종결일 현재(다만 진술 및 보증이 명시적으로 특정 일자나 특정 시점에 관한 것일
경우에는 그 일자나 시점 현재) 진실하고 정확할 것.

Accuracy of Sellers' Representations

Sellers' representations and warranties in this Agreement will have been
true and accurate in all material respects as of the date of this Agreement
and will be accurate in all material respects as of the Closing Date (or,
if such representation or warranty is made as of a specified date, as of
such date) as if then made.

---

13) PLC Corporate & Securities, Drafting the Bring-Down Closing Condition, Practical
    Law (November 21, 2012).

(1) 진술 및 보증의 범위

우선 적용대상이 되는 진술 및 보증의 범위를 가장 좁게 파악하는 경우에는 M&A계약서의 '진술 및 보증'항목에 규정된 내용에 대한 위반이 있는 때에만 양수인에게 거래 종결에 대한 거부권을 부여할 수 있다. 양수인은 그 위반대상의 범위를 확장하여 '진술 및 보증' 부분 외에 M&A계약서 전체에 진술 및 보증된 내용, 본계약서(main agreement) 외의 거래 관련 계약서에서 진술 및 보증된 내용, 기타 M&A계약과 관련하여 교부된 모든 증서 또는 서류상 기재된 내용에 대한 위반까지 포함하여 그 위반이 있는 경우 거래 종결을 거부할 수 있도록 하려고 할 수도 있을 것이나, 실무적으로 M&A계약서에 명시적으로 기재된 '진술 및 보증' 외의 항목에까지 그 범위를 확장하는 경우는 좀처럼 발견되지 않는다.

(2) 중대성기준

진술 및 보증된 내용이 모든 면에서 진실하고 정확할 것을 요구하면 양수인이 거래 종결에 대해 지나치게 광범위한 거부권을 갖게 되므로, 선행조건조항에 관하여 협상할 때에는 거래 종결에 대한 거부사유가 되는 진술 및 보증 위반을 해당 위반의 질적 기준에 따라 한정하는 것이 일반적이다. 이러한 경우 선행조건 위반에 해당하는 진술 및 보증 위반의 기준은 '중대한(material)' 위반 또는 "중대한 부정적인 효과(Material Adverse Effect. 이하 'MAE')를 초래하는" 위반으로 규정할 수 있다. 양도인은 대체로 중대성기준보다는 MAE기준을 선호하는데, 이는 MAE기준이 적용될 때 진술 및 보증 내용 중 사실에 반하는 내용이 존재하는 경우에도 인수대상인 자산·기업이나 거래를 종결할 수 있는 양도인의 능력에

MAE를 초래하지 않는 한 양수인이 거래의 종결을 거부할 수 없기 때문이다.

한편 이미 진술 및 보증의 내용 자체가 중대성 또는 MAE와 관련된 기준을 포함하고 있는 경우(예: '중요한 점에서 준수하였다', '중요한 점에서 위반한 사실이 없다' 등), 진술 및 보증 위반이 없을 것을 내용으로 하는 선행조건에 또다시 중대성 또는 MAE기준을 포함하게 되면, 문구상으로는 해당 질적 기준이 2회 적용되어 결국 진술 및 보증에 요구되는 정확성의 기준이 더욱 낮아진다고 볼 수도 있는데, 이를 이중의 중대성 문제 (double materiality)라고 한다.[14]

이러한 이중의 중대성 문제를 없애기 위한 방법으로는, (i) 진술 및 보증조항 중에서 중대성 또는 MAE기준을 두지 않은 내용에 대하여만 선행조건조항에서 중대성 또는 MAE기준을 적용하도록 하는 방법과 (ii) 선행조건의 충족 여부를 판단하기 위하여 진술 및 보증의 사실 여부를 판단할 때에는 진술 및 보증조항에 포함된 중대성 또는 MAE기준을 적용하지 않는다는 취지의 문구를 삽입하는 방법이 있다.[15] 다만 이러한 이중의

---

14) Kenneth A. Adams, The Structure of M&A Contracts, West LegalEdcenter, pp.66-68 (2011).

15) Adams, 앞의 책(주 14), 66-68면. 한편 미국의 법학자들은 이중의 중대성이 변호사들의 말장난에 불과하다고 보는 경우가 많다. 위 애덤스(Kenneth A. Adams)의 저서에 따르면, 계약에서 중대성(material)이라는 단어의 의미를 '결정에 영향을 미치는 것'으로 이해한다면, 중대성이라는 단어는 단순히 정확성기준을 어느 정도 낮추는 요소라고 볼 수 없으며, '중대성'이 두 번 등장한다고 해서 정확성기준이 두 번 하락한다고 볼 수는 없다고 한다. '중대성'기준이 진술 및 보증된 내용의 정확성의 판단기준과 진술 및 보증의 정확성조항에서 선행조건의 충족 여부를 판단하기 위한 기준으로 두 번 사용된다고 하더라도, 그것은 '계약 체결 및 거래 종결에 대한 양수인의 결정에 영향을 미쳤는지 여부'와 같은 의미를 가진다. 따라서 진술 및 보증의 정확성조항과 관련하여 선행조건이 충족되었는지 여부를 판단하는 데 있어 진술 및 보증 내용에 중대성기준이 포함되어 있는지는 아무런 의미가 없으며, 이중의 중대성 문제는 단순히 실무가들의 상상(a figment of practitioner imagination)에 불과하다고 한다[Adams,

중대성 문제에 대해서는, 이는 단순히 계약서의 문구 작성 문제에 불과한 것으로서 실질적으로 법률상 의미에서의 차이는 크지 않다는 비판적 견해가 있으며, 실제로도 협상과정에서 주요한 쟁점으로 다투어지는 경우는 많지 않은 것으로 보인다.

(3) 시간적 범위

진술 및 보증의 정확성조항에서 문제 되는 또 하나의 쟁점은 시간적 범위이다. 진술 및 보증 내용이 거래 종결일 당일에만 진실하고 정확할 것이 선행조건이 되는 경우, 양도인은 계약 체결일에 존재하였던 하자를 치유할 기회를 얻게 되므로 이러한 규정은 양도인에게 유리할 것이다. 반면 양수인의 입장에서는 계약 체결 당시 진술 및 보증의 내용이 부정확하였다는 것을 알았더라면 계약 체결에 동의하지 않았을 것임을 주장하며, 거래 종결일 외에 계약 체결일 당시에도 진술 및 보증의 내용이 진실하고 정확하였을 것을 선행조건으로 주장함이 더 유리할 것이다.[16] 만약 진술 및 보증의 정확성조항이 계약 체결일 당시의 진술 및 보증 위반에 적용되지 않는 경우, 계약 체결 당시에 진술 및 보증 내용이 진실하고 정확하지 않음에도 불구하고 양도인은 거래 종결 시까지 이러한 문제가 치유될 것을 기대하며 계약을 체결할 유인을 가지게 되므로,[17] 거

앞의 책(주 14), 66-67면].

16) 한편 Adams, 앞의 책(주 14), 64면에 의하면, 실제 양도인이 진술 및 보증한 사실이 계약 체결 시 부정확하였으나 그 하자가 거래 종결일에는 치유된 경우 양수인이 이를 이유로 거래 종결을 거부할 가능성은 적으므로 이러한 논의의 의의는 크지 않으며, 설령 양수인이 계약 체결일에 존재하였던 진술 및 보증 위반을 이유로 거래의 종결을 거부한다고 하더라도 법원이 이러한 주장을 받아들이지 않을 가능성이 있다고 한다.

17) American Bar Association, Model Stock Purchase Agreement with Commentary, Vol. 1, 2nd Ed., p.251 (2010).

래 종결일 뿐 아니라 계약 체결일 당시에도 진술 및 보증의 정확성조항이 적용되도록 하는 것이 합리적이라고 생각된다.

4. 소송부재조항

선행조건 중에서 소송부재조항(no proceedings)이란 주식매매거래 등 M&A계약의 효력을 부정하거나 제한할 가능성이 있는 소송, 가처분, 기타 절차가 진행 중이거나 그러한 절차가 진행될 위험이 있는 경우 당사자가 거래 종결을 거부할 수 있음을 규정하는 조항이다. 이러한 조항은 양수인만이 아닌 양 당사자의 거래 종결의무에 대한 선행조건이 될 수 있다.

(1) 범위

여기에서의 '소송 등 절차'에는 일반 소송이나 가처분 외에 공정거래 또는 유가증권과 관련된 정부기관의 명령·기타 행정조치가 포함될 수 있으며, 또한 해당 계약을 금지하거나 불법화하는 새로운 입법·명령 등이 제정되거나 시행되지 않을 것도 당사자들이 합의하는 바에 따라 소송부재조항의 내용에 포함될 수 있다.

소송부재

본 계약 체결일 이후 (또는 거래 종결일에), (i) 본 계약의 이행을 중대하게 지체시키거나 불법화하는 법령이 제정되거나 시행되지 않아야 하며, (ii) 본 계약의 이행을 중대하게 지체시키거나 불법화하는 법원의 판결 또는 정부기관의 명령이 발하여지

거나 시행되지 않아야〔하고, (iii) 어떤 정부기관도 본 계약의 이행을 중대하게 지체
시키거나 불법화하고자 하는 법적 절차를 개시하지 않아야〕한다.

No Proceedings

Since the date hereof, (or As of the Closing Date,) (i) no Law shall have
been promulgated or enacted that materially delays or makes the
performance of this Agreement illegal ; (ii) no judgment by any court or
order by any Government Entity that materially delays or makes the
performance of this Agreement illegal shall be effective 〔 ; and (iii) no
Government Entity shall have instituted any Legal Proceeding that seeks
to materially delay or make the performance of this Agreement illegal〕.

미국의 경우 일반적으로 소송부재조항은 양수인 또는 양수인의 이해
관계인에 대하여 소송·기타 절차가 제기되어 진행 중인 경우에만 적용
되며, 인수대상 회사에 대하여 진행 중인 절차 또는 해당 사업과 관련되
어 제기된 소송 등은 양도인의 진술 및 보증조항에 포함되고 이와 관련
된 진술 및 보증의 정확성조항에 의하여 선행조건에 포함될 뿐, 대상회
사에 대하여 부정적인 소송 등이 제기되었다고 하여 곧바로 선행조건 불
충족을 구성하게 되는 것은 아니다.[18]

(2) 절차의 진행 정도

또한 소송 등 절차의 진행 정도와 관련하여 실제 소송 등이 이미 제기
되어 진행 중인 때에만 당사자가 선행조건의 미충족을 주장할 수 있는
경우가 있고, 아직 소송 등이 본격적으로 제기되거나 정부기관의 명

---

18) American Bar Association, 앞의 책(주 17), 262-263면.

령·기타 행정조치가 발하여지거나 시행된 사실이 없다고 해도 이러한 절차가 개시할 위험이 있는 때에도 당사자가 거래 종결을 거부할 수 있는 경우가 있다. 통상 양수인 측에서는 폭넓은 거래 종결에 대한 거부권(walk right)을 가지기 위해 소송 등 절차가 제기되지 않았다는 것을 선행조건으로 할 것을 주장하는 반면, 양도인의 입장에서는 소송·가처분 등이 가집행 등으로 인하여 실제 효력을 발생한 경우에만(order shall be in effect) 선행조건이 충족되지 않은 것으로 규정할 것을 주장하게 된다. 단지 거래를 제한하는 소송 등이 제기되었음을 이유로 양수인의 거부권을 인정하면 거래 종결의 확실성을 중대하게 저해하는 요소가 되므로, 국내 M&A거래에서는 법원·기타 정부기관으로부터 판결·명령·기타 조치가 내려진 경우에만 양수인의 거부권을 인정하는 경우가 많은 것으로 보인다.

(3) 시점

한편 소송 부재의 시점과 관련하여 '거래 종결 당시' 거래를 제한하거나 금지하는 소송 등이 존재하지 않을 것을 선행조건으로 정할 수도 있고, '계약 체결일 이후' 거래를 제한하거나 금지하는 소송 등이 제기되지 않았을 것을 선행조건으로 정할 수도 있다. 양수인 측에서는 제기시점을 불문하고 거래를 제한하거나 금지하는 소송 등이 존재하는 이상 이러한 부정적인 소송 등에도 불구하고 거래를 종결하는 것은 위험성이 높다는 점을 들어, 거래 종결일을 기준으로 거래를 제한하거나 금지하는 소송 등이 '존재'하지 않을 것을 선행조건으로 규정할 것을 주장하는 반면, 양도인 측에서는 계약 체결일 당시 이미 존재하는 소송은 양수인이 그 존재를 인식할 수 있는 것이므로 계약 체결일 당시에 이미 존재하는 소송 등을 이유로 거래 종결을 거부할 수 있도록 하는 것은 부당하다는 점을 들어, 계약 체결일 이후 거래를 제한하거나 금지하는 소송 등이 '제기'된 경우에만 양수인의 거부권 행사를 허용하고자 하게 된다.

5. 임원의 사임 또는 선임조항

임원의 사임 또는 선임조항은 실무상 대부분의 M&A계약에서 사용되는 선행조건으로, 기존 임원의 사임 또는 양수인이 지명하는 특정 임원의 선임이 양수인의 거래 종결의무에 대한 선행조건이 되는 경우를 의미한다. 경영권이 이전되는 M&A계약에서는 양수인이 지명하는 대상회사의 기존 임원들이 사임할 것 또는 양수인이 지명하는 특정 임원이 선임될 것이 선행조건의 내용이 되며, 반면 소수지분투자의 경우에는 양수인이 지명한 임원의 선임만이 그 내용이 되는 것이 가장 일반적인 형태이다.

(1) 기존 임원의 사임

경영권 이전이 수반되는 거래의 경우, 양수인으로서는 거래 종결 당일부터 자신이 지명하는 이사 및 감사들이 임명되도록 하기 위해 기존 임원의 사임 및 임원변경등기에 필요한 서류들을 제공할 것을 거래종결 선행조건으로 요구하는 것이 일반적이다. 이러한 서류에는 (i) 기존 임원들의 개인 인감이 날인된 사임서, (ii) 해당 임원들의 개인 인감증명서가 포함되며 임원 사임조항의 표준적인 문구 예는 다음과 같다.

> **임원 사임**
>
> 양수인이 만족할 만한 양식으로 작성된, 대상회사 이사 및 감사 전원의 사임서 원본
> (사임등기에 필요한 첨부서류를 포함함) (및 본건 사임과 관련하여 일체의 손해배상
> 을 청구하지 않겠다는 내용의 면책확약서)가 제출될 것.
>
> **Resignation of Directors**
>
> The resignation letter of such director of the Company as set forth in Exhibit
> [*] (the "Resigning Directors") (including any accompanying documents
> necessary for court registration of the resignation) [and release or waiver
> of any claims to any damages in connection with resignation of the
> Resigning Directors, each of which is satisfactory to the Purchasers].

　실무상 사임서의 문구 작성과 관련하여, 특정 일자를 기재한 뒤 해당
일자부터 임원직을 사임한다는 형식과 사임 일자를 특정하지 않고 주주
총회에서 후임자가 선정되면 사임을 한다는 형식으로 작성하는 것을 고
려해 볼 수 있을 것이다. 다만 실제 거래 종결일이 늦추어지거나 하는
등으로 이사의 사임일이 변경될 수 있다는 점을 고려할 때, 후자와 같이
사임 일자를 특정하지 않는 형식으로 준비함이 실무상 발생할 수 있는
번거로움을 덜 수 있는 방법인 것으로 생각된다.

　아울러 상법 제385조 제1항 단서에 따르면 이사 및 감사는 임기 만료
전 해임된 경우 회사에 대해 손해배상을 청구할 수 있다고 규정되어 있
는바, 사임서를 제출한 기존 임원들이 사실상 해임과 동일한 경우라고
주장하며 손해배상을 청구할 가능성을 배제할 수는 없을 것이다. 따라서
양수인의 입장에서는 기존 임원들의 사임서 외에 해당 임원들이 양수인
및 회사에 대해 사임과 관련한 기타 일체의 손해배상을 청구하지 않겠다
는 취지의 면책확약서를 제공할 것을 거래 종결의 선행조건으로 요청하
는 것도 고려해 볼 필요가 있을 것이다.

(2) 양수인 측 임원의 선임

경영권이 이전되는 형태의 거래에서 임원의 사임 또는 선임과 관련하여 실무상 다투어지는 쟁점 중 하나는 양수인이 지명하는 기존 임원의 사임만을 요구할 것인지, 또는 양수인이 지명하는 임원의 선임까지 선행조건의 내용에 포함시킬 것인지 여부이다.

양수인의 입장에서는 양도인이 거래 종결일까지 양수인이 지정하는 자들을 임원으로 임명하여 줄 것을 거래종결 선행조건으로 요구하는 방안이 대상회사에 대한 경영권을 확보할 수 있는 가장 간편하고 안전한 방안일 것이다. 다만 양도인 입장에서는 아직 거래 종결이 이루어지지 않은 상황에서 기존 임원의 사임 및 신규 임원의 임명을 결의하는 것은 상당한 부담으로 작용할 수밖에 없다. 이와 관련하여 조건부 주주총회 결의를 하는 방안을 고려해 볼 수도 있을 것인데, 이는 뒤에서 별도로 살펴보기로 하겠다.

결국 이는 양도인과 양수인의 협상력 및 협의 내용에 따라 결정될 문제이나, 통상적으로 경영권 이전 거래에서 '양수인 측 임원의 선임 완료'가 선행조건에 포함되는 경우는 많지 않아 보인다. 이러한 내용이 포함되지 않은 경우에도, 양수인의 입장에서는 주주총회에서 단독으로 신규 임원을 선임할 수 있는 지분을 취득하였다면 거래 종결 이후 주주총회를 통해 자신이 지명하는 임원을 선임할 수 있으므로 별다른 위험은 없다고 볼 수 있을 것이다. 다만 양수인이 거래 종결일부터 자신이 지명한 임원을 선임하기 위해서는 늦어도 거래 종결일에 주주총회를 개최해야 할 것인바, 이를 위해서는 선행조건으로 양도인이 거래 종결일에 개최될 주주총회의 소집절차(이사회 결의 및 주주명부 폐쇄, 기준일 공고 및 주주총회 소집통지 등)에 협조할 것 및 해당 주주총회에서의 의결권을 양도인이 양수인에게 위임하여 줄 것19)을 요구할 필요가 있을 것이다.20) 이 경우 사용되는 표준적인 문구 예는 다음과 같다.

임원 선임을 위한 주주총회의 개최

(i) 양수인이 지명한 자들을 대상회사의 이사 및 감사위원회 위원으로 선임하기 위한 대상회사의 주주총회가 거래 종결일에 개최되고, (ii) 위 주주총회에서 대상주식에 관한 양도인의 의결권을 양수인에게 위임하는 내용의 위임장을 양수인에게 교부할 것.

Appointment of Directors

Seller shall (i) on the Closing, cause the Company to hold a general meeting of shareholders of the Company and exercise their voting rights to elect those persons nominated by Purchaser as the directors and audit committee members of the Company and (ii) shall deliver to Purchaser the power of attorney designating Purchaser as its proxy with full power and authority to exercise the voting rights with respect to the relevant Sale Shares owned by it at the said general meeting of shareholders of the Company.

참고로 이와 같은 거래 종결 당일의 주주총회 소집절차와 관련하여 주주명부 폐쇄·기준일 공고를 거칠 때에는 문제가 없을 것이나, 실무상 100퍼센트 지분양도와 같은 폐쇄회사(closed company)의 주식양수도의

---

19) 거래 종결 이후에는 회사의 주주가 양도인에서 양수인으로 변경될 것이나, 주주총회 소집을 위한 주주명부 폐쇄 및 기준일 공고 등으로 인해 거래 종결일의 주주총회에서 주주권을 행사할 자가 양도인으로 고정된 경우에는 양수인이 주주총회에서 원하는 임원을 선임할 수 있도록 양수인에게 의결권을 위임하여 줄 필요가 있을 것이다.

20) 임원 선임을 위한 이사회 및 주주총회의 소집권자는 기존 대표이사인 경우가 일반적이므로, 이와 같은 선행조건 없이 거래 종결을 할 때 기존 대표이사가 주주총회 소집에 협조하지 않는다면 양수인으로서는 100퍼센트 주주의 동의를 얻어 전원출석 총회의 형식으로 주주총회를 하거나 상법 제366조 제2항에 따라 법원의 허가를 얻어 주주총회를 개최해야 하는 번거로운 절차를 거쳐야만 한다.

경우에는 일정상 이러한 절차를 거치지 않고 진행하는 때가 있는바,[21] 이러한 경우 거래 종결 전 소집통지서를 수령하는 주주(양도인)와 거래 종결 후 주주총회에 참석하여 의결권을 행사해야 할 주주(양수인)가 달라지는 문제가 발생할 수 있다. 따라서 이러한 때에는 이론상 주주총회 소집절차의 흠결 문제가 발생할 수 있을 것인바, (i) 전원출석총회를 통해 소집절차상의 흠결이 치유되도록 하는 방법, (ii) 거래 종결 직후 주주총회 소집통지를 신규 주주인 양수인에게 발송하고 양수인으로부터 소집기간 단축동의서를 받아 주주총회를 진행하는 방법, (iii) 거래 종결 전에 양도인이 주주총회를 조건부로 완료하는 방법, (iv) 주주명부 폐쇄·기준일 공고를 통해 주주총회에서 주주권을 행사할 주주를 양도인으로 확정하는 방안을 고려해 볼 수 있을 것이다.

(3) 조건부 주주총회 결의의 가능 여부[22]

앞에서 살펴본 바와 같이 임원 변경을 위한 주주총회는 거래 종결일에 개최하는 것이 일반적이다. 다만 상장회사는 주주총회 소집절차를 밟는 데 5~6주 정도가 소요되므로 주주총회 일자를 미리 확정하여 소집절차를 거쳐야 하는데, 해당 주주총회일 당일에는 아직 기업결합신고 등이 완료되지 아니하여 거래 종결을 할 수 없는 경우가 발생할 수 있다. 이러한 경우, 일정상 다시 주주총회를 소집하는 것은 현실적으로 어려우므로 주주총회에서 거래 종결이 이루어질 것을 정지조건으로 하여 임원변경

---

21) 주주명부 폐쇄 또는 기준일 공고의 경우, 정관상 다른 규정이 없는 이상 상법 제354조 제4항에 의해 2주간의 사전 공고가 필요하다.

22) 거래 종결을 정지조건으로 하는 주주총회의 경우 임원의 변경 외에도 정관의 개정 등을 그 결의의 내용으로 할 수 있으나, 임원의 변경에 대한 결의가 경영권 확보 차원에서 보다 중요한 요소이므로 본 목차하에서 다루기로 한다.

등의 결의를 하는 방안을 고려해 볼 수 있다.

조건부 주주총회 결의가 허용되는지에 관하여 국내 학설은 대체로 긍정적 입장이다. 즉 주주총회의 결의에 부가될 조건 또는 기한이 법령이나 정관에 위배되지 아니하는 합리적 범위 내의 것인 한 그러한 조건부 결의도 효력이 있다는 것이다.[23] 다만 이와 같이 조건부 결의가 허용된다고 보는 견해들도 주주총회 결의의 효력 발생에 제3자의 승인이 필요하도록 정하는 것은 주식회사의 본질에 반하는 조건으로 허용되지 않는다고 보고 있으나,[24] 회사가 당사자로서 참가하는 계약에 대한 향후 거래 종결을 정지조건으로 하여 임원 변경의 결의를 하는 것이 위 견해들이 우려하는 바와 같이 회사운영에 중요한 사항을 제3자의 의사에 맡기고 회사의 자율권을 포기하는 것과 동등하다고는 할 수 없다. M&A거래에서 계약 체결 후 거래 종결 전의 기간 동안에는 본질적으로 거래 종결 여부에 대한 불확실성이 존재하며 이러한 거래 종결 자체에 대한 불확실성 외에 조건부 결의가 이루어짐으로써 단체법상 법률관계가 더욱 불확실해진다고 볼 이유는 없으므로, 거래 종결이 이루어질 것을 정지조건으로 하는 주주총회 결의를 금지할 필요는 없을 것으로 생각된다.

이러한 내용의 조건부 결의가 이루어진 경우, 거래 종결 후 임원 변경의 등기를 경료하기 위하여는 실무상 (i) 새로 선임될 임원의 취임승낙서, (ii) 기존 임원의 사임서, (iii) 거래 종결사실을 증명하기 위한 대표이사 작성의 진술서[25] 정도의 서류가 요구된다.

---

23) 김교창, 주주총회의 운영, 육법사, 2010, 236-237면 ; 권기범, 현대회사법론, 삼영사, 2014, 705면. 이에 대한 반대 입장으로는 이철송, 회사법강의, 박영사, 2014, 539면(결의에는 원칙적으로 조건을 붙일 수 없다. 조건을 붙인다면 결의로 인해 형성될 단체 법률관계가 불안정해지기 때문이다).

24) 김교창, 앞의 책(주 23), 237면 ; 권기범, 앞의 책(주 23), 638면.

25) 경우에 따라 거래 종결사실을 증명하기 위한 서류로 계약서 사본 등이 요구될 가능성

6. 제3자 동의조항

제3자 동의조항(consents)은 예정된 M&A거래의 실행에 대해 계약 당
사자가 아닌 제3자의 동의를 받아 올 것을 선행조건으로 하는 조항이다.
정부 승인조항도 넓게 보면 제3자 동의조항의 일부로 볼 수 있겠으나,
실무적으로 제3자 동의조항은 승인의 주체가 정부가 아닌 경우를 의미
하는 것으로 한정하여 사용한다. 제3자 동의가 문제 되는 경우로는 (i) 대
상회사가 지배권의 변동(change of control) 관련 조항을 포함하는 계약들
(영업계약·금융 관련 계약·임대차계약 등)을 체결하는 경우, (ii) 거래목
적물에 대해 제3자가 담보권 또는 우선매수권 등의 우선적 권리를 보유
하는 경우(제3자가 우선권을 포기한다는 의미의 동의가 필요), (iii) 제3자
가 주주간 계약·투자계약 등에 따라 해당 거래에 대한 동의권 또는 승
인권을 가지는 경우 등이 있으며, 그 표준적인 문구 예는 다음과 같다.

제3자 동의
본 계약에 예정된 거래를 완료하는 데에 필요한 별첨[*]에 기재된 제3자의 동의,
포기 또는 승인을 얻어야 한다.
Consents
Each of the Consents identified in Schedule [*] will have been obtained
in form and substance satisfactory to Buyer and will be in full force and
effect.

을 배제할 수는 없으나, 임원의 사임 의사표시는 대표이사에 대하여 이루어지는 것이
므로 대체로 대표이사의 진술서만으로 충분할 것으로 보인다.

일반적인 M&A계약에서 양도인은 제3자의 동의가 필요한 계약을 공개목록에 기재하고, 공개목록에 기재된 계약 이외에 제3자 동의가 필요한 계약은 존재하지 않는다는 진술 및 보증을 제공하게 된다. 다만 위와 같은 공개목록에서는 '중대한' 동의와 중대하지 않은 동의를 구별하지 않고 제3자의 동의가 필요한 모든 계약을 열거하는데, 중대하지 않은 동의를 얻지 못한 때에도 양수인이 거래 종결을 거부할 수 있도록 하는 경우 거래 종결의 확실성이 심각하게 저해된다. 따라서 선행조건으로 규정되는 제3자 동의조항에서는 당사자들이 협의하는 바에 따라 양도인이 위 공개목록에 기재된 제3자의 동의 중 '중대한' 동의, 즉 거래 종결에 필요한 동의 또는 해당 동의가 존재하지 않을 경우 거래 종결 후 사업의 운영에 MAE가 발생할 수 있는 동의를 받지 못한 때에만 양수인이 거래의 종결을 거부할 수 있도록 규정하는 것이 가능하다.[26] 또한 양도인은 거래 종결의 불확실성을 낮추기 위하여 "양도인이 합리적인 노력을 다하였음에도 불구하고 제3자 동의를 얻지 못한 때에는 선행조건이 충족된 것으로 본다"는 단서를 추가하는 것도 고려해 볼 수 있다.

7. 자금조달조항

M&A계약에서의 양수인은 계약 체결시점까지 거래에 필요한 자금을 모두 확보하지 못하는 경우가 일반적이며, 계약 체결 후 거래 종결 전까지 다양한 형태의 자본투자 및 대출 등을 통하여 자금의 확보를 시도한

---

26) 이와 같이 제3자 동의조항에 중대성기준이 사용되는 경우 양도인의 입장에서는 계약을 체결하기 전 공개목록에 열거된 동의 중 어느 것이 중대한 동의에 해당하는지를 미리 확정할 필요가 있으며, 이에 관한 내용을 특정하여 별첨으로 정하는 것도 가능하다(American Bar Association, Model Asset Purchase Agreement : Exhibits, Ancillary Documents, and Appendices, Vol. 1, pp.183-184 (2010)).

다. 이때 양수인은 자금 확보의 불확실성을 고려하여 양수인의 거래 종
결의무에 대한 선행조건으로 자금조달조항(financing out)을 넣고자 하는
경우가 있는데, 일반적인 기재 예는 다음과 같다.

양수인의 자금 확보

양수인은 본건 거래를 종결하기 위해 필요한 자금을 만족할 만한 조건으로 확보하였
어야 한다.

Financing

Buyer will have obtained, on terms and conditions satisfactory to it, the financing it deems necessary in order to close the contemplated transactions.

양도인의 입장에서는 위와 같은 자금조달조항이 있는 경우 예측할 수
없는 양수인의 사정에 의하여 거래 종결 여부가 좌우되어 거래 종결에
관한 불확실성이 높아지므로, 최근 실무 예에서는 자금조달조항이 받아
들여지는 경우가 많지 않은 것으로 보인다.[27] 하지만 양수인이 자금조달
조항을 반드시 선행조건으로 포함시키고자 하는 경우, 양도인의 입장에
서는 해당 조건이 충족되지 않아 양수인이 거래 종결을 거부하게 되는
경우 위약금(reverse termination fee)을 지급하도록 규정할 것을 요구하는
방안을 고려해 볼 수 있다. 또한 양수인의 자금조달능력을 확인하기 위
하여 계약 체결 전에 양수인으로 하여금 자금 제공자들로부터 자금제공

---

27) 과거 협상력 측면에서 우위에 있던 사모펀드들은 자금을 지원할 예정인 은행들이
M&A계약 체결 이후 대출을 거부하거나 대출비용을 증가시키는 경우 발생하는 손해
의 위험을 양도인에게 전가하기 위하여 이러한 자금조달조항을 사용하여 왔다. 그러
나 양도인이 우위에 있는 경우(seller's market)에는 자금조달조항이 받아들여지지 않
을 가능성이 크다.

확약서(letter of commitment)를 받아 제출할 것을 요구하거나[28] 양수인이 자신의 자금조달능력에 관한 진술 및 보증 그리고 자금조달을 위하여 최선의 노력을 기울일 것 또는 특정 시점까지 자금조달을 위한 특정 절차(주요 계약조건의 정리 및 본 차입계약의 체결 등)를 완료하겠다는 것을 내용으로 하는 확약을 요구해 볼 수도 있을 것이다.[29]

8. 실사조항

실사조항(due diligence out)은 거래 종결 전까지 양수인이 실사를 실시하고 그 결과에 만족하지 못하는 경우 거래 종결을 하지 않을 수 있도록 하는 조항을 의미하며, 일반적인 기재 예는 다음과 같다.

실사

양수인은 본 계약에 의하여 예정된 거래와 관련하여 합리적인 범위 내에서 대상회사에 대한 실사를 완료하였으며, 합리적인 투자자라면 본 계약상의 조건에 따라 본 계약에 의하여 예정된 거래를 진행하지 않을 것으로 판단되는 중대한 문제점, 사실, 정황 등이 발견되지 않았어야 한다.

Due Diligence

The Investor shall have completed its due diligence review of the Company, including review of accounting, financial, personnel, legal, technical, structural, taxation and business issues, and the Investor shall be satisfied with the results of such review.

---

28) 입찰(bidding)방식으로 진행되는 M&A에서는 입찰제안서 제출 시 입찰자의 자금조달계획과 관련 증빙(잔고증명서, 증자에 관한 내부결의서, 투자의향서, 대출확약서 등)을 함께 제출하도록 함으로써 입찰자의 자금조달능력을 우선협상자 선정의 중요한 평가기준으로 고려한다.

29) American Bar Association, 앞의 책(주 26), 190면.

실무적으로는 실사가 모두 완결된 후 주식매매계약이 체결되는 것이 일반적이고, 이와 같은 실사조항은 거래 종결의 확실성을 저해하는 요인으로 작용하므로 실무상 잘 쓰이지는 않는 것으로 보인다. 실사조항이 쓰이는 때에도 실사의 결과로 인해 양수인이 거래 종결을 거부할 수 있는 항목을 구체적으로 특정하여(예를 들어 재무제표 관련 진술 및 보증 위반이 발견되는 때와 같이 항목으로 특정을 하거나 실사를 통한 손해금액이 얼마 이상인 때와 같이 금액으로 특정하는 경우 등) 범위를 한정하는 경우가 많다. 또한 양수인이 실사 결과를 이유로 거부권을 행사하는 경우 위약금을 지급하도록 하는 방안도 고려해 볼 수 있다.

V. 거래유형에 따른 특수한 선행조건조항

1. 영업양수도거래 : 계약 이전, 부담 말소, 근로자 이전 동의

거래 전후로 대상회사의 영업·자산·근로·계약관계가 그대로 유지되는 주식매매거래(share deal) 또는 관련 자산 및 거래관계의 포괄적 승계가 인정되는 합병거래(merger)와 달리, 영업양수도 내지 자산양수도거래(asset deal)에서는 이전대상 자산·부채·근로·계약 등에 대한 개별적인 이전절차[30]가 필요하다. 따라서 이전대상 재산에 대한 개별적인

---

30) ① 근로관계 : 근로관계 이전에 대한 근로자의 동의, ② 채권 : 양도인의 채무자에 대한 채권양도 통지 혹은 채무자의 양도 승인, ③ 채무 : 채무 인수에 관한 채권자의 동의, ④ 계약 : 계약 상대방의 동의, ⑤ 유형자산 : (i) 등기 혹은 등록을 요하는 자산(부동산·자동차 등)의 경우에는 소유권이전등기 및 등록, (ii) 등기나 등록을 요하지 아니하는 자산인 경우에는 점유 이전, ⑥ 무형자산 : 등록되어 있는 권리(특허권 등)이 있는 경우 이전등록절차.

이전절차가 이행되어 양수인이 이전대상 재산을 적정하게 확보하는 것이 거래 종결에 있어 가장 중요한 요소가 되며, 이전대상 재산이 적정하게 확보되지 않았음에도 불구하고 거래 종결을 강요하는 것은 양수인에게 불공평한 결과가 된다.

이에 따라 영업양수도거래에서 양수인은 '중요한 이전대상 재산이 적정하게 양수인에게 이전되었을 것'을 거래 종결의 선행조건으로 정할 것을 요구하게 되는데, 그 대표적인 예로는 영업을 위하여 중요한 계약의 이전에 대하여 계약 상대방의 동의가 있을 것 또는 이전대상 자산에 설정된 근저당권이 말소될 것을 양수인의 거래 종결의무에 대한 선행조건으로 정하는 경우를 들 수 있다.

중요계약의 이전

중요계약의 이전에 관하여 양수인에게 불리한 영향 없이 계약 상대방의 동의를 받았거나 양수인을 계약 당사자로 한 동일한 새로운 계약이 체결되었어야 한다.

근저당권의 말소

본사 공장 건물 및 기계·기구에 설정된 근저당권 등 이전대상 자산에 대한 부담이 말소 또는 제거되어야 한다.

또한 인적 자원이 대상회사의 사업 경쟁력에서 차지하는 비중이 큰 때(IT회사·금융회사 등), 대상회사가 인적 자원에서 강점을 보이는 경우 등에는 인사·노무와 관련된 사항이 선행조건에 포함된다. 실무적으로 당사자 간에 상당히 치열한 협상이 이루어지는 부분이기도 한데, 중요인력의 유지(key employee / management retention) 또는 전체 근로자 혹은 주요 부서의 근로자들이 일정 비율 이상 전적에 동의할 것을 선행조건으로 정하는 경우를 예로 들 수 있으며, 관련된 문구로는 다음과 같은 예가

발견된다.

중요인력의 유지

별첨[*]에 기재된 회사의 중요인력이 거래 종결일을 기준으로 회사에 계속해서 근무해야 하며, 회사 인력의 [*]% 이상이 거래 종결일을 기준으로 회사에 계속해서 근무해야 한다. 회사의 대표이사 및 중요인력과 회사 사이에 계약기간을 [*]년 이상으로 하는 새로운 근로계약이 체결되어야 한다.

Key Employees

All Key Employees are continuously employed by the Company as of the Closing Date and at least [*]% of the Company's employees as of the Effective Date are continuously employed by the Company as of the Closing Date. The Company's representative director and the other Key Employees shall have entered into the agreements with the Company.

---

2. 합병거래 : 반대주주의 주식매수청구권

합병(상법 제522조의3), 분할합병(상법 제530조의11 제2항), 포괄적 주식교환 또는 이전(상법 제360조의5 및 제360조의22), 중요한 영업양수도(상법 제374조의2) 거래에 반대하는 주주는 위 상법 조항에 따라 주주총회일 전에 서면으로 반대의사를 표시하여 자신의 주식을 매수해 줄 것을 청구할 수 있다. 이러한 반대주주의 주식매수청구권은 합병 등의 거래를 실행하는 당사자에게 상당한 부담으로 작용하는데, 반대주주의 주식매수청구권이 일정 비율 이상 행사되면 합병거래로 인해 기대되는 시너지효과보다 합병으로 인한 거래비용이 더 커지는 경우가 발생하고, 이러한 경우에까지 거래 당사자에게 거래 종결을 강제하는 것은 불합리한 결과가 된다. 이에 따라 거래 당사자들은 반대주주의 주식매수청구권이 일정 비율 이상

행사되는 경우 주주총회에서 합병을 승인하지 않을 수 있도록 하거나 반
대주주의 주식매수청구권이 일정한 비율 이하로 행사될 것을 선행조건으
로 규정하게 되고, 실무적으로도 당사자들의 거래 종결에 대한 거부권을
인정하는 주식매수청구권의 수준을 두고 협상이 이루어지는 경우가 많은
데, 그 표준적인 문구 예는 다음과 같다.

반대주주의 주식매수청구권

합병에 반대하는 주주의 주식매수청구권 행사로 인하여 "갑" 또는 "을"이 지급하여야
하는 매수대금이 〔*〕원을 초과하지 아니하여야 한다.

또한 합병을 실시하는 회사는 채권자보호절차를 거쳐야 하는바(상법
제527조의5), 채권자보호절차에서 상당한 규모의 채권자가 합병에 반대
하여 변제 또는 담보 제공을 요구하는 경우 거래 당사자의 부담이 커져
거래 당사자의 거래 종결에 대한 거부권을 인정할 필요가 있으므로, 합
병거래에서는 다음과 같이 채권자보호절차에 관한 내용이 선행조건으로
포함되기도 한다.

채권자보호절차의 이행

채권자보호절차 이행 도중 합병에 반대하여 "갑"에게 변제 또는 담보 제공을 요구한
채권자의 채권액 누계액이 〔*〕원을 초과하지 아니하여야 한다.

---

3. 대상회사가 계열회사 간 계약을 체결하고 있는 경우

대상회사에 대한 실사를 진행하다 보면 대상회사가 계열회사를 포함
한 특수관계인들과 여러 계약을 체결하고 있는 경우가 많다. 특히 여러

계열회사를 거느리고 있는 대기업 기업집단에 속하는 회사를 대상회사로 하여 M&A거래가 진행되는 경우가 그러한데, 대상회사의 영업을 위해 계열회사 간 계약이 반드시 필요하여 양수인이 양도인으로부터 '거래 종결일로부터 일정 기간 이상 동안 계열회사 간 거래가 유지될 것'을 보장받고자 하는 경우도 있지만, 계열회사 간 거래가 특별히 필요 없거나 거래조건이 통상적인 제3자 간 거래(arm's length)조건에 비해 대상회사에 불리하게 설정되어 있어 거래 종결 후에는 기존 계열회사와의 거래를 더 이상 유지하고 싶어 하지 않는 경우도 있다.

이러한 때 양도인은 거래 종결 전에 대상회사가 체결하고 있는 계열회사 간 계약을 해지시키고자 하는데, 이를 위해 계열회사 간 계약의 해지를 양도인의 확약사항으로 정할 수도 있으나, 양수인의 입장에서 이를 보다 확실하게 보장받기 위해 계열회사 간 계약의 해지를 선행조건으로 정할 수도 있다. 특정한 계약을 지목하여 그 해지를 선행조건으로 하는 경우의 문구 예는 다음과 같다.

Termination of the Consulting Agreement

The consulting agreement by and between the Company and [*] shall have been duly terminated as of or prior to Closing. [*] shall have delivered to the Company a release and waiver letter, pursuant to which [*] waives and releases all claims it may have against the Company in connection with the termination of the consulting agreement.

---

4. 연관된 거래가 동시에 진행되는 경우

앞에서 살펴본 선행조건조항들은 단일거래를 전제로 하였으나, 실무적으로는 (i) 대주주 주식매매거래와 소액주주 주식매매거래가 동시에 진행되는 경우, (ii) 신주발행거래와 구주매매가 동시에 진행되는 경우 등 연관된 거래가 동시에 진행되는 경우도 많다. 이때 양수인은 연관된 거래가 모두 종결되어야지만 M&A거래를 통해 추구했던 효과를 모두 달성할 수 있게 되므로, 연관된 다른 거래가 종결될 수 없는데도 불구하고 부분적인 거래에 대해서만 거래 종결의무를 부담하게 되는 것을 피하고자 한다. 이에 따라 연관된 거래가 동시에 진행되는 경우에는 다음과 같이 관련 거래의 종결을 다른 거래 종결의 선행조건으로 규정한다.

관련 거래의 종결

양수인이 대상회사의 최대주주와 체결한 주식매매계약에 따라 최대주주가 소유하는 주식 전부를 거래 종결일까지 취득하였어야 한다.

양수인이 거래 종결일에 대상회사가 1주당 발행가격 금 [*]원에 발행하는 본건 신주 [*]주를 모두 인수하여야 한다.

VI. 맺음말

이상과 같이 M&A계약에서 선행조건이 가지는 의의, 기능, 효과 및 구체적인 유형을 살펴보았다. 양도인의 입장에서는 필요한 내부절차 등을 거쳐 M&A계약을 체결하고도 추후 거래가 종결되지 않으면 큰 경제적인 손실을 입게 되기 때문에 거래 종결의 확실성을 최대한 담보 받고자 하는 반면, 양수인은 계약 체결 후 거래 종결 전에 발생할 수 있는 다양한 상황에 효과적으로 대응하고 M&A거래를 통해 얻고자 하는 이익을 최대한 보장받기 위하여 거래 종결에 대한 거부권을 폭넓게 가지고자 한다. 이와 같이 어떤 항목들을 선행조건으로 정할지는 당사자 간 이해가 첨예하게 대립되는 영역임에도 불구하고 그 중요성을 간과하는 경우가 많아, 실무적으로는 진술 및 보증이나 손해배상조항에 비해 선행조건이 치열한 협상의 대상이 되는 경우는 많지 않아 보이고, 학설상으로도 선행조건에 대한 논의는 활발하게 이루어지지 않고 있는 것으로 보인다.

하지만 계약 체결시점과 거래 종결시점 사이의 시간적 간격이 늘어나는 경향을 보이고 있는 최근 M&A거래에서 선행조건의 중요성은 더욱 커지고 있고, 이에 따라 선행조건조항이 가지는 구체적인 의미에 관해 당사자 간에 분쟁이나 논란이 발생할 가능성도 증대되고 있으므로, 향후 선행조건에 대해 보다 활발한 논의와 연구가 이루어지기를 희망한다.

20

해제조항[*]

김지평^{**} · 박병권^{***}

I. 서설

기업의 M&A(Mergers & Acquisitions)는 주식양수도 · 영업양수도 · 합병 등의 형태로 이루어지고, M&A를 위한 계약은 이에 따라 다양하게 체결된다. 본고에서는 이러한 M&A계약에서의 해제조항(termination)을 살펴본다. 우선 M&A계약에서 해제조항의 필요성 및 기능에 대해 살펴보고, M&A계약에서 통상적인 해제조항의 내용에 대해 설명한다. 그리고 이를 바탕으로 M&A계약 협상에서 해제조항과 관련하여 유의하여야 하는 법률상 · 실무상의 쟁점에 대해 차례로 살펴본다.

M&A계약의 유형에 따라 해제조항은 그 형태를 달리한다. 특히 주식

---

* 이 논문은 BFL 제67호(2014. 9)에 게재된 글을 수정 · 보완한 것이다.
** 김 · 장법률사무소 변호사
*** 김 · 장법률사무소 변호사

양수도 및 영업양수도계약과 합병계약은 그 성질에 본질적인 차이가 있다. 전자는 양도인과 양수인 사이에 거래목적물을 매매한다는 점에서 일반적인 매매계약과 동일한 유형이다. 그러나 합병계약은 당사자들의 법인격 합일 및 소멸회사 주주에 대한 신주 발행이 주된 내용을 이룬다는 점에서 주식양수도계약 및 영업양수도계약과는 차이점이 있다.[1] 이는 해제조항에서도 마찬가지이다. 다음에서는 해제조항과 관련하여 M&A계약 전반에 공통적으로 적용되는 내용을 위주로 검토하되, 주식양수도계약 및 영업양수도계약과 합병계약이 달리 취급되는 부분이 있다면 이를 비교하여 분석한다.

II. M&A계약의 해제조항의 필요성 및 기능

1. 법률상 해제권의 보충

M&A계약에도 민법 제543조 이하의 계약 해제권에 대한 규정이 적용된다. 그러므로 이행지체 혹은 이행불능의 경우, 민법 제544조 및 제546조에 따라 계약의 해제가 가능하다. 또한 주식양수도계약 및 영업양수도계약은 민법상 매매계약의 일종으로 볼 수 있으므로 민법 제575조 이하의 하자담보책임 및 그로 인한 해제권 규정도 적용된다.

민법상의 해제권 규정이 M&A계약에 어떻게 적용되는지는 불명확한 경우가 많다. 이행지체에 의한 해제는 계약의 목적을 달성하기 어려울

---

1) 합병계약은 매매와는 다른 특수한 채권계약으로 보는 것이 일반적인 견해이다. 노혁준, "합병계약에서의 불확실성 : 합병비율 유보와 합병계약의 해제를 중심으로," 상사판례연구 제22집 제4권(2009. 12), 한국상사판례학회, 43-44면.

정도의 중요한 의무의 이행지체만 해제가 가능하고 부수적인 의무의 이행지체는 해제가 어렵다는 것이 일반적인 학설 및 판례의 입장이다.[2] 그런데 진술 및 보증, 확약사항, 거래 종결의무 등 다양한 형태의 의무를 입체적으로 규정하고 있는 M&A계약에 있어서는 어떠한 의무 위반이 중요한 의무의 이행지체에 해당하는지 불명확하다. 또한 민법 제580조의 하자담보책임 규정에 따른 주식양수도계약 또는 영업양수도계약의 해제가 문제 되는 때, 어느 경우에 대상물건 즉 대상기업에 대한 하자[3]가 인정되는지 불명확하다.[4] 그러므로 해제조항을 통하여 채무불이행 혹은 하자담보책임에 의한 해제권이 어떠한 경우에 적용되는지를 명확히 할 필요가 있다.

법정 해제사유 외에 별도의 해제사유를 규정하거나 법정 해제사유를 축소하기 위하여 해제조항이 활용되기도 한다. 채무불이행 혹은 담보책

---

2) 곽윤직(편) / 김용덕(집필), 민법주해 VIII〔채권(6)〕, 박영사, 2009, 257-259면 참조 ; 대법원 1968. 11. 5. 선고 68다1808 판결 등. 무엇이 부수적 채무인지에 관하여는 김동훈, "계약 해제에 관한 최근 판례의 동향," 법학논총 제19집(2007. 2), 국민대학교 법학연구소, 180-186면 ; 정진명, "부수적 채무의 불이행과 계약 해제 — 연구대상판결 : 대법원 2005. 7. 14. 선고 2004다67011 판결," 민사법학 30호(2005. 12), 한국사법행정학회, 213-250면 등 참고.

3) 하자담보책임의 경우 하자의 범위에 대해서는 그 자체로 논란이 있다. 이에 대해서는 사동천, "물건의 하자에 대한 매도인의 책임법리에 관한 연구 : CISG, PICC, PECL, 독일 개정민법, 일본민법, 한국민법의 논의를 중심으로," 서울대학교 대학원 박사학위 논문, 2002, 177-181면 참고.

4) M&A계약에서 진술 및 보증 위반의 경우, 진술 및 보증조항에서 규정하는 기업의 재무 상태, 준법 여부, 주요 계약의 유효성, 보유자산의 건전성 등에 대한 사항이 사실과 다를 경우 해제 가능하도록 함으로써 해제가 가능한 대상기업의 하자가 무엇인지를 구체화하기도 한다. M&A계약에서의 진술 및 보증 위반으로 인한 책임의 성격에 대해 이를 하자담보책임으로 보는 견해와 채무불이행책임으로 보는 견해로 나뉘는바, 이에 대한 논의는 김홍기, "M&A계약 등에 있어서 진술보장조항의 기능과 그 위반 시의 효과 — 대상판결 : 서울고등법원 2007. 1. 24. 선고 2006나11182 판결," 상사판례연구 제22집 제3권(2009. 9), 한국상사판례학회, 75-80면 참고.

임에 의한 법정 해제는 당사자의 귀책사유 및 대상물건의 하자를 요건으로 한다. 그러나 경우에 따라 당사자들이 이러한 귀책사유나 하자가 없는 때 일정한 기한이 도래하거나 일정한 조건이 충족되면 해제가 가능하기를 원할 수도 있다. 반대로 법정 해제권을 축소하기 위해서도 해제조항이 활용된다. 가령 다수의 M&A계약에서 "계약금은 해약금으로 추정되지 아니한다"고 규정하여 민법 제565조의 해약금을 통한 해제를 제한한다.

2. 장기간의 불확실성에 대한 위험의 분배

통상의 거래와는 달리 계약 체결 이후 각종 정부 인허가 취득 및 주주총회 등 내부 의사결정절차[5]로 거래 종결까지 장기간이 소요되는 M&A거래의 경우, 계약 체결 이후 대상회사의 가치가 중대하게 변경되거나 거래 외부적인 경제 상황이 변동될 수 있다. 이러한 불확실성에 대한 위험[6]을 당사자 사이에 분배하기 위한 방안으로 해제조항이 활용될 수 있다. 진술 및 보증조항이 특정 시점에서의 대상기업의 하자에 대한 위험을 당사자 사이에 분배하는 기능을 한다면, 해제조항은 계약 체결 이후 기간의 경과에 따른 위험을 분배하는 기능을 한다.

우선 상당 기간 거래 종결이 되지 않아 대상회사의 가치가 변경되거나 주식시장 등 금융 및 경제 환경이 변동하는 경우, 예측 가능한 변동에

---

5) 합병 및 영업양수도의 경우에는 이를 승인하기 위하여 당사자 회사의 주주총회 특별결의가 필요하고, 특히 상장회사는 임시 주주총회 소집에 5~6주의 기간이 소요된다. 또한 주식양수도계약에도 거래 종결의 선행조건으로 임시 주주총회를 통한 이사 교체 및 정관 변경 등을 규정하는 경우가 있어 역시 거래 종결을 위하여 주주총회가 필요한 때가 있다.

6) 경제학적으로 위험은 가치의 변동으로 인한 불확실성에 따른 이익이나 손해를 포괄하며, 여기에서도 같은 의미로 사용한다. 박정식/박종원/조재호, 현대재무관리, 다산출판사, 2004, 223면 등 참조

대한 위험은 매수인이 부담하되 이를 넘어서는 중대한 부정적인 변경[7]의 경우에는 매수인이 계약을 해제할 수 있도록 하여 매도인이 위험을 부담하는 것이 통상적이다.[8]

또한 거래 종결기한(long stop date)[9]을 규정하여 계약 체결 이후 해당 기한까지의 변동 위험은 매수인이 부담하도록 하되, 이를 도과하여도 거래 종결이 이루어지지 않는 경우에는 매수인의 계약 해제가 가능하도록 하여 장기간의 변동 위험은 매도인이 부담하도록 한다. 실무상으로는 거래 종결기한을 넘어서는 장기간 동안 대상회사가 불확실한 상태에 놓이는 것은 대상회사를 경영하는 매도인에게도 바람직하지 않으므로 거래 종결기한 도과 시 매도인에게도 해제권을 인정하는 경우가 많다.[10] 한편 반대주주의 주식매수청구권이 인정되는 합병계약 및 영업양수도계약에 있어서 일정 규모 이상의 주식매수청구권이 행사되는 경우, 당사자 회사가 계약을 해제할 수 있도록 하는 조항을 두는 때가 상당히 있다. 이 또한 주식매수청구권 행사로 인한 당사자 회사의 유동성 위험을 해제 규정

---

7) 대부분의 M&A계약에서 중대한 부정적인 변경 자체를 직접적인 해제사유로 삼거나, 계약 체결 후 중대한 부정적인 변경이 발생하지 않을 것을 선행조건으로 하고 거래 종결기한(long stop date)을 별도로 규정했으나 중대한 부정적인 변경이 발생하여 상당 기간 해소되지 않을 때 해제사유가 되도록 한다.

8) 미국 M&A 실무에서도 M&A계약 체결 후 거래 종결 사이의 중대한 부정적인 변경으로 인한 해제권 및 제3의 거래의향자가 등장한 경우의 해제권의 두 가지 쟁점과 관련하여 상당한 계약 교섭을 한다. Afra Afsharipour, Transforming the Allocation of Deal Risk through Reverse Termination Fees, 63 (5) Vanderbilt Law Review 1161, 1174 (2010) 참조.

9) long stop date의 의미도 매수인이 계약 체결로 인하여 부담하는 롱포지션(대상회사의 가치가 상승하면 이익을 보고, 하락하면 손해를 보는 상태)의 위험을 중단한다는 뜻이다. drop-dead date 또는 end date라고도 한다[American Bar Association, Model Stock Purchase Agreement with Commentary, Vol. 1, 2nd Ed., ABA Book Publishing, pp.276-277 (2010)].

10) Lou R. Kling / Eileen Nugent Simon / Michael Goldman, Summary of Acquisition Agreements, 779 University of Miami Law Review 807 (1997)도 같은 취지이다.

을 통하여 적절히 분배하는 것으로 볼 수 있다.

III. M&A계약상 해제조항의 통상적 형태 및 내용

M&A거래가 이루어지는 배경, 당사자의 특성,[11] 대상회사의 사정 및
거래구조 등에 따라 M&A계약의 조건 및 내용은 다양하므로 해제조항에
대해 획일적인 예시를 들기는 어렵다. 다음에서는 통상적인 M&A계약
상 해제조항을 예시하여 보았다.

1. M&A계약상 해제조항 예시

(국문)

본 계약은 다음 각 호에 해당하는 경우 아래 기재된 해당 당사자의 상대방 당사자에
대한 서면 통지로써 해제될 수 있다. 다만 본 계약은 거래 종결 후에는 해제될 수 없고,
다음 각 호의 사유 발생에 책임 있는 당사자는 본 조에 의하여 본 계약을 해제할 수
없으며, 본 계약에 의한 계약금의 수수에도 불구하고 당사자 일방은 계약금의 포기
내지 계약금의 배액상환으로써 본 계약을 해제할 수 없다. 본 계약이 해제된 경우
본 계약은 효력을 상실하고 당사자들의 본 계약상 권리, 의무는 소멸한다. 단 본 계약
의 해제 전에 이미 발생한 당사자들의 권리, 의무, 기타 그 성격상 본 계약의 해제에
도 불구하고 유효하게 존속하여야 하는 권리, 의무의 경우에는 그러하지 아니하다.

(1) 당사자들이 서면으로 합의하는 경우, 각 당사자에 의하여

(2) 어느 당사자가 본 계약상 진술 및 보증, 확약, 기타 의무를 중요한 면에서 위반하

---

11) 특히 당사자가 전략적 투자자인지 재무적 투자자인지에 따라서 M&A계약의 내용과
   조건이 많이 달라진다. Steven M. Davidoff Solomon, The Failure of Private Equity,
   82 Southern California Law Review 481, 491-492 (2009) 참고.

고, 그 하자가 시정 불가능하거나 상대방 당사자가 서면으로 그 시정을 요구한 날로부터 [*] 영업일 이내에 이를 시정하지 아니하는 경우, 그 상대방 당사자에 의하여

(3) 거래 종결이 본 계약 체결일로부터 [*]일이 경과한 날까지 이루어지지 아니하는 경우, 각 당사자에 의하여

(4) 본건 거래의 진행을 궁극적으로 금지하는 법원의 판결 또는 결정이 더 이상의 상소 가능성 없이 확정되는 경우, 각 당사자에 의하여.

(영문)

[*].1 Termination of Agreement. Subject to Section [*].2, this Agreement may be terminated by notice in writing before the Closing :

(a) By the Purchaser and the Seller, if the Purchaser and the Seller so mutually agree in writing ;

(b) At any time prior to the Closing Date, as applicable, by the Purchaser or the Seller, if there has been a material breach on the part of the other party of its representations, warranties, covenants or other obligations set forth in this Agreement ; provided, however, that if such breach is susceptible to cure, the Purchaser or the Seller, as the case may be, shall have [*] days after receipt of notice from the other party of its intention to terminate this Agreement pursuant to this clause (b) in which to cure such breach before the other party may so terminate this Agreement ;

(c) By the Purchaser or the Seller, if the Closing shall not have occurred on or before [*] (the Long-Stop Date) ; provided, that the right to terminate this Agreement under this clause (c) shall not be available to the party whose failure to fulfill any obligation hereunder, or failure to satisfy any condition to the Closing hereunder (as a result of such party's failure to use its reasonable best efforts to satisfy such condition), has been the cause of, or resulted in, the failure of the Closing to occur on or before such date ; or

> (d) At any time prior to the Closing Date, by the Purchaser or the Seller, if any Governmental Authority of competent jurisdiction shall have issued any Judgment or taken any other action restraining, enjoining or otherwise prohibiting the consummation of the Transactions and such Judgment or other action becomes final and non-appealable ;
>
> [*].2 Effect of Termination. Any termination of this Agreement shall not relieve any party from any liability for any breach of its obligations or representations under this Agreement or for any other liability hereunder existing at the time of such termination or be deemed to constitute a waiver of any remedy for any such breach.

2. 해제조항의 통상적인 내용

(1) 해제사유

통상적인 M&A 계약상의 해제조항에서는 적극적 해제사유로서 상호 합의에 의한 해제, 거래 종결기한 이내에 거래 종결이 이루어지지 않을 경우의 해제, 진술 및 보증과 확약사항 위반 등 계약의 중대한 위반에 따른 해제, 거래 종결을 금지하는 법원의 판결 등이 확정된 경우의 해제 등을 규정하고 있다. 그리고 위 예시조항에는 포함되어 있지 않지만 당사자에 대한 도산 상황의 발생에 따른 소위 도산해제조항이 포함되는 경우도 있으며, 해제권의 배제와 관련하여 거래 종결 후의 해제 금지, 해약금약정의 배제 등을 규정하는 경우도 있다.

일부 거래에서는 매수인 측의 확인실사에 의한 중대한 부정적인 변경 또는 하자 발견에 따른 해제, 매수인의 자금조달 불능에 따른 해제가 고려되는 경우가 있다.

(2) 해제권의 행사

해제권의 행사시기와 관련하여 거래 종결 이후에는 해제권을 행사할 수 없다는 내용이 통상 M&A 계약상 해제조항에 포함되는 것으로 이해된다. 해제권 행사의 구체적인 방법으로는 행사 여부를 명확히 하기 위하여 서면 통지로 규정하는 경우가 많은 것으로 이해되고, 치유가 가능한 하자에 대하여는 일정한 치유기간(cure period)을 인정하는 경우가 많다.

당사자 일방 또는 쌍방이 복수인 때 해제권의 행사권자가 문제 될 수 있다. 위 예시 조항에는 포함되어 있지 않지만 복수의 당사자 일부에 대하여 해제사유가 발생하여 해제하는 경우, 계약 전체가 해제되도록 하거나 복수의 당사자 전체가 동의한 때에 한하여 해제권을 행사할 수 있도록 하기도 한다. 이에 대한 절충안으로 해제사유가 발생한 당사자의 지분이 상당 비율에 이른 때에만 전체에 대해서 해제가 가능하도록 하는 방법이 사용되기도 한다.

(3) 해제의 효과

해제의 효과와 관련하여 M&A 계약은 효력을 상실하고 당사자들의 M&A 계약상 권리·의무는 소멸하도록 하되, 해제 전에 이미 발생한 당사자들의 권리(M&A 계약 위반 등으로 인한 손해배상청구권 포함)·의무 (비밀유지의무 포함)에 대한 조항, 준거법, 관할조항 등과 같이 성격상 본계약의 해제에도 불구하고 유효하게 존속하여야 하는 조항은 예외로 한다.

IV. M&A계약상 해제조항의 쟁점

다음에서는 M&A계약의 해제조항에 관하여 법률상 문제 되는 사항 및 실무적으로 협상을 함에 있어서 고려하여야 할 사항들을 해제사유, 해제권의 행사(행사권자 및 행사방법), 해제의 효과로 나누어 살펴본다. 해제조항과 관련하여 주된 교섭의 대상이 되는 해제사유에 대해서는 (i) 채무불이행, 하자담보책임 및 해약금 지급 등 법정 해제사유를 계약을 통해 구체화하거나 이를 확장 혹은 배제하는 등 법정 해제사유 관련 쟁점과, (ii) 법정 해제사유와는 전혀 다른 유형의 외부적 사정에 의한 해제사유에 대한 쟁점으로 나누어 살펴본다. M&A계약에서 법정 해제사유와 유사한 유형의 해제사유만을 두는 때에는 장기간의 불확실성에 대한 위험분배라는 해제조항의 기능을 효과적으로 달성할 수 없는 경우가 많아, 법정 해제사유와 전혀 다른 유형의 사정도 계약을 통하여 해제사유로서 규정하는 것이 일반적이다.

실무상 해제조항은 그 자체로 독립적으로 존재하기보다는 M&A계약에서 주요한 부분을 이루는 선행조건, 진술 및 보증,[12] 확약사항, 손해배상 또는 면책조항과 유기적으로 연결되어 있다. 그러므로 M&A계약의 작성, 교섭 및 검토단계에서 해제조항을 다루는 경우 이러한 점에도 주의하여야 한다.

---

12) 진술 및 보증조항의 중요한 기능 중 하나가 해제사유로서의 기능이다. 허영만, "M&A계약과 진술보장 조항," BFL 제20호 (2006. 11), 서울대학교 금융법센터, 17-18면.

1. 해제사유에 대한 쟁점

(1) 계약을 통한 법정 해제사유의 구체화, 확장 및 배제

1) 채무불이행 혹은 하자담보책임에 의한 해제사유의 구체화

앞에서 본 바와 같이 M&A계약에 대해서도 민법 제544조 및 제545조에 근거하여 중요한 의무의 채무불이행에 따른 법정해제권 및 민법 제575조 이하의 하자담보책임으로 인한 해제권 규정이 적용된다. 그러나 실제로 어느 경우에 중요한 의무의 위반 내지 M&A계약 대상물건의 하자가 인정되는지는 불명확하다.

그러므로 해제의 사유가 되는 M&A계약의 중요한 위반 내지 대상물건의 하자를 M&A계약에서 구체적으로 규정해야 한다. M&A계약의 거래 종결의무, 확약사항 이행의무 등의 중요한 위반에 의한 해제는 민법상의 채무불이행에 따른 해제사유를 구체화한 것이고, 대상회사에 대한 진술 및 보증의 중요한 위반에 의한 해제는 민법상의 하자담보책임에 따른 해제사유를 구체화한 것이라고 볼 수 있다.

이러한 구체적 해제사유 규정으로 우선 당사자의 계약 위반으로 인하여 중대한 부정적인 영향[13]이 발생하거나 중대한 부정적인 영향이 합리적으로 예상되는 때 해제를 가능하도록 규정하여 중대한 부정적인 영향을 중요성의 기준으로 하는 경우가 있다. 또한 M&A계약의 선행조건이 불충족될 정도의 위반의 경우에는 해제가 가능하도록 하여 선행조건조항을 중요성의 기준으로 하는 것도 가능하다.

---

13) 중대한 부정적인 영향의 구체적 형태 및 내용에 대하여는 그 자체로 상당한 실무적·법리적 쟁점이 존재하므로 여기에서는 자세히 논하지 않는다.

특정 의무 위반의 경우에는 그 자체로 중요한 위반으로 해제가 가능하도록 규정하여 해제사유를 구체화하기도 한다. 특히 확약사항으로 기존의 관행과 다른 고액의 배당 내지 신규투자를 금지하는 경우, 이를 위반할 때에는 대상기업의 가치에 현저한 변화가 오므로 해제사유로 특정하기도 하고, 이사회 교체 등을 위하여 특정 시점까지 임시주주총회를 소집하도록 하고 이를 위반하면 해제가 가능하도록 하기도 한다. 또한 중요한 계약 위반의 발생에 더하여 일정한 치유기간 내에 하자가 치유되지 않았을 것을 추가적인 해제요건으로 하기도 한다. 국내 M&A계약 실무상 치유기간은 5영업일 내지 10영업일로 하는 경우가 많은 것으로 보이나, 때에 따라서는 15일 혹은 30일 등 장기간으로 하는 경우도 있다.

2) 이행불능에 의한 해제사유의 확장

민법 제546조에 따라 당사자의 귀책사유에 따른 이행불능의 경우 해제가 가능하다. 귀책사유가 없는 이행불능에 대해 민법은 이를 해제사유로 규정하지 않고, 다만 민법 제537조의 채무자위험부담 주의규정에 따라서 해당 채무자가 상대방의 이행을 청구할 수 없도록 하고 있다. 그러므로 실제로는 귀책사유 없는 이행불능에도 양자의 채무가 소멸한다는 점에서는 해제와 효과가 동일하다. 이러한 때 당사자의 지위를 명확히 하기 위하여 M&A계약에서는 이행불능이 확정되면, 상대방의 귀책사유가 없는 때에도 해제가 가능하도록 규정하는 경우가 많다. 이를 통해 불필요하게 계약의 효력이 유지되는 것을 방지하고, 해제를 통해 당사자가 신속하게 무용한 계약으로부터 벗어날 수 있도록 한다. 대표적으로 M&A거래의 진행을 궁극적으로 금지하는 법원의 판결 또는 결정이 더 이상의 상소 가능성 없이 확정되는 경우 혹은 같은 취지의 정부기관의 결정이 확정되고 이에 대해 이의를 제기할 수 없는 경우를 예로 들 수 있다. 이러한 법원 혹은 정부기관의 결정이 있는 경우 당사자가 반드시 불복하여 이의를 제기하도록 하고, 이의를 제기하였음에도 M&A거래를 금지하는 판결 내지 결정이 확정된 때에만 해제가 가능하도록 규정하기도 한다.

3) 해약금의 포기 또는 배액상환을 통한 해제권의 배제

민법 제565조 제1항에 따라서 매매의 당사자 일방이 계약 당시에 금전 및 기타 물건을 계약금·보증금 등의 명목으로 상대방에게 교부한 때에는 당사자 간에 다른 약정이 없는 한, 당사자 일방이 이행에 착수할 때까지 교부자는 이를 포기하고 수령자는 그 배액을 상환하여 매매계약을 해제할 수 있다. 주식양수도계약 및 영업양수도계약은 매매계약에 준하므로 위와 같은 해약금의 포기 또는 배액상환을 통한 해제가 가능하다. 그러나 이는 상대방을 불안정한 지위에 있게 하고 거래 종결의 확실성을 저해하므로 M&A계약을 통해 민법 제565조의 해약금 규정은 적용이 없음을 명시하는 경우가 많다.

(2) 법정 해제사유와 다른 유형의 외부적 사정에 의한 해제

1) 거래 종결기한의 도과에 따른 해제

거래 종결기한은 M&A계약 체결 이후 시간이 경과함으로써 발생하는 대상기업의 가치 변동에 따른 위험을 매수인에게 전부 부담시키지 않고, 일정 기한 이후의 위험을 매도인이 부담하도록 하여 기간 경과에 따른 위험을 분배하는 기능을 한다.[14] 거래 종결기한을 결정함에 있어서 실무

---

14) 거래 종결기한은 M&A계약에서 발생하는 불확실성의 부담 및 거래 종결을 위한 당사

상으로는 우선 거래 종결이 가능한 시점을 합리적으로 예측해야 한다. 해당 M&A거래를 위한 정부 인허가(국내 및 해외 기업결합신고 수리결정, 금융 관련 법령 등 관련 법령에 의한 대주주변경 승인결정 등)가 필요한 경우 해당 인허가에 소요되는 기간, 상장회사로서 임시주주총회를 통한 이사회 교체 및 정관 변경 등이 해당 M&A거래의 선행조건인 때 임시주주총회 소집에 소요되는 기간 등을 합리적으로 예측하여 위 기간으로부터 일정한 여유기간을 더하여 거래 종결기한을 설정하는 것이 통상적이다. 또한 정부 인허가의 지연 등 특정 사유에 의하여 거래 종결이 지연될 것이 우려될 때에는 일반적인 거래 종결기한보다 장기간으로 설정하거나 위 특정 사유로 거래 종결기한이 도과한 경우에는 당사자 간에 합리적으로 협상하여 거래 종결기한을 연장할 수 있도록 하기도 한다. 당사자가 거래 종결기한 도과를 이유로 계약을 해제하는 경우 상대방의 귀책사유가 요건이 되는 것은 아니다. 그러나 해제를 하는 당사자 본인이 해당 거래 종결 지연에 귀책사유가 있는 경우에는 해제권을 행사할 수 없도록 하는 것이 통상적이다.

2) M&A거래를 곤란하게 하는 외부 사정 혹은 중대한 부정적인 영향의 발생에 의한 해제

거래 종결기한의 도과 외에도 M&A거래를 곤란하게 하는 외부적 사정이 발생하는 경우 해제가 가능하도록 하기도 한다. 사실 이러한 형태의 해제 규정은 선행조건 규정을 통해서도 유사한 효과를 창출할 수가 있다. 특정 사유의 불발생을 해당 당사자 의무의 선행조건으로 한다면

자들의 시간과 비용의 투자가 더 이상 정당화되지 않는 시점을 의미한다고 한다 〔American Bar Association, 앞의 책(주 9), 277면〕.

귀책사유 여부와 상관없이 거래 종결이 불가능하기 때문이다. 다만 선행
조건으로 하는 경우에는 계약의 효력은 유지되므로 거래 종결기한까지
위 사유가 치유된다면 당사자가 거래 종결의무를 이행해야 한다. 그러나
해제사유로 하는 경우에는 향후 이러한 사유가 치유될 수 있다고 하더라
도 바로 해제가 가능하다. 이러한 사유의 예로는 합병이나 영업양수도
해당 거래에 대한 반대주주 주식매수청구권 행사비율이 특정 비율을 초
과하여 당사자 회사에 대한 재무적 부담이 너무 커서 거래가 불가능한
경우를 들 수 있다. 또한 중대한 부정적인 영향이 발생하면 즉시 해제가
가능하도록 규정하는 경우도 있다.

3) 도산 상황 발생에 의한 해제

M&A계약 체결 이후 당사자에 관하여 채무자 회생 및 파산에 관한
법률(이하 '채무자회생법')에 따른 회생절차가 개시되거나 파산선고가 이
루어지는 경우, 기업구조조정촉진법에 따른 관리절차, 채권단에 의한 워
크아웃절차 또는 이와 유사한 절차가 개시된 때 등 도산 상황이 발생하
면 상대방이 M&A계약을 해제할 수 있도록 규정하기도 했다. 매도인 및
매수인의 진술 및 보증사항에 위와 같은 도산 상황이 발생하지 않았음을
규정하여 도산 상황 발생 시 진술 및 보증 위반을 이유로 해제가 가능하
도록 간접적으로 규정하는 것도 가능하다. 회생절차 개시결정 혹은 파산
선고에 더하여 회생절차 개시 신청이나 파산 신청 등 도산절차에 대한
신청 사실 자체를 해제사유로 규정하는 경우도 많다. 한쪽 당사자에게
도산절차가 개시되는 경우에는 거래 종결의 가능성이 낮아지고, 거래 종
결이 된다고 하여도 향후 부인권의 대상이 되거나 사해행위 취소의 대상
이 될 수 있다는 점을 고려한 것이다. 특히 최근에는 재무적으로 부실한
매도인의 재무구조 개선을 위하여 M&A가 이루어지는 경우가 많아 위와

같은 조항이 자주 고려된다. 다만 이는 소위 도산해제조항[15]으로서 그 효력 여부가 법리적으로 다투어진다.

특히 회생절차 개시 또는 그 신청을 이유로 한 도산해제조항의 효력에 대해서는 논란이 있다. 회생절차 개시 또는 그 신청을 이유로 계약이 해제된다면 위 절차를 통해 기업이 회생하는 데 장애가 될 수도 있기 때문이다. 그러므로 회생절차 개시 또는 그 신청을 이유로 한 도산해제조항의 효력에 대해서는 그 효력을 부정하는 입장[16]이 대체적이다. (i) 도산해제조항을 기재한 채권자만이 해제권을 통해 다른 제3자보다 유리한 지위를 갖는 것이 타당하지 않다는 점, (ii) 채권자 사이의 형평 도모와 이해관계인 간의 이해 조정 등을 통하여 기업을 재생하려는 회생절차의 취지에 어긋난다는 점, (iii) 채무자회생법이 관리인에게 미이행 쌍무계약의 이행 또는 해제를 선택할 권한을 부여한 의미가 몰각된다는 점 등을 추가적인 근거로 든다.[17] 이외에 임대차계약 등 계속적 계약이나 당사자들의 신뢰관계가 중시되는 사적 서비스계약 등에만 허용된다는 견해,[18] 대출계약이나 증권발행계약 등 금융계약에 대해서는 도산해제조

---

15) 도산해지조항 또는 도산실효조항이라고도 한다.
16) 남효순, "도산절차와 계약관계 : 이행미완료쌍무계약의 법률관계를 중심으로," 도산법 강의, 법문사, 2005, 30-31면 ; 백창훈·임채홍(집필대표) / 박종헌(집필), 회사정리법 상, 한국사법행정학회, 2002, 361면 ; 박병대, "파산절차가 계약관계에 미치는 영향," 파산법의 제 문제 상, 법원도서관, 1999, 452-453면. 일본에서는 도산해제조항의 효력을 인정해야 한다는 견해가 있는 것으로 보이는데, (i) 회생절차 개시신청 전에는 당사자의 계약자유의 원칙을 존중하여 한다는 점, (ii) 회생절차 개시된 후에야 비로소 당사자에 대한 해지권 등 행사가 제한된다는 점, (iii) 회생절차를 예견하여 미리 조치를 취한 자가 제3자보다 유리한 지위를 확보하는 것이 당연하다는 점 등을 근거로 한다고 한다. 이에 대한 설명은 서울중앙지방법원 파산부 실무연구회, 회생사건실무 상, 박영사, 2013, 350면 참고.
17) 임치용, "건설회사에 대하여 회생절차가 개시된 경우의 법률관계," 사법 제18호(2011. 12), 사법발전재단, 38면.
18) 김재형, "2007년 민법 판례 동향," 민법론 IV, 박영사, 2011, 428면 ; 오수근, "도산실효

항의 효력을 인정해 주어야 한다는 견해[19] 등이 있다.[20] 이에 관하여 대법원은 도산해제조항이 구 회사정리법에서 규정한 부인권의 대상이 되거나 공서양속에 위배된다는 등의 이유로 효력이 부정되어야 할 때를 제외하고, 도산해제조항으로 인하여 정리절차 개시 후 정리회사에 영향을 미칠 수 있다는 사정만으로는 그 조항이 무효라고 할 수 없다고 판시하면서, 다만 쌍방 미이행의 쌍무계약의 경우에는 계약의 이행 또는 해제에 관한 관리인의 선택권을 부여한 회사정리법 제103조의 취지에 비추어 도산해제조항의 효력을 무효로 보아야 한다거나 아니면 적어도 정리절차 개시 이후 종료 시까지의 기간 동안에는 도산해제조항의 적용 내지는 그에 따른 해지권의 행사가 제한된다는 등으로 해석할 여지가 없지는 않을 것이라고 판시하였다.[21] 실무상 서울중앙지방법원 파산부는 (i) 미이행 쌍무계약의 경우에는 관리인에게 계약 이행 또는 해제의 선택권을 부여한 의미를 존중하기 위하여 원칙적으로 도산해제조항의 효력을 부정하고, (ii) 이외의 계약은 회생절차상 부인권을 인정한 취지를 몰각시키거나 공서양속에 위반되는 등의 사정이 있는지 개별적으로 검토하여 그 무효 여부를 결정하여야 한다는 입장이다.[22] 위와 같은 실무에

조항의 유효성," 판례실무연구 IX, 박영사, 2010, 450-451면.

19) 한 민, "미이행쌍무계약에 관한 우리 도산법제의 개선방향," 선진상사법률연구 통권 제53호(2011. 1), 법무부, 69-70면.

20) 한편 위 도산해제조항에 따른 약정해제권 행사가 신의성실의 원칙에 위반되는지 여부가 쟁점이 되기도 한다. 채권자가 채무자와 사이에 채무 일부를 감경하는 약정을 체결하면서 채무자의 회생절차 개시 등과 같은 신용 상태의 중대한 변동이 발생한 경우 약정을 파기할 수 있는 도산해제조항을 규정하였고, 이후 채무자에 회생절차가 개시되자 채권자가 해제 통보를 한 사안에서 해당 조항의 유효성 여부는 다투어지지 않고, 그러한 권리 행사가 신의성실의 원칙에 반하는 권리 행사라고 볼 수 없다면서 해제권 행사를 인정한 예가 있다(대법원 2011. 2. 10. 선고 2009다68941 판결).

21) 대법원 2007. 9. 6. 선고 2005다38263 판결.

22) 서울중앙지방법원 파산부 실무연구회, 앞의 책(주 16), 351면.

의한다면 회생절차 개시 또는 그 신청을 이유로 한 거래 종결 이전의 M&A계약의 해제를 규정한 도산해제조항은 미이행쌍무계약에서의 도산해제조항으로서 그 효력이 부정될 가능성이 높으므로 이에 대하여 주의할 필요가 있다.

4) 실사 결과 중대한 하자의 발견에 의한 해제

M&A계약 체결 이후 매수인이 확인실사를 한 결과 그동안 발견되지 않은 중대한 하자가 발견되면 매수인이 계약을 해제할 수 있도록 규정하기도 한다. 그러나 이는 매수인의 주관적인 사유에 따라 계약의 해제를 가능하게 하거나 중대한 하자의 발견 시점, 발견 가능성 등에 관한 당사자들의 의견 대립으로 인해 매도인의 지위를 상당히 불안정하게 만든다. 그러므로 협상에 있어서 매수인이 현저한 우위에 있거나 계약 체결 전의 매수인 실사가 상당히 제한되었다는 등의 특별한 사정이 없는 이상 찾아보기 어려운 것으로 생각된다.

5) 매수인의 거래대금조달 불능에 의한 해제

M&A계약 체결 이후 금융시장의 변동 혹은 금융거래 상대방의 채무불이행 등으로 매수인이 예정했던 방법으로 거래대금을 조달하는 것이 불가능해지는 경우에는 매수인이 계약을 해제할 수 있도록 규정하기도 한다. 그러나 이는 매수인의 주관적인 사유에 따라 계약의 해제를 가능하게 하거나 매수인의 자금조달의 위험을 매도인에게 전가하게 하여 매도인의 지위를 상당히 불안정하게 만드므로 매수인이 현저한 우위에 있는 경우가 아니면 찾아보기 어렵다.

2. 해제권의 행사방법에 관한 쟁점[23]

해제권의 행사방법과 관련해서는 특히 M&A계약의 한쪽 당사자가 다수인 때 문제가 된다. 두 가지 경우로 나누어 살펴본다. 우선 단수인 상대방 당사자에게 해제사유가 있는 경우, 복수의 당사자가 해제권을 개별적으로 행사할 수 있는지 여부이다. 상대방의 입장에서는 일부 당사자는 해제권을 행사하고 나머지 일부는 해제권을 행사하지 않는 경우, M&A계약이 일부는 해제되고 일부는 유효하게 존속하게 되는데 이는 당사자의 거래 목적과 부합하지 않는다. 예를 들어 주식양수도계약에서 51퍼센트의 지배지분(controlling block)을 매도인 3명이 나누어 보유하고 있는 경우, 매수인 측의 해제사유 발생에 대해 30퍼센트 지분을 가진 매도인 1명은 계약을 해제하고 나머지 21퍼센트 지분을 가진 매도인들은 계약을 해제하지 않는다면, 결국 매수인은 지배지분에 미달하는 주식을 지배권을 상정한 가격(즉 controlling premium을 가산한 가격)으로 매수하는 결과가 되어 불합리하다. 다음으로 복수의 당사자 중 일부에 대하여 계약 위반 등 해제사유가 있는 경우 단수인 상대방 당사자가 복수의 당사자 전부에게 해제권을 행사할 수 있는지 여부이다. 위에서 살펴본 주식양수도계약의 경우 매도인 1명에게 계약 위반 등 해제사유가 발생한 때 매수인이 전체 매도인에게 계약해제권을 행사할 수 없다면, 결국 매수인은 지배지분에 미달하는 주식을 지배권을 상정한 가격(즉 controlling premium을 가산한 가격)으로 매수하는 결과가 되어 불합리하다. 쌍방 당

---

23) 아래에서 논의한 쟁점 외에 노혁준, 앞의 논문(주 1), 72-74면에서는 합병계약 해제를 위하여 주주총회결의가 필요한지 여부를 다루고 있다. 그러나 이는 합병계약 해제를 위한 회사 내부적 의사결정절차에 관한 쟁점이고, 합병계약 해제조항의 효력이나 해석 자체에 대한 쟁점은 아니어서 여기에서 자세히 다루지는 않는다.

사자 모두 다수인 경우에는 위의 문제점이 양측 모두에게 존재한다고 보면 된다.

민법 제547조 제1항에서는 당사자의 일방 또는 쌍방이 복수인 경우에는 계약의 해지나 해제는 전원으로부터 또는 전원에 대하여 하여야 한다고 규정하여 위와 같은 문제를 해결한다. 그러나 위 규정은 계약이 다수의 당사자 간에 불가분적인 때에 한하여 적용된다. 대법원 판례는 공유자 전원이 각 공유지분 전부를 형식상 하나의 매매계약에 의하여 매도하는 경우라도 당사자들의 의사표시에 의하여 각 지분에 관한 소유권 이전의무, 대금지급청구권을 불가분으로 하는 특별한 사정이 없는 한 실질상 공유지분별로 별개의 매매계약이 성립되었다고 할 것이고, 일부 공유자가 개별적으로 매매계약을 해제하는 것은 가능하다고 한다.[24] 다만 위 판례에서 대법원은, 매매대금이 매도인별로 특정되지 아니한 채 공유물 전체에 관하여 하나의 금액으로 결정되었으며, 매수인이 이 사건 부동산 위에 엘피지 가스충전소를 신축하여 운영하려고 매수하는 것으로서 그 매수 목적상 각 공유지분이 불가분의 관계에 있다는 사정을 알고 매매계약이 체결되었다면, 이는 불가분적 계약으로서 개별적 해제가 불가능하다고 하였다. 그러므로 예를 들어 주식양수도계약에서 매도인 다수가 각자의 소유주식을 하나의 계약을 통하여 매각하는 경우이기는 하지만, 매수인의 입장에서는 각 매도인의 지분이 개별적으로 의미를 가지는 것이 아니라 하나로 통합하여 지배지분을 형성하였을 때 의미를 가지는 것이고, 거래대금이 이러한 전제에서 산정되었다는 것을 매도인도 인식하고 있었다면, 위에서 논한 일부 당사자의 해제권 행사를 제한하는 규정이 없는 경우에도 일부 당사자의 가분적 해제는 불가능하다고 볼 여지가 있

---

24) 대법원 1995. 3. 28. 선고 94다59745 판결.

다. 그러나 이에 대해 명확한 판례는 없으므로 논란의 여지가 있다. 또한 복수의 당사자 중 일부가 채무자회생법상의 회생절차에 있게 된 경우에는 민법 제547조에도 불구하고 동법 제119조에 따라 관리인이 다른 당사자와는 독립적으로 계약을 해제할 수 있다는 것이 대법원 판례의 입장이다.[25]

그러므로 법률의 규정만으로 일방 또는 쌍방 당사자가 복수인 M&A계약에서 해제권 행사의 문제를 충분히 해결할 수 없으므로 M&A계약 규정을 통해 이를 명확히 할 필요가 있다.

우선 단수인 상대방 당사자에게 해제사유가 있는 경우, 복수의 당사자가 전체로서 해제 여부를 결정하도록 강제할 필요가 있다. 통상적으로는 대표 당사자가 해제 여부를 결정하는 방법, 해제를 위해 한쪽 당사자 전원의 동의를 요구하는 방법, 일부 당사자가 해제권을 행사하는 경우 전체 계약이 실효되도록 규정하는 방법 등이 있다. 일부 당사자가 해제권을 행사하면 전체 계약이 실효되도록 하는 규정의 경우 회생절차에서 관리인의 단독해제권이 인정된다는 앞의 판례를 고려하면, 특히 그 필요성을 인정할 수 있다.

다음으로 복수의 당사자 중 일부에 대하여 계약 위반 등 해제사유가 있는 경우, 일부에 대하여 해제사유가 발생하면 전체에 대한 해제가 가능하도록 하거나 전체에 대하여 해제사유가 발생하면 해제가 가능하도록 하는 방법이 있다. 절충안으로 해제사유가 발생한 당사자의 지분이 상당 비율에 이른 때에만 전체에 대해 해제가 가능하도록 하기도 한다.

위와 같이 해제권의 행사를 합동으로 하도록 강제하는 경우에는 복수 당사자의 개별적 의사결정이 제한되는 문제점이 있다. 그러므로 일부 해

---

25) 대법원 2003. 5. 16. 선고 2000다54659 판결.

제를 하는 경우에도 지배지분에 대한 거래가 가능하면 그러한 지배지분의 비율을 계약에서 정하여 해당 비율 이상의 거래가 가능한 때에는 일부에 대한 해제가 가능하도록 규정하기도 한다.

3. 해제의 효과에 대한 쟁점

민법 제548조 및 제551조에서는 해제의 효과로 원상회복의무와 손해배상의무를 규정하며, 이는 M&A계약에도 적용된다. M&A계약에서는 이에 더하여 당사자 쌍방이 서로 주고받은 일체의 자료 및 비밀 등을 폐기하거나 반환하도록 하는 규정을 두는 경우가 많다. 또한 계약 해제 이후에도 효력을 유지하는 조항들을 특정하는 경우가 있는데 주로 손해배상조항, 비밀유지조항, 준거법조항, 관할합의조항, 계약의 양도제한조항, 통지조항, 용어의 정의에 대한 조항 등이 그 대상이 된다.

해제에 따른 손해배상의무와 관련하여 중요한 쟁점은 위약금조항이다. 위약금조항과 관련하여서는 위약금 부담의 주체, 위약금의 법적 성질(위약벌 혹은 손해배상액의 예정), 위약금의 감액 가능성 및 감액배제조항의 효력, 도산절차에서 위약금조항의 효력 등이 문제 될 수 있는바, 이에 대하여는 향후 별도로 검토하기로 한다.

V. 결어

본 논문에서는 M&A계약에 있어서 해제조항을 살펴보았다. M&A계약에 있어서의 해제조항은 해제사유를 구체화하고 당사자의 필요에 따라 일반 민법상의 해제권을 확장 또는 축소하는 기능을 하며, 동시에 계약 체결로부터 거래 종결 이전까지의 기업가치 변동 및 경제 상황 변화에 따른 위험을 당사자 간에 분배하는 기능을 한다.

이러한 기능의 충실한 이행을 위하여 M&A 당사자 간 협상을 통해 다양한 형태로 해제조항이 작성된다. 실무를 담당하는 변호사로서는 해제조항에 있어서 실무상 활용되는 다양한 변형을 익숙하게 활용하고 여기에 내재하는 쟁점들을 숙지할 필요가 있다. 또한 실무에서 당사자 간 합의를 통해 작성되는 해제조항 중에서도 법리적으로 그 효력이 부인되거나 제한되는 부분이 있을 수 있으므로 이에 대한 주의가 필요하다.

21

위약금조항[*]

김지평[**] · 박병권[***]

I. 서설

기업의 M&A(Mergers & Acquisitions)은 주식양수도 · 영업양수도 · 합병 등 다양한 형태로 이루어지고, M&A를 위한 계약도 이에 따라 다양한 형태로 작성 및 체결된다. 이 장에서는 이러한 M&A계약에서 위약금조항에 대해 살펴본다. 우선 M&A계약에 있어서 위약금조항의 필요성 및 기능을 살펴본 다음 통상적인 위약금조항의 내용을 살펴본다. 그리고 이를 바탕으로 M&A계약 협상에서 위약금조항과 관련하여 유의하여야 하는 법률상 · 실무상 쟁점을 살펴본다.

M&A거래에서의 위약금조항은 일반적으로 거래 종결 전에 일방 당사

---

[*] 이 논문은 BFL 제67호(2014. 11)에 게재된 글을 수정 · 보완한 것이다.
[**] 김 · 장법률사무소 변호사
[***] 샌터로이드 PE 변호사

자가 M&A계약을 위반하여 계약이 해제되는 경우, 상대방 당사자에 대하여 일정한 위약금을 지급하도록 규정하는 형태로 이루어져 있다.[1] 미국의 M&A실무상으로는 매도인 측의 사유로 M&A거래 종결이 이루어지지 않을 경우 매도인이 지급하는 위약금(break-up fee 혹은 termination fee)과 매수인 측의 사유로 M&A거래 종결이 이루어지지 않을 경우 매수인이 지급하는 위약금(reverse break-up fee 혹은 reverse termination fee)을 구분하기도 하나,[2] 국내 M&A계약에서는 보통 매도인의 위약금과 매수인의 위약금을 별개의 용어를 사용하여 구분하지는 않는다.

이러한 위약금조항은 M&A계약의 유형에 따라 그 형태가 다르다. 특히 양도인과 양수인 사이에 거래목적물을 매매한다는 점에서 일반적인 매매계약과 기본적으로 유형을 같이하는 주식양수도계약이나 영업양수도계약과, 합병 당사회사의 합병 및 소멸회사 주주에 대한 신주 발행이 주된 내용을 이루는 합병계약을 구별하여 살펴볼 필요가 있다.[3] 다음에서는 위약금조항과 관련하여 M&A계약 전반에 공통적으로 적용되는 내용을 위주로 검토하되, 주식양수도계약 및 영업양수도계약과 합병계약이 달리 취급되는 부분이 있다면 이를 비교하여 분석하기로 한다.

---

1) 거래 종결 이후에는 진술보장·확약사항 및 면책조항에 따라서 손해배상청구가 이루어지는 것이 보통이어서, 별도로 위약금이 따로 적용되지 않는 경우가 많다.

2) American Bar Association, Model Stock Purchase Agreement with Commentary, Vol. 1, 2nd Ed., ABA Book Publishing, pp.280-284 (2010).

3) 합병계약은 종결시점에 당사자 일방의 법인격이 소멸하고 양 당사자의 주주총회의 승인이 전제가 된다는 점에서 특수한 형태의 채권계약으로 보는 것이 일반적인 견해인 것으로 이해된다[노혁준, "합병계약에서의 불확실성," 상사판례연구 제22집 제4권(2009. 12), 한국상사판례학회, 43-44면].

II. M&A계약 위약금조항의 필요성 및 기능

1. 손해배상의무의 구체화

일반적으로 손해배상청구를 위해서는 당사자의 채무불이행사실 및 그에 대한 귀책사유, 손해의 발생 및 인과관계가 입증되어야 한다. 채무불이행사실이 인정되는 경우 귀책사유에 대한 입증책임은 채무자에게 있지만, 여전히 손해배상을 구하는 채권자가 손해의 발생과 액수·인과관계를 입증하여야 한다.[4] 그러나 거래 종결이 이루어지지 않고 M&A계약이 해제되는 경우에는 이를 입증하기가 어렵다. 법률 및 회계자문사 지급비용 등 실제 발생한 거래비용은 입증이 용이하다. 그러나 대상기업의 M&A거래가 거래 종결 전에 해제되는 경우 매도인의 입장에서는 대상기업에 대한 시장에서의 부정적 평가가 형성되어 향후 매각이 어려워지는 손실이 있고,[5] 매수인의 입장에서는 M&A를 통해 기대하였던 시

---

[4] 민법 제390조 참조 ; 김용담(편) / 김상중(집필), 주석 민법[채권총칙(1)], 한국사법행정학회, 2013, 757면 ; 최창렬, "손해배상액의 예정과 위약벌의 구별에 관한 연구," 민사법학 제21호(2002), 한국민사법학회, 363면.

[5] 매도인 입장에서는 한번 M&A계약이 체결된 후 거래 종결에 실패하는 때에는 시장에서 대상기업에 대한 부정적 인식이 형성되어 다시 절차를 시작하여 원하는 가격에 대상기업을 매각하기가 어려워진다. 특히 대상기업이 영업 및 재무 측면에서 성과를 제대로 내지 못하고 있는 기업인 경우에는 더욱 그러하다. 그러므로 매도인 입장에서 거래 종결의 확실성(closing certainty)이 매우 중요하고, 이를 위해 위약금조항이 필요하다. 특히 매수인이 동종업계의 상거래기업 등 전략적 투자자(strategic investor)가 아니라 사모투자전문회사 등 재무적 투자자(financial investor)인 경우에는 타인자본을 조달하여 매매대금을 마련하므로 자금조달에 문제가 생겨 거래 종결이 이루어지지 않을 가능성이 높고, 매수 주체 자체는 특수목적회사이므로 별다른 자산이 없어서 위약금을 계약금 형태로 미리 지급받을 필요가 있다. 위약금조항의 이러한 필요성에 관해서는 池田眞朗, "M&Aの中でも貫徹されるべき契約の論理," 金融·商事判例 第1238號(2006), 經濟法令硏究會, 2-3면 ; Afra Afsharipour, Transforming the Allocation of Deal Risk

너지효과 등 장래의 이익을 잃게 되는 손실이 있을 수 있다. 이러한 손해들은 그 액수를 산정하기도 어려울뿐더러 민법 제393조 제2항의 소위 특별한 사정으로 인한 손해로서 상대방이 그 사정을 알았거나 알 수 있었을 것을 입증해야 하는 경우가 많은데,[6] 이는 용이한 일이 아니다. 그러므로 위약금조항이 없다면 당사자들은 M&A계약이 해제되는 경우, 어느 정도의 손해배상을 받을 수 있는지 불확실한 상태에 있다. 이러한 불확실성을 제거하고 손해배상의무를 구체화하기 위하여 위약금조항을 규정한다.

2. M&A계약의 이행 가능성 제고 및 대상기업의 가치변동에 대한 합리적인 위험의 부담

상당한 규모의 위약금약정을 하고, M&A계약 위반 또는 거래 종결 실패 시 상대방 당사자가 이를 몰취하거나 그 금액을 배상하도록 할 경우, M&A거래의 당사자는 그러한 위약금 부담의무를 면하기 위한 차원에서라도 M&A계약 위반을 하지 않고 거래를 종결할 유인이 높아진다.[7] 특

---

through Reverse Termination Fees, 63 (5) Vanderbilt Law Review 1161, 1184-1190 (2010) ; Robert P. Bartlett III, Taking Finance Seriously : How Debt Financing Distorts Bidding Outcomes in Corporate Takeovers, 76 Fordham Law Review 1975, 1980-1982 (2008) ; Charles K. Whitehead / Ronald J. Gilson, Deconstructing Equity : Public Ownership, Agency Costs, and Complete Capital Markets, 108 Columbia Law Review 231, 231-240 (2008) 등 참고.

6) 김재형, "계약의 해제와 손해배상의 범위 : 이행이익과 신뢰이익을 중심으로," 인권과 정의 제320호(2003. 4), 대한변호사협회 ; 고종영, "계약 해제와 손해배상 : 손해배상의 성질과 범위에 관한 실무적 고찰," 법조 제52권 제3호(2003. 3), 법조협회 ; 양삼승, "손해배상의 범위 : 민법 제393조의 성격 및 산정의 기준 시에 관련하여," 민사판례연구 제15집(1983. 5), 민사판례연구회 등 참고.

7) 위약금약정에 따른 협상 유인, 경쟁 유도기능 등에 대한 자세한 분석은 이중기, "지배주

히 매도인의 입장에서 M&A계약 체결 이후 더 높은 금액을 제시하는 인수인이 나타나는 경우에는 기존의 M&A계약을 이행하지 않고 새로운 인수인과 계약을 체결하고자 할 수 있다. 이때 적어도 위약금을 배상하여야 하므로 원래 합의된 가격에 위약금을 더한 정도의 높은 가격을 새로운 인수인이 제시하지 않는 이상, 매도인은 원래의 매수인과 계약을 유지하게 된다. 그러므로 매수인 입장에서는 위약금이 자신의 지위를 보호해주는 기능을 하고, 매도인 입장에서도 기존 계약을 이행하지 않고 새로운 인수인의 인수 제안을 수용할지 여부를 판단하는 기준이 된다.

또한 M&A계약 체결을 통해서 대상기업의 거래가격이 정해지면 그 이후의 가치변동에 대한 위험, 즉 가치 증가 시의 이익과 가치 하락 시의 손해를 매수인이 부담하게 된다.[8] 그러나 위약금조항이 있으면 해당 위약금을 넘어서는 가치 증가가 있는 경우에는 매도인이 위약금을 포기하고 다른 투자자에게 대상기업을 매도할 수 있고, 반대로 해당 위약금을 넘어서는 가치 감소가 있는 경우에는 매수인이 위약금을 포기하고 M&A계약을 이행하지 않을 수 있다.[9] 그러므로 위약금은 M&A계약 이후 매수

식양도방식의 M&A거래와 거래보호약정 : 협상과정을 구속하는 계약의 정당화와 그 한계," 홍익법학 제13권 제4호(2012), 홍익대학교 법학연구소, 15-24면 참고.

8) 매수인은 계약 체결로 인하여 대상회사의 가치가 상승하면 이익을 보고 하락하면 손해를 보는 상태에 있게 되고, 이러한 변동성의 위험을 롱포지션(long position)이라고 한다. M&A계약상 거래 종결기한을 두어 해당 기한을 도과하여도 거래 종결이 이루어지지 않는 때에는 매수인의 계약 해제가 가능하도록 하여 장기간의 변동 위험에 대해서는 매도인이 이를 부담하도록 하는 경우가 많다. 이를 롱스톱데이트(long stop date)라고도 한다. 이는 매수인이 계약 체결로 인하여 부담하는 롱포지션의 위험을 중단한다는 뜻으로, 역시 매도인과 매수인 간에 가격변동의 위험을 시기적으로 분배하는 기능을 한다[American Bar Association, 앞의 책(주 2), 276-277면].

9) 물론 이 경우 위약금 외에 상대방이 실제로 지출한 거래비용에 대한 배상도 필요할 수 있다. 그러나 이는 통상적으로 위약금에 비해서는 규모가 작은 것이 일반적이므로 주된 고려사항은 아닌 경우가 많다.

인이 부담하는 대상기업의 가치변동에 대한 위험을 제한하고, 위약금범
위를 넘어서는 가치변동의 위험은 매도인에게 이전하는 위험분배의 기
능도 한다.

III. M&A계약상 위약금조항의 통상적 형태 및 내용

M&A거래가 이루어지는 배경, 당사자의 특성,[10] 대상회사의 사정, 거
래구조 등에 따라 M&A계약의 조건 및 내용은 다양하므로 위약금조항에
대해서도 획일적인 예시를 하기는 어렵다. 다음에서는 통상적인 M&A계
약상 위약금조항을 예시하여 보았다.[11]

1. M&A계약상 위약금조항 예시

(국문)

(1) 양도인이 양수인에게 책임 있는 사유에 따라 본 계약을 해제하는 경우, 계약금(계
약금에 대하여 계약금 지급일 이후에 발생한 이자를 포함한다)은 양도인에게 귀
속된다.

(2) 양수인이 양도인에게 책임 있는 사유에 따라 본 계약을 해제하는 경우, 양도인은
지체 없이 계약금(계약금의 배액에 대하여 계약금 지급일로부터 계약금 반환일

---

10) 특히 당사자가 전략적 투자자인지 재무적 투자자인지 여부에 따라서 M&A계약의 내
용과 조건이 많이 달라진다. Steven M. Davidoff Solomon, The Failure of Private
Equity, 82 Southern California Law Review 481, 491-492 (2008) 참고.

11) 다음은 국문 M&A계약 및 영문 M&A계약 각각에서 대표적으로 이용되는 규정을 예시
한 것이다. 비록 그 내용이 완전히 동일하지는 않지만, 매수인과 매도인의 각 위약금
지급의무를 규정하고 위약금의 법적 성격을 정한다는 점에서 유사한 측면이 있다.

전일까지의 기간 동안 발생한 이자를 포함한다)을 양수인에게 반환하고, 이와는 별도로 계약금 상당의 금원을 양수인에게 지급한다.

(3) 본 계약이 [*]조에 따라 해제되고 본 조 (1)항 및 (2)항이 적용되지 아니하는 경우 양도인은 지체 없이 계약금(계약금에 대하여 계약금 지급일로부터 계약금 반환일 전일까지의 기간 동안 발생한 이자를 포함한다)을 양수인에게 반환한다.

(4) 본 조 (1)항 및 (2)항 후단에 따라 당사자에게 귀속 내지 지급되는 금원은 민법상 손해배상액의 예정이 아닌 위약벌로 한다. 당사자들은 위 금원이 위약벌로서 합리적이고 적정한 금액으로 법원의 감액대상이 아니라는 점을 인정한다.

(영문)

[*].2 Break-Up Fee.

(a) In the event that the Agreement is terminated by the Sellers due to a breach of this Agreement by the Purchaser, the Purchaser shall pay in cash by wire transfer of immediately available funds to the Seller a break-up fee ("Purchaser Break-Up Fee") in the amount of [*] within five (5) Business Days following the date of the termination notice delivered by the Seller.

(b) In the event that this Agreement is terminated by the Purchaser due to a breach of this Agreement by the Seller, the Seller shall pay in cash by wire transfer of immediately available funds to the Purchaser a break-up fee in the amount of [*] ("Seller Break-Up Fee") within five (5) Business Days following the date of the termination notice delivered by the Purchaser.

(c) In case of delay in payment of the Seller Break-Up Fee or Purchaser Break-Up Fee, a default interest of [*] % per annum shall be applied. The Parties agree that the amount of the Break-Up Fee represents a reasonable amount of liquidated damages and not an estimation of actual damages, and to the extent that the actual damage incurred by the terminating Party as a result of the termination of this Agreement

> due to any reason attributable to the other Party exceeds the Break-
> Up Fee amount, the terminating Party shall be entitled to claim such
> excess damage incurred against the other Party.

2. 위약금조항의 통상적 내용

M&A계약상 위약금조항은 별개의 조항으로 규정되기보다는 해제의
효과와 함께 규정되는 경우가 많다. 주된 내용은 위에서 보는 바와 같이
당사자의 귀책사유에 의한 계약 위반 시 위약금의 지급의무에 대한 규
정, 양 당사자의 귀책사유 없이 계약이 해제되는 경우의 계약금[12] 반환
의무, 위약금에 대한 위약벌 합의 및 감액 금지 규정 등이다. 매도인 측
이 협상의 우위를 가지는 경우에는 매수인이 지급한 계약금의 몰취 형태
로 위약금이 규정되며(reverse break-up fee), 매도인의 계약 위반 시에는
계약금의 반환 이외에 별도의 위약금(break-up fee)을 규정하지는 않고 실
제 발생한 손해에 대한 배상만 허용하는 경우가 많다. 위에서 설명한 일
반적인 내용 외에도 다양한 형태의 위약금 규정이 있을 수 있다. 이는
위약금조항의 쟁점으로서 뒤에서 논한다.

---

12) 본계약이 체결되기 전 입찰 실시단계나 양해각서 체결단계에서도 계약금이 아닌 이행
보증금을 지급하고, 본계약 미체결 또는 일방 당사자의 귀책사유에 의한 양해각서
위반 시 이행보증금 몰취조항을 두는 경우가 많다. 이중기, "'입찰 후 양해각서' 체결방
식과 '입찰 후 본계약' 체결방식의 M&A : 이행보증금, 입찰보증금, 계약금의 역할 및
매매대금 조정을 중심으로," 증권법연구 제14권 제1호(2013), 한국증권법학회, 168-
169면, 180-182면 참고.

IV. M&A계약상 위약금조항의 쟁점

이하에서는 M&A계약의 위약금조항에 관하여 법률상 문제 되는 사항 및 실무적으로 협상을 함에 있어서 고려하여야 할 사항들을 (i) 위약금의 성격 및 이에 따른 법적 쟁점(감액 가능성, 귀책사유 없는 위약금약정의 효력 등), (ii) 위약금의 구체적 조건에 관한 쟁점(위약금의 규모 및 부담 주체 등), (iii) 도산절차에서의 위약금조항의 효력, (iv) 이사의 신인의무와의 관계 관련 쟁점으로 나누어 살펴본다.

실무상으로 위약금조항 자체가 독립적으로 존재하기보다는 M&A계약에서 주요한 부분을 이루는 선행조건, 진술 및 보증, 확약사항, 손해배상 또는 면책조항 및 해제조항과 유기적으로 연결되어 있다. 그러므로 M&A계약의 작성·교섭 및 검토단계에서 위약금조항을 다루는 경우, 위와 같은 다른 조항과의 관련성에 주의하여야 한다.

한편 M&A계약은 일반 계약에 비하여 거래규모가 매우 크기 때문에 위약금의 액수도 크다. 따라서 실제로 위약금의 지급이 문제 되는 때 당사자 사이에서는 위약금 지급을 위한 조건이 충족되었는가, 설령 조건이 충족되었다 하더라도 그 금액이 과다하여 불공정하거나 공서양속에 반하지는 않은가가 다투어지기 마련이다. 특히 최근에 M&A계약 이전 단계인 양해각서(Memorandum of Understanding, MOU) 위반 및 M&A계약 자체의 위반에 의한 위약금(혹은 이행보증금)의 몰취와 관련하여 비교적 많은 판례가 집적되었다. 양해각서 관련 사건으로는 건영 사건,[13] 신영

---

13) 대법원 2008. 2. 14. 선고 2006다18969 판결. 이에 대한 평석으로 남유선, "M&A계약 교섭단계에서의 법적 책임에 관한 연구," 증권법연구 제10권 제1호(2009. 6), 한국증권법학회 참고.

기업 사건,[14) 쌍용건설 사건,[15) 대우조선해양 사건,[16) 현대상선 사건[17) 등이 있고 M&A계약 관련 사건으로는 청구 사건[18)이 있다. 다음에서는 이러한 사례들도 참고하여 위약금조항의 쟁점을 검토한다.[19)

1. 위약금의 법적 성격 및 이에 따른 관련 쟁점

(1) 위약금의 법적 성격

위약금이란 채무불이행 시 채무자가 채권자에게 지급할 것을 약속한 금전을 말한다. 위약금의 법적 성질은 위약금약정의 목적에 따라 손해배상액의 예정이나 위약벌로 나누어 볼 수 있다. 위약금이 구체적으로 어떠한 법적 성질을 갖느냐는 당사자의 의사표시 내용에 의하여 결정되는데, 민법 제398조 제4항은 당사자 사이의 분쟁을 피하기 위하여 위약금약정을 손해배상액의 예정으로 추정한다. 따라서 위약금이 손해배상액의 예정이 아닌 위약벌이라고 주장할 경우에는 해당 당사자가 입증책임

---

14) 서울고등법원 2011. 1. 7. 선고 2010나16009 판결.
15) 서울고등법원 2012. 3. 29. 선고 2011나21169 판결.
16) 대법원 2016. 7. 14. 선고 2012다65973 판결.
17) 대법원 2016. 3. 24. 선고 2014다3115 판결.
18) 대법원 2008. 11. 13. 선고 2008다46906 판결.
19) 양해각서상 위약금은 본계약이 체결되지 않을 경우를 대비한 것이고, 본계약상 위약금은 거래 종결이 이루어지지 않을 경우를 대비한 것이라는 차이가 있지만, (i) 양해각서 및 본계약 모두 M&A과정에서 체결되는 거래문서이고, (ii) 판례에서 문제 된 양해각서들의 경우, 통상적으로 간이한 형태로 작성되는 구속력 없는 양해각서와 달리 M&A거래의 실질적인 거래조건(진술보장 및 확약사항·선행조건 등 포함)에 관한 규정이 본계약에 준할 정도로 대부분 포함되어 있고, 이러한 내용에 따라 M&A 본계약을 체결할 법적 구속력이 있는 약정이었다는 점에서 M&A계약상 위약금 관련 쟁점을 분석할 때 양해각서 관련 사건들도 M&A계약 자체에 대한 사건만큼 중요한 의미를 가지는 것으로 생각된다.

을 부담하게 된다.[20] 민법 제398조 제2항에서는 손해배상액의 예정이 부당히 과다한 때에 법원은 적당히 감액할 수 있다고 규정한다.

M&A계약상 위약금도 위와 같은 민법 규정 및 위약금에 대한 일반 법리에 따라 손해배상액의 예정 또는 위약벌로 구분될 수 있다. 위 구분에 따라 주로 다음과 같은 차이가 있다.

손해배상액의 예정과 관련하여 대법원 판례는 계약 당시 손해배상액을 예정한 경우에는 다른 특약이 없는 한 채무불이행으로 입은 통상손해는 물론 특별손해까지 예정액에 포함되고, 채권자의 손해가 예정액을 초과하더라도 초과 부분을 따로 청구할 수 없다고 한다.[21] 또한 손해배상액의 예정이 부당히 과다한지는 채권자와 채무자의 지위, 계약의 목적및 내용, 손해배상액을 예정한 동기, 채무액에 대한 예정액의 비율, 예상손해액의 크기, 그 당시의 거래관행과 경제 상태 등 모든 사정을 참작하여 판단하여야 하고, 실제 손해액을 구체적으로 심리·확정할 필요는 없으나 기록상 실제 손해액 또는 예상 손해액을 알 수 있는 경우에는 그 예정액과 대비하여 볼 필요가 있다고 한다.[22]

이에 비하여 대법원은 위약벌약정은 채무의 이행을 확보하기 위하여 정해지는 것으로서, 손해배상의 예정과는 그 내용이 다르므로 손해배상의 예정에 관한 민법 제398조 제2항을 유추적용하여 그 액을 감액할 수는 없으나, 다만 그 의무의 강제로 얻어지는 채권자의 이익에 비하여 약정된 벌이 과도하게 무거울 때에는 그 일부 또는 전부가 공서양속에 반하여 무효로 된다고 하며, 위약벌약정과 같은 사적 자치의 영역을 일반

---

20) 김용담(편) / 유남석(집필), 주석 민법〔채권총칙(2)〕, 한국사법행정학회, 2013, 70면.
21) 대법원 2012. 12. 27. 선고 2012다60954 판결 ; 대법원 1993. 4. 23. 선고 92다41719 판결 ; 대법원 2010. 7. 15. 선고 2010다10382 판결 등.
22) 대법원 2014. 1. 16. 선고 2013다64090 판결 ; 대법원 1995. 11. 10. 선고 95다33658 판결 ; 대법원 2011. 1. 27. 선고 2010다60042 판결 등.

조항인 공서양속을 통하여 제한적으로 해석함에 있어서는 계약의 체결
경위와 내용 등을 종합적으로 검토하는 등 매우 신중을 기하여야 한다고
한다.[23]

그러므로 위약금이 손해배상액의 예정이라면 법원은 민법 제398조에
근거하여 적극적으로 감액할 수 있고, 위약금을 넘어서는 손해가 발생한
경우에도 이를 배상받을 수 없음이 원칙이다. 그러나 위약금이 위약벌이
라면 민법의 구체적 규정이 아니라 공서양속이라는 일반 원칙에 의한 감
액만이 가능하므로 법원은 감액에 있어서 신중하여야 하고, 위약금과 별
개로 손해배상청구가 가능하다.

(2) 손해배상액의 예정과 위약벌의 구별기준

위약금약정은 민법 제398조 제4항에 따라 손해배상액의 예정으로 추
정한다. M&A계약의 당사자들은 이러한 추정 규정의 적용을 배제하기
위하여 계약에서 위약금이 손해배상액의 예정인지 혹은 위약금인지를
명시하는 것이 보통이다. 그러나 법리적으로는 위 계약 규정에도 불구하
고 위약금의 성격이 달리 결정될 가능성을 아예 배제할 수 없고, 실제로
위약금의 지급이 문제 되는 때에는 계약에서 이를 명확히 규정하였음에
도 소송에서 그 법적 성격이 다투어지는 경우가 많다.

손해배상액의 예정과 위약벌의 본질 및 구별기준에 대하여는 기존에
많이 논의되어 왔다.[24] 위약벌의 본질에 대해서는 채무자에게 심리적인

---

23) 대법원 2013. 12. 26. 선고 2013다63257 판결 ; 대법원 2010. 12. 23. 선고 2010다56654
   판결 등.
24) 이충상, "계약보증금에 관한 몇 가지 고찰 : 손해배상액의 예정인지 위약벌인지 및
   감액 가능 여부 등," 사법논집 제32집(2001), 법원행정처, 333-366면 ; 홍승면, "손해배
   상액의 예정과 위약벌의 구별방법," 민사판례연구 제24권(2002), 민사판례연구회,

경고를 함으로써 채무의 이행을 확보하려는 것이라고 한다. 반면 손해배
상액의 예정의 본질에 대해서는 입증 곤란을 배제하고 손해배상에 대한
법률관계를 간이하게 해결하려는 기능만 있다는 견해[25](일원적 기능설)
와 이러한 기능과 더불어 채무자에게 심리적인 경고를 줌으로써 채무 이
행을 확보하려는 기능도 있다는 견해[26](이원적 기능설)가 대립한다. 이에
관한 판례의 입장은 분명하지 않아서 이원적 기능설에 가까운 판례[27]와
일원적 기능설에 따른 것으로 보이는 판례[28]가 있다. 손해배상액의 예정
과 위약벌을 구별하는 판단기준에 관하여 통설과 판례는 모두 구체적 사
건에서 개별적으로 결정할 '의사해석'의 문제라고 하는데,[29] 판례는 구체
적으로 어떠한 요소를 고려하여 의사해석을 해야 하는지 분명하게 밝히
고 있지 않고, 학설은 (i) 양자의 본질에 초점을 맞추어 당사자의 의도가
입증의 곤란을 방지하기 위한 목적인지, 이행 확보가 주된 목적인지를
기준으로 이행 확보를 위한 제재금인 경우에는 위약벌로 인정되고, 귀책
사유나 손해발생 또는 그 액수를 묻지 아니하고 일정한 금액을 지급하도
록 하여 손해배상을 용이하게 하려는 데 목적이 있다면 손해배상액의 예
정으로 파악하여야 해야 한다는 견해,[30] (ii) 효과에 초점을 맞추어 손해

116-163면 ; 민사실무연구회(편) / 이동신(집필), "손해배상액의 예정과 위약벌에 관한
판례 연구," 민사재판의 제 문제 제11권, 한국사법행정학회, 2002, 261-302면 ; 최창렬,
앞의 논문(주 4), 363-396면 ; 지원림, "위약금에 관한 약간의 고찰," 인권과 정의 제430호
(2012. 12), 대한변호사협회, 37면 등 참고.

25) 최창렬, 앞의 논문(주 4), 368-372면.
26) 민사실무연구회(편) / 이동신(집필), 앞의 글(주 24), 286면.
27) 대법원 1993. 4. 23. 선고 92다41719 판결 ; 대법원 2016. 3. 24. 선고 2014다3115 판
결 ; 대법원 2016. 7. 14. 선고 2012다65973 판결 등 참조.
28) 대법원 2005. 10. 13. 선고 2005다26277 판결.
29) 대법원 2000. 12. 8. 선고 2000다35771 판결.
30) 최창렬, 앞의 논문(주 4), 381-385면 ; 윤 경, "손해배상예정액과 위약벌의 구별 및 구
예산회계법상 차액보증금, 차액보증계약의 성질," 대법원판례해설 제40호(2002), 법원
도서관, 486면 ; 이지윤, "판례에 나타난 '특수한' 손해배상액의 예정과 위약벌," 비교

에 대해서 별도로 청구할 수 있는 합의가 있는 경우에는 위약벌이고, 그러한 합의가 없는 경우에는 손해배상액의 예정으로 보아야 한다는 견해,[31] (iii) 절충적으로 채무의 정시 이행을 담보할 필요성이 매우 강한 경우 또는 위약금이 매우 적어서 도저히 손해배상액의 예정으로 볼 수 없는 경우 등에는 위약벌이고 그 외에는 손해배상액의 예정으로 보아야 한다는 견해[32] 등이 있다.

이에 관하여 청구 사건의 경우 법원이 주도하는 정리회사 M&A를 위한 인수인의 투자계약서가 문제 되었는데, 양해각서상 위약금은 위약벌로 명시되어 있었으나 투자계약서상 계약금 몰취조항에는 위약벌이라는 용어를 사용하지 않았고, 계약금 몰취조항과는 별도로 정리회사가 입은 손해를 배상할 의무를 부담한다는 취지의 조항을 두고 있지 않는 등 투자계약서상 계약금 몰취조항을 위약벌에 관한 약정으로 해석할 만한 특별한 근거 규정도 없는 점을 근거로 이를 손해배상액의 예정으로 판단하였다.

대우조선해양 사건에서는 위약벌과 위약금 양자의 요소가 모두 있어서 문제 되었다. 매수인 측은 양해각서에서 이행보증금의 법적 성질이 위약벌임을 명시적으로 규정하였음에도 위 이행보증금의 몰취조항은 손해배상액의 예정이며, 양해각서의 체결경위 등을 고려하면 이행보증금의 액수가 지나치게 과다하여 적정한 수준으로 감액되어야 한다고 주장하였다. 문제가 된 양해각서에는 이행보증금 몰취 외에 손해배상을 할 수 없다는 규정이 있었는데, 이러한 규정은 이행보증금이 손해배상액의 예정으로서의 성질을 가진다는 징표가 될 수 있었고, 이러한 점이 매수

사법 제18권 제4호(2011. 12), 한국비교사법학회, 1183면.

31) 홍승면, 앞의 논문(주 24), 160면.
32) 이충상, 앞의 논문(주 24), 350-352면.

인 측 주장을 뒷받침할 수 있었다.

항소심 법원[33]은 당사자들이 법률자문을 통해 대법원이 손해배상액의 예정과 위약벌을 구별하여 취급하는 점을 알았음에도 위약벌이라는 문구를 사용하였다는 점을 고려하고, 해당 거래가 신속한 최종계약의 체결 및 거래의 종결이 중요한 의미를 가지고 있었던 점에 비추어 "손해의 발생 및 손해액에 대한 입증 곤란을 방지하고 법률관계를 간이화하기 위하여 둔 것이라기보다는" "최종계약의 체결 및 거래 종결을 강제하기 위하여 둔 것"이라고 인정하면서 위약벌로 봄이 상당하다고 판시하였으며, 나아가 위약금의 감액도 인정하지 않았다. 즉 당사자의 명시적 의사와 기능적 측면에서의 손해배상액의 예정과 위약벌의 구별기준을 모두 고려하여 해당 이행보증금이 위약벌인지 손해배상액의 예정인지를 판단하였다.

그러나 대법원[34]은 해당 이행보증금이 위약벌이 아닌 손해배상액의 예정이라고 보면서, 위 양해각서에서 이행보증금 몰취조항을 두게 된 주된 목적이 최종계약의 체결이라는 채무이행을 확보하려는 데에 있었다 하더라도, 3,150여억 원에 이르는 이행보증금 전액을 몰취하는 것은 부당하게 과다하다고 하면서 위와 같은 원심 판결을 파기환송하였다. 대법원은 (i) 위 양해각서가 이행보증금 몰취를 유일한 구제수단으로 규정하며 기타의 손해배상을 주장할 수 없도록 한 점, (ii) 막대한 금액이 걸린 계약을 체결하면서 사후적 손해의 처리를 전혀 고려하지 않았다고 해석하는 것은 부자연스러운 점, (iii) 손해배상액의 예정의 목적은 손해의 증명 곤란을 배제하고 분쟁을 방지하여 법률관계를 간이하게 해결하는 것 외에도 채무자에게 심리적으로 경고를 주어 채무 이행을 확보하려는 데

---

33) 서울고등법원 2012. 6. 14. 선고 2011나26010 판결.
34) 대법원 2016. 7. 14. 선고 2012다65973 판결.

에도 있는 점 등에 비추어 이 사건 이행보증금은 '위약벌'이라는 표현에
도 불구하고 손해배상액의 예정에 해당한다고 본 것이다.

그러므로 실제로 위약금이 법리적으로 위약벌 혹은 손해배상액의 예
정으로 취급될지 여부는 당사자가 M&A 계약에서 이를 어떻게 규정하였
는지가 가장 중요하지만,[35] 거래 관련 제반 사정에 비추어 위약금이 어
떠한 기능을 하는지도 고려될 수 있으므로 이에 유의할 필요가 있다.

(3) 당사자의 귀책사유가 없는 경우의 위약금 지급조항 효력

앞에서 본 바와 같이 당사자의 귀책사유에 의한 M&A 계약 위반을 이
유로 해제하는 경우에는 위약금이 지급되도록 하되, 당사자의 귀책사유
와 상관없이 계약이 해제되는 때에는 위약금의 지급의무가 없고 이미
계약금을 지급받은 경우에는 이를 반환받을 수 있도록 하는 것이 통상적
이다.

그러나 당사자의 귀책사유에 의한 해제 외에 당사자가 통제할 수 없
는 사유로 인하여 계약이 해제된 때에도 이에 대한 위험을 특정 당사자
에게 전가하기 위하여 이를 위약금 지급의 사유로 정하는 때가 있다. 대
표적인 것이 공정거래위원회의 기업결합신고 수리결정 혹은 금융위원회
의 금융기관 대주주변경 승인 등 정부 인허가를 받지 못한 경우이다.[36]

---

35) 건영 사건은 이행보증금이 '위약벌'로서 귀속된다고 명시되어 있었고 실제로 위약벌로
    인정되었으며, 청구 사건 및 신영기업 사건에서는 이행보증금이 '계약금' 혹은 '이행보
    증금'이라고만 명시되어 있었는데 손해배상액의 예정으로 추정된다고 인정되었으며,
    쌍용 사건에서 최종입찰안내서에서는 이행보증금을 '위약벌'로서 귀속시킨다고 되어
    있었으나 양해각서에서는 '손해배상예정액'이 귀속된다고 규정하고 있었으며, 법원은
    별다른 판단 없이 손해배상액의 예정으로 인정하였다.
36) 기업결합신고 수리결정 혹은 대주주변경 승인 등 정부 인허가를 받지 못한 경우를
    매수인의 귀책사유로 간주하는 등의 규정을 두기도 한다. 당사자의 귀책사유가 없는

M&A계약상 거래 종결을 위하여 필요한 정부 인허가 취득의 경우 일반
적으로 거래 종결의 선행조건으로 포함하고, 일정 기간 내에 해당 선행
조건이 충족되지 않으면 당사자들이 M&A계약을 해제할 수 있도록 규정
한다. 그런데 매도인의 지위가 우월한 거래나 거래 종결의 확실성이 중
요한 거래 등에서는 이와 같은 거래 종결의 선행조건 및 해제권 규정에
더하여, 매도인 측에서 이와 같은 정부 인허가를 받는 것은 매수인의 책
임이라는 이유로 정부 인허가를 받지 못한 때에도 매수인이 위약금을 부
담하도록 요구하는 경우가 많다. 매수인은 사전 법률 검토를 통하여 정
부 인허가 가능성을 합리적으로 예측하여 이러한 규정을 받아들일지 여
부를 결정하게 된다.[37]

위와 같은 규정이 협상을 통해 계약에서 규정되었다고 하더라도 이러
한 규정이 법리적으로 유효한 것인지는 다시 살펴볼 필요가 있다. 위약
금이 손해배상액의 예정인 경우에는 손해배상 법률관계의 간이한 해결
및 입증 곤란의 위험 방지라는 기능에 비추어 채무자가 귀책사유 없음을
입증한 때에도 위약금 지급의무가 있다는 견해[38]가 종래의 다수설이나,

경우의 위약금 지급조항의 효력이라는 맥락에서는 동일한 규정으로 이해된다.
37) M&A가 공개입찰을 통해 이루어질 때 입찰참가자들은 입찰서에 거래금액 및 M&A계
   약 매도인 초안에 대한 수정사항을 제출한다. M&A계약 매도인 초안에는 일반적으로
   정부 인허가가 나오지 않아서 거래가 종결되지 않는 때에도 매수인이 위약금을 부담
   하는 것으로 규정되어 있는 경우가 많다. 만약 매수인이 이를 수정하는 경우, 매도인
   입장에서는 매수인이 정부 인허가에 자신이 없어서 거래 종결의 가능성이 낮다는 인
   상을 받을 수도 있다. 이는 입찰에 불리한 영향을 줄 수 있어 매수인이 위 규정을
   수정함에 있어서 신중을 기하게 된다.
   이때 절충안으로서 매수인이 정부 인허가를 위하여 최선의 노력(best effort)을 다한
   경우에는 정부 인허가가 나오지 않더라도 위약금을 지급하지 않도록 규정하거나, 법
   령상에 규정된 정부 인허가의 객관적 요건은 모두 충족하였으나 정부의 주관적 재량
   에 의하여 정부 인허가가 나오지 않으면 위약금을 지급하지 않도록 규정하는 방법을
   고려하기도 한다.
38) 곽윤직, 채권총론, 박영사, 2002, 162면 ; 김상용, 채권총론, 법문사, 1996, 243면 등.

최근에는 귀책사유가 없어도 손해배상액의 예정이 인정된다는 명시적 특약이 없는 이상 채무자가 귀책사유 없음을 입증하면 위약금 지급의무를 면한다는 견해[39]가 늘고 있다. 대법원 판례도 후자의 견해와 같은 입장이다.[40] 손해배상액의 예정에 대한 종래의 다수설과 달리 위약금이 위약벌인 경우에는 위약, 즉 좁은 의미의 채무불이행의 성립을 요하고 따라서 귀책사유가 있어야 위약금청구가 가능하다는 것이 일반적 견해이다.[41] 그 근거로는 채무자에 대한 제재라는 본질상 당연히 귀책사유가 필요하고, 위약벌의 경우 추가적 손해배상청구도 가능하므로 귀책사유를 요구하지 않으면 채무자에게 지나치게 불리하다는 점을 든다.[42] 그러므로 이러한 입장에 따른다면 정부 인허가를 받지 못한 경우 등 당사자의 귀책사유와 상관없이 계약이 해제되는 때에도 위약벌의 지급의무를 인정하는 M&A계약은 그 효력을 인정받기 어렵다는 지적도

---

39) 서 민, "손해배상액의 예정," 민사법학 제7호(1988), 한국민사법학회, 177면 ; 최병조, "위약금의 법적 성질," 민사판례연구 제11집(1989), 민사판례연구회, 229면 ; 지원림, 앞의 논문(주 24), 30면 ; 윤진수, "2007년 주요 민법 관련 판례 회고," 서울대학교 법학 제49권 제1호(2008), 서울대학교 법학연구소, 351면. 한편 임건면, "손해배상액의 예정과 위약벌에 관한 비교법적 고찰," 민법의 과제와 현대법의 조명(경암 홍천용 박사 화갑기념논문집), 1997, 372면에서는 위약금 전반에 대해 채무자의 귀책사유를 요한다고 한다.

40) 대법원 2010. 2. 25. 선고 2009다83797 판결.

41) 지원림, 앞의 논문(주 24), 30면 등 다수 및 김재형, "손해배상액의 예정에서 위약금 약정으로 : 특히 위약벌의 감액을 인정할 수 있는지 여부를 중심으로," 비교사법 제21권 제2호(2014. 5), 한국비교사법학회, 652면에 따르면 독일의 일반적 견해도 같다. 박홍래, "손해배상액의 예정과 위약벌," 민사법연구 제9집(2001. 12), 민사법연구회, 87면에 의하면 스위스 채무법에서는 명문으로 위약벌의 지급을 위해서는 채무자의 귀책사유를 요한다고 한다. 강신웅, "손해배상액의 예정과 위약벌의 인정 문제," 민법의 과제와 현대법의 조명(경암 홍천용 박사 화갑기념논문집), 1997, 367면에서는 위약벌의 문제점을 지적하면서 고의·중과실이 있는 경우에만 청구를 인정할 필요가 있다는 입장을 취한다.

42) 최창렬, "손해배상액의 예정과 위약벌에 관한 연구," 성균관대학교 박사학위논문, 1999, 146-147면 ; 홍승면, 앞의 논문(주 24), 130면 ; 최병조, 앞의 책(주 39), 230면 등.

있다.[43)]

결국 위약금이 손해배상액의 예정인 경우, 귀책사유와 상관없이 위약금 지급의무가 인정된다는 내용의 명시적 특약을 둔다면 이러한 특약에 따라 상대방에게 귀책사유가 없는 때에도 위약금을 청구할 수 있을 것으로 보인다. 그러나 위약금이 위약벌로 인정되는 경우에 대해서는 아직 판례의 입장이 정리되지는 않았으나, 귀책사유 없이 위약벌의 지급을 인정하는 계약 규정의 유효성 여부가 논란이 될 수 있어서 주의가 필요하다. M&A계약은 당사자들이 모두 상거래에 익숙한 회사인 경우가 많고 변호사의 법률 검토를 받으면서 계약을 체결하게 되므로, 당사자들이 충분히 검토하여 합의한 계약의 내용을 존중할 필요가 있고, 당사자 일방을 보호하기 위하여 법원이 개입할 필요가 적다는 지적이 있을 수 있다. 그러나 귀책사유가 없음에도 위약벌의 지급을 요구하는 때, 공서양속 위반을 이유로 한 위약금의 감액 주장이 받아들여지거나[44)] 당사자들이 위약벌로 정하였음에도 귀책사유를 불문한다는 특성을 고려하여 위에서 본 바와 같이 손해배상액의 예정으로 인정될 가능성도 배제하기는 어려울 것으로 보인다.

---

43) 김병태, "기업인수합병상 거래보호를 위한 약정에 관한 연구," 상장협연구 제53호 (2006), 한국상장회사협의회, 188면.

44) 참고로 대법원 1999. 3. 26. 선고 98다33260 판결에서 한국토지공사가 토지분양계약이 해제되었을 때 귀책사유의 유무를 불문하고 수분양자가 지급한 매매대금의 10퍼센트에 상당하는 계약보증금이 몰취되도록 정한 경우, 이를 위약벌로 보면서 해당 규정은 고객인 분양자에 대하여 일방적으로 부당하게 불리한 조항으로서 공정을 잃은 것으로 추정되어 신의성실의 원칙에 반하거나 계약 해제 시 고객의 원상회복청구권을 부당하게 포기하도록 하는 조항으로서, 약관의 규제에 관한 법률에 위반하여 무효라고 보았다.

(4) M&A계약상 위약금의 감액 가능성

앞에서 본 바와 같이 위약금이 손해배상액의 예정인 경우 민법 제398조
제2항에 따라서 부당하게 과다한 때에 법원은 적당히 감액할 수 있다. 또
한 위약벌인 경우에도 공서양속에 반하면 전부 혹은 일부 무효가 인정될
수 있다는 것이 판례의 입장이다.[45] 손해배상액 예정의 감액은 손해전보
라는 목적에 비추어 손해배상예정액의 지급이 채무자에게 부당한 압박을
가하는지 여부를 판단기준으로 하고, 위약벌의 전부 혹은 일부 무효는 이
행강제라는 채권자의 이익에 비하여 채무자의 불이익이 과도한지 여부를
판단기준으로 하며, 위 기준 외 계약 체결의 경위, 계약의 목적과 내용,
당사자의 경제적 지위, 거래대금 및 거래대금에 대한 이행보증금의 비율,
당시의 거래관행 등이 공통적으로 고려된다.[46]

판례는 부동산매매계약에서 매매대금의 10퍼센트 상당액을 위약금으
로 약정하는 것이 일반적 거래관행이라고 하고,[47] 공사하도급계약에서

---

45) 대법원 2013. 12. 26. 선고 2013다63257 판결 ; 대법원 2015. 12. 14. 선고 2014다14511
  판결 등.
46) 지원림, 앞의 논문(주 24), 38면 ; 대법원 1993. 4. 23. 선고 92다41719 판결 ; 대법원
  2002. 4. 23. 선고 2000다56976 판결 ; 대법원 2013. 7. 25. 선고 2013다27015 판결
  등 참고. 위약벌에 의한 일부 무효의 기준이 손해배상액 예정의 감액보다 엄격하여야
  하는지에 대해서는 견해가 나뉘는데, 사적 자치에 대한 국가의 간섭의 필요성은 사적
  제재에 해당하는 위약벌이 더 큰 점 등을 이유로 일반 조항의 적용으로 인한 위약벌
  감액을 더 엄격하게 할 것이 아니라는 견해(홍승면, 앞의 논문(주 24), 133-134면)가
  있는 반면, 손해배상액의 예정과 위약벌의 기능상 차이 등을 고려해서 위약벌의 감액
  을 보다 엄격하게 판단해야 한다는 견해(최병조, 앞의 책(주 39), 238면)가 있다.
47) 대법원 1991. 3. 27. 선고 90다14478 판결 ; 다만 대법원 2014. 1. 16. 선고 2013다
  64090 판결은, 부동산매매계약에서 어느 일방이 계약을 불이행하는 경우 매매대금의
  150퍼센트에 해당하는 금원을 배상하는 것으로 정한 사안에서, 원심이 매매대금의 150퍼
  센트는 손해배상액의 예정으로서 부당히 과다하므로 이를 매매대금의 10퍼센트로 감
  액하는 것이 적당하다고 판단한 것에 대하여 원심의 결정은 부당하다고 하였다. 매매
  계약의 이행불능으로 계약이 해제될 경우, 원고가 실제로 입게 될 손해의 정도는 원고

하도급공사금액의 10퍼센트 정도를 손해배상액의 예정으로 약정함이
일반적 거래관행이라고 판시하면서,[48] 주로 10퍼센트를 기준으로 위 계
약에 있어서의 손해배상액 예정의 감액 여부를 판단한 바 있다. 그러나
M&A거래에서는 이러한 일관된 기준을 찾기는 어려워 보인다.[49] 한편
앞에서 살펴본 최근의 이행보증금 사례에서 법원은 대우조선해양 사
건[50] 및 현대상선 사건[51]을 제외하고는 위약금약정의 감액을 인정하지

가 투입할 이 사건 각 부동산의 개발비용 등을 고려할 때 다른 부동산 매매계약에
비해 상대적으로 클 것이 예상되기 때문에 이 사건 매매계약에서 손해배상액의 예정
비율을 일반적인 경우(10퍼센트)보다 현저히 높게 책정하였다고 볼 여지가 충분하다
고 판시하였다.

48) 대법원 2000. 12. 8. 선고 2000다50350 판결.

49) M&A계약상 위약금조항에 관한 판례에서는 부동산매매계약 또는 공사하도급계약 관
련 판례에서와 달리 거래금액의 10퍼센트라는 일정한 기준을 명시적으로 제시하지
않고, 사안별로 위약금의 과다 여부를 판단하고 있다.

50) 대우조선해양 사건의 항소심에서는 약 3,150억 원(주식매매대금 약 6조 3,000억 원의
5퍼센트)의 이행보증금이 위약벌로서 과다하지 않다고 판단하였으나, 대법원에서 위
이행보증금이 위약벌이 아닌 손해배상액의 예정이라는 취지로 파기되어 2016년 8월
현재 환송심 계속 중이다. 대법원은 (i) 워크아웃기업의 경우 협상단계에서 미처 예상
하지 못한 우발채무가 발생하거나 자산가치가 실제보다 과장된 것으로 드러날 가능성
도 배제할 수 없는데, 특히 대상회사는 2001년 8월 26일 워크아웃절차 종료 후 7년이
나 지나 기업 인수가 추진되었던 점, (ii) 양해각서에 대상회사의 자산가치에 대한 진
술 및 보증조항이 없고 매수인에 대한 편면적 위약금 규정만 존재했던 점, (iii) 양해각
서 초안에서는 확인실사 및 가격조정 완료 후 최종계약을 체결하는 구조였으나, 협의
과정에서 확인실사 실시와 상관없이 2008년 12월 29일까지 최종계약을 체결하기로
하는 조항이 삽입되어 거래구조가 변경되었음에도 종전의 거래조건을 전제로 하였던
매도인 면책 규정 등 매수인에게 불리한 규정들이 양해각서에 포함된 점, (iv) 양해각
서 해제로 최종계약 체결이 무산된 것 자체로 인한 손해는 신뢰이익 상당 손해에 한정
된다는 점 등을 고려하여, 양해각서에서 이행보증금 몰취조항을 두게 된 주된 목적이
최종계약의 체결이라는 채무 이행을 확보하려는 데에 있었다고 하더라도, 3,150여억
원에 이르는 이행보증금 전액을 몰취하는 것은 부당하다고 하며 원심을 파기하였다
(대법원 2016. 7. 14. 선고 2012다65973 판결).

51) 법원은 현대상선 사건에서 이행보증금 2,755억 원(입찰금액 5조 5,100억 원의 약 5퍼
센트)이, 양해각서 해지가 외부적 요인에 의하여 발생한 점, 양해각서에 기한 교섭관
계 파탄에 상대방의 귀책이 있었던 점 등 제반 사정을 고려하여 과다하다고 하면서,

않는 경향을 보이는데,[52] 이에 대해서 M&A거래에서의 위약금은 징벌적 성격의 제재를 통하여 양수인의 계약 위반을 억지하려는 데에 가장 큰 목적이 있으므로 이와 같이 감액을 신중하게 하여야 한다는 견해가 있다.[53] 그러나 M&A거래라는 이유만으로 반드시 다른 계약들보다 징벌적 성격의 제재를 통하여 계약 위반을 억지하려는 동기가 강하다고 볼 수는 없다. 위약금의 감액 여부는 구체적인 M&A거래의 형태나 내용, M&A 당사자 쌍방의 교섭력의 우열 등에 따라 개별적으로 판단되어야 할 것으로 보인다. 다만 M&A계약은 당사자들이 변호사의 법률 검토를 받으면서 계약을 체결하고, 다액의 위약금을 정하는 대신 그 대가로 다른 계약조건을 유리하게 하였을 가능성도 있으므로 법원이 감액 여부를 결정함에 있어서는 이러한 점을 함께 고려할 필요가 있다.

(5) M&A계약상 위약금의 감액배제조항의 효력

법원에 의한 위약금의 감액이 가능한 것을 대비하여 당사자들이 위약금이 합리적이고 적정한 금액으로 법원의 감액대상이 아니라는 점을 인

당초 예정한 위약금(약 2,755억 원)의 25퍼센트 상당 금액(약 688억 원)만을 인정하였다(대법원 2016. 3. 24. 선고 2014다3115 판결).

52) 법원은 (i) 건영 사건에서 이행보증금 100억 5,000만 원(인수대금 2,010억 원의 5퍼센트)이 위약벌로서 과다하지 않다고 판단하였고, (ii) 청구 사건에서는 계약금 122억 7,000만 원(인수대금 1,227억 원의 10퍼센트)이 손해배상액의 예정으로서 과다하다고 볼 수 없다고 하였으며, (iii) 신영기업 사건에서는 이행보증금 55억 원(입찰금액 1,060억 8,200만 원의 약 5퍼센트)이 손해배상액의 예정으로서 과다하다고 볼 수 없다고 판단하였고, (iv) 쌍용건설 사건에서도 이행보증금 약 231억 원(최종입찰대금 약 4,620억 원의 5퍼센트)이 손해배상액의 예정으로서 과다하다고 보기 어렵다고 판단하였다.

53) 양시경 / 강은주, "M&A거래에서의 양해각서(MOU)에 관하여," BFL 제47호(2011. 5), 서울대학교 금융법센터, 44-45면.

정한다는 규정을 추가하는 경우가 있다. 그러나 손해배상액 예정의 감액에 관한 민법 제398조 제2항은 강행법규로서 이 조항에 기한 감액 주장을 사전에 배제하는 약정은 무효라 할 것이다.[54] 또한 위약벌에 대해서도 공서양속을 근거로 하여 감액이 가능하고, 이러한 법원의 권한은 역시 당사자의 의사로 배제할 수 있는 것이 아니다. 결국 위약금이 손해배상액의 예정이든 위약벌이든 간에 그 감액을 불허하는 M&A계약상의 규정은 효력을 인정받기 어려우므로 주의할 필요가 있다.[55]

2. 위약금의 구체적 조건에 관한 쟁점

(1) 위약금의 규모

위약금의 규모는 사례에 따라 다르겠지만, 국내 M&A에 있어서는 거래대금의 5~10퍼센트 정도에서 합의되는 경우가 많은 것으로 이해된다. 다만 거래대금이 상당히 큰 때에는 위약금을 3~5퍼센트 정도로 합의하기

---

54) 곽윤직(편) / 양창수(집필), 민법주해 Ⅸ〔채권(2)〕, 박영사, 2008, 681면 ; 대법원 2007. 10. 25. 선고 2007다40765 판결.

55) M&A계약의 경우 당사자들이 해당 거래에 대한 경험과 지식이 풍부하고, 더구나 거래 자체를 위하여 법률 전문가의 충분한 조력을 받아 계약이 체결되므로 일반적인 경우와 달리 보아야 한다는 주장도 제기될 수 있다. 그러나 민법 제398조 제2항 및 공서양속이 당사자 간의 약정으로 배제할 수 없는 강행법규라는 점을 고려하면, 위약금의 감액을 전면적으로 배제하는 조항의 효력에 대한 판단이 거래의 경험이나 법률 전문가의 조력 가능성 등 약정 당사자의 주관적 사정에 따라 달라지기는 어려울 것으로 보인다. 다만 위 조항이 유효하지 않다고 하더라도 실제로 법원이 감액을 할 것인지는 또 다른 문제인데, 이러한 측면에서는 법률 전문가의 조력 여부, 약정 당사자의 동종 거래의 경험 등을 고려하여 M&A계약의 위약금에 대해서 실제로 감액이 인정될 가능성은 낮다고 볼 여지가 있다. 앞에서 검토한 M&A거래 관련 양해각서나 본계약상 위약금조항에 관한 판례들에서도 대체로 감액을 인정하지 않는 경향이었으나, 최근 현대상선 사건이나 대우조선해양 사건 등에서는 감액 취지로 판시하기도 하였다.

도 한다. 미국에서의 경험적인 연구에 의하면 2012년에 이루어진 M&A거
래에서 위약금은 거래금액의 1~10.9퍼센트에 달하는 것으로 관찰되었
고, 중간값(median) 및 평균값(mean)은 모두 3.5퍼센트였다.[56] 그러나
획일적인 것은 아니다. 결국 위약금의 규모는 손해배상의 확보 및
M&A계약의 이행 가능성 제고라는 위약금의 기능을 확실히 하기 위하
여 어느 정도의 위약금을 설정하는 것이 바람직한지에 달려 있다.[57]

일반적인 해제는 거래대금의 10퍼센트 정도의 위약금을 정하되, 특정
의무의 불이행으로 인하여 M&A계약이 해제되는 때에는 특별히 다액의
위약금을 부담하기로 정하는 경우도 찾아볼 수 있다. 또한 위약금을 거
래대금의 일정 비율에 해당하는 금액에 법률자문비용 및 재무자문비용
등 당사자가 지출한 특정 항목의 금액을 더하는 방식으로 정하여 입증
이 용이한 특정 항목의 실손해액이 반영되도록 하는 방법도 있다.

(2) 위약금 부담의 주체

이론적으로는 위약금을 정하는 경우 양 당사자 모두에게 공통적으로
적용되도록 하는 것이 타당할 것이다. 그러나 실무적으로는 누가 협상에
있어서 우위에 있는지에 따라 달라진다. 매도인이 우위에 있는 때에는
매수인만이 위약금을 부담하도록 하고, 매도인의 M&A계약 위반으로 계
약이 해제되는 때에는 매도인은 위약금을 지급할 의무가 없고 다만 매수

---

56) Houlihan Lokey, 2012 Transaction Termination Fee Study (2013) ; http://www.hl.
com/email/pdf/2012-HL-transaction-termination-fee-study.pdf 참고. 위 기관은 매년
매도인이 지급하는 위약금(termination fee)의 규모를 조사하고 있는데, 2011년에는 평
균값 3.3퍼센트, 중간값 3.2퍼센트였고, 2010년에는 평균값 3.5퍼센트, 중간값 3.3퍼센
트였다고 한다.
57) 송종준, M&A 판례노트, 진원사, 2012, 27면 참고.

인에게 실제 발생한 손해가 입증되면 손해배상의무만 부담하도록 정하는 경우도 많다.[58]

3. 도산절차에 있어서 위약금조항의 효력

일반적으로는 M&A계약 체결 시 위약금 상당의 금원을 매수인이 매도인에게 계약금으로 지급하도록 하여 위약금 지급을 담보하는 경우가 많다. 또한 매수인의 입장에서는 이의 반환을 담보하기 위하여 계약금 보관 계좌에 예금질권을 설정하기도 한다. 그러나 실제로 매도인 혹은 매수인이 회생절차 혹은 파산절차 등 도산 상황에 처하여 위약금 지급이 어려워지는 경우, 이를 어느 정도까지 배상받을 수 있는지는 채무자 회생 및 파산에 관한 법률(이하 '채무자회생법') 등 도산 관련 법령에 대한 검토가 필요하다.

채무자회생법은 도산절차가 개시된 후 미이행쌍무계약에 대하여 관리인 또는 파산관재인의 계약해제권을 인정하며(채무자회생법 제119조 및 제335조), 계약이 해제된 때 상대방은 손해배상에 관하여 회생채권자 또는 파산채권자로서 권리를 행사할 수 있음을 규정한다(채무자회생법 제121조 및 제337조).[59]

---

58) 위약금을 부담하는 당사자가 실질적인 자산이나 영업을 보유하지 않은 형식상의 회사(shell company)에 불과하거나 사모투자전문회사 혹은 다른 형태의 재무적 투자자들이 투자를 위해 설립한 특수목적회사여서 거래 종결시점 전까지는 특별한 재산이 없는 경우에는 사실상 그 배후에 있는 회사도 연대하여 위약금에 대한 책임을 부담하게 하거나 보증하도록 하는 방안이 필요하다는 지적도 있다. American Bar Association, 앞의 책(주 2), 284면 참고. 그러나 실무상으로는 매수인만이 위약금을 부담하는 경우가 많고, 매수인의 위약금은 계약금형태로 M&A계약 체결과 동시에 지급되기에 매수인의 배후에 있는 회사가 연대책임 혹은 보증책임을 부담하게 하는 경우는 많지 않다.

59) 손해배상의 범위와 관련하여, 서울고등법원 2001. 2. 6. 선고 2000나14035 판결은 주

최근 대법원은 파산관재인이 채무자회생법 제335조 제1항에 의하여 매매계약을 해제한 사안에서, 이는 해당 회사의 책임 있는 사유로 계약이 해제된 경우의 하나로 볼 수 있고, 이때 파산관재인의 해제로 피고에게 발생하는 손해는 소외회사의 채무불이행으로 인한 해제 시의 손해와 큰 차이가 없을 것으로 보이므로, 위 매매계약의 위약금약정은 파산관재인의 해제로 발생하는 손해까지 포함하는 위약금약정이라고 판시하였다.[60] 그러므로 M&A의 일방 당사자에 대하여 회생 또는 파산절차가 개시되어 관리인 또는 파산관재인이 M&A계약을 해제한 경우에도 위약금약정에 기해 상대방 당사자가 위약금을 청구할 수 있다. 그러나 이러한 위약금채권은 회생채권 혹은 파산채권이므로 해당 회사의 책임재산이 부족하면 전액 변제를 받지 못할 수 있다는 점에 유의할 필요가 있다.[61]

식매매계약의 매수인 회사가 정리절차 개시결정을 받은 후 관리인이 해제권을 행사하여 매도인이 손해배상을 청구한 사안에서 이는 정리회사의 책임에 귀속할 사유에 의한 이행불능에 기인한 것으로 보아야 할 것이고, 그에 따른 손해배상의 범위는 신뢰이익뿐만 아니라 이행이익의 상실에 의한 손해배상을 포함하는 것이라고 판시한 바 있다.

60) 대법원 2013. 11. 28. 선고 2013다33423 판결. 일본에서도 임대차에서 임차인이 파산하여 관리인이 계약을 해제한 경우 위약금조항의 효력을 인정하고 전세보증금 전부를 위약금으로 충당하여 반환하지 아니한 사례가 있다(東京地方裁判所平成20.8.18. 19年(ワ)第30521號, 平成19年(ワ)第33940號]. 이에 대한 소개는 判例タイムズ 第1293號 (2009. 6), 299면 참고.

61) 채무자회생법 제118조 제3호에서 회생절차 개시 후의 불이행으로 인한 위약금을 회생채권으로 명시하고 있다. 참고로 사무관리 또는 부당이득으로 인하여 회생절차 개시이후 채무자에 대하여 생긴 청구권은 동법 제179조 제1항 제6호에 따라서 공익채권으로 취급된다. 그러므로 관리인의 계약 해제 시 계약금 자체에 대한 반환청구권은 공익채권으로서 회생채권에 우선하므로 회생절차에서 전액 변제받을 가능성이 높다.

4. 주주총회의 의사결정권한 및 이사의 신인의무의 고려

매도인이 지급하는 위약금은 매도인으로 하여금 거래 종결 전에 보다 나은 조건을 제시하는 인수인이 나타나는 경우에도 새로운 인수인에게 대상기업을 매각하는 것을 제약하므로 일종의 거래보호약정으로서 기능한다.[62] 그런데 합병이나 영업양수도 등과 같이 대상회사의 주주총회에서 최종적인 승인권한을 갖는 M&A의 경우 이사회에서 계약을 체결하면서 주주총회 승인을 받지 못하여 계약이 해제되더라도 위약금의 지급조항 등 거래보호약정이 적용되도록 하는 것은, 주주로 하여금 해당 계약을 승인하도록 압박하는 기능을 하여 주주의 의사결정의 자유를 제한 내지 훼손하는 것으로서 그 자체로 무효라는 주장이 있다.[63]

그러나 이사회가 합병이나 영업양수도계약을 체결하면서 주주총회 승인을 선행조건으로 하는 이상 주주총회 승인을 받지 못한 경우, 위약금이 적용된다고 하여 해당 계약 자체가 주주총회의 의사결정권을 침해하여 무효라고 보기는 어려울 것으로 생각된다.[64] 위약금조항 자체는 상법상 주주총회의 승인을 요하는 사항이 아니며, 상법 등에서 명시적으로 주주총회의 의사결정사항으로 규정한 사항 외에는 상법 제393조 제1항에 따라서 이사회가 결정권한을 가지기 때문이다.

---

62) M&A계약의 거래보호약정으로는 위약금 규정 외에도 매도인의 계약 불이행의 경우 매수인에게 대상기업의 중요 자산을 인수할 권리를 주는 자산의 매수권조항, 매도인의 배타적 교섭의무를 규정한 "no shop", "no talk" 조항 등이 있다. 이중기, 앞의 논문 (주 7), 9면 등 참고.

63) 手塚裕之, "M&A契約における獨占權とその付與限界 : 米國判例からみたUFJグループ統合交涉差止假處分決定の問題点," 商事法務 第1708號(2004), 18면.

64) 김병태, 앞의 논문(주 43), 197면 ; 김병태 / 이성훈 / 김수련, "M&A계약상 Fiduciary-out조항에 관한 연구," BFL 제20호(2006. 11), 서울대학교 금융법센터, 43면도 같은 취지이다.

다만 과도한 위약금에 합의하는 것은 당사자 회사가 보다 유리한 조
건에 M&A거래를 할 자유를 제약하므로 위약금 규모와 관련하여 당사자
회사 이사들의 신인의무(fiduciary duty), 특히 선관주의의무 위반이 문제
될 수 있다. 특히 미국에서 합병계약과 관련하여 이러한 논의가 활발하
므로 참고할 필요가 있다.[65] 이와 관련하여 국내에서도 위약금 등 거래
보호약정에서 이사가 선관주의의무를 위반한 경우 해당 약정의 효력에
대한 논의가 있는데,[66] 이는 일반적인 이사의 권한 남용 혹은 선관주의
의무 위반에 따른 계약의 효력에 대한 논의의 연장선상에 있으므로 여기
에서는 자세히 살펴보지 않는다.

---

65) 미국 판례들은 일반적으로 신인의무 차원에서 매도인이 지급하는 위약금(termination
fee)의 규모를 제한할 필요가 있다는 입장을 취하고 있다. 대표적인 것이 Revlon v.
MacAndrews & Forbes Holdings, Inc., 506 A.2d 173 (Del. 1986) 판결 및 Paramount
Comms., Inc. v. QVC Networks, Inc., 637 A.2d 34 (Del. 1993) 판결이다. 반대로
매도인이 지급하는 위약금의 설정을 통해서 투자자들의 M&A 참여를 유도하고 유리
한 합병비율을 관철할 수도 있어서 유리하다는 지적도 있다. 이러한 논란에 대해서는
Judd F. Sneirson, Merger Agreements, 2002 (3) Termination Fees and the Contract-
Corporate Tension, Columbia Bus. Law Review 573, 573-584 (2002) ; John C. Coates
IV/Guhan Subramanian, A Buy-Side Model of M&A Lockups : Theory and Evidence,
53 Stanford Law Review 307, 342-347 (2000) ; Ian Ayres, Analyzing Stock Lock-Ups :
Do Target Treasury Sales Foreclose or Facilitate Takeover Actions?, 90 (3) Columbia
Law Review 682, 704-709 (1990) ; Stephen M. Bainbridge, Exclusive Merger
Agreements and Lock-Ups in Negotiated Corporate Acquisitions, 75 Minnesota Law
Review 239, 241 (1990) ; Stephen Fraidin/Jon D. Hanson, Toward Unlocking
Lockups, 103 (7) Yale Law Journal 1834 (1994) ; David A. Skeel Jr., A Reliance
Damages Approach to Corporate Lockups, 90 Northwestern University Law Review
564, 595-605 (1996) 등 참고.
66) 김병태, 앞의 논문(주 43), 201-202면. 이와 관련하여 fiduciary-out조항의 도입을 주장
하는 견해로는 김병태/이성훈/김수련, 앞의 논문(주 64), 47면.

V. 결어

 본 논문에서는 M&A계약에 있어 위약금조항을 살펴보았다. M&A계약에서 위약금조항은 M&A계약의 해제에 따른 손해배상의 범위를 구체화하고 계약의 이행 가능성을 높이며, 대상기업의 가치변동에 대한 위험을 합리적으로 분배하는 기능을 한다.

 이러한 기능의 충실한 이행을 위하여 M&A 당사자 간 협상을 통해 다양한 형태로 위약금조항이 (주로 해제조항과 병행하여) 작성된다. 실무를 담당하는 변호사로서는 위약금조항에 있어서 실무상 활용되는 다양한 변형을 익숙하게 활용하고 여기에 내재하는 쟁점들을 숙지할 필요가 있다. 또한 실무에서 당사자 간 합의를 통해 작성되는 위약금조항 중에서도 법리적으로 그 효력이 부인되거나 제한되는 부분이 있을 수 있으므로 이에 대한 주의가 필요하다.

22

가격조정조항[*]

이병기[**]

I. 들어가며

M&A(Mergers & Acquisitions)거래에 있어서 가격조정(price adjustment)
은 해당 거래와 관련된 당사자의 이해관계를 조정하는 기능을 담당한다.
하지만 모든 M&A거래에서 가격을 조정할 수 있는 것은 아니며, 가격조정
이 쉽지 아니한 유형의 M&A도 있다. 가격조정이 가능한 형태의 M&A라
하더라도 당사자들이 계약에 가격조정조항을 두지 않는 경우도 많다. 당
사자들이 가격조정에 합의하더라도 그 구체적인 내용은 목적, 협상력,
거래의 다른 고려요소, 계약상 다른 조항과의 관계 등에 따라 다양한 형
태로 나타난다. 다음에서는 주로 실무적인 관점에서 M&A에서의 가격

---

[*] 이 논문은 BFL 제68호(2014. 11)에 게재된 글을 수정·보완한 것이다.
[**] 법무법인(유한) 태평양 변호사

조정에 관한 여러 가지 논점을 간략히 소개하고 설명하고자 한다.

II. 가격조정이 어려운 형태의 M&A

1. 합병, 주식의 포괄적 교환 내지 이전

가격조정이라 함은 개념상 가격 산정의 기준일과 거래 종결일 사이의 변동 내지 차이를 반영하기 위하여 거래 종결 이후 양수도대금을 조정하는 것을 말한다. M&A거래 중 위와 같은 가격조정이 어려운 형태를 꼽는다면 합병, 주식의 포괄적 교환 내지 이전(이하 '주식교환')을 들 수 있다. 이러한 종류의 M&A는 이른바 '양수도'형태의 거래가 아니며, 단체법적 거래로서의 성격을 갖는다. 따라서 거래의 실질적 당사자는 합병비율이나 교환비율에 직접적인 이해관계를 갖게 되는 관련 회사의 주주들이라고 볼 수 있음에도 불구하고, 합병계약이나 주식교환계약은 이 주주들이 아니라 합병이나 포괄적 교환의 당사자인 관련 회사 간에 체결된다.

이러한 이유로 거래의 실질적 당사자인 주주 사이에서 합병비율이나 교환비율을 조정하여야 할 사유가 발생하더라도, 상법상 계약의 당사자인 관련 회사들은 관련 계약에 합병 또는 주식교환 이후 이른바 '가격조정'을 할 수 있는 수단을 둘 수 없으며, 합병비율 내지 교환비율의 불공정을 이유로 소송을 제기하여 해당 합병 내지 주식교환의 무효를 구할수 있을 뿐이다. 예를 들어 본다. 관련 회사들이 평가한 기업가치가 7대 3의 상대적 비율로 산정되어 그에 따라 합병비율 내지 교환비율을 정하고 관련 계약을 체결한 후 해당 합병 내지 주식교환거래를 마무리하였다. 그후 기업가치가 6대 4의 상대적인 비율로 뒤늦게 밝혀지더라도 합병신주 내지 교환신주를 이미 발행하여 주주들에게 교부한 후에는 관련 회사들이 주주 사이에서 6대 4의 비율에 따라 주식이 귀속되도록 조정할 수 있는 계약상 수단이 없으며, 합병 무효의 소 내지 주식교환 무효의 소로서 해당 거래 자체를 무효로 돌리는 방법만 남게 될 뿐이다.

2. 신주 발행을 통한 M&A

가격조정은 구주의 양수도에는 적용될 수 있지만, 신주를 발행하는 경우에는 적용할 수 없다. 상법상으로 일단 발행된 신주의 발행가액을 사후적으로 조정할 수는 없고 예외적으로 현저히 불공정한 가액으로 발행된 경우의 차액납입의무(제424조의2)만 규정하고 있기 때문이다. 다음에서 보는 바와 같은 회생절차에서 신주 발행을 통한 M&A에 좁은 의미의 가격조정을 적용하지 아니하는 것은 이와 같은 맥락에서 이해할 때 당연하다 볼 수 있다. 실무상으로는 신주 발행의 경우 종결일 또는 그 이후의 사정을 반영하여 사실상 발행가격을 조정하기 위한 방안으로, 그러한 사정을 전환가액의 조정사유로 삼는 전환주식을 발행하기도 한다. 다만 이러한 경우에도 조정 후 전환가액은 액면가 이상이고, 현저하게 불공정한 가액에 이르지 않도록 하는 조건이어야 한다.

III. 가격조정의 유형

가격조정은 주로 양수도거래, 즉 주식·자산 또는 영업을 양수도하는 M&A거래에서 관련된 당사자의 이해관계를 조정하는 역할을 수행한다. 가격조정의 유형은 좁은 의미의 가격조정과 넓은 의미의 가격조정으로 나누어 볼 수 있다. 이해의 편의를 위한 목적상 간단히 설명하면 좁은 의미의 가격조정이란 실사 기준일과 거래 종결일이라는 상이한 시점 간 기업가치의 변동 내지 차이를 반영하기 위한 것으로서 거래 종결일 이후 사후적으로 이루어지는 것인 반면, 넓은 의미의 가격조정이란 동일한 시점을 기준으로 양도인과 양수인의 기업가치에 대한 평가 차이를 조정하기 위한 것으로서 거래 종결일 전에 이루어지는 것이다. 구체적으로 살펴보면 다음과 같다.

좁은 의미에서 가격조정이라 함은 계약상 양수도대금이 확정된 것을 전제로 하여 해당 양수도대금을 산정함에 있어서 그 기준이 된 기준일과 실제 거래가 종결된 날 사이에 대상회사(또는 대상주식, 자산 또는 영업. 이하 '대상회사')가치의 변동 내지 차이에 따라 양수도대금을 조정하는 것을 의미한다.

통상적으로 양수도형태의 M&A거래에서 양해각서가 체결된 후 일정한 날을 기준일로 하여 실사를 진행하고 대상회사의 가치를 평가하여 그 평가를 바탕으로 협상을 진행하며, 당사자들은 양수도대금 등 양수도의 조건에 합의한 후 계약을 체결하고, 거래의 종결에 필요한 인허가 등의 필요한 절차를 마무리한 후 양수도거래를 종결짓게 된다. 이러한 일련의 절차에 따른 거래에서는 양수도대금 산정 기준일과 거래 종결일 사이에 상당한 시간적 간격이 있기 때문에 당사자, 주로 양수인은 양수도대금 산정 기준일 현재 대상회사의 기업가치와 거래 종결일 현재 기업가치에 변동 내지 차이가 있는 경우, 이를 비교하여 양수도대금이 거래 종결일을 기준으로 한 대상회사의 기업가치를 반영할 수 있는 가격조정을 요청하게 된다.

실무상으로는 좁은 의미의 가격조정을 넘어 M&A거래에서 당사자들의 다양한 요구를 반영하여 보다 넓은 의미에서 가격조정에 관하여 논의가 이루어지고 있으며, 실제로 좁은 의미의 가격조정과는 다른 유형의 가격조정을 고안하여 사용하기도 한다.

그 대표적인 예가 양해각서에서 잠정적으로 정한 양수도대금을 정식 양수도계약을 체결함에 있어서 확정짓는 의미에서 가격조정을 하는 경우이다. 주식을 양수도하는 거래에서 양수인으로서는 대상회사에 관한 우발성을 파악하여 보다 정확한 대상회사의 기업가치를 산정하고 이를 바탕으로 양수도대금을 정하고자 하는 반면, 양도인의 입장에서는 실사 과정에서 대상회사의 기업비밀이 공개되는 것을 꺼리면서도 거래가 확실하게 종결될 수 있도록 하는 절차로 진행하고자 하는 경우에 이용된다. 특히 회생절차에서의 M&A나 구조조정과정에서 보유하게 된 주식을 입찰절차를 통하여 매각하는 거래와 같이 양도인이 협상력에 있어서 우월한 지위를 갖는 경우, 예비실사 후 일정한 실사 기준일을 기준으로 가격을 제시한 우선협상대상자와 우선 (대체로 법적 구속력이 있는) 양해각서를 체결하고, 우선협상대상자의 확인실사 후 정식양수도계약을 체결함에 있어서 확인실사 결과를 반영하지만 동일한 실사 기준일을 기준으로 하여 제한된 범위 내에서만 거래대금을 조정하여 확정한다. 이때 가격조정은 가격 산정 기준일 현재 기업가치와 거래 종결일 현재 기업가치의 변동 내지 차이를 반영하기 위한 것이 아니라, 동일한 날을 기준일로 하여 양해각서상 거래대금을 확인실사 결과를 제한적으로 반영하여 확정하는 절차에 지나지 않는다. 대체로 양도인이 우월한 지위에 있는 이러한 거래에서 가격 산정 기준일로부터 거래 종결일까지의 기업가치의 변동 내지 차이로 인한 위험은 양수인이 부담하게 된다. 이때 가격조정은 앞에서 본 좁은 의미의 가격조정과는 전혀 다른 의미를 갖는다.

또 다른 예는 수익지급(earn-out)조항을 들 수 있다. 양수도거래에서 양도인은 대상회사의 가치를 높이 평가하여 양수도대금을 결정하고자 하는 반면, 양수인은 이를 보수적으로 평가하고자 한다. 이러한 경우 절충안으로서 당사자들은 양수도거래를 종결할 당시에는 다소 보수적인 평가를 바탕으로 양수도대금을 정하되, 추후 일정 기간 동안 대상회사에 실제로 수익이 발생하면 해당 수익에 연동하여 일정한 방식에 따라 산정하는 추가 양수도대금을 지급하기로 약정할 수 있는데, 이러한 약정을 수익지급조항이라고 한다. 수익지급조항도 넓은 의미에서 가격조정이라고 볼 수 있지만, 이 또한 가격 산정 기준일과 거래 종결일 사이의 기업가치의 변동 내지 차이를 반영하기 위한 것은 아니다.

IV. 좁은 의미의 가격조정

M&A거래계약상 통상적으로 사용되는 좁은 의미의 가격조정조항의 내용을 살펴본다. 좁은 의미의 가격조정은 대상회사의 기업가치 또는 대상주식 내지 자산의 가치를 정확히 반영하기 위한 방편의 성격을 갖는다. 따라서 원칙적으로는 이미 엄격하게 진행된 실사를 통하여 정식양수도계약을 체결함에 있어서 확정한 가격 산정 기준일자 가치평가가 거래 종결일까지 사이에 변동되거나 차이가 나게 되는 경우 이를 반영하여 양수도대금을 조정하는 절차를 규정하게 된다.

국내 M&A 실무상으로는 자산양수도 내지 영업양수도거래에서 상대적으로 주식양수도에 비하여 좁은 의미의 가격조정을 하는 예가 더 많은 것으로 보인다. 자산양수도 내지 영업양수도의 경우, 계약이 체결된 후라 하더라도 종결일까지 재고자산·매출채권·매입채무 등 자산 및 부채의 변동 내지 차이를 양수도대금에 반영할 경제적인 필요성이 더 크기 때문이다. 주식양수도거래라고 하여 이러한 경제적인 필요성이 없는 것

은 아니지만, 주식의 가치평가는 종결일까지의 자산 및 부채의 변동 내
지 차이에 직접적으로 연동되는 경우가 적고, 관련 당사자들이 절차적인
번잡성을 피하고자 하는 경향을 보이고 있어 좁은 의미의 가격조정을 사
용하는 빈도는 상대적으로 적어 보인다. 하지만 양수도거래의 조건을 결
정하는 회사 이사들이 부담하는 선관주의의무라는 관점에서 보더라도
국내 M&A 실무에서 좁은 의미의 가격조정은 조금 더 적극적으로 활용
할 필요가 있다.

1. 가격조정조항의 구체적인 내용

가격조정조항이 실제로 사용되는 구체적인 예시는 다음과 같다.

제_조   가격의 조정

(1) 조정금은 (i) 거래 종결일 현재 종결대차대조표상의 대상회사의 순자산가치(이하
  "종결일 현재 순자산가치")와 (ii) 가격 산정 기준일 현재 대차대조표상 대상회사
  의 순자산가치인 금 _____원(이하 "기준일 현재 순자산가치")의 차이에
  해당하는 금원으로 한다. 만일 종결일 현재 순자산가치가 기준일 현재 순자산가
  치보다 큰 경우 양수인은 양도인에게 조정금을 지급하고, 종결일 현재 순자산가
  치가 기준일 현재 순자산가치보다 적은 경우 양도인은 양수인에게 조정금을 지
  급한다.

(2) 조정금을 지급함에 있어서 해당 당사자는 조정금에 관하여 거래 종결일로부터
  그 지급일까지 연단리 __%의 비율에 의한 이자를 합산하여 지급한다.

위 예시에서 보는 바와 같이 거래 종결일을 기준으로 하여 가격을 조
정함에 있어서 양수도대금의 증감 모두를 인정하는 경우가 있지만, 예외
적으로 주로 감소만을 인정하는 경우도 있다. 어떠한 방식으로 가격을

조정할 것인지는 기본적으로 당사자들의 협상력에 달려 있다. 가격을 조정함에 있어서 일종의 최소금액을 설정할 수도 있다. 즉 변동 내지 차이가 일정한 금액 또는 양수도대금의 일정한 비율에 이르기까지는 가격조정을 적용하지 아니하되, 최소금액을 초과할 때 가격을 조정하기로 하는 것이다.

가격조정의 사유는 기본적으로 해당 거래에서 대상회사의 기업가치 또는 대상주식 내지 자산의 가치를 어떻게 평가하였는지, 즉 그 평가방법을 고려하여 정한다. 국내 M&A 실무상으로는 주로 순자산가치의 변동 내지 차이를 기준으로 삼는 사례가 많지만, 종결일 기준 순부채(net debt)와 운영자금(working capital)의 변동 내지 차이를 그 사유로 삼는 경우, 즉 가격 산정 기준일 현재 순부채에서 거래 종결일 현재 순부채를 차감한 순부채증감액과 거래 종결일 현재 순운영자금(net working capital)에서 가격 산정 기준일 현재 순운영자금을 차감한 순운영자금증감액을 합산한 금액을 조정액으로 삼는 경우도 있는데, 국제적으로는 후자의 방법이 더 일반적인 것으로 보인다. 예외적으로는 해당 거래의 특유한 사정을 반영하여 수주잔량(backlog), 재고자산, 매출채권 등을 고려하여 가격을 조정하기도 한다.

2. 가격조정의 절차

가격조정의 절차를 살펴보면, 기본적으로 어느 당사자가 일방적으로 가격조정을 결정할 권한을 갖지 못하도록 규정한다.

통상적으로 가격조정의 절차는 다음과 같다. 양수인이 거래가 종결된 직후에 종결일을 기준으로 재무제표를 준비한다. 양수인이 재무제표를 준비함에 있어서 양도인이 실사기준일자로 제공한 재무제표를 준비할 당시 적용하였던 회계기준과 동일한 회계기준에 따르도록 정하는 것이 일반적이다. 하지만 재무제표의 작성기준을 그와 같이 특정하더라도 그 구체적인 내용에 관하여는 당사자 사이에 다툼의 여지가 여전히 있다. 경우에 따라서는 이견이 예상되는 사항에 관하여 보다 구체적인 기준이나 산식을 정하여 계약의 별지로 첨부하기도 한다. 양수인은 이와 같이 준비한 재무제표를 가격조정 요청과 함께 양도인에게 제공하여 양도인의 검토를 받게 된다. 만일 양도인이 양수인의 가격조정 요청을 그대로 받아들이는 경우 가격조정은 확정된다. 또한 양도인이 양수인이 요청하는 가격조정을 받아들이지 아니하는 경우, 일종의 조정과정을 거친 후 종국적으로는 중재절차를 통하여 확정하는 것이 일반적이다. 즉 양도인과 양수인은 일정한 기간 동안 신의성실의 원칙에 따라 협의를 진행하지만, 이러한 협의를 통하여 상호 합의에 이르지 못하는 경우 중립적인 위치에 있는 회계법인과 같은 제3자에게 검토를 의뢰하고 종국적으로는 그 결정에 따르는 것으로 한다. 가격조정에 일정한 기간이 소요되는 점을 감안하여 당사자들은 앞에서 본 예시에서와 같이 추가 양수도대금을 지급하거나 일부 양수도대금을 반환하게 되는 경우, 해당 조정금에 관하여 종결일 이후 지급일까지의 기간에 관하여 일정한 이자를 합산하여 지급하도록 하기도 한다.

3. 재무제표에 대한 진술 및 보증의 관계

국내 M&A거래의 계약상으로 양도인은 양수인에게 이른바 진술 및 보증을 제공하는 것이 통상적이다. 양도인이 제공하는 진술 및 보증 중에서 실사과정에서 양수인에게 제공한 대상회사의 재무제표가 적정하게 작성되어 있음과 이에 반영되지 아니하는 부외부채 내지 우발채무가 없음에 관한 진술 및 보증은 가장 핵심적이고 중요한 내용에 해당한다. 만일 양도인이 이와 같은 진술 및 보증에 위반하는 경우 양수인은 계약상 양도인을 상대로 그로 인한 손해의 전보를 구할 수 있게 되는데, 이러한 진술 및 보증의 위반으로 인한 손해전보(indemnification)와 앞에서 본 가격조정이 어떻게 구분되는지 명확히 이해할 필요가 있다.

개념적으로 이러한 손해전보와 가격조정은 전혀 다른 차원으로 보아야 한다. 재무제표에 대한 진술 및 보증 위반과 그로 인한 손해전보는 실사 시 검토한 재무제표에 그 작성 기준일을 기준으로 하여 누락되거나 잘못 기재된 사항, 특히 누락되거나 잘못 반영된 채무가 있는 때 그로 인하여 양수인이 입은 손해를 전보하는 것을 그 내용으로 하는 것으로서 동일한 시점의 비교에 바탕을 둔 것이다. 반면 가격조정의 경우, 실사 기준일 현재 기업가치와 그후 거래 종결일 현재 기업가치의 변동 내지 차이가 있으면, 이에 따라 양수도대금을 조정하는 것을 그 내용으로 하는 것으로서 상이한 시점의 비교에 해당한다. 또한 가격조정은 종결일까지 발생한 기업가치의 변동 내지 차이를 반영하려는 것일 뿐 진술 및 보증의 위반을 전제로 하는 것이 아니라는 점에서도 차이가 있다. 다만 가격조정을 위하여 거래 종결일을 기준으로 재무제표를 확정함에 있어서 실사 시 검토한 재무제표상의 누락 내지 오류가 일부 반영될 수도 있으며, 이 경우 그 부분에 관한 가격조정은 손해전보의 성격을 갖는다. 가격조정의 대상이 될 수 있었던 사항이 반영되지 아니한 채 가격조정이 확정되더라도 양수인은 그 사항이 진술 및 보증의 위반을 구성함을 이유로 손해전보를 구할 수 있으나, 경우에 따라서는 책임 제한의 약정에 따라 손해전보를 구할 수 없을 수도 있다. 따라서 진술 및 보증 위반과 그로 인한 손해전보와 가격조정은 서로 다른 개념으로 이해하여야 한다. 다만 이들 사이의 비슷한 점을 고려하여 실무상 당사자들은 가격조정에 반영되지 못하고 넘어간 사항에 관하여 추후에 손해전보를 구할 수 있는지 여부에 관하여 계약상 명시적으로 정하기도 한다.

V. 회생절차에서 M&A의 경우

회생절차에서 M&A, 특히 신주 발행을 통한 M&A의 경우 예비실사 후 일정한 실사 기준일을 기준으로 하여 신주인수대금에 합의하고 우선협상대상자와 사이에서 법적 구속력이 있는 양해각서를 체결하며, 우선협상대상자로 하여금 확인실사를 한 후 정식계약을 체결함에 있어서 확인실사의 결과를 반영하지만 동일한 실사 기준일을 기준으로 하여 제한된 범위 내에서만 신주인수대금을 조정하여 확정하고, 정식계약이 체결된 후 거래 종결일까지의 변동 내지 변화는 별도로 가격조정을 하지 않는 것이 확립된 실무이다. 앞에서 본 넓은 의미의 가격조정의 한 가지 예이다.

1. 회생절차 M&A의 가격조정조항

회생절차 M&A에서 사용되는 가격조정은 거래 종결일까지의 변동 내지 차이를 반영하기 위한 것이 아니라 동일한 기준일을 전제로 확인실사의 결과를 제한적으로 반영하여 정식계약, 즉 본계약상 신주인수대금을 확정하기 위한 목적이므로 가격조정조항은 양해각서에 규정하게 된다.

통상적으로 사용되는 가격조정조항의 구체적인 예시는 다음과 같다.

제__조 인수대금의 조정

1. 제__조의 실사 결과 〔대상회사〕의 자산총계에서 "공익채무"를 차감한 금액(이하 "실사결과금액")이 〔대상회사〕 회계법인이 작성한 〔실사 기준일〕 현재 자산부채 실사보고서(이하 "실사보고서")상의 실사금액기준 〔대상회사〕의 자산총계에서 "공익채무"를 차감한 금액(이하 "주간사 실사금액")보다 주간사 실사금액의 5% 이내로 부족한 경우에는, 〔인수인〕은 인수대금 조정을 요청할 수 없으며, 실사결과금액이 주간사 실사금액보다 주간사 실사금액의 5%를 초과하여 부족하고 그 부족금액이 실사보고서상의 중대하고 명백한 오류 또는 누락으로 인하여 발생한 경우에 한하여 〔인수인〕은 아래와 같은 조건으로 인수대금의 조정을 요청할 수 있다.

   (1) 인수대금 조정의 대상은 실사결과금액이 주간사 실사금액보다 부족한 금액 중 주간사 실사금액의 5%를 초과하는 금액으로 제한한다.

   (2) 인수대금 조정의 최대한도는 〔인수인〕의 입찰금액의 5%로 한다.

2. 조정의 대상이 되는 자산과 부채는 실사보고서상 중대하고 명백한 오류 또는 누락에 의한 것에 한하며, 채권의 회수 여부, 자산의 사용수익가치 또는 판매가치의 하락, 판매보증 또는 하자보증 등 평가에 관한 사항은 감액대상이 되지 않는다. 또한 본 양해각서에 별첨으로 첨부된 자산/부채 실사가치 평가기준을 벗어난 방식으로 산정된 금액은 인정되지 않는다. 조세 및 소송을 포함하여 〔대상회사〕의 여타의 가능한 모든 우발채무에 대하여는 인수대금의 조정은 인정되지 않는다.

위의 예시에서 볼 수 있는 것처럼, 우선협상대상자의 확인실사는 실사범위에 해당하는 자산과 부채가 실사기준에 따라 적정하게 평가되어 있는지를 확인하는 데 한정된다. 우선협상대상자가 확인실사과정에서 산정한 순자산가치를 기준으로 한 실사금액이 매각주간사가 예비실사 시 제공한 바 있는 실사금액과 차이가 있고, 그 차이가 매각주간사 실사금액기준으로 5퍼센트를 초과하는 경우에만 가격조정을 요청할 수 있는 것으로 제한된다. 그뿐만 아니라 조정사유도 제한적이어서 실사금액의

차이가 중대하고 명백한 오류·누락에 기인한 경우에 한하여 가격조정을 요청할 수 있고, 실제로 가격을 조정하더라도 우선협상대상자가 제시한 입찰금액의 5퍼센트를 최대한도로 하여 그 이상의 조정은 아예 불가능하도록 규정하고 있다. 여기에 더하여 채권의 회수 여부, 자산가치의 하락, 감정평가에 의한 자산평가액 변동, 조세 및 충당채무를 포함한 우발채무의 현실화 가능 여부, 파생상품 관련 평가 등 평가가 필요한 사항과 관련하여 평가방법상의 차이는 명시적으로 신주인수대금의 조정사유에서 제외한다.

2. 회생절차 M&A 가격조정조항의 평가

회생절차 M&A에서 사용되는 가격조정조항은 다소 제한적인 측면이 있지만, 채권의 만족과 채무자인 회생회사의 회생 그리고 투명하고 공정한 절차를 통하여 신속하게 책임 있는 경영 주체를 확보하려는 목적을 달성하기 위한 차원에서 그 필요성이 이해되고 있다. 또한 이러한 제한적인 가격조정조항은 회생절차에서 M&A가 갖는 다음과 같은 특수성에서 그 정당성을 인정받고 있다. 즉 회생절차에서 M&A는 일반적인 M&A와는 달리 (i) 회생절차 개시 이전의 기존 채무들이 회생채권으로 신고된 경우를 제외하고 실권되며, (ii) 회생절차 개시 이후에는 관리인이 회생법원의 엄격한 감독하에 대상회사를 운영하게 될 뿐만 아니라 (iii) M&A에 앞서 매각주간사가 대상회사를 실사한 후 그 과정에서 파악된 중요한 부외부채나 우발채무에 관한 사항 등 입찰의 참여 여부 및 입찰금액 등 인수조건을 결정하는 데 중요한 영향을 미치는 사항이 양수인의 예비실사과정에서 사전에 공개되도록 그 절차를 진행하므로 (iv) 통상적 영업활동으로 인한 것을 제외하고는 부외부채나 우발채무 등 추가 부실이 추후에 발견될 가능성이 거의 없다는 점 등의 특수성을 감안한 것으로 보인다.

VI. 구조조정절차에서 M&A의 경우

기업구조조정촉진법상 기업구조조정협약(이른바 워크아웃협약) 또는 채권금융기관의 자율협약 등 구조조정절차에서 채권단이나 한국자산관리공사가 보유하게 된 주식을 매각하는 경우에도 앞에서 본 회생절차 M&A에서와 유사한 제한적인 가격조정조항이 사용되는 것이 일반적인 실무이다.

1. 구조조정절차 M&A의 가격조정조항

구조조정절차 M&A에서 가격조정도 거래 종결일까지의 변동 내지 차이를 반영하기 위한 것이 아니라 동일한 기준일을 전제로 확인실사의 결과를 제한적으로 반영하여 양수도대금을 확정하는 역할을 한다. 따라서 이러한 가격조정조항도 통상적으로 양해각서에 규정하게 되지만, 경우에 따라서는 정식계약에 규정하기도 한다.

통상적으로 사용되는 가격조정조항의 구체적인 예시는 다음과 같다.

제__조 (최종입찰대금의 조정)

(1) 〔매도인〕과 우선협상대상자들은 다음 각 호의 1에 규정된 바에 따라서 최종입찰대금을 조정할 수 있다.

　1. 조정사유

　최종입찰대금의 조정사유는 다음의 각 목으로 제한된다.

가. 실사기준일 현재 확인실사나 기타 다른 적법한 방법에 의하여 우선협상대상자들이 확인한 정보 및 자료에 비추어, 최종입찰대상자 실사 시 〔매도인〕이나 매각주간사가 우선협상대상자들에게 제공한 정보 및 자료(대상회사에 관하여 관련 법령에 따라 공시된 자료 포함)에 객관적이고 명백하게 중대한 오류 또는 누락이 있음이 인정되고, 그 오류 또는 누락이 대상회사의 순자산에 중대한 부정적인 영향을 미친다는 사실이 객관적이고 명백하게 인정되는 경우 ;

나. 〔매도인〕이나 매각주간사가 대상회사(자회사 포함)의 영업, 자산, 재무상 또는 기타 조건에 관한 어떠한 중요한 사실에 관한 정보를 최종입찰대상자 실사 중에 제공하지 않고 이것이 대상회사의 순자산에 중대한 부정적인 영향을 미친다는 사실이 객관적이고 명백하게 인정되는 경우 ; 및 / 또는

다. 실사기준일 이후 대상회사의 순자산에 중대한 부정적인 영향을 미친다는 사실이 객관적이고 명백하게 인정되는 새로운 사실관계가 발생한 경우, 다만 주식시장에서의 가격 변동, 시장 상황의 변경 및 그로 인한 영향, 법령의 변경이나 경제사정(거시경제지표)의 변화 등 대상회사가 통제할 수 없는 외부 환경의 변화 및 그로 인한 영향은 제외됨

2. 조정에서 제외되는 사유

다음 각 목에 기재된 사항은 조정사유가 되지 아니한다.

가. 대상회사의 통상적인 영업활동에 따른 순자산의 변동을 사유로 한 조정

나. 대상회사가 채택 또는 적용한 회계정책과 다른 회계정책이 적용되어야 함을 사유로 한 조정

다. 채권의 회수 여부, 자산가치 하락, 감정평가에 의한 자산평가액 변동, 파생상품 관련 평가, 조세 및 충당부채를 포함한 일체의 우발채무의 현실화 가능 여부 판단 등 단순한 평가방법상의 차이를 사유로 한 조정

라. 대상회사(자회사 포함)를 상대로 제기된 소송, 기타 명목 여하를 불문한 분쟁사건 중 확정되지 않은 사건 또는 기타 대상회사(자회사 포함)의 계약이나 법령 위반 또는 위반 가능성으로 인한 우발채무를 이유로 한 조정

마. 최종입찰대상자 실사 시 제공된 자료 또는 일반에 공개된 정보에 관한 사항을 이유로 한 조정 또는 그와 같이 제공 또는 공개된 자료나 정보에 비추어

> 최종입찰제안서 제출 당시 대상회사의 순자산 감소를 합리적으로 예견할 수
> 있는 경우 그러한 순자산 감소를 이유로 한 조정
>
> 3. 조정의 방법 및 한도
>
> 가. 본 항 제1호 및 제2호에 따라 조정의 사유가 인정되는 경우, 그 사유로 인한
> 대상회사의 순자산변동액에 대상회사의 발행주식총수에서 대상주식이 차지
> 하는 비율을 곱한 금액(이하 "최종입찰대금조정액")을 최종입찰대금에서 조
> 정한다.
>
> 나. 가목의 최종입찰대금조정액을 정함에 있어 조정의 기준이 되는 대상회사의
> 순자산액은 대상회사가 작성·공시한 실사기준일 기준 재무제표를 기준으로
> 한다.
>
> 다. 최종입찰대금조정액은 최종입찰대금의 5%를 넘지 못한다.

구조조정절차 M&A에서 가격조정조항은 회생절차 M&A에서 사용되는 가격조정조항과 대동소이하다. 우선협상대상자가 확인실사 결과 산정한 실사금액이 매각주간사가 예비실사 시 제공한 실사금액과 차이가 있고, 그 차이가 매각주간사 실사금액기준으로 5퍼센트를 초과하는 경우에만 가격조정을 요청할 수 있다. 조정사유도 실사금액의 차이가 중대하고 명백한 오류·누락에 기인한 경우로 제한되며, 가격조정의 최대 상한도 우선협상대상자가 제시한 입찰금액의 5퍼센트 내지 10퍼센트로 규정한다. 감정평가에 의한 자산평가액변동, 조세 및 충당채무를 포함한 우발채무의 현실화 가능 여부 등 평가가 필요한 사항과 관련하여 평가방법상의 차이는 조정사유에서 명시적으로 제외된다.

2. 구조조정절차와 회생절차의 차이점

우선 회생절차에서는 신주 발행을 통한 M&A가 대부분을 구성한다.

따라서 회생절차의 M&A에서는 거래 종결 이후 종결일까지의 변동 내지 차이를 반영하기 위한 좁은 의미의 가격조정은 법률상으로 불가능하다고 볼 수 있다. 따라서 회생절차 M&A의 경우 정식계약, 즉 본계약을 체결할 때 신주인수대금을 확정지을 수밖에 없다. 하지만 구조조정절차의 경우 구주의 양수도를 통한 M&A가 통상적이다. 그렇다면 구조조정절차 M&A에서는 대상회사 또는 대상주식의 가치를 보다 정확하게 반영할 수 있는 좁은 의미의 가격조정을 적용하는 것이 불가능하다고 보기는 어렵다. 또한 회생절차에서는 기존 채무들이 회생채권으로 신고된 경우를 제외하고 실권되기 때문에 부외부채나 우발채무 등 추가 부실이 발생할 가능성이 거의 없다는 특수성이 있다. 그러나 구조조정절차의 경우에 금융채권자에 대한 채무는 기업구조조정협약 또는 자율협약을 통하여 어느 정도 그 규모가 확정되지만, 일반 채권자는 협약가입이 강제되지 아니하므로 일반 채권자와 관련하여 부외부채나 우발채무 등 부실이 추가로 발견될 가능성은 여전히 남아 있다는 차이가 있다.

3. 구조조정절차 M&A 가격조정조항의 평가

앞에서 살펴본 구조조정절차와 회생절차와의 차이점을 감안하여 보면 구조조정절차에서 실무상 일반적으로 사용되는 제한적인 가격조정조항은 회생절차에 비교하였을 때 그 필요성과 정당성의 측면에서 근거가 약하다고 볼 수도 있다. 이러한 가격조정구조하에서는 양수인이 일방적으로 위험을 감내하게 되므로 입찰절차에서 경쟁이 심한 경우 무리한 입찰조건을 제시하는 결과를 초래하기도 하며, 무리한 입찰로 가격조정에 대한 합의가 이루어지지 못하여 거래가 종결되지 못하는 때 불필요한 분쟁으로 이어질 수도 있다.

그러나 ① 구조조정절차 M&A에서 양도인인 채권금융기관은 투명하고 공정한 절차를 통하여 신속하게 구조조정을 성공적으로 마무리지어야 할 현실적인 필요가 있는 가운데 매각절차와 관련한 의사결정이 비교적 경직되어 있는 점, ② 구조조정절차의 경우에도 실무적으로는 회생절차에서와 유사하게 (i) 채권단이 자금관리단을 통하여 엄격한 감독하에 대상회사를 운영하는 장치가 마련되어 있고, (ii) 사후 발생할 수 있는 분쟁을 미연에 방지하기 위하여 M&A에 앞서 매각주간사가 대상회사를 실사하여 중요한 부외부채나 우발채무에 관한 사항 등 입찰절차에서 중대한 영향을 미칠 수 있는 사항을 파악한 후 양수인의 예비실사과정에서 이를 공개하는 점 등을 고려하면, 구조조정절차 M&A에서 양도인인 채권금융기관이 좁은 의미의 가격조정을 통하여 대상회사 또는 대상주식의 가치를 보다 정확하게 반영할 수 있는 가능성을 포기하고, 회생절차와 유사하게 제한적인 가격조정 규정을 통하여 양수도대금을 조기에 확정하고 안정적으로 매각절차를 마무리하고자 하는 실무상 필요성 및 정당성을 인정받을 수도 있다고 본다.

VII. 마무리하며

M&A거래에서 당사자들의 이해관계를 조정하는 기능을 하는 가격조정은 다양한 모습과 태양을 보이고 있다. 하지만 국내 M&A 실무상 특히 주식양수도거래에서 좁은 의미의 가격조정을 사용하는 빈도는 적어 보인다. 이러한 거래에 관련된 회사 이사들의 선관주의의무라는 관점에서 보더라도 좁은 의미의 가격조정은 조금 더 적극적으로 활용하는 것이 바람직하다. 한편 회생절차 M&A에서 사용되는 제한적인 가격조정 규

정의 경우 회생절차의 특성에 따라 그 필요성이 인정되나, 대상회사나 매각주간사가 예비실사과정에서 이미 파악하고 있는 중요한 정보를 모두 공개한다는 전제하에 그 정당성을 인정받을 수 있다고 본다. 마지막으로 구조조정절차의 경우 회생절차와의 차이점을 고려하면 회생절차와 같은 제한적인 가격조정 규정이 사용될 필요성이나 정당성이 다소 부족하다고 볼 여지도 있으나, 양도인인 채권금융기관의 속성상 투명하고 공정한 절차를 통하여 신속하게 구조조정을 성공적으로 마무리지어야 할 필요성이 있고 실무상 회생절차와 유사하게 채권금융기관의 엄격한 감독하에 대상회사가 운영되도록 하는 장치가 마련되어 있는 점을 고려하면, 제한적인 가격조정을 통하여 양수도대금을 조기에 확정하고 신속하게 안정적으로 매각절차를 마무리하고자 하는 실무상 필요성 및 정당성을 인정받을 수 있다고 본다. 다만 이때에도 회생절차에서와 마찬가지로 양도인이나 매각주간사가 이미 파악하고 있는 중요한 정보를 모두 예비실사과정에서 양수인에게 공개한다는 전제는 유지되어야 한다.

23

주주간 계약[*]

이동건[**] · 류명현[***] · 이수균[****]

I. 서론

주주간 계약은 회사의 주주 사이에 회사의 지배구조 및 의결권행사, 주식의 처분, 회사의 운영 등에 관하여 체결되는 계약으로서 모든 주주 사이에 체결되기도 하고 일부 주주 사이에 체결되기도 한다. 주주간 계약은 주주 사이에 일정한 규율을 정하여 주주간 이해를 조정하는 수단이 되기도 하고, 회사의 지배구조와 운영에 관한 사항을 정함으로써 회사의 경영에 관여할 수 있는 근거가 되기도 한다. 특히 이러한 주주간 계약은 대주주보다는 소수주주의 입장에서 그 체결의 필요성이 크다고 할 것인

* 이 논문은 BFL 제67호(2014. 9)에 게재된 글을 수정 · 보완한 것이다.
** 법무법인(유한) 세종 파트너 변호사
*** 법무법인(유한) 세종 선임 외국변호사
**** 법무법인(유한) 세종 파트너 변호사

데, 이는 회사는 기본적으로 많은 지분을 가지고 있는 대주주에 의하여 경영이 이루어지고(보다 정확하게는 대주주의 뜻에 따라 선임된 이사회 및 대표이사에 의하여 경영이 이루어진다), 소수주주는 주식 평등 및 주식 수의 다수결이라는 조직법적인 질서의 회사법하에서는 직접적으로 회사의 경영에 관여하기 어렵기 때문이다. 물론 회사법상 보장된 각종 소수주주권[1]을 활용할 수도 있겠지만, 이러한 소수주주권은 경영진을 감독·감시하는 정도에 그칠 뿐 직접적으로 회사 경영 참여를 보장하는 것은 아니다.

반면 소수주주가 대주주와 사이에서 주주간 계약을 체결하여 이사선임권, 주요 경영사항에 대한 거부권 등을 보장받는 경우에는 이를 통해 직접 회사의 경영에 참여할 수 있게 된다. 이러한 연유로 주주간 계약은 실제 소수주주의 권한 확보를 위해 발전한 계약이라고 할 수 있다.

이와 같이 주주간 계약이 소수주주의 권한 확보에 기여한다는 점은 결과적으로 다수의 잠재적 투자자로부터 투자를 유인하는 역할을 한다. 회사법적으로는 대주주(예컨대 51퍼센트)가 존재하는 한, 49퍼센트를 소유하고 있는 소수주주의 권리와 5퍼센트를 소유하고 있는 소수주주의 권리 사이에 주주총회 특별결의사항(reserved matter)을 저지할 수 있는 지분율이냐 아니냐의 차이를 제외하면 큰 차이는 없다. 따라서 투자자로서는 대상회사에 어느 정도 투자를 하느냐에 양적 차이가 있을 뿐인바, 특별히 큰 규모의 투자를 할 유인이 없다고 볼 수도 있다. 그러나 투자자들이 어느 회사에 투자하면서 주주간 계약을 체결하여 회사법적으로 보

---

1) 현행 상법상으로는 임시주주총회 소집청구권(상법 제366조), 검사인 선임청구권(상법 제467조), 주주제안권(상법 제363조의2), 이사 해임청구권(상법 제385조), 위법행위 유지청구권(상법 제402조), 대표소송 제기권(상법 제403조), 회계장부 등 열람등사청구권(상법 제466조) 등이 있다.

장된 권리보다 큰 권리를 확보할 수 있다면, 이는 단순한 포트폴리오투자에 비하여 질적으로 유리한 투자라 할 수 있기 때문에 주주간 계약이 투자를 유인하는 기능을 한다고 볼 수 있다. 획일화된 회사법상 규칙만 적용되는 상황에서는 이루어질 수 없었을 투자가, 주주간 계약에 따른 주주간 권한 재분배를 통하여 성사될 수 있는 것으로 볼 수 있다는 것이다.[2]

한편 주주간 계약이 합작회사의 설립이나 M&A거래에서 빈번하게 체결되고 있음에도 불구하고, 주주간 계약의 효력이나 집행 가능성 등과 관련한 법리는 그만큼 확립되어 있지 않다. 이는 주주간 계약의 비공개성이나 판례의 축적이 부족한 점에 기인하는 바도 있지만, 기본적으로 주주간 계약 내용 자체가 회사법의 기본원칙(예컨대 주식양도의 자유, 의결권행사의 임의성, 소유와 경영의 분리, 이사의 회사에 대한 수임인으로서의 지위 등)과 충돌할 수 있는 내용을 담고 있고 그렇기 때문에 그 효력이나 집행 가능성에 의문이 제기될 수밖에 없다는 점에 기인하는 바가 더 크다. 이러한 이유 때문에 기업 간 거래에서 거래 관련 계약의 유효성과 집행 가능성에 대하여 의견서(transaction legal opinion)를 발급하는 자문변호사(이른바 transaction lawyer)들 역시 주주간 계약의 유효성이나 집행 가능성에 대해서는 의견을 내지 않는 것이 일반적이다.

따라서 주주간 계약의 효력이나 집행 가능성에 대한 분석은 M&A 실

---

2) 주주간 계약이 체결되는 이유에 대한 보다 자세한 논의는 천경훈, "주주간 계약의 실태와 법리 : 투자촉진 수단으로서의 기능에 주목하여," 상사판례연구 제26집 제3권(2013. 9), 한국상사판례학회, 6-12면 참조. 이 논문은 주주간 계약의 체결 동기를, (i) 경영 관여에의 관심도 내지 지분비율에서 대등한 복수의 당사자가 합작회사를 설립하여 주주간 계약을 체결하는 경우, (ii) 소수주주로서 대상회사에 상당한 지분을 취득하면서 기존 대주주와의 주주간 계약을 체결하는 경우(사모펀드·벤처캐피털 등의 재무적 투자자가 투자하는 경우), (iii) 지분비율 내지 경영 관여에의 관심도를 현저히 달리하는 다수의 당사자가 컨소시엄을 형성하여 회사를 설립하거나 인수하고, 컨소시엄 구성원의 관계를 위하여 주주간 계약을 체결하는 경우로 주주간 계약을 유형화하고 있다.

무에서의 오래된 숙제이고 재미난 과제이다. 그러나 이 글은 주주간 계약의 효력이나 집행 가능성에 대한 분석이나 의견 제시를 목적으로 하지는 않고, 주주간 계약의 효력이나 집행 가능성에 논란이 있는 상황에서 어떻게 주주간 계약을 작성하는 것이 당사자들의 의사를 좀 더 확실하게 구현하고, 조금이나마 그 집행 가능성을 높일 수 있는지 하는 관점에서 주주간 계약 작성 시 주의해야 할 점에 초점을 맞추고자 한다. 이를 위해 주주간 계약의 기본구조와 내용 및 주주간 계약의 효력에 관한 논의와 판례를 간략히 살펴본 후, 주주간 계약의 구조를 짜고 구체적 조항을 작성할 때 유의해야 할 점을 살펴보도록 하겠다. 다만 상장회사 등 개방회사의 경우에는 보다 복잡한 문제가 있을 수 있는바, 이하의 논의는 폐쇄회사에 대한 주주간 계약을 전제로 함을 밝혀 둔다.

II. 주주간 계약의 기본구조와 내용

주주간 계약의 구조와 내용은 주주간 계약의 당사자가 되는 주주의 수, 각 주주의 투자 목적, 회사의 지분구조에 따라 달라질 수 있지만 기본적으로 (i) 회사의 지배구조에 관한 사항, (ii) 지분의 양도 제한과 관련한 사항, (iii) 해지 및 해지의 효과에 관한 사항, (iv) 경업 금지, 자금조달, 배당정책 등 기타 부수적 사항으로 나누어 볼 수 있다.

좀 더 구체적으로는 (i) 회사의 지배구조와 관련하여서는 주주총회와 관련한 사항(주주총회 개최지, 주주총회 소집빈도, 통지기간 및 방법, 정족수, 주주총회 특별결의사항 등), 이사회구성과 관련한 사항(이사총수, 이사 선임권, 정족수, 통지기간 및 방법, 주주로서 의결권행사약정, 이사회 특별결의사항 등), 대표이사 선임에 관련한 사항 등을 규정하는데, 이 중 주요 경영사

항에 대하여 소수주주들의 거부권(veto power)을 보장하는 의미에서 주
주총회 특별결의사항 및 이사회 특별결의사항이 중요하게 협상되며, 그
러한 특별결의사항들과 관련한 교착 상태(deadlock)의 해소를 위한 방안
도 규정된다. 그리고 (ii) 지분의 양도 제한과 관련하여서는 일정 기간
상대방 동의 없이는 지분양도가 제한된다는 내용(lock-up), 우선매수권
(right of first refusal)이나 우선청약권(right of first offer)·동반매도참여권
(tag-along right)·동반매각청구권(drag-along right) 등이 규정되며, (iii) 해
지 및 해지의 효과에 관한 사항과 관련하여서는 어떤 경우 주주간 계약
이 해지되며(예컨대 일방 당사자의 지분이 일정 비율 이하로 떨어진 경우, 상
대방 당사자가 의무를 위반한 경우), 해지되는 경우의 효과(예컨대 상대방의
의무 위반으로 인한 해지의 경우 위약금이나 할인된 가격으로의 콜옵션, 할증
된 가격으로의 풋옵션 등)에 대하여 규정하는 것이 일반적이다. 각 조항의
구체적인 내용과 관련한 실무상 쟁점은 뒤의 IV.에서 좀 더 자세히 살펴
보기로 한다.

III. 주주간 계약의 효력 및 집행 가능성

1. 의결권구속계약의 효력

주주간 계약에서 주주들의 의결권행사에 관한 약정은 주로 이사의 선
임 등 회사의 기관구성에 관하여 체결되는 경우가 일반적이나[3] 그 외에

---

[3] 예컨대 이사회구성과 관련하여 각 당사자가 몇 명의 이사 선임권을 갖는지, 감사는
누가 선임권을 갖는지를 규정하고, 각 당사자는 상대방 당사자가 지명하는 자가 이사
또는 감사로 선임될 수 있도록 의결권을 행사하여야 한다고 규정한다.

정관 변경, 이익배당, 회사의 해산, 기타 주주총회의 결의가 필요한 회사의 중요한 의사결정사항과 관련하여서도 체결될 수 있다. 이와 같이 주주 간 계약에 포함된 의결권행사에 관한 규정은 의결권구속계약(voting agreement)으로서, 의결권구속계약은 의결권을 특정 방향으로 행사한다든지(specific agreement), 일정한 경우에는 의결권을 행사하지 아니한다든지 또는 특정 제3자의 지시에 따라 의결권을 행사한다든지(stock pooling agreement) 하는 것을 내용으로 하는 주주 전부 또는 일부 간의 채권계약을 의미한다. 이러한 의결권행사계약 또는 의결권구속계약의 효력에 대하여 학설과 판례를 간략히 살펴보면 다음과 같다.

(1) 학설

의결권구속계약은 일반 사법상의 계약처럼 신의칙이나 강행법규에 위반하지 않는 한 당사자 간에 채권적 효력은 인정되나, 이러한 계약은 채권적 효력만 있기 때문에 회사에 대한 효력은 인정되지 않고 그에 위반하여 의결권을 행사하였다고 하여도 그 결의는 유효하며, 다만 계약 상대방에 대하여 손해배상책임이 발생할 수 있을 뿐이라는 것이 통설적 견해이다.[4] 우리 법상으로도 의결권구속계약의 유효성을 전제로 한 규정들을 두고 있다. 예컨대 자본시장과 금융투자업에 관한 법률 시행령 제141조는 특별관계자의 범위를 규정하면서 제2항 제3호에서 "본인과 합의나 계약 등에 따라 의결권(의결권의 행사를 지시할 수 있는 권한 포함)을 공동으로 행사하는 행위를 할 것을 합의한 자"를 규정하고 있으며, 독점

---

4) 권기범, 현대회사법론, 삼영사, 2012, 628면 ; 이철송, 회사법강의, 박영사, 2012, 532면 ; 한국상사법학회(편) / 김재범(집필), 주식회사법대계 II권, 법문사, 2013, 135면.

규제 및 공정거래에 관한 법률 시행령 제3조는 기업집단의 범위를 규정
하면서 제2호 가목에서 "동일인이 다른 주요 주주와의 계약 또는 합의에
의하여 대표이사를 임면하거나 임원의 100분의 50 이상을 선임하거나
선임할 수 있는 회사"를 규정한다.

그런데 의결권구속계약을 위반하려는 주주가 있는 경우, 의결권구속
계약의 채권적 효력에 기하여 가처분을 제기함으로써 의결권행사를 강
제할 수 있는가[5]에 대하여는 학설이 일치되어 있지 않다. 채무자에게
심리적 압박을 가하는 효과가 있으므로 우리 법하에서도 이를 긍정하여
야 한다거나[6] 개인법적 거래로 단체법률관계에 혼란을 주어서는 안 된
다는 이유로 이를 인정할 수 없다는 견해[7] 등이 있는 정도이며, 주주간
계약상의 채권적 권리가 특정 방향으로 의결권행사를 하도록 하는 가처
분에 있어서의 피보전권리가 될 수 있는지, 회사 역시 주주간 계약의 당
사자로서 주주 사이의 의결권 구속약정을 인정하고 동 약정의 실현에 조
력할 것을 합의한 경우에는 달리 볼 수 있는지 등 가처분 가능성에 대한
보다 깊이 있는 논의를 찾아보기는 어렵다.

(2) 판례

법원도 합작투자계약에 따라 자신의 이사 선임권 범위 내에서 지명한

---

5) 미국에서는 주주간 계약의 내용에 따라 의결권을 행사하도록 강제하는 특정이행명령
   내지 위법행위를 사전에 금지하는 금지명령을 일반적으로 계약 위반에 대한 가장 적절
   한 수단으로 보고 있으며, 대부분의 주 회사법은 명문으로 이를 허용하고 있고 그러한
   규정이 없는 주에서도 일정한 경우에는 특정 이행명령을 허용한 예가 있다고 한다[박정
   국, "의결권행사를 위한 주주간 계약의 고찰," 외법논집 제36권 제1호(2012. 2), 한국외
   국어대학교, 247면 참조].
6) 권기범, 앞의 책(주 4), 630면.
7) 이철송, 앞의 책(주 4), 532면.

후보를 이사로 선임하는 안건에 있어서 상대방 주주가 찬성의 의결권행사를 할 것을 구하는 의결권행사가처분 사건에 있어서 "의결권행사계약은 그 합의의 내용이 다른 주주의 권리를 해하거나 기타 불공정한 내용이 아니라면 당사자 사이에 유효하다"고 하거나(서울중앙지방법원 2013. 7. 8.자 2012카합1487 결정. 이른바 유한킴벌리 사건), 다른 회사의 주식을 기초자산으로 하여 발행한 교환사채의 발행계약상 의결권구속계약에 대하여 "교환사채를 발행하는 회사가 교환대상으로 보유하는 주식의 의결권을 교환사채권자의 지시에 따라 행사하기로 약정한 유효한 의결권구속계약"이라 판시하여(서울북부지방법원 2007. 10. 25.자 2007카합1082 결정),[8] 의결권구속계약의 채권적 효력을 인정하고 있다.[9]

그런데 법원이 이러한 의결권구속계약에 따라 의결권을 행사하도록 하는 가처분을 인용할 것인지는 아직 확립되어 있지 않은 것으로 파악된다. 법원은 (i) 의결권행사가처분은 의사표시를 명하는 가처분 신청의 일종으로서 의사표시의무의 강제이행방법에 관하여 채권자로 하여금 채무

---

[8] 동아제약이 보유하고 있던 자기주식을 특수목적회사(Special Purpose Company. 이하 'SPC')에 매각하고, SPC는 매수한 동아제약의 주식을 기초자산으로 하여 교환사채를 발행하였는데, 일부 주주가 (i) 그와 같은 자기주식 처분이 무효이고, (ii) 여전히 자기계산으로 보유 중인 자기주식이며, (iii) 구 증권거래법상 대량보유 상황보고를 위반하였다는 등의 이유로 해당 주식에 대한 의결권행사 금지가처분을 신청한 사안이다. 본 사안은 자기주식에 대한 파생금융거래로서 자기주식의 성격이 유지되는지 여부가 문제되기도 하였는바, 이에 관한 자세한 분석으로는 박 준·정순섭(편) / 박 준(집필), "파생금융거래를 둘러싼 법적 문제 개관," BFL 총서 6 : 파생금융거래와 법 제1권, 소화, 2012, 99-104면 참조.

[9] 또한 국제상업회의소(International Chamber of Commercial, ICC) 중재판정의 집행이 당사자 사이에 체결된 주주간 계약을 위반하는지를 사법(私法)적 관점에서 판단한 사안에서 법원은 "주주간 계약은 일반적으로 회사나 회사기관의 의사결정을 직접 구속할 수는 없으나, 계약 자유의 원칙상 계약 당사자들 주주 사이에서는 그 효력을 지닌다고 볼 것이다"라고 판시하여 주주간 계약이 회사법적으로는 효력이 없음을 원칙론으로 설시하였다(서울중앙지방법원 2010. 7. 9. 선고 2009가합136849 판결).

자의 의사표시에 갈음하는 재판을 청구하도록 하고, 그 의사의 진술을
명한 판결이 확정된 경우 비로소 판결로 의사표시를 한 것으로 간주하도
록 정한 민법 제389조 제2항 및 민사집행법 제263조 제1항의 규정에 위
반하여 허용되지 아니한다고 판시한 적도 있다(서울중앙지방법원 2008. 2.
25.자 2007카합2556 결정). 그러나 법원은 최근 (ii) 주주간 계약의 일방
당사자가 주주간 계약에서 정한 의무를 위반하자 상대방(신청인)이 주
주간 계약의 특약에 따라 의결권 위임 및 의결권행사 허용가처분을 구
한 사안에서 그 특약이 정한 바에 따라 의결권 위임을 구할 피보전권리
를 인정한 바 있고(서울중앙지방법원 2011. 11. 24.자 2011카합2785 결정),
(iii) 주주간 계약의 유효성을 인정하고 당사자가 주주간 계약에 따라 의
결권을 행사할 의무를 부담한다고 판시했으며(앞에서 본 2012카합1487 결
정),[10] (iv) 주주간 계약의 내용에 따라 이사 해임의 건에 대하여 찬성의
의결권행사를 구한 가처분 사건에서 비록 주주간 계약 내용이 합의·변
경되었다는 이유로 기각되었지만, 기본적으로 주주간 계약의 당사자인
주주는 주주간 계약 내용에 따라 의결권을 행사할 의무가 있음을 전제로
판시한 사례(서울중앙지방법원 2013. 7. 8.자 2013카합1316 결정. 이른바 정
수공업 사건)가 있으며, 주주간 계약과 관련한 사안은 아니지만 민사집행
법 제263조 제1항이 의사의 진술을 명하는 채무의 이행은 반드시 채무의
존재가 증명되고 확정판결의 형식을 갖춘 경우에만 허용된다는 것을 의
미하는 것은 아니라면서 의사의 진술을 명하는 가처분 사건에서 민사집
행법 제263조 제1항을 이유로 하는 본안전 항변을 배척한 사례(서울고등
법원 2013. 10. 7.자 2013라916 결정(대법원 2014. 9. 4.자 2013마1998 결정으

---

10) 그러나 해당 사안에서 합작투자계약의 내용이 신청인이 주장하는 것과 다른 내용으로
    인정되어, 결국 해당 의결권행사가처분이 인용되지는 아니하였다.

로 확정)]가 있는바, 이러한 최근의 판례 동향에 비추어 볼 때 법원도 최소한 폐쇄회사에 있어서는 주주간 계약에 기한 의결권행사가처분을 인정할 가능성이 높다고 생각한다.

(3) 사견

주주간 의결권구속계약은 사인 간의 계약으로 채권적 효력을 가지며, 회사를 구속하지 않는다는 결론은 지극히 당연하다. 그런데 위에서 본 학설과 판례는 해당 주주간 계약이 주주간만의 계약이라는 것을 전제로 한 것으로 보인다. 만약 회사가 주주간 계약의 당사자로서 주주간 의결권구속계약을 인정하고 그러한 구속계약의 실현에 조력할 것을 약속하며, 동 의결권약정에 위반한 의결권행사는 허용하지 않겠다고 약속했다면 결론이 달라질 수 있지 않을까?

의결권구속계약과 관련한 가처분 인정 가능성과 관련하여서도 가사 의결권구속계약의 채권적 효력에 기초하여 상대방의 의결권행사를 명하는 가처분결정을 받는다 하더라도 회사 역시 해당 가처분의 피신청인이 되지 않는다면 그 실효성에 의문이 있을 수밖에 없다. 예컨대 주주 A의 신청에 따라 "주주 B는 이사 후보 ○○○가 이사로 선임될 수 있도록 의결권을 행사하라"라는 결정을 받았다 하더라도, 주주 B가 실제 주주총회에 참석하지 않거나 동 결정과 달리 의결권을 행사할 경우, 통상 의결권행사가처분 신청 시 함께 청구하는 간접강제명령에 따른 효과는 별론으로 하더라도 주주 B의 의결권행사를 주주 A가 원하는 방향으로 강제하거나 A가 원하는 방향으로 행사된 것으로 간주할 방법이 없기 때문이다(위와 같은 가처분결정이 주주 B의 의결권이 특정 방향으로 행사된 것으로 간주할 수 있는 것이 아니다).

그러한 의미에서, "의결권행사가처분은 의사표시를 명하는 가처분 신청의 일종으로서 의사표시의무의 강제이행방법에 관하여 채권자로 하여금 채무자의 의사표시에 갈음하는 재판을 청구하도록 하고, 그 의사의 진술을 명한 판결이 확정된 경우 비로소 판결로 의사표시를 한 것으로 간주하도록 정한 민법 제389조 제2항 및 민사집행법 제263조 제1항의 규정에 위반하여 허용되지 아니한다"고 판시한 위에서 본 2007카합2556 결정이 이해되는 부분이 있다(그렇지만 그렇다고 하여 가처분 자체를 인용하지 않은 것은 납득하기 어렵다). 물론 이와 관련하여 법원의 가처분결정이 있음에도 불구하고 의결권구속계약의 일방 당사자가 가처분결정에 위반하여 의결권을 행사한 경우, 해당 주주총회결의의 효력은 어떻게 될 것인지에 대한 논의가 있기는 하다. 이에 대하여 회사에 관한 법률관계를 획일적으로 처리하기 위해 그러한 의결권행사도 유효하고 주주총회결의의 효력에는 영향이 없다는 견해[11]와 집행력을 발생시키는 가처분의 효과에 비추어 볼 때 가처분결정에 위반된 의결권행사는 효력이 없다는 견해[12]가 있으며, 절충적인 입장에서 회사의 전체 주주가 의결권구속계약의 당사자로 참가한 경우에는 의결권구속계약에 위반하여 의결권이 행사된 주주총회의 효력을 부정해야 한다는 견해도 있다.[13] 법원의 태도는 주주총회결의의 효력에 영향이 없다는 입장인 것으로 파악된다.[14] 의결권구속계약은 당사자 간 채권적 효력만을 가지며, 집행력

---

11) 정동윤, 폐쇄회사의 법리, 법문사, 1982, 167면.
12) 이태종, "주주간의 의결권계약에 관한 연구," 서울대학교 석사학위논문, 1984, 90면.
13) 정동윤, 앞의 책(주 11), 168면 ; 송옥렬, 상법강의, 홍문사, 2014, 915. 송옥렬 교수도 합작회사나 폐쇄회사에서는 당사자 사이에 미리 경영권을 배분할 필요성이 있으므로 회사에 대하여 효력이 없다는 통설적 견해가 바람직한지는 의문이라고 하고 있어 동일한 입장인 것으로 파악된다.
14) 광주지방법원 목포지원 2011. 10. 4. 선고 2011가합257 판결 및 그 항소심인 광주고등법원 2012. 10. 10. 선고 2011나5799 판결 ; 대구지방법원 2013. 11. 19. 선고 2013가

역시 피신청인이 아닌 회사에 미친다고 볼 수 없다는 점에서 첫 번째 견해가 타당하다고 본다. 회사에 구속력이 없는 약정이나 집행력이 회사에 미치지 아니하는 가처분결정을 위반한 의결권행사에 의한 주주총회 결의에 하자(결의방법이 법령 또는 정관에 위반하거나 현저하게 불공정한 것)가 있다고 보기 어렵고, 전체 주주가 체결한 계약이냐 아니냐에 따라 결론을 달리하는 것은 근거를 찾기 어렵고 작위적인 것으로 보인다. 결국 가처분결정에 따라 의결권구속계약에 따른 의결권행사를 강제하기 위해서는 민사집행법 제261조에 의한 간접강제에 의할 수밖에 없다고 생각한다.[15] 그런데 만약 앞에서 본 바와 같이 회사 역시 주주간 계약의 당사자로서 의결권구속계약을 인정하고 조력할 것을 확약하였다면, 가처분 신청방식이나 결정주문 및 그 위반의 효과를 달리 볼 여지가 생길 수 있지 않을까? 즉 가처분 신청 시 상대방 주주뿐만 아니라 회사를 피신청인으로 하여 "주주 B는 ○○도록 의결권을 행사하여야 하며, 회사는 주주 B의 이와 다른 의결권행사를 허용하여서는 아니 된다"라는 신청을 하는 것이다. 만약 이러한 신청이 인용된다면, 회사는 이러한 가처분결정에 위반한 의결권행사를 허용하여서는 아니 되며, 그럼에도 불구하고 회사가 그러한 의결권행사를 허용한다면 그 주주총회는 결의방법에 하자가 있다고 인정하기에 어려움이 없다고 본다.

합6609 판결.

15) 한편 이와 관련하여 의결권행사를 명하는 판결이 있음에도 불구하고 이를 이행하지 아니하는 경우에는 의결권행사를 의사표시에 준하는 것으로 보아, 그 확정판결을 가지고 의결권행사에 갈음하는 것으로 볼 수 있다는 견해가 있다(송영복, "의결권의 행사 및 회사의 업무에 관한 주주간 계약 : 폐쇄회사를 중심으로," 서울대학교 석사학위 논문, 2010, 98면). 그러나 의사의 진술을 명한 판결이 확정된 경우 비로소 판결로 의사표시를 한 것으로 간주하도록 정한 민법 제398조 제2항 및 민사집행법 제263조 제1항을 고려할 때, 확정판결이 아닌 가처분결정과 관련하여 제기할 수 있는 논거는 아니라고 본다.

따라서 주주간 계약을 작성할 때, 회사를 당사자로 하여 주주간 계약의 내용을 인정하고 그 실현에 조력한다는 내용을 규정하는 것이 중요한 의미를 가질 수 있다고 본다. 그럼에도 불구하고 의결권구속계약의 이행을 강제하거나 그 위반 우려 시 이를 가처분의 형식으로 사전적으로 막을 수 있는지에 대하여 여전히 논란이 있는 상황이라 할 것인바, 주주간 계약 위반 시의 효과(예컨대 위약금·위약벌 및 해지와 그 효과 등)를 엄격히 규정하여, 주주들이 그 위반 시 효과가 두려워 주주간 계약을 위반하지 못하도록 심리적으로 압박하는 것 역시 중요하다 하겠다. 이에 대하여는 뒤의 IV. 5.에서 좀 더 자세히 살펴보기로 한다.

2. 지분양도제한약정의 효력

상법 제355조는 주식은 타인에게 이를 양도할 수 있다고 규정하고, 다만 정관이 정하는 바에 따라 이사회의 승인을 얻도록 할 수 있다고 규정한다. 주식은 원칙적으로 자유롭게 양도하되, 정관에 의하여 그 양도가 제한될 수 있음을 규정한 것이다.

그런데 이러한 주식양도 자유의 원칙은 주주간 계약에 의해 제한될 수 있는데, 이와 같은 주식양도제한약정은 주주의 투하자본 회수의 가능성을 전면적으로 부정하는 것이 아니고 공서양속에 반하지 않는다면 당사자 사이에서는 원칙적으로 유효한 것으로 보는 것이 일반적 견해이자 법원의 태도이다(대법원 2013. 5. 9. 선고 2013다7608 판결 등 참조). 이러한 견해가 확립되기까지의 경과를 좀 더 자세히 살펴본다.

학계와 실무에서 주주간 주식양도제한약정의 채권적 효력에 대하여는 별다른 의문이 없었으나, 대법원은 과거 이른바 신세기통신 사건에서 5년간의 주식양도금지약정의 효력과 관련하여 "이 사건 약정은 설립 후 5년

간 일체 주식의 양도를 금지하는 내용으로, 이와 같은 내용은 위에서 본
바와 같이 정관으로 규정하였다고 하더라도 이는 주주의 투하자본회수
의 가능성을 전면적으로 부정하는 것으로서 무효라 할 것이다. 그러므로
그와 같이 정관으로 규정하여도 무효가 되는 내용을 나아가 회사와 주주
사이에서 혹은 주주 사이에서 약정하였다고 하더라도 이 또한 무효라 할
것이다"(대법원 2000. 9. 26. 선고 99다48429 판결)라고 하여 마치 주식양도
제한약정은 채권적 효력도 없는 것처럼 판시하여 M&A실무에 큰 파장
을 일으킨 바 있다. 동 대법원 판결과 관련하여서는 여러 우려의 목소리
가 있었으며,[16] 동 대법원 판결은 양도금지약정은 무효이기 때문에 회
사는 주식양수인의 명의개서청구를 거부할 수 없다고 판시한 사안이지
약정 위반에 따른 손해배상책임 유무를 판단하는 사안이 아니었다는 점
을 근거로, 이 판결의 취지를 주식양도제한약정의 당사자 간 손해배상
등의 사건에까지 확대적용해서는 아니 된다고 하면서, 위 판결의 "정관
으로 규정하여도 무효가 되는 내용을 나아가 회사와 주주 사이에서 혹은
주주 사이에서 약정하였다고 하더라도 이 또한 무효라고 할 것이다"라는
문구는 '이 사건 양도제한약정은 회사에 대하여 효력이 없다'는 의미로
제한적으로 이해해야 한다는 견해가 제시되기도 하였고,[17] M&A 실무
역시 그러한 입장에서 위 대법원 판결 이후에도 채권적 효력이 있음을
전제로 여전히 주주간 계약에 일정 기간의 주식양도금지약정을 규정하
여 왔다.

그런데 그후 대법원은 주식양도금지약정이 아니라 우선매수권약정과

---

16) 조민제, "주식양도제한계약의 법적 효력," 저스티스 제34권 제5호(2001. 10), 한국법학
원 등.
17) 권오성, "주주간 계약의 효력에 관한 연구," 홍익법학 제10권 제3호(2009), 홍익대학교
법학연구소, 446면.

관련한 사안에서 "주식의 양도를 제한하는 방법으로서 이사회의 승인을
요하도록 정관에 정할 수 있다는 상법 제335조 제1항 단서의 취지에 비
추어 볼 때, 주주 사이에서 주식의 양도를 일부 제한하는 내용의 약정을
한 경우, 그 약정은 주주의 투하자본 회수의 가능성을 전면적으로 부정
하는 것이 아니고, 공서양속에 반하지 않는다면 당사자 사이에서는 원칙
적으로 유효하다"고 하면서, 주식양도제한약정을 위반한 당사자의 손해
배상의무를 인정함으로써(대법원 2008. 7. 10. 선고 2007다14193 판결) 주식
양도제한약정의 채권적 효력을 명확히 인정하였고[18] 이러한 대법원의
입장은 유지되어 왔다. 그럼으로써 위에서 본 주식양도제한약정의 효력
과 관련한 일반적 견해가 확립되었던 것이다.

그러나 위 2007다14193 판결이 그전의 99다48429 판결의 입장을 바꾼
것으로 보아 일정 기간 주식양도금지약정을 포함한 모든 주식양도제한
약정의 채권적 효력을 인정한 것이라고 보기는 어려운 점이 있다. 99다
48429 판결은 주식양도금지약정에 관한 것인 반면에, 2007다14193 판결
은 우선매수권약정에 관한 것으로, 동 판결 역시 결국 투하자본회수의
가능성을 전면적으로 부정하는 약정이라면 무효로서 채권적 효력이 부
인될 수 있다고 판시하고 있는 셈인바, 일정 기간 주식양도 자체를 금지
함으로써 동 기간 동안의 투하자본회수 가능성을 없게 만드는 이른바 록
업(lock-up)조항의 유효성에는 여전히 의문이 남아 있다고 하겠다. 사견
으로는 록업조항 자체가 투하자본회수 가능성을 부정하는 것으로 판단
되어서는 안 되며, 록업기간의 장단이나 동 기간 중의 계열회사에의 양
도가 허용되는지 등의 요소를 종합적으로 고려하여 판단되어야 한다고

---

18) 위 판례와 관련한 보다 자세한 분석은 신동찬, "합작투자계약의 법률관계," 판례연구
　　제24집 제2권(2010. 10), 서울지방변호사회 참조.

본다. 또한 주주간 계약을 맺는 상황은 합작투자의 경우와 같이 주주간의 신뢰가 중요하여, 상호 파트너로서 일정 기간 회사의 주주로 남아 회사의 안정적 성장에 매진하자는 취지에서 록업약정을 하는 것이므로 그러한 약정은 존중되어야 하며, 동 약정이 일정 기간 투하자본 회수를 어렵게 한다고 하여 섣불리 무효라고 보거나 공서양속에 반한다고 판단하여서는 안 된다고 본다.

하여간 록업조항의 유효성에는 의문의 여지가 남아 있기는 하지만, 결국 주식양도제한의 약정은 당사자 사이에 채권적 효력을 발생시킬 뿐이므로 양도제한약정에 위반하여 주식이 양도되더라도 양수인의 선의·악의와 무관하게 주식양도는 유효하고, 회사는 양수인의 명의개서청구를 거절할 수 없다는 것이 확립된 법원의 입장이다(앞 99다48429 판결 등 참조).[19] 결국 일방 당사자가 주식양도제한약정을 위반하여 주식을 양도할 경우 상대방은 위반 당사자에게 계약 위반에 따른 손해배상을 청구할 수 있을 뿐인바,[20] 주주간 계약을 작성할 때는 이러한 점을 고려하여야 한다. 뒤에서 좀 더 자세히 보겠다.

---

[19] 하지만 의결권구속계약에서 본 바와 같이 회사가 주주간 계약의 당사자가 되는 경우에는 주식양도제한약정이 회사에 대하여도 구속력을 가질 수 있다는 입론이 가능할 수 있겠다

[20] 이때 주식매수인에게 어떠한 책임을 물을 수 있는지가 문제 될 수 있는데, 주식매수인이 주식양도제한약정이 있다는 사실을 알고 있었다는 것만으로 주식매수인에게 손해배상책임 등을 묻기는 어려울 것이다. 다만 주식매수인이 주식매도인과 적극 공모하였다거나 기망·협박 등 사회상규에 반하는 수단을 사용하거나 다른 주주를 해할 의사로 주식매도인과 계약을 체결하였다는 등의 특별한 사정이 인정되는 경우, 제3자 채권 침해의 법리에 따라 불법행위에 의한 손해배상책임을 인정할 수 있을 것으로 생각한다(대법원 2001. 5. 8. 선고 99다38699 판결 등 참조).

3. 프로큐어(Procure)조항[21]의 효력

회사의 소유와 경영은 분리되는바, 회사의 경영은 주주가 아니라 이사들이 회사에 대한 수임인으로서의 지위에서 선관주의의무에 따라 경영하는 것이므로, 이사들이 그러한 회사에 대한 선관주의의무를 벗어나 주주의 뜻에 따라야 할 의무는 없다는 점은 누구나 인정하는 바이다. 따라서 회사 또는 자신이 지명한 이사로 하여금 일정한 행위를 하도록 하겠다는 프로큐어조항이 집행 가능하지 않다는 점에는 의문이 없는 것으로 보인다. 그럼에도 불구하고 사실상 이사는 자신을 선임 또는 해임할 수 있는 주주의 뜻을 무시할 수 없다는 점에서 주주간 계약에 프로큐어조항을 두게 될 뿐이다.

앞에서 본 정수공업 사건(2013카합1316)에서도 신청인은 주주간 계약상의 "회사의 대표이사는 기존 대주주 또는 기존 대주주가 지정한 이사를 선임하기로 하고, 투자자는 자신이 지명한 기타 비상무이사로 하여금 이사회에서 기존 대주주 또는 기존 대주주가 지정한 자를 대표이사로 선임하도록 하여야 한다"는 프로큐어조항에 근거하여 투자자를 피신청인으로 하여 "(i) 피신청인에게 피신청인이 지명한 기타 비상무이사로 하여금 이사회에서 신청인을 대표이사로 선임하도록 할 의무가 있음을 임시로 정한다. (ii) 피신청인은 피신청인이 지명한 기타 비상무이사로 하여금 신청인을 대표이사로 선임하기 위한 이사회를 소집하게 하고, 소집된 이사회에서 피신청인 지명한 기타 비상무이사로 하여금 신청인을 대표

---

21) 주주간 계약에는 "대주주 A는 회사로 하여금 ○○하도록(또는 하지 못하도록) 하겠다 (shareholders a shall procure the company ○○)"거나 "자신이 지명한 이사로 하여금 ○○하도록 하겠다"는 약정이 포함되는 경우가 많은데, 이 글에서는 그러한 약정을 프로큐어약정이라 한다.

이사로 선임하는 안에 동의하게 하여야 한다"는 취지의 경영권 침해 금지가처분을 신청하였는데, 법원은 상법과 회사의 정관이 이사회의 결의로 대표이사를 선임하도록 규정하고 있음을 근거로 들면서 "신청인과 피신청인이 이 사건 주주간 계약을 통해 신청인을 이 사건 회사의 대표이사로 정하는 데에 합의하였다고 하더라도 피신청인은 이 사건 회사의 이사가 아니어서 위 합의만으로 피신청인이 신청인을 이 사건 회사의 대표이사로 선임할 법률적 권한을 가질 수 없을 뿐만 아니라 이 사건 회사의 이사들은 이 사건 주주간 계약의 당사자가 아니고, 주식회사에 있어 이사의 직무 수행은 회사의 수임인으로서 주의의무가 따르는 행위로서 이사는 그 행위에 관해 독자적인 책임을 지므로 주주간의 합의가 이사의 직무수행에 대한 구속력을 지닐 수는 없다고 할 것인바, 결국 이 사건 회사의 이사들이 이 사건 주주간 계약에 따라 신청인에 대한 대표이사 선임의무를 부담한다고 볼 수 없는 이상, …제3자인 이 사건 회사의 이사들로 하여금 그들이 법률상 의무를 부담하지 않는 일을 하도록 요구할 의무가 피신청인에게 있다고 할 수 없다"라고 판시한 바 있다.

그런데 위 판시 내용은 해당 프로큐어조항의 집행 가능성뿐만 아니라 채권적 효력까지 부인한 것으로까지 읽힐 수 있어서 의문이 든다. 이사들에게 요구할 의무 자체가 없다는 것은 해당 프로큐어조항 자체의 효력을 부인한 것으로도 읽힐 수 있기 때문이다. 하지만 당사자의 의사를 존중한다는 점에서 프로큐어약정의 채권적 효력까지 부인할 이유는 없다고 본다. 일상에서도 자신이 통제할 수 없는 사항이라 할지라도 "걱정하지 마. 내가 책임지고 ○○할 수 있도록 하겠다"고 확약하면서 어떤 반대급부를 받아 내는 일이 있을 수 있는데, 그러한 약정을 모두 무효라고 볼 이유는 없고 무효로 본다면 그러한 확약을 믿고 반대급부를 제공한 자는 오히려 아무런 구제도 받지 못하는 정의에 반하는 결과를 낳는다할 것이며, 이는 프로큐어약정의 경우도 마찬가지이다. 따라서 프로큐어 약정에 터잡아 이행청구나 가처분 신청을 할 수는 없겠지만, 그 약정을 준수하지 못한 때 그 약정 위반에 따른 책임은 물을 수 있다고 보아야 할 것이다.

한편 이러한 프로큐어조항의 집행 가능성을 높일 수 있는 방법은 없을까? "회사로 하여금 ○○하도록 하겠다"는 회사 관련 프로큐어조항과 관련하여서는 대주주로부터 그러한 프로큐어 확약을 받음과 동시에 대상회사가 주주간 계약의 당사자가 되어 동일한 취지의 확약을 하는 것을 고려해 볼 수 있을 것이다. 그 경우 회사 스스로 의무 당사자이기 때문에 회사를 상대로 이행청구나 가처분 신청을 할 수 있는 근거가 생긴다고 할 수 있기 때문이다. 이러한 점이 주주간 계약 작성 시 회사가 주주간 계약의 당사자가 되도록 하는 것이 바람직한 또 다른 이유이기도 한 것이다. 하지만 이사 관련 프로큐어조항과 관련하여서는 개별 이사들이 주주간 계약의 당사자가 되는 것은 상정하기 어렵고, 당사자가 된다 하더라도 회사의 수임인으로서의 지위상 무조건 주주의 뜻에 따라 이사회에서 의결권을 행사하겠다는 약정은 무효의 소지가 큰바, 주주간 계약 작성 목적상으로는 주주가 자신이 지명한 이사를 통제할 수 없는 경우(즉 이사가 주주간 계약이 정한 대로 이사회에서 의결권을 행사하지 않는 경우)에는 해당 이사를 선임한 주주에게 그 이사를 해임할 의무를 부과시켜 놓는 정도를 고려할 수밖에 없을 것이다.[22]

---

22) 천경훈, 앞의 논문(주 2), 16면 각주 17 참조.

IV. 주주간 계약 작성 시 유의해야 할 사항

이상에서 보았듯이 주주간 계약은 그 효력이나 집행 가능성과 관련하여 불확실성이 크다. 그러나 어차피 그 효력이나 집행 가능성에 의문이 있기 때문에 주주간 계약을 얼마나 잘 작성하느냐가 큰 의미가 없다는 것이 아니라, 오히려 그러한 불확실성을 최소화하고 당사자의 의사가 제대로 실현될 수 있도록 정치하게 작성되어야 한다. 그럼에도 불구하고 주주간 계약은 주식양수도계약에 비하여 정치하게 작성되지는 아니하는 것 같다. 그 이유는 주주간 계약은 주로 사업 파트너 사이에 밀월관계에 있을 때 신뢰를 기반하여 작성되므로 향후 관계가 나빠지는 상황을 크게 고려하지 않기 때문이기도 하다. 향후 분쟁 상황까지 고려하여 주주간 계약의 작성을 도모하는 경우, 오히려 주주 상호 간의 신뢰를 저해하고 거래의 성사를 어렵게 한다고 보는 분위기가 사실상 존재하기도 한다. 이러한 사정들로 인하여 실제 주주간 계약은 정치하지 못하게 작성되는 경향이 있고, 향후 주주간의 사이가 틀어지거나 실제 분쟁이 발생하였을 때 해당 분쟁의 해결에 크게 도움이 되지 못하고 오히려 모호한 규정 때문에 분쟁 해결에 장애가 되는 경우를 많이 본다.

다음에서는 앞에서의 논의를 염두에 두고 분쟁 가능성을 최소화하고 조금이나마 집행 가능성을 높이기 위해 주주간 계약의 구조를 짜고 작성할 때 유의해야 할 사항을 구체적 조항별로 검토해 보고자 한다.

1. 당사자와 대상회사의 범위에 관한 사항

통상 주주 사이에 체결되는 주주간 계약은 당사자 사이에 채권적 효력만 있을 뿐이므로, 주주간 계약에 위반하여 의결권이 행사되거나 주식이 처분될 경우에는 당사자 사이에 주주간 계약 위반에 따른 책임이 따를 뿐이며, 해당 주주총회결의의 효력이나 주식양도의 효력 자체에는 영향이 없다고 보는 것이 일반적 견해라는 것은 앞에서 본 바와 같다. 그런데 주주간 계약에 있어 회사를 당사자로 포함시켜 회사에게도 주주간 계약의 효력을 미치게 하는 것은 주주간 계약에 따른 의무 이행의 실효성을 확보한다는 측면에서 의미가 있을 수 있다. 부연하면 앞에서 본 바와 같이 의결권구속약정·주식양도제한약정·프로큐어약정 등의 집행 가능성을 높인다는 측면에서 대상회사를 당사자로 포함시키고, 대상회사로 하여금 주주간 약정을 인정(acknowledge)하고 그 실현에 조력하겠다는 확약을 하게 하며, 대주주의 회사로 하여금 특정 행위를 하게 할 의무에 대하여는 회사 스스로 그러한 행위를 이행하도록 하는 의무를 부과하는 것이 바람직하다. 물론 회사가 주주간 계약의 당사자가 된다 하더라도 주주간 계약에 위반한 주주총회결의나 주식양도의 효력이 무효가 된다고 단정 지을 수는 없으나, 적어도 주주간 계약의 채권적 효력에 기하여 의결권행사(금지)가처분 내지 명의개서금지가처분 등의 가처분의 제기를 시도해 볼 수 있다는 점에서 의미 있다 하겠다. 실제로 일본에서는 회사가 당사자로 된 주식양도제한약정의 경우, 회사는 계약에 위반한 주식양도를 승인하여 명의개서청구에 따르지 않을 채무를 부담하기 때문에 회사를 채무자로 하는 명의개서금지의 가처분은 인정된다고 보는 견해가 있다.[23]

---

23) 田邊眞敏, 株主間契約と定款自治の法理, 九州大學出版會, 2010, 278면. 이 견해는 주식양도제한약정에서 다른 주주에게 우선매수권을 부여하는 규정이 있다면 해당 주주는 우선매수권의 규정을 근거로 하여 회사에 대하여 제3자에게로의 주식양도를 불승인하고 자신을 매수인으로 지정할 것을 명하는 내용의 가처분도 가능하다고 한다.

한편 대상회사에 자회사가 있는 경우에는 주주간 계약에서 자회사에 대한 지배구조를 어떻게 규정할 것인지도 주주간 계약 작성 시 주의해야 할 점이다. 대주주의 입장에서는 자회사에 대한 소수주주의 권리를 인정하지 않거나 다른 이사의 업무 집행을 감독하는 차원에서 기타 비상무이사 1명 정도만을 선임할 수 있도록 규정하려고 하는 반면, 소수주주는 자회사에 대해서도 대상회사와 동일한 이사선임권을 보장받으려고 하는 경우가 많다.

특히 재무적 투자자와 전략적 투자자 SPC를 설립하여 대상회사(target)를 인수하는 경우 전략적 투자자와 재무적 투자자 사이에 주주간 계약이 필요한데, 이때 주주간 계약의 직접적인 대상은 SPC이지만 궁극적으로 대상이 되어야 하는 것은 타깃인 대상회사인바, SPC와 대상회사 모두를 주주간 계약의 대상으로 삼아야 함을 주의해야 한다. 예를 들어 주주간 계약에서 (i) 대상회사의 이사선임권에 대하여 SPC의 이사선임권과 동일하게 규정하고, (ii) 대상회사의 이사들이 SPC 이사회의 결의 내용 및 주주간 계약의 내용에 따라 업무를 수행하도록 하는 내용을 규정하여야 할 것이다.

2. 이사회구성 및 대표이사 선임

(1) 이사 선임권

회사의 업무 집행은 이사회의 결의에 의하는바, 이사회의 구성에 관한 조항은 회사지배구조와 관련한 사항 중 가장 중요한 사항이라고 할 수 있다. 통상 주주간 계약은 이사의 정원을 정하고, 각 주주가 지명할 수 있는 이사 수를 정하는 방법으로 이를 규정한다. 이러한 각 주주의 이사 지명권은 주주총회에서 각 주주가 해당 이사 선임의 건에 찬성표를 던짐으로써 목적을 이룰 수 있으므로, 각 주주는 주주간 계약의 합의 내용에 따라 의결권을 행사할 의무를 부담한다. 만약 이를 위반하려는 주주가 있는 경우, 상대방 주주가 찬성의 의결권행사가처분 신청을 하고 그 가처분의 집행을 통하여 만족을 얻을 수 있을지에 대하여는 앞에서 본 바와 같다.

그런데 이에 관련하여 주의할 점이 있다. 이사 선임권을 규정하는 경우에는 이사의 선임권에 대해서뿐만 아니라 이사의 해임권에 대하여도 규정해 놓는 것이 바람직하다. 즉 일방 주주는 자신이 지명한 이사를 언제든지 해임할 수 있으며, 그 주주가 해당 이사의 해임을 원하는 경우 상대방 주주는 주주총회에서 동 이사의 해임을 위해 의결권을 행사할 것을 규정할 필요가 있다.[24]

앞에서 본 유한킴벌리 사안에서도 신청인은 주주간 계약상의 이사 선임권에 기초하여 피신청인이 자신이 선임한 이사를 해임하도록 의결권을 행사할 것을 신청하였는데, 법원은 합작투자계약에 계약 당사자의 권리로 규정된 것은 이사 선임권뿐이고 이사 해임권 내지 교체권은 별도로 규정되어 있지 않은 점을 들어 해당 신청을 받아들이지 않은 바 있다(서울중앙지방법원 2013. 7. 8.자 2012카합1487 결정).

---

24) 이와 관련하여 상법 제385조 제1항에 의하면, 정당한 사유 없이 이사를 임기 중에 해임하는 경우 그 이사는 회사에 해임으로 인한 손해의 배상을 청구할 수 있으므로, 주주가 이사 해임권을 행사할 때에는 그로 인한 이사의 손해배상청구권으로부터 회사를 면책한다는 규정도 넣는 것이 바람직하다.

(2) 대표이사 선임권

주주간 계약에서 이사회구성과 함께 중요한 사항이 대표이사 선임에 관한 사항이다. 대표이사 선임은 각 주주가 1명씩 공동대표이사를 선임하는 방안이나 각 주주가 1명씩 대표이사를 선임한 후 각자 대표권을 갖도록 하는 방안을 생각할 수 있다. 그러나 주주간 계약 대부분에서는 일방 당사자(주로 대주주)는 대표이사를 선임하고, 다른 당사자는 재무담당 이사 등 다른 중요 임원을 선임하도록 약정하는 것이 보통이다.

한편 대표이사를 선임하는 방식과 관련하여 대표이사를 주주총회에서 선임하는 방법과 이사회에서 선임하는 방식을 생각할 수 있다. 전자는 각 주주가 주주총회에서 주주간 계약에 따라 대표이사가 선임되도록 의결권을 행사하여야 하고, 후자는 각 주주가 선임한 이사들이 이사회에서 주주간 계약에 따라 의결권을 행사하여야 한다. 이와 관련하여 이사는 주주의 지시가 아니라 본인의 판단에 따라 회사에 최선의 이익이 되는 방향으로 의결권을 행사하여야 하므로, 이사의 의결권행사를 구속하는 약정은 그 집행 가능성이 인정되기 어렵고, 법원도 주주간 합의가 이사의 직무 수행에 대한 구속력을 지닐 수는 없다고 판시한 바 있음은 앞에서 본 바와 같다. 따라서 대표이사 선임에 관한 주주간 계약을 유효하게 실현하기 위해서는 대표이사를 주주총회에서 선임하는 것으로 정관에서 정하고, 주주간 계약의 문구도 그에 맞추어 규정하는 것이 더 실효성이 있다고 볼 수 있다.[25] 다만 이러한 필요성은 대주주가 대표이사 선임권을 가지는 경우보다는 소수주주가 대표이사 선임권을 가지는 경우 또는 50대 50의 합작투자법인에 있어서 어느 일방이 대표이사 선임권을 가지

---

25) 천경훈, 앞의 논문(주 2), 16면.

는 경우에 더 크다. 왜냐하면 대주주는 이사 과반의 선임권을 가지는 것이 일반적인바, 이사회에서 대표이사를 선임하더라도 자신이 원하는 자가 대표이사가 되지 않을 가능성이 적지만, 소수주주의 경우 또는 50대 50의 합작투자법인에 있어서의 일방의 경우에는 대주주 또는 합작파트너와의 신뢰관계가 깨진 때 이사회에서 자신이 원하는 자가 대표이사로 선임되지 않을 가능성이 높기 때문이다. 물론 대표이사를 주주총회에서 선임하더라도 대주주나 합작파트너가 주주간 계약을 위반하는 경우, 소수주주나 일방 합작파트너는 자신이 원하는 자를 대표이사로 선임할 수 없기는 마찬가지지만 그러한 때 의결권행사가처분 신청을 통해 그 위반을 시정할 여지가 있는 반면, 이사회에서 대표이사를 선임하도록 한 경우 이사들이 주주간 계약의 내용을 따르지 않는다면 이를 강제할 방법이 없다는 점에서 대표이사를 주주총회에서 선임하도록 하는 것에 실효성이 있다고 하겠다.

(3) 소수주주에게 경영권을 보장하는 경우

투자자가 대상회사에 투자함에 있어서 동 투자로 인해 대주주가 되어 이사 과반수 선임권을 가짐에도 기존 주주의 경영능력을 높이 사 일정 기간 기존 주주의 경영권을 보장하기로 약정하는 경우가 종종 있다. 그러한 경우 소수주주가 된 기존 주주 입장에서 주주간 계약을 작성함에 있어 주의를 요한다.

얼핏 보면 대주주는 이사 과반수의 선임권을 가지고 소수주주는 대표이사 선임권을 가져 일상적인 업무수행권을 보장받으면 족한 것으로 생각할 수 있다. 그러나 기본적으로 회사의 중요한 의사결정은 이사회를 통해 결정되는데, 이사회의 과반수는 대주주가 확보하고 있으므로 대표이사 선임권만으로는 소수주주의 경영권을 보장받는 데 한계가 있을 수밖에 없다. 따라서 소수주주의 경영권 보장을 실효적으로 하기 위해서는, 대표이사가 재량으로 결정할 수 있는 사항과 이사회의 결의를 받아야 할 사항을 구분할 필요가 있으며(이때 대표이사의 권한범위는 확대하고 이사회결의 사항은 축소함으로써 대주주의 경영 간섭을 최소화할 필요가 있을 것이다), 대주주가 소수주주의 동의 없이 의사결정을 해서는 안 되는 사항을 이사회 특별결의사항으로 규정함으로써 중요 사항에 대하여는 소수주주가 거부권을 갖도록 할 필요가 있다. 그 경우 대주주 측에서는 법상 이사회결의를 요하는 사항에 대하여는 모두 이사회결의 사항으로 두어야 한다고 주장할 수 있는데, 상법 해석상 회사의 중요한 의사결정은 이사회결의사항으로 보므로, 그 주장을 수용하는 때에도 "이사회결의사항 중 대표이사 권한사항에 대해서는 해당 이사들이 이사회에서 대표이사의 결정에 따르도록 의결권을 행사하게 하겠다"는 확약을 대주주 측으로부터 받아 놓을 필요가 있을 것이다. 다만 앞에서 본 바와 같이 이사 관련 프로큐어조항은 집행 가능성에 의문이 있으므로, 이사가 주주간 계약이 정한 대로 이사회에서 의결권을 행사하지 않는 때에는 해당 이사를 선임한 주주에게 그 이사를 해임할 의무를 부과시켜 놓는 것이 필요하다는 점 역시 앞에서 본 바와 같다.

(4) 지분율의 변경에 대비한 규정

지분율 변경이 예상되는 경우에는 주주간 계약에서 향후 지분율변동을 주주간 계약의 해지사유로 구성하거나 지분율변동에 따라 기관구성에 관한 내용을 변경할 수 있는 규정을 둘 필요가 있다. 일방 당사자의 지분율이 크게 떨어져 주주간 계약을 유지할 필요가 없을 정도에 이를 때에는 이를 주주간 계약의 해지사유로 할 필요가 있고, 그 정도의 변동이 아닌 때에는 지분율이 변동될 경우 각 당사자가 보유하는 이사 선임권·대표이사 선임권을 변경할 것인지, 변경한다면 구체적인 변경방법이나 비율을 계약서에 명시하는 것이 바람직하다. 예를 들어 "주주 1이 회사의 의결권 있는 주식총수의 50퍼센트 이상을 보유하는 기간 동안은 2명의 이사를, 25퍼센트 이상을 보유하는 기간 동안은 1명의 이사를 지명할 권리를 가지며, 주주 2는 나머지 이사와 감사를 지명할 권리를 가진다"는 식으로 지분율 구간별로 지명할 수 있는 이사를 규정할 수도 있다. 또는 최소한 "당사자는 지분율과 대략 동일한 비율의 이사 수를 선임할 권리를 가진다"라는 식으로 원칙적인 규정이라도 두는 것이 필요하다. 이러한 지분율 변경을 대비한 규정은 투자자가 전환사채·신주인수권부사채·전환우선주나 상환전환우선주를 인수하는 경우에 특히 필요한데, 전환권·신주인수권의 행사에 의하여 또는 전환비율의 조정에 의하여 기존 대주주와 투자자의 지분율이 역전되는 상황이 있을 수 있기 때문이다.

3. 특별결의사항과 교착 상태 해소조항

(1) 특별결의사항

1) 규정의 필요성 및 규정방식

회사의 의사결정은 주주총회 또는 이사회를 통해 이루어지기 때문에 지분율이 크고 이사 과반수 선임권을 가지는 대주주가 회사의 의사결정을 좌지우지하는 것이 원칙인바, 자신의 지분가치를 보호해야 하는 소수주주로서는 자신의 이해와 관계가 있는 중요한 사항에 대하여는 자신의 동의 없이는 회사가 동 행위를 할 수 없도록 거부권을 갖기를 원하는데, 이렇듯 소수주주가 거부권을 가지기를 원하는 사항을 이른바 특별결의 사항이라 하며, 이러한 특별결의사항은 주주총회 또는 이사회의 특별결의사항으로 규정되는 것이 일반적이다.

이러한 특별결의사항은 상법상 특별결의로 규정되어 있는 사항 외에 주로 신주 발행, 전환사채 또는 신주인수권부사채 등과 같이 기존 주주의 지분을 희석화할 수 있는 사항, 그리고 대규모 자금차입 또는 신규사업 진출과 같은 회사의 재무 상태에 변경을 초래할 수 있는 사항들이다. 주주간 계약에서 이와 같은 주요 경영사항들을 소수주주의 동의를 요하는 사항으로 규정하는 경우가 있는데, 이는 바람직하지 못하다. 왜냐하면 대주주가 이를 어긴 경우 그 구제책은 손해배상청구밖에 없기 때문이다. 보다 확실하게 하기 위해서는 소수주주의 동의 없이는 그러한 회사의 행위 자체가 불가능하게, 다시 말해 소소주주 또는 소수주주가 선임한 이사의 동의 없이는 그러한 행위를 위한 결의 자체가 불가능하게 만드는 것이 중요하다. 이를 위하여는 해당 행위를 함에 있어서 주주총회 및/또는 이사회의 결의를 받도록 하되, 소수주주 또는 소수주주가 지명한 이사들의 찬성이 없으면 부결되도록 결의요건을 강화하는 방식으로 규정하고 정관도 그에 맞추어 작성하는 것이 필요하다. 이와 관련해서는 상법상 주주총회에서 결의가 가능한 사항을 이사회의 특별결의사항으로만 규정하는 경우에는 대주주가 주주 제안(상법 제363조의2)을 통해 이사회결의 없이 주주총회의 결의로만 통과시킬 수 있음을 유의하여야 한다. 따라서 소수주주로서는 주주간 계약서 작성 시 주요 경영사항을 이사회뿐만 아니라 주주총회의 특별결의사항으로 규정할 필요는 없는지 고려해 보아야 한다.

한편 이와 같이 주주간 계약에 주주총회 및 이사회의 특별결의사항을 규정하다 보면, 상법이 주주총회의 결의사항으로 규정하지 않은 사항(또는 이사회의 결의가 필요한 사항)을 주주총회의 결의사항으로 규정한다는 점과 상법이 정한 특별결의요건보다 강화한 결의요건을 규정한다는 점이 회사법적으로 문제 될 수 있다.

2) 주주총회의 권한 확대 문제

상법에는 본래 이사회의 권한이지만 정관규정으로써 이를 주주총회의 권한으로 변경하는 것을 명문으로 허용하는 경우가 있다. 신주 발행(상법 제416조), 법정준비금의 자본금 전입(상법 제461조 제1항), 전환사채의 발행(상법 제513조 제2항), 대표이사의 선임(상법 제389조 제1항)이 그 예이다.

상법상 위와 같은 명문 규정이 없는 경우에는 정관으로 주주총회의 권한을 확대할 수 있는지에 대해 견해가 대립되는데, (i) 주주총회의 최고기관성과 권한 분배의 자율성을 이유로 주식회사의 본질이나 강행법규에 반하지 않는 이상 이를 긍정하는 확장설,[26] (ii) 주식회사의 각 기관에 권한을 분배하고 있는 상법 규정은 강행규정이라는 점을 근거로 상법이 정관 규정을 통해 주주총회의 권한으로 할 수 있다는 명문의 규정이 없는 이상 주주총회의 권한으로 할 수 없다는 제한설[27]이 있다. 대법원은 이사의 자기거래 승인을 정관으로 주주총회의 권한사항으로 규정할 수 있다고 판시한 바 있어 확장설을 지지하는 것으로 해석되고 있으나(대법원 2007. 5. 10. 선고 2005다4284 판결), 이는 자기거래 승인에 국한된

---

26) 권기범, 앞의 책(주 4), 576면 및 송옥렬, 앞의 책(주 13), 887면 등 통설적인 견해이다. 다만 이 견해에 의하더라도 이사회의 주주총회 소집권한(상법 제36조)만은 이를 주주총회의 권한으로 할 수 없다고 한다.

27) 이철송, 앞의 책(주 4), 482면.

사례이고 판례가 방론으로 설시한 것에 불과하여 판례가 확장설을 취한 것이라고 단언하기는 어렵다는 견해가 있다.[28]

주주가 다수 존재하지 않는 회사에서는 회사의 의사결정에 직접 이해관계를 갖는 주주들의 의사를 반영할 필요가 있는 점, 상법상 이사회의 권한사항은 주로 주주의 이익이 문제 되는 것과 채권자의 이익이나 자금조달의 기동성이 문제 되는 것이 있을 수 있고, 전자는 주주총회의 권한으로 하더라도 별 문제가 없고 후자는 주주총회라 하더라도 간섭할 수 없다고 이해하는 것이 바람직하지만, 이를 상법이 일률적으로 할 수 없는 이상 원칙적으로 확장설에 따라 자치적으로 해결하도록 허용하는 것이 바람직한 점[29] 등에 비추어 볼 때 확장설이 타당하다고 생각하며, 하급심 판결 중에도 "상법 제393조 등에서 정하고 있는 이사회의 권한 중 일부를 주식회사의 본질 또는 강행법規에 위반되지 않는 한 주주총회의 결의사항으로 할 수 있는 여지가 있기는 하나 이는 어디까지나 정관에 의하여만 가능할 것이다"라고 설시하여 확장설의 입장에서 판시하고 있는 사례도 있다(서울고등법원 2010. 6. 23. 선고 2009나94485 판결). 확장설에 따르면 상법이 주주총회의 결의사항으로 규정하지 않은 사항 또는 이사회의 결의가 필요한 사항을 주주간 계약에서 주주총회의 결의사항으로 규정한다 하더라도 이는 유효하다 할 것이다.

3) 결의요건의 강화 문제 : 초다수결 규정의 유효 여부
주주간 계약에 특별결의사항을 규정하기 위해서는 소수주주의 지분율에 따라 상법상 주주총회의 특별결의요건을 강화해야 하는 경우가 있다.

---

28) 천경훈, 앞의 논문(주 2), 20면.
29) 송옥렬, 앞의 책(주 13), 887면.

이사회의 특별결의요건도 소수주주가 지명할 수 있는 이사의 수에 따라 마찬가지의 경우가 발생할 수 있다. 다만 상법이 이사회결의요건은 정관으로 그 비율을 높게 정할 수 있도록 규정하고 있어 그 결의요건을 강화하더라도 특별히 문제 되지 않는다(상법 제391조 제1항).[30)]

주주총회의 결의요건을 강화하는 경우 이른바 초다수결의제(super-majority)를 채택하는 것이 유효한지에 관해서는 견해가 대립되고 있는데, (i) 소수주주에게 거부권 확보 차원에서 특별결의요건을 가중할 수 있고 아울러 총주주의 동의를 요하게 하는 것도 가능하다는 유효설,[31)] (ii) 상법상 근거가 없고 특별결의요건의 가중을 허용하면 회사가 교착 상태에 빠지는 것을 막을 수 없다는 무효설[32)]이 있다.

이와 관련하여 하급심 판례 중에는 코스닥상장회사에서 이사 해임결의요건을 출석주식수의 100분의 75 이상, 발행주식총수의 100분의 50 이상으로 강화하는 정관 변경 사안에서 "상법상 보통결의는 정관에 의하여 그 요건을 달리 정할 수 있도록 규정되어 있는 반면, 특별결의는 정관에 의하여 달리 정할 수 있다는 규정이 없는 점, 상법이 정한 것에 비하여 특별결의의 요건을 더 엄격하게 정하면 소수파 주주에 의한 다수파 주주의 억압 내지는 사실상 일부 주주에게 거부권을 주는 것과 마찬가지의 결과를 초래하는 점에 비추어 보면, 다른 특별한 사정이 없는 한 상법이 정하고 있는 것에 비하여 더 엄격한 이사 해임요건 및 해임 가능한 이사

---

30) 이에 대해 결의요건을 강화함에 있어 통상의 업무 집행에 관해서는 재적이사 과반수의 찬성을 초과할 수 없다거나 어떠한 경우에도 일부 이사에게 거부권을 주는 것과 같은 정도로 강화할 수 없다는 견해가 있으나(이철송, 앞의 책(주 4), 667-668면 참조), 상법이 그와 같은 제한 규정을 두고 있지 않아 해석론으로는 한계가 있다고 생각한다.

31) 권기범, 앞의 책(주 4), 645면 ; 송옥렬, 앞의 책(주 13), 917면.

32) 이철송, 앞의 책(주 4), 546-547면 ; 송종준, "초다수결의제의 유효성과 그 법적 한계 : 주주총회 특별결의요건을 중심으로," 인권과 정의 제388호(2008. 12), 대한변호사협회, 73-74면.

의 수를 규정하는 회사의 정관은 상법의 취지에 반한다"고 판시한 결정
이 있다(서울중앙지방법원 2008. 6. 2.자 2008카합1167 결정). 이 결정은 초
다수결의제를 무효로 판시한 판례로 소개되고 있으나, 동 결정은 필자가
직접 수행하여 이끌어 낸 결정인데, 해당 사안은 상장회사의 경영권 분
쟁 상황에서 기존의 경영진이 경영권 방어를 위해 무리하게 정관 개정을
시도하였던 사안으로 동 결정을 일반화하기는 어렵고,[33] 특히 주주들의
자치가 보다 존중되어야 하는 폐쇄회사의 주주간 계약에 적용된다고 보
기는 더욱 어렵다고 생각한다.

주주간 계약에서는 일방 당사자에게 거부권을 부여하더라도 이러한
거부권은 투자의 조건으로서 필요한 것이고, 투자 유치가 필요한 상대방
으로서는 이를 수용함에 따라 이루어진 것으로 부당한 결과를 초래하지
않는다고 생각한다. 또한 초다수결의제로 인하여 회사가 교착 상태에 빠
지는 문제가 있다 하더라도 이는 교착 상태를 해소하는 방안을 강구함으
로써 해결하면 되는 것이지 초다수결의제의 효력을 부인할 근거가 되기
에는 부족하다. 따라서 경영권 분쟁 상황에서 경영권 방어를 위하여 초
다수결의제를 도입하는 등의 특별한 사정이 없는 한 초다수결의제는 그
효력을 인정하여도 무리가 없다고 생각하며, 주주간 계약상 초다수결의
제와 관련한 약정도 그 유효성이 인정된다고 할 것이다.

(2) 교착 상태 해소조항

교착 상태란 주주총회나 이사회에서 합작계약 당사자나 주주간 계약

---

[33] 그후 하급심 중에도 초다수결 규정을 무효라고 본 사례(수원지방법원 안산지원 2009.
5. 26.자 2009카합74 결정) 및 유효하다고 본 사례(대전지방법원 천안지원 2009. 5.
28. 선고 2009가합610 판결)가 혼재하고 있는데, 양 사안 모두 이사 해임을 위한 주주
총회 결의요건을 강화하는 내용의 정관변경결의의 효력을 다투는 사안이었다.

의 당사자들이 의견이 대립하여 회사가 의사결정을 하지 못하고 대립하는 상태를 의미한다.[34] 상법상 주주총회 특별결의요건에 해당하는 지분을 보유하지 못하여 특정 안건을 가결시키지 못하는 경우 또는 일정한 사항에 대하여 주주총회 또는 이사회에서 소수주주의 동의나 소수주주가 지명한 이사의 동의를 요하는 사안으로 정해 둔 경우, 즉 특별결의사항에 대하여 교착 상태가 발생하게 된다.[35]

교착 상태를 해소하는 방안을 주주간 계약에 규정하는 것은 대주주에게는 유리하되 소수주주에게는 불리하다고 볼 수 있다. 일반적으로 주주간 계약은 소수주주를 보호하기 위해 소수주주의 권리를 규정하는 조항이 대부분이라고 할 수 있는데, 교착 상태 해소에 관한 조항은 대주주를 보호하기 위한 조항이라고 볼 수 있다. 교착 상태 해소에 관한 규정이 포함되어 있지 않을 경우, 소수주주가 반대하면 대주주가 지배하는 회사는 해당 행위를 실행할 수 없는 상태를 유지할 수밖에 없기 때문이다.[36] 일부 법에서는 교착 상태에 대한 규정이 주주간 계약에 포함되어 있지

---

34) 실무에서 50대 50의 지분비율과 이사 수를 동일하게 보유할 수 있도록 정하는 경우가 있는데, 그러한 경우 교착 상태가 될 수 있는 가능성이 커질 수 있어 주주간 계약서 작성에 있어 훨씬 많은 주의가 요구된다.

35) 교착 상태를 정의한 예는 다음과 같다. "The provisions of this Section shall apply if (i) the Board cannot reach agreement on any matter requiring unanimous Board approval pursuant to Section [___], or the Shareholders cannot reach agreement on any of the matters which, under applicable Korean law, requires shareholder approval, and (ii) the failure to reach agreement in each case prevents the Company from carrying on its business in the ordinary course (each such case being a "Deadlock")."

36) 교착 상태 해소에 관한 조항을 포함시키는 것이 대주주에게 유리함에도 불구하고 대주주도 그러한 조항을 포함시키지 않는 것을 선호하는 경우가 많다. 함께 주주로 협력하자는 주주간 계약을 체결하면서 미리 교착 상태를 예견한다는 것 자체가 달가운 일이 아니라는 정서상의 이유도 있겠지만, 실제로 교착 상태를 해소하는 방안들이 일방 주주의 주식매각이나 청산 등 극단적인 경우가 많기 때문이기도 하다.

않을 때를 상정하여 미리 해당 법에 이에 대해 규정하고 있는 경우가 있다고 한다. 예컨대 미국 델라웨어주 일반 회사법(Delaware General Corporation Law) 제226조에서는 회사의 사업에 심각한 차질이 생기거나 회복할 수 없는 손해가 발생할 우려가 있을 정도로 회사운영상 이사들 간에 분열이 있고 이에 대해 이사회의 결의가 이루어질 수 없거나 주주들이 이와 같은 분열을 종식시킬 수 없는 수준에 이를 경우에는 델라웨어주 형평법법원(Delaware Court of Chancery)의 관리인을 임명할 수 있도록 하고 있으며, 델라웨어주 유한책임회사(limited liability company)는 일정한 경우 형평법 법원이 해당 회사의 해산을 결정할 수 있다고 한다.[37]

교착 상태를 해소하는 방안은 다양하고 당사자들이 교착 상태를 해소할 수 있는 방안을 창의적으로 고안해 낼 수도 있으나, 크게 구분하면 주주관계를 해소하지 않고 유지하면서 교착 상태를 해소하는 방안과 주주관계를 종결하면서 교착 상태를 해소하는 방안으로 분류할 수 있다.

1) 주주관계를 유지하는 방안

① 캐스팅 보트 부여

주주관계를 유지하는 방안으로는 이사회 의장 등에게 캐스팅 보트(casting vote)를 부여하는 방법이 있다.[38] 그러나 우리나라 상법상 캐스팅 보트를 부여하는 것은 유효하지 않다. 이러한 방법은 실질적으로는 캐스팅 보트를 행사할 수 있는 당사자가 원하는 방식대로 결정을 할 수

---

37) 김현석, "국제합작투자와 관련한 주주간 계약상의 주요 쟁점," 국제합작의 협상 및 합작계약상의 법률적 쟁점(국제거래법학회 하계학술대회), 2012, 19면.
38) 정교화, "합작해소의 다양한 유형과 국제중재를 통한 분쟁해결," 국제합작의 협상 및 합작계약상의 법률적 쟁점(국제거래법학회 하계학술대회), 2012, 3면.

있는 권리를 부여하는 것과 다르지 않다.

② 추가 이사 지명

추가 이사를 지명하는 방법도 고려해 볼 수 있으나, 이러한 방식은 실질적으로는 일방 당사자가 원하는 방식대로 결정할 수 있는 권리를 부여하는 것과 다르지 않다.[39)]

③ 스윙맨 선임

스윙맨(swing-man) 이사를 선정하는 방법을 고려할 수 있는데, 이는 주주간에 합의로 중립적인 이사(swing-man director)를 선임하여 교착 상태를 해소하는 방안이다.[40)] 현실적으로 중립적인 이사를 선임할 수 있는 것이 쉽지 않을 수 있어 중립적인 이사로 누구를 선임할지 주주간에 합의에 이르지 못할 경우, 결국 교착 상태가 해소될 수 없다는 점에서 한계가 있다.

④ 고위임원 간의 협의

각 당사자의 고위임원 간에 교착 상태를 해소하기 위해 협의를 거치도록 하는 때가 있는데,[41)] 실무자급에서는 아무래도 의사결정권이 제한되어 있는 경우가 많고 고위임원 간에는 회사의 운영 상황이나 전략에 대해 '큰 그림(big picture)'을 보면서 판단과 의사결정을 할 수 있으므로 해소되지 못하고 있는 교착 상태를 해소할 수 있는 가능성을 증대할 수 있다고 생각하기 때문에 많이 사용된다. 다만 효과에 대해 비판적인 시각을 가진 실무가들도 많이 있는 것으로 보이는데, 실제로 교착 상태에 이를 정도의 사안이라면 주주들의 고위 임원들이 협의를 거친다고 해도 해결될 수 없는 사안일 가능성이 크며, 그러한 사안을 협의하는 절차를

---

39) 정교화, 앞의 논문(주 38), 3면.
40) 정교화, 앞의 논문(주 38), 3면.
41) 영어로는 일반적으로 'escalation'이라고 칭한다.

의무적으로 부과함으로써 분쟁 해결절차로 나아가야 할 시점만 불필요
하게 연기시키고 분쟁 상황을 더욱 복잡하게 만들 뿐이라는 시각에 연유
한다 하겠다. 고위임원 간 협의과정은 주주관계를 유지하는 교착 상태
해소방안뿐만 아니라 아래에서 논의할 주주관계를 종결하면서 교착 상
태를 해소하는 방안에도 함께 사용할 수 있다. 즉 일정 기간 고위임원
간 협의과정을 통해서도 해소되지 않는 경우에는 주주간의 관계를 종결
하는 절차를 진행하도록 하는 것이다.

2) 주주관계를 종결하는 방안

주주관계를 종결하면서 교착 상태를 해소하는 방안은 다양할 수 있겠
으나 대표적인 방법으로는 러시안 룰렛(Russian roulette), 텍사스 슛아웃
(Texas shoot-out), 콜/풋옵션(call/put option) 등의 방법들이 있다.

① 러시안 룰렛

러시안 룰렛은 일방 주주가 다른 주주에게 통지를 보내 특정한 가격에
자신이 보유한 지분 전체를 사거나 팔 것을 선택하도록 하는 방식이다.[42]

---

42) 예는 다음과 같다.

"(a) At any time after [date] [specified event] [deadlock regarding specified major
decision], either Member (the "Initiating Member") may by delivery of a written
notice (the "Buy-Sell Notice") to the other Member (the "Responding Member")
initiate the buy-sell procedures set forth in this Section [___].

(b) The Buy-Sell Notice shall contain the following terms : (i) a statement that the
notice is the Buy-Sell Notice referred to in this Section [___], (ii) the price per
Unit (the "Unit Price") at which the Initiating Member is willing to purchase all,
but not less than all, of the Units owned by the Responding Member, (iii) an
irrevocable offer of the Initiating Member to the Responding Member to, at the
sole election of the Responding Member exercised pursuant to Section [___] (c),
either (1) purchase from the Responding Member all, but not less than all, of
the Units owned by the Responding Member for a purchase price per Unit equal
to the Unit Price, or (2) sell to the Responding Member all, but not less than

다른 주주에게 매수 또는 매도할 권리를 주어 선택할 수 있도록 한다는 측면에서 공정하고 절차도 비교적 간단하며 제3자의 도움을 필요로 하지 않아 신속하게 진행될 수 있는 절차라는 면에서는 매력적인 방법이라고 할 수 있다. 또한 대상회사의 가치를 높게 평가하는 주주가 상대방 주주지분을 매수하여 더 많은 지분을 보유한 주주가 될 수 있다는 점에서는 합리적인 방법이라고도 할 수 있을 듯하다. 다만 현실적으로는 이러한 극단적인 방법을 교착 상태를 해소하는 방법으로 정하는 데 대해 당사자가 많은 경우 저항감이 큰 것이 당연하다고 생각되며, 실제로 이러한 절차를 이행해야 하는 시점에 소송이나 분쟁 없이 자연스럽게 진행될 수 있을지 의문이 들기도 한다. 따라서 계약서를 작성함에 있어서는 분쟁 가능성을 최소화하기 위하여 절차 등을 명확하게 기술하는 것이 중요하다고 하겠다.

② 텍사스 숏아웃

주주들 각자가 대상회사의 1주당 가격을 기재한 밀봉된 서류를 제출하여 높은 가격을 제출한 주주가 다른 주주의 주식을 그 가격에 매수하는 방식이다. 기본적인 취지는 러시안 룰렛 방식과 유사하다. 이에 대한 변형으로 밀봉된 제안가격을 개찰 후 더 높은 가격을 쓴 당사자가 상대방의 지분을 자신이 쓴 더 높은 가격이 아닌, 상대방 당사자가 쓴 더 낮

---

all, of the Units owned by the Initiating Member for a purchase price per Unit equal to the Unit Price.

(c) Within [thirty (30)] days after its receipt of the Buy-Sell Notice (the "Response Period"), the Responding Member shall by delivery of a written notice to the Initiating Member (the "Response Notice") elect to either (1) sell to the Initiating Member all, but not less than all, of the Units owned by the Responding Member for a purchase price per Unit equal to the Unit Price, or (2) purchase from the Initiating Member all, but not less than all, of the Units owned by the Initiating Member for a purchase price per Unit equal to the Unit Price."

은 가격에 매수하도록 하는 더치 옥션(Dutch auction) 방식도 있다.[43]

③ 콜 / 풋옵션

교착 상태 발생 시 대주주는 특정한 가격이나 별도로 정한 방식에 의해 산출된 가격에 따라 콜옵션을 소수주주는 풋옵션을 갖는 방식을 고려해 볼 수 있다.[44] 교착 상태는 일방 당사자에게 기인하는 사유라기보다는 주주간 견해 차이가 조정이 되지 않는 때 발생하는 것이므로 풋 / 콜옵션의 가격을 산정함에 있어서는 공정한 가격(fair market value)으로 하는 경우가 많은 것으로 보인다. 다만 그러한 공정한 가격을 결정하는 방법이 다양하고 산정에 있어 분쟁의 소지가 있으므로 계약서에 명확히 기재하여 두는 것이 바람직하며, 의도적 교착 상태의 야기를 통한 주주관계 해소의 위험성을 최소화한다는 측면에서 콜옵션은 공정가격에서 할증된 가격으로, 풋옵션은 공정가격에서 할인된 가격으로 행사하도록 규정하는 것을 고려해 볼 수 있다.

---

43) 정교화, 앞의 논문(주 38), 9면.
44) 그러한 조항의 예는 다음과 같다.

"If the Deadlock cannot be resolved within 30 days following the commencement of the discussions between the President & CEO of Party A and the Vice Chairman & CEO of Party B :

(a) Party A shall have the option ("Call Option") to require Party B to sell all of the shares of the Company held by Party B ("Party B Shares") to Party A or any party designated by Party A at the fair market value for the Party B Shares as determined by the procedures set forth in Appendix 6 ; and

(b) Party B shall have the option ("Put Option") to require Party A to purchase all of the Party B Shares by Party A or any party designated by Party A at the fair market value for the Party B Shares as determined by the procedures set forth in Appendix 6 and Party B."

3) 다른 방안

이 밖에도 주주간 교착 상태가 해소되지 않을 경우, 상호 가격을 높여 가며 매수청구를 경쟁하는 톱업(top-up)방식이나 대상회사를 청산하는 방안도 있을 수 있다. 다만 청산을 통한 극단적인 방법이 당사자 간에 바람직한 방법인지는 신중한 고려가 필요하다. 또한 교착 상태를 중재절차를 통하여 해결하도록 하는 것을 고려해 볼 수 있다.

4. 지분양도 제한에 관한 사항

앞에서 본 바와 같이 (대상회사가 주주간 계약의 당사자인 경우 달리 볼 여지는 있지만) 지분양도제한약정은 채권적 효력이 있을 뿐이다. 따라서 아래에서 보는 지분양도제한규정을 두는 것만으로는 지분양도 제한에 한계가 있을 수밖에 없다. 이에 지분양도제한규정을 위반하여 지분을 매도한 때에는 그로 인해 취득한 양도대금 자체를 위약금으로 규정하는 경우도 있다. 그러나 그보다 더 확실한 방법은 상법 제355조 제1항 단서를 이용하여 지분양도를 이사회 특별결의사항으로 규정함으로써, 주주가 서로 동의하지 아니하면 지분양도 자체를 불가능하게 하는 것이다. 다만 그 경우에는 주주간 계약에 규정된 바에 따라 양도하는 경우에는 자신이 선임한 이사들로 하여금 동 양도를 승인하기로 한다는 약정을 함께 두어야 함을 주의해야 한다(이 경우 해당 이사들이 약정된 바에 따라 해당 양도를 승인하지 않을 때에 대비하여 주주간 계약 내용을 따르지 않는 이사를 해임할 의무를 부과하는 것이 필요함은 앞에서 본 바와 같다).

한편 지분양도제한규정을 받는 대상주식과 관련하여 주의할 점이 있다. 대상회사에 투자함에 있어서 SPC를 통해 투자하는 경우가 있는데, 지분양도제한규정이 실효성을 가지기 위해서는 양도 제한의 대상이 되

는 지분에 대상회사의 지분뿐만 아니라 SPC의 지분도 포함시켜야 한다
는 점이다. 그렇지 않고 대상회사의 지분만 양도 제한의 대상으로 삼는
경우에는 SPC를 통해 투자한 투자자는 SPC지분을 양도함으로써 양도제
한규정을 피해 갈 수 있기 때문이다. 다음에서는 구체적인 지분양도제한
규정을 살펴본다.

(1) 록업조항

주주간 계약에서 상대방 주주의 동의를 받지 않는 한 일정 기간(예컨
대 5년간) 주식을 제3자에게 매각하지 못하도록 하는 경우가 많으며,[45]
실무적으로는 그러한 조항을 작성함에 있어 매각뿐만 아니라 입질 등 담
보 제공도 함께 금지하는 것이 일반적이다.[46] 그러한 양도 제한은 주주
간 계약을 체결하는 당사자 주주들이 회사의 운영에 있어 상호 간의 협

---

45) 다른 국가에서는 자발적인 매도와 함께 비자발적인 매도(voluntary or involuntary)와
합병 등에 따른 법률에 의한 매도도 금지한다는 문구를 명시적으로 포함시키는 것이
바람직하다. 예컨대 미국의 일부 법원에서는 그러한 문구를 명시적으로 포함하지 않은
일반적인 매도금지조항은 비자발적인 매도나 법률에 따른 매도에 대하여는 적용되지 않
는다는 판시를 하였다고 한다(ABA Model Joint Venture Agreement with Commentary
Section 6.1에 대한 코멘트).

46) 예컨대 "Except to the extent otherwise permitted by this Sections 8, 10 and 12, no
Shareholder shall, until the fifth anniversary of the date hereof, sell, assign, transfer,
convey by gift, create or permit to subsist any Encumbrance upon or otherwise
dispose of (each of the foregoing, a "Transfer") any of its Company Securities without
the prior written consent of the other Shareholder." 또한 담보의 의미를 갖는
encumbrance라는 용어는 정의를 최대한 엄격하게 하여 어떠한 형태로든 담보권이나
기타 제한이 가해지는 것을 막는 것이 바람직하다. 이러한 예는 다음과 같다. " "En-
cumbrance" shall mean any encumbrance, charge, community property interest,
security interest, lien (statutory or otherwise), hypothecation, right of first refusal,
option, pledge, easement, restriction, covenant, servitude, transfer restriction, deed
of trust, security interest, defect in title, mortgage or retention of title agreement."

력을 바탕으로 역할을 분담하여 기여할 수 있도록 하고자 하는 의도를 반영하려는 경우가 일반적이다. 주주의 수가 많지 않은 폐쇄회사의 경우, 어떠한 당사자들이 주주로 함께 회사의 경영과 운영에 참여하느냐가 회사의 성패에 큰 영향을 줄 수 있을 뿐만 아니라 주주가 변경되면 일관성 있는 경영에 악영향을 줄 수도 있기 때문이다.

제3자에게는 양도를 제한하더라도 계열회사에 대한 양도는 예외로 인정하는 경우가 흔하다. 기업의 구조조정 등의 상황이 발생하면, 계열회사 간에 주식을 양도해야 할 필요성이 존재하고 같은 기업집단이나 동일한 지배관계에 있는 계열회사 간 거래는 굳이 막을 필요가 없기 때문이다. 그러한 계열사 간 양도를 허용하는 때에도 주주간 계약서 작성 시에 유의하여야 할 점들이 있는데, 우선 양도하는 계열사가 양도 후에도 여전히 주주간 계약상의 의무에 대해 연대책임을 부담하도록 해야 한다.[47] 많은 경우 양수인 계열사가 SPC이거나 자력이 충분하지 않아 주주간 계약상 의무를 이행할 수 없는 때가 있으므로 양도인이 연대하여 책임질 수 있도록 안전장치를 마련해 두는 것이 바람직하기 때문이다. 또한 양도인과 양수인 간의 계열관계가 소멸하는 경우가 발생할 수 있는데, 그러한 때를 대비하여 계열관계 소멸 시 양도인에게 재양도할 의무를 부과하는 것도 바람직하다(물론 집행 가능성은 없겠지만 채권적 효력을 부과한다는 점에서 의미가 있을 것이다).[48]

---

47) 그러한 조항의 예는 다음과 같다. "The obligations of the transferor under this Agreement shall remain unaffected by the proposed transfer."

48) 예를 들어 다음과 같은 조항을 포함시킬 수 있다. "The Company Securities transferred pursuant to this Section shall be re-transferred to the transferor party immediately upon the transferee ceasing to be a transferee to which Transfers are permitted under this Section 8.2 (a "Permitted Transferee"). Failure to re-transfer such Company Securities within ten (10) Business Days of the transferee ceasing to be a Permitted

양도 제한기간이 종료하면 당사자들이 양도할 수 있는 권리를 보유하게 되는데, 그러한 경우에도 일방 당사자가 보유하고 있는 지분 중 일부만을 양도할 수 있도록 허용할지, 그렇지 않으면 전체 지분만을 양도할 수 있도록 허용할지는 고려해 볼 필요가 있다. 양도 제한기간이 종료하였으므로 굳이 일부 지분을 양도하는 것을 금지할 이유가 없어 보이기도 하나, 실무상으로는 일부 지분만 양도하면 지분구조의 틀이 변화하여 기존 주주간 계약을 적용하기가 곤란한 경우가 발생할 수 있으므로 유의하여야 한다. 통상 주주간 계약에서 주주가 자신의 지분을 양도하고자 하는 때에는 매수인으로부터 동 주주간 계약의 구속을 받겠다는 확약서를 제출할 의무를 부과하는데(이른바 joinder조항), 그러한 확약서를 제출하더라도 일부 지분만의 양도를 허용하는 경우에는 주주간 계약의 기초가 된 지분구조가 깨지기 때문에 주의를 요하는 것이다. 예컨대 주주 2명이 60대 40의 비율로 주식을 보유하던 상황에서 60퍼센트를 보유한 주주가 자신의 지분 30퍼센트를 제3자에게 매각하는 경우, 매수인이 확약서를 제출하여 주주간 계약의 구속을 받게 되더라도 주식소유비율이 30대 30대 40이 되어 대주주가 변경되는 결과를 초래하므로 기존 주주간 계약에서 정한 기업지배구조의 근간이 흔들리게 된다. 따라서 주주간 계약상의 기업지배구조에 대해 별도로 합의하여 정할 수 있지 않다면, 각 주주가 전체 지분에 대해 양도하도록 정하는 것이 바람직하다 하겠다.

Transferee shall be deemed to be a material breach of this Agreement by the transferor and the transferee."

(2) 우선매수권조항(Right of First Refusal과 Right of First Offer)[49]

주주가 주식을 제3자에게 양도할 수 있는 경우에도 다른 주주가 양도될 주식을 우선매수할 수 있는 권리를 갖도록 주주간 계약에서 정하는 것이 일반적이다. 그러한 우선권을 부여하는 방법은 다양하지만 실무상 가장 일반적으로 사용되는 두 가지 방법은 우선매수청구권과 우선매수제안권이다.[50] 법률상 정의되어 있는 개념은 아니어서 변이가 많을 수 있지만, 일반적으로 우선매수청구권은 양도하고자 하는 주주가 우선 제3자 양수후보자를 찾은 후 해당 거래조건을 다른 주주에게 통지하고 다른 주주는 동일하거나 더 우호적인 조건으로 양수할 우선권을 갖는 것을 의미한다. 우선매수제안권은 주식을 양도하고자 하는 주주가 상대방 주주에게 매수 의사를 타진하고 상대방 주주가 양수하고자 하는 주식의 가격과 조건을 제시하면, 주식을 양도하고자 하는 주주가 그 조건보다 더 낮은 가격이나 더 나쁜 조건으로 제3자에게 양도할 수 없도록 하는 권리를 의미한다. 두 가지 권리가 주식을 양도하지 않는 주주에게 상대방 주주의 주식에 대해 양수할 수 있는 우선권을 부여한다는 측면에서는 유사하다고 할 수 있지만, 실무적으로는 큰 차이를 가져올 수 있다. 우선매수청구권의 경우, 양도하는 주주로서는 양수하고자 하는 제3자를 미리 물색하여 거래조건을 협의한 상황에서 다른 주주에게 매수할 수 있는 우선권을 부여하여야 하므로 제3자의 실사를 거쳐 협상을 미리 마무리하여야

---

49) right of first refusal과 right of first offer는 통상 구분 없이 우선매수권 또는 우선매수청구권으로 번역되고, right of first refusal은 우선매수권으로, right of first offer는 우선청약권으로 번역되기도 한다. 이 글에서는 right of first refusal은 '우선매수청구권'으로, right of first offer는 '우선매수제안권'으로 번역하여 쓰기도 한다.

50) 우선매수제안권을 뜻하는 right of first offer는 right of first negotiation으로 쓰기도 한다.

한다. 그 경우 양수를 희망하는 제3자로서는 실사와 협상을 마무리한 상황에서 다른 주주가 우선매수청구권을 행사하면 주식을 양수할 수 있는 기회를 상실하게 되므로 부담한 비용이나 시간을 모두 허비하는 결과를 초래할 것을 우려하여 거래를 꺼릴 가능성이 존재한다. 반면 우선매수제안권의 경우에는 제3자의 협의가 선행되어야 할 필요가 없으므로 양도하고자 하는 주주로서는 우선매수청구권에 비해 우선매수제안권이 양도하고자 하는 주주에게 유리하다고 할 수 있다.

우선매수권(right of first refusal 또는 right of first offer)조항을 작성함에 있어 실무상 유의해야 할 구체적인 사항이 많이 있겠으나, 그중 자주 실수하는 부분 중 하나는 우선매수권 행사의 대상이다. 많은 경우 우선매수권 행사의 대상을 주주가 보유하고 있는 주식으로만 규정하는데 주식뿐만 아니라 전환사채, 신주인수권부사채 등 다른 지분증권들(equity-linked securities)도 우선매수권의 대상으로 포섭할 필요가 있다.[51] 그렇지 않으면 그러한 지분증권을 보유하고 있는 주주가 해당 지분증권을 제3자에게 매각할 경우, 우선매수권의 적용을 받지 않아 지분증권을 인수한 제3자가 전환권이나 신주인수권 등을 행사하게 되어 주식을 보유하게 되는 때 지분이 희석(dilution)되는 결과를 초래할 수 있기 때문이다.

---

51) 그러한 정의 예는 다음과 같다. "(i) any shares in the capital of the Company, including Common Stock, (ii) any option, warrant, share purchase right, security or other instrument convertible into or exchangeable or exercisable for Common Stock or any other shares in the capital of the Company, (iii) any right or instrument which entitles the holder to receive or exercise any benefits or rights similar to any rights enjoyed by or accruing to a holder of Common Stock or any other shares in the capital of the Company, including any right to participate in the equity or income of the Company or to participate in or direct the election of any directors or officers of the Company or the manner in which Common Stock or any other shares in the Company are voted and (iv) any right to purchase or receive any of the foregoing."

(3) 동반매도참여권조항

양도하는 주주와 함께 주식을 양도할 수 있는 권리가 동반매도참여권 (tag-along right 또는 co-sale right)이다.[52] 많은 경우 우선매수권과 함께 동 반매도참여권을 갖게 되며 전자를 행사하지 않으면 후자의 권리를 행사 할 수 있다.

동반매도참여권을 주주 모두 갖는 경우가 있기는 하지만, 대주주가 아 닌 소수주주만이 동반매도참여권을 보유하는 경우도 많다. 매수자는 대 부분 경영권 있는 지분을 원하기 때문에 소수주주지분만의 양도가 용이 하지 않은 반면 대주주지분은 경영권 프리미엄을 가질 수 있는바, 소수 주주는 동반매도참여권을 통해 투자금회수의 기회를 확보함과 동시에 경영권 프리미엄을 함께 향유할 수 있다는 점에서 동반매도참여권에 대 한 필요성이 소수주주에게 더 크기 때문이다.

---

52) Co-Sale Rights. The following provisions shall apply in addition to Section [___] if, following the expiration of the Restriction Period, Shareholder A proposes to Transfer any or all of its shares of Common Stock to any Person other than pursuant to Section [___] :

(a) If Party B does not exercise the Right of First Refusal, then it, upon notice by Party B to Party A in writing ("Tag-Along Notice") during the Offer Period, shall have the right, but not the obligation, to participate in such Transfer of the shares of Common Stock to the prospective transferee(s), as provided in Section 8.5.2, on the same terms and conditions as specified in the Offer Notice. The Tag-Along Notice shall indicate the number of the shares that Party B wishes to sell under its right to participate.

(b) Party B may sell all or any part of that number of shares equal to the product obtained by multiplying (i) the number of the shares of Common Stock proposed to be Transferred under the Offer Notice and (ii) a fraction, the numerator of which is the number of the shares of Common Stock owned or held by Party B together with its Affiliates and the denominator of which is the total number of the shares of Common Stock owned or held by Party A and Party B together with their respective Affiliates.

모든 대주주지분매각에 동반매도참여권을 부여하지 않고 대주주가 일정 지분율이나 주식 수 이상을 매각하는 거래나 경영권을 수반하여 매각하는 거래에 한해서만 동반매도참여권을 부여할 수도 있고, 대주주지분매각에 대해서는 매각되는 지분 수나 지분율과 상관없이 동반매도참여권을 부여하기도 한다. 전자는 대주주가 경영권과 관련 없이 자신의 지분 중 일부 적은 수의 지분을 매각할 경우, 소수주주들이 함께 매각할수 있는 권리를 부여할 필요 없이 대주주에게 지분매각을 통해 현금화할수 있는 기회를 주고자 하는 취지이다.

동반매도참여권의 대상이 되는 지분의 수를 산정함에 있어서도 여러 방법이 있을 수 있다. 가장 일반적으로 사용되는 방식은 매각하고자 하는 주식 수에 주주들이 보유한 전체 지분의 합에서 차지하는 매수권을 보유한 주주의 지분의 비율을 곱하여 산출되는 주식 수로 정하는 것으로 보인다. 가령 주주 2명이 60주와 40주를 각각 보유한 경우를 가정하면, 60주를 보유한 주주가 60주를 매도하고자 할 때 40주를 보유한 주주가 동반매도참여권을 행사하면 매각할 수 있는 주식 수는 24주[60주×40주/(60주+40주)]가 된다. 물론 소수주주의 협상력이 강한 경우에는 소수주주가 동반매도참여권을 행사하면 무조건적으로 소수주주의 지분을 우선적으로 매도될 수 있도록 하는 의무를 대주주에게 부과하는 때도 있다.

(4) 동반매각청구권조항

양도하고자 하는 주주가 다른 주주의 지분을 함께 매각할 수 있는 권리를 보유하는 경우가 있는데, 이를 동반매각청구권(drag-along right)이라고 한다. 주로 대주주가 주식을 매도하고자 할 때 소수주주의 지분도 함께 매각할 수 있는 권리를 확보할 수 있도록 갖는 권리인데, 매수인 으로서는 더 많은 지분을 확보할 것을 원하는 경우가 많이 있고 특히 100퍼센트 주식을 소유하고자 하는 매수인이 있을 수 있으므로, 대주 주로서는 미리 동반매각청구권을 확보해 두고자 할 동인이 있다고 하 겠다.

최근에는 투자자(주로 사모투자전문회사(Private Equity Fund, PEF)]들이 소수지분을 투자하면서 자신의 투자금회수 기회를 확보하기 위해 동반 매각청구권을 가지는 경우가 많은데, 대신 대주주에게는 콜옵션을 함께 부여함으로써 대주주가 자신의 의사와 무관하게 회사의 지분을 잃는 상 황을 피하게 해주는 경우가 많다(이른바 drag & call).[53]

그런데 우선매수권과 drag & call을 규정할 경우 기술적인 주의를 요한 다. 우선매수권조항 따로, drag & call조항 따로 규정하면 실제 지분양도 시 해당 조항들이 각각 어떻게 작동하는지 혼란을 야기하기 때문이다. 따 라서 우선매수권과 drag & call을 함께 규정하고자 하는 경우, (i) 매도 당 사자가 매수희망자의 조건을 명시한 양도 통지서를 발송할 때 동반매각 청구권 행사 여부를 기재하게 하며, (ii) 만약 동반매각청구권을 행사하 였다면 상대방 당사자는 그에 응하거나 콜옵션을 행사하게 하며, (iii) 만 약 동반매각청구권을 행사하지 않았다면 상대방 당사자는 우선매수권만 행사하도록 규정하는 것이 우선매수권과 drag & call조항을 조화롭게 규 정하는 방법이다.

---

53) 이는 금융감독원의 「사모투자회사의 옵션부투자 모범규준」에서 풋옵션거래를 제한함 에 따라 그 대안으로 활용되는 측면이 있다. 「사모투자회사의 옵션부투자 모범규준」 대한 자세한 논의는 이제원 / 권철호, "사모투자전문회사의 옵션부투자에 대한 규제," BFL 제63호(2014. 1), 서울대학교 금융법센터 참조.

5. 위반 시 효과 및 해지에 관한 사항

다른 종류의 계약에서도 그러하듯이 주주간 계약에서도 상대방의 계약상 의무의 중대한 위반 시 해지에 관한 조항이 필요하고, 이러한 해지에 관한 조항에는 해지의 사유와 효력을 규정하여야 한다. 특히 주주간 계약은 소수주주의 권리보호를 위하여 규정된 사항들이 많기 때문에 소수주주로서는 대주주가 해당 사항들을 준수하도록 강제하고, 해당 사항을 위반하였을 경우 계약관계를 해소하고 투자금을 회수하는 방안을 강구할 필요가 있다.[54] 또한 앞에서 본 바와 같이 주주간 계약은 집행 가능성에 의문이 있기 때문에 상대방의 의무 위반에 따른 해지의 효과를 명백히 규정해 놓음으로써 주주간 계약을 위반하지 않게 하는 심리적 효과를 얻는 것도 매우 중요하다.

그럼에도 불구하고 실무가들이 소수주주의 입장에서 주주간 계약을 작성하거나 검토함에 있어서 해지의 사유만 규정하고 해지의 효과에는 언급하지 않는 실수를 범하는 것을 종종 본다. 이는 해지조항을 중립적 조항으로 보기 때문에 발생하는 실수로 보이는데, 이는 엄청난 실수이다. 기본적으로 주주간 계약은 소수주주를 위한 계약이고 대주주의 권한을 제약하는 계약이다. 그런데 소수주주의 입장에서 주주간 계약을 작성하면서 일방 당사자의 의무 위반을 해지사유로 규정하고, 해지의 효과에 대해 규정하지 않는 것은 대주주가 의무 위반을 하더라도 해지를 할 수 없게 만드는 것과 같다. 해지의 효과 규정이 없는 상태에서 주주간 계약

---

54) 반면에 대주주로서는 더 이상 소수주주와의 합작 내지 협력이 필요없거나 소수주주의 지분율이 일정 수준 이상 하락하였을 경우에 그 계약관계를 종료할 필요가 있으므로, 주주간 계약에 '소수주주가 보유하는 주식의 합이 발행주식총수의 5퍼센트 미만이 되는 경우' 등을 해지사유로 규정하기도 한다.

을 해지하는 것은 소수주주 스스로 자신의 보호막을 걷어차 버리는 결과
를 낳는 것이기 때문이다(한편 대주주 입장에서는 해지의 효과 규정이 없더
라도 해지하는 것이 유리하다. 자신의 권리에 대한 제약에서 벗어날 수 있기
때문이다). 물론 위반 당사자에게 민법 일반 원리에 따라 약정 위반에 따
른 손해배상책임을 물을 수 있겠지만, 주주간 계약 위반 시 손해의 산정
과 입증이 매우 어렵다는 점에서 변명이 되기 어렵다. 주주간 계약 작성
시 특별히 유의해야 할 점이다.

해지의 효과 규정으로, 일방 당사자가 주주간 계약을 중대하게 위반하
여 해지할 경우에는 일반적으로 풋 / 콜옵션을 규정하거나 손해배상 규
정을 두어 해지와 관련한 법률관계를 해결하도록 하는데, 이는 그러한
해지의 효과를 두려워한 당사자들이 주주간 계약을 준수하게 하는 기능
을 한다. 예를 들어 (i) 해지하는 당사자(즉 의무 위반 당사자의 상대방)가
대주주인 경우 공정가치(fair market value)보다 낮은 가격에 콜옵션을 갖
고, 해지하는 당사자가 소수주주인 경우 공정가치보다 높은 가격에 풋옵
션을 갖는 방식, (ii) 해지하는 당사자가 공정가치보다 할증 또는 할인된
가격에 풋옵션 또는 콜옵션을 선택적으로 행사할 수 있게 하는 방식,
(iii) 손해배상의 예정 또는 위약벌을 규정하는 방식 등이 활용될 수 있다.
그런데 해지의 효과로 일반적인 손해배상조항만 규정하는 것은 바람직
하지 못하다. 앞에서 본 바와 같이 주주간 계약 위반 시 손해를 산정하고
입증하기가 매우 어렵기 때문이다. 한편 주주간 계약이 대주주와 소수주
주에게 가지는 의미를 고려하여 대주주 의무 위반으로 인한 경우 해지의
효과와 소수주주 의무 위반으로 인한 해지의 효과를 달리 규정하는 것도
고려할 수 있다(예컨대 대주주의 의무 위반의 경우 대주주를 위한 조항만 선
별적으로 해지할 수 있도록 하는 방안이 그러하다).

한편 주주간 계약 의무 위반에 대한 또 다른 구제책으로 의무 위반

시 의결권을 위임하도록 하는 방안이 논의되기도 한다. 실제 앞에서 본 2011카합2785 결정의 사안에서, 해당 주주간 계약에는 일정한 주주간 계약상 의무를 위반할 때 상대방 주주는 위반 주주에게 의결권 있는 주식 51퍼센트 이상의 위임을 요구할 수 있다고 규정되어 있었고, 동 규정에 근거하여 위반 당사자에게는 의결권 위임을 구하고 대상회사에 대하여는 위임받은 의결권의 행사를 허용하여야 한다는 취지의 가처분 신청을 제기하였는데, 법원은 동 신청을 인용한 바 있다. 그런데 철회 불능의 위임이라는 것은 있을 수 없다는 점에서 이러한 의결권위임약정의 실효성에 의문을 제기하는 견해가 있으며,[55] 대리에 관한 일반 이론상 철회 불능의 의결권 위임이라는 것은 있을 수 없다는 것이 실무상으로도 지배적인 견해이고, 대법원도 주주권은 주식의 양도나 소각 등 법률에 정하여진 사유에 의하여서만 상실되고 단순히 당사자 사이의 특약이나 주주권 포기의 의사표시만으로 상실되지 아니하며 <u>다른 특별한 사정이 없는 한</u>(밑줄은 필자) 그 행사가 제한되지도 아니하는 것으로 판시하고 있으며, 주주가 일정 기간 주주권을 포기하고 타인에게 주주로서의 의결권행사 권한을 위임하기로 약정한 사정만으로 그 주주가 주주로서의 의결권을 직접 행사할 수 없게 되었다고 볼 수 없다고 판시한 바 있다(대법원 2002. 12. 24. 선고 2002다54691 판결). 그런데 꼭 그렇게만 보아야 할까? 먼저 의결권 위임의 철회 가능성에 관하여 보건대, 민법 제689조 제1항에 의하면 위임계약은 각 당사자가 언제든지 해지할 수 있다. 그러나 위임이 위임인의 이익과 함께 수임인의 이익도 목적으로 하는 경우에는 성질상 위임계약을 해지할 수 없다고 보며, 이와 같이 수임인의 이익을 목적으로 하는 위임계약의 예로 채권자가 자기의 채권을 회수하기 위하여 채무

---

55) 권오성, 앞의 논문(주 17), 437면.

자로부터 경영 위임을 받은 사례를 드는 것이 유력한 학설이다.[56] 동 학설에 기초한다면, 상대방의 주주간 계약 위반에 따라 이루어진 의결권 위임은 수임인의 이익을 목적으로 하는 위임이라고 못 볼 바도 아니다. 다음으로 위임 주주가 주주총회장에 참석하여 직접 의결권을 행사하고자 하는 경우에 관하여 보건대, 위 대법원 판례는 '특별한 사정이 있으면' 타인에게 주주로서의 의결권행사권한을 위임한 주주가 주주로서의 의결권을 직접 행사할 수 없다고 판단한 것으로 볼 수도 있는데, 만약 대상회사가 의결권 위임의 근거가 되는 주주간 계약의 당사자로서, "주주간 계약 위반으로 인한 의결권 위임이 있는 경우 동 의결권의 행사는 위임받은 주주를 통해서만 할 수 있음을 확인하고 동의한다"는 식의 약정을 한다면, 동 의결권 위임은 대상회사도 구속하는 것이어서 위 판례에서 말하는 '특별한 사정'이 있다고 볼 수 있지 않을까? 그래서 법원은 "위반 주주는 의결권을 위임하여야 하며, 회사는 그렇게 위임받은 의결권의 행사를 허용하여야 한다"는 주문과 함께 "회사는 위임 주주의 의결권 행사를 허용하여서는 아니 된다"라는 주문을 함께 발할 수 있지 않을까? 의결권 위임은 언제나 철회 가능하고 위임자는 의결권 위임에도 불구하고 언제나 직접 의결권을 행사할 수 있다는 명제가 과연 불변의 진리인지 재검토가 필요한 것 같다.

---

56) 最高裁判所 昭43.9.20.判時536號51頁 ; 곽윤직(대표집필) / 이재홍(집필), 민법주해 XV〔채권(8)〕, 박영사, 1997, 596면.

V. 맺음말

이상과 같이 주주간 계약의 기본구조 및 내용과 주주간 계약의 효력 및 집행 가능성에 대한 논의를 살펴본 후 주주간 계약 작성 시 실무상 유의해야 할 점을 살펴보았다.

사실 주주간 계약은 조직법적·단체법적 성질을 갖는 회사법과 개인 법적·거래법적 성질을 갖는 주주간 계약법의 중간지대에 있다고 볼 수 있다. 주주 평등의 원칙, 다수결의 원칙, 기관 간 권한 분배 및 대표권이 라는 요소와 사적 자치, 거래 안정이라는 요소가 충돌하는 국면도 있다. 그러나 한편으로 주주간 계약은 단체법인 회사법이 법률관계를 획일 적·통일적으로 확정하는 데에서 오는 단점을 보충하는 역할을 하며, 이 는 곧 투자 촉진 및 자금조달의 효율성이라는 효과와 연결되기도 한다. 마침 2011년 개정상법에서도 다양한 종류주식을 도입하고, 정관 자치의 법리를 넓히고 있다. 이러한 점에서 주주간 계약에서 당사자들이 합의한 사항은 최대한 존중되는 방향으로 해석되어야 하고, 단행적 가처분 등 구제방법이 적극적으로 인정될 필요가 있으며, 회사법도 보다 탄력적으 로 해석될 필요가 있다고 생각한다. 그렇지 않으면 오히려 주주간 계약 을 위반한 주주의 기회주의적 행동이 보호될 수 있고, 막상 주주간 계약 을 준수한 주주는 계약상으로도 회사법상으로도 보호받지 못하는 결과 가 야기될 수 있으며, 이는 소수주주의 보호 및 투자 촉진이라는 주주간 계약의 순기능을 위험하게 할 수 있기 때문이다.

하여간 결론적으로 말하면, 주주간 계약의 효력과 집행 가능성에 의문 이 있을 수밖에 없기 때문에 주주간 계약의 작성에서 오히려 더 큰 주의 를 요한다는 것이고, 이 글이 실무가들이 좀 더 실효성 있고 수준 높은 주주간 계약을 작성하는 데 조금이나마 도움이 되기를 바란다.

찾아보기

〈ㅇ〉

편저자 약력

>>> 천경훈

서울대학교 법과대학 사법학과 졸업
사법연수원 수료(제26기)
미국 듀크대학교 로스쿨 졸업(LL.M.)
서울대학교 대학원 법학과 졸업(법학석사, 법학박사)
전 변호사(김 · 장법률사무소)
현 서울대학교 법학전문대학원 부교수

BFL 총서 13
우호적 M&A의 이론과 실무(제2권)

초판 1쇄 발행 | 2017년 6월 20일
초판 3쇄 발행 | 2022년 8월 19일

지은이 | 천경훈 편저
발행인 | 고화숙
발행처 | 도서출판 소화
등록 | 제13-412호
주소 | 서울시 영등포구 버드나루로 69
전화 | 02-2677-5890
팩스 | 02-2636-6393
홈페이지 | www.sowha.com

ISBN 978-89-8410-488-4 94080
ISBN 978-89-8410-284-2 (세트)

값 21,000원

잘못된 책은 언제나 바꾸어 드립니다.

이 도서의 국립중앙도서관 출판예정도서목록(CIP)은
서지정보유통지원시스템 홈페이지(http://seoji.nl.go.kr)와
국가자료공동목록시스템(http://www.nl.go.kr/kolisnet)에서
이용하실 수 있습니다.(CIP제어번호: CIP2017013373)